Lösungsheft

Mathematik *plus*
Gymnasium Klasse 10
Berlin

Cornelsen
VOLK UND WISSEN

Herausgegeben von
StD Dietrich Pohlmann und Prof. Dr. Werner Stoye

Autoren:
Susanne Bluhm, StD Karl Udo Bromm, OStR Robert Domine, Gerd Heintze,
Dr. Gerhard Koenig, OStR Peter Krull, StD Jochen Leßmann, Heidemarie Rau,
Winrich Rentz, OStD Dieter Rüthing, Axel Siebert, Dr. Uwe Sonnemann,
Prof. Dr. Werner Stoye

Redaktion und technische Umsetzung: Axel Siebert

www.cornelsen.de
www.vwv.de

Unter der folgenden Adresse befinden sich multimediale Zusatzangebote
für die Arbeit mit dem Schülerbuch:
www.cornelsen.de/mathematik-plus
Die Buchkennung ist **MPL009460**.

1. Auflage, 1. Druck 2009

Alle Drucke dieser Auflage sind inhaltlich unverändert
und können im Unterricht nebeneinander verwendet werden.

Druck: Druckhaus Berlin-Mitte GmbH

ISBN 978-3-06-009470-7

Inhalt gedruckt auf säurefreiem Papier aus nachhaltiger Forstwirtschaft.

Inhalt

Vorbemerkungen

Das Schulbuch *Mathematik plus, Gymnasium Klasse 10, Berlin* gehört zu einem Lehrwerk, das passgenau für den aktuellen *Rahmenlehrplan Sekundarstufe I Gymnasium Mathematik* (erschienen 2006) entwickelt wurde. Zusammen mit dem Schulbuch *Mathematik plus* für die Klassenstufe 9 und den zu beiden Büchern gehörigen Lehrer- und Ergänzungsmaterialien liegt damit ein Angebot des Cornelsen Verlages zur Realisierung des neuen Rahmenlehrplans für die Doppeljahrgangsstufe 9/10 in der Unterrichtspraxis vor.

Welche Intentionen hat der neue Rahmenlehrplan Mathematik für Berlin?

Die neuen Rahmenlehrpläne sind die Grundlage für die Umsetzung der von der Kultusministerkonferenz beschlossenen und für alle Bundesländer zum verbindlichen Bildungsziel erklärten *Bildungsstandards* im Land Berlin. Der Beitrag des Faches Mathematik liegt danach besonders in den folgenden allgemeinen fachlichen Zielen:

- Entwickeln von Problemlösefähigkeiten
- Entwickeln eines kritischen Vernunftgebrauchs
- Entwickeln des verständigen Umgangs mit der fachgebundenen Sprache unter Bezug und Abgrenzung zur alltäglichen Sprache
- Entwickeln des Anschauungsvermögens
- Erwerben grundlegender Kompetenzen im Umgang mit ausgewählten mathematischen Objekten

Welche Besonderheiten des neuen Rahmenlehrplans Mathematik waren zu berücksichtigen?

a) Stoffauswahl und Gliederung

Der Rahmenlehrplan ist als **Doppeljahrgangsstufenplan** abgefasst. Er formuliert Wissensstandards und Kompetenzstandards jeweils für das Ende der Doppeljahrgangsstufen 7/8 und 9/10.
Darüber hinaus wird der zu vermittelnde Stoff detailliert in Form von Schüleraktivitäten aufgelistet, und zwar gebündelt in **Pflichtmodule** und **Wahlmodule.** Die Reihenfolge der Module ist nicht vorgeschrieben – gewisse Vorgaben bestehen nur für das 1. Halbjahr der Klasse 7. Die Module gliedern den Stoff unter übergeordneten Gesichtspunkten wie etwa „Mit Funktionen Beziehungen und Veränderungen beschreiben" usw.

Die Schulbücher *Mathematik plus* machen einen konkreten Vorschlag zur Umsetzung des Lehrplans in der Unterrichtspraxis. Dieser Vorschlag basiert auf langjähriger Unterrichtserfahrung und ist wohldurchdacht, lässt aber dennoch im Sinne des Lehrplans gewisse Freiheiten vor allem in der Stoffauswahl und Reihenfolge zu.
Ganz besonders wird dem Prinzip des kumulativen Lernens und der beständigen Pflege und Weiterentwicklung einmal erworbener Kompetenzen Rechnung getragen. So werden die einem Doppeljahrgang zugeordneten Themen bewusst auf beide zugehörigen Bücher verteilt und gezielt vorbereitet bzw. wieder aufgegriffen und fortgeführt.

Über den im Lehrplan dargestellten Stoff hinaus stellt *Mathematik plus* eine Reihe zusätzlicher Themen und vertiefender Lerneinheiten zur Auswahl. Diese Angebote schaffen Sachbezüge und Möglichkeiten zur Vernetzung, zur Projekt- und Gruppenarbeit, zur Leistungsdifferenzierung und individuellen Förderung – und unterstützen so die didaktischen Intentionen und allgemeinen Ziele des Lehrplans in besonderer Weise. Sie können sicher nicht alle behandelt werden; die Auswahl sollte sich nach Leistungsstand und Interesse der Schülerinnen und Schüler richten.

Das **Kapitel „Veränderungen mit Funktionen beschreiben"** gibt eine erste Einführung in die Differentialrechnung und stellt damit Stoff dar, der bis vor kurzem dem Unterricht in der gymnasialen Oberstufe vorbehalten war. Deshalb (und weil es der Lehrplan so vorsieht) erfolgt diese Einführung sehr behutsam und setzt mehr auf Anschauung und intuitives Verstehen als auf das Einüben des formalen mathematischen Begriffsapparates der Differentialrechnung. Der einleitende Abschnitt über rationale Funktionen war auch im Buch für Klasse 9 schon enthalten, dürfte hier aber als Wiederholung oder Einstimmung noch einmal am Platze sein, indem er nämlich bereits Wesentliches über die Untersuchung von Funktionen und Graphen enthält, *ohne* auf die Methoden der Analysis zurückzugreifen.

Die Aufnahme dieses Kapitels in den Unterrichtsstoff der Sekundarstufe I machte gewisse Kürzungen an anderer Stelle notwendig. Einige Inhalte der Stochastik (Zufallsgrößen und ihre Kennwerte, Bernoulli-Ketten und Binomialverteilung) gehören nicht mehr zum verbindlichen Unterrichtsstoff bis zum Ende der Klasse 10. Das **Kapitel „Mit Wahrscheinlichkeiten rechnen"** bringt daher nur wenig neuen Stoff; es ist vielmehr eine vertiefende und im Niveau gesteigerte Wiederholung und Anwendung der bis dahin erlernten Theorien und Konzepte zur Stochastik.

b) Leitideen

Der Rahmenlehrplan ordnet die einzelnen mathematischen Gegenstände zentralen Leitideen unter. In der Regel kann ein und derselbe Stoff – und sogar ein und dieselbe Aufgabe – unter verschiedenen Leitideen gesehen werden. Die blaue Fußzeile der meisten Seiten von *Mathematik plus* gibt daher nur eine grobe Tendenz an, welche Leitidee auf der betreffenden Seite im Vordergrund steht. Es handelt sich um eine zusätzliche Orientierungshilfe.

Wie setzt das Lehrwerk Mathematik plus die fachlichen Ziele und die didaktischen Grundsätze des Lehrplans um?

Mathematik plus 10 bietet ein **sorgfältig ausgearbeitetes Aufgabenangebot**, insbesondere offene Einstiegsaufgaben und viele Aufgaben in Form von Arbeitsaufträgen oder kleinen Projekten.
Die Grundanlage des Schulbuchs zielt auf Verständnis und Einsicht. Aufgaben führen an den Lehrstoff heran und vertiefen ihn auch. Dabei entscheidet vor allem die aktive, tätige Auseinandersetzung mit den Problemen über den Erkenntnisgewinn der Schülerinnen und Schüler. Deshalb werden sie immer wieder aufgefordert, sich mit Argumenten auseinanderzusetzen, etwas auszuprobieren, etwas zu begründen, mit anderen Schülerinnen und Schülern etwas gemeinsam zu untersuchen oder zu diskutieren.

Das **umfangreiche Übungsangebot** gewährleistet, dass einmal Verstandenes in den Fällen, in denen es notwendig ist, auch in Richtung sicherer Fertigkeiten entwickelt werden kann.
Auf einigen Seiten findet der Nutzer auch **Aufgaben zur Wiederholung**. Diese Aufgaben sind nicht unmittelbar mit dem Lehrstoff der entsprechenden Seite verknüpft. Sie sind als Angebot für Übungen zur Wiederholung von Grundkenntnissen und Grundfertigkeiten gedacht, die z. B. in Form von täglichen Übungen gestaltet werden können.

In **kontextbezogenen „Methodenkästen“** werden Arbeitsmethoden (z. B. Strategien zum Lösen von Sachproblemen, Internetrecherche usw.) schülergerecht dargestellt.

„Teste dich!“-Seiten am Ende eines jeden Kapitels bieten den Schülerinnen und Schülern die Möglichkeit der Selbstüberprüfung. Für die Lösung der hier angebotenen Aufgaben werden alle im vorangegangenen Kapitel erworbenen Fertigkeiten und Fähigkeiten benötigt. Die Lösungen dieser Aufgaben befinden sich im Anhang des Buches.

Fächerübergreifende Sonderseiten und zahlreiche **Projektvorschläge** stellen den vom Rahmenplan geforderten Alltagsbezug her und ermöglichen vielfältige Vernetzung mathematischer und außermathematischer Inhalte.

In allen Bänden der Reihe *Mathematik plus* wird der Einsatz moderner Rechenhilfsmittel an passenden Stellen berücksichtigt. *Mathematik plus* 10 steht ganz im Zeichen des Funktionsbegriffs und der Beschreibung funktionaler Zusammenhänge. Für die Untersuchung von Funktionen sind naturgemäß **Funktionenplotter, grafikfähige Taschenrechner** und **CAS,** manchmal auch **Tabellenkalkulationsprogramme** besonders hilfreich. Von den Schülerinnen und Schülern sollte in der Klassenstufe 10 erwartet werden, dass sie sich dieser Hilfsmittel bewusst sind und ihren Gebrauch auch dann in Erwägung ziehen, wenn im Buch nicht ausdrücklich dazu angeregt wird.

Ein ergänzendes **Onlineangebot** befindet sich unter der Internetadresse **www.cornelsen.de/mathematik-plus**. Die einzelnen Medienelemente des Onlineangebots können über die **Buchkennung MPL009460** und die Eingabe der im Lehrbuch angegebenen Webcodes direkt angesteuert werden.

Die **Randspalte** auf den Schulbuchseiten enthält Zusatzinformationen, Erläuterungen, Tipps, Hinweise und Anregungen. Sie lockern die Seiten auf und ziehen auch den Blick auf sich. Da sie meistens recht kurz sind, werden sie auch eher von den Schülerinnen und Schülern ohne ausdrückliche Aufforderung gelesen.

Hinweise zum Aufbau des Schulbuches

Das Schulbuch ist in Kapitel und diese wiederum sind in Lerneinheiten untergliedert. Jede mit einer Überschrift versehene Lerneinheit beginnt mit mindestens einer Einstiegsaufgabe, die an das Thema der Lerneinheit heranführen will. Man kann diese Aufgabe direkt oder als Anregung zum Einstieg nutzen.
Die angebotenen Aufgaben sind durch einen farbigen Streifen unter der Aufgabennummer zur groben Orientierung des Aufgabenniveaus gekennzeichnet:

grün Aufgaben, die in ein neues Problem einführen sollen
gelb Aufgaben, die zum unverzichtbaren Grundniveau gehören
grau Standardaufgaben
rot Aufgaben mit erhöhtem Schwierigkeitsgrad

Die Herausgeber

Die weiteren Seiten sind im kleinen Format (DIN A5) gedruckt worden, damit die Lösungen, falls gewünscht, in das Schülerbuch eingelegt werden können.

Wachstumsvorgänge: Exponential- und Logarithmusfunktionen

Den großen Bogen dieses Kapitels bildet die Untersuchung von Wachstumsvorgängen: Ausgehend vom Vergleich verschiedener Wachstumsvorgänge wird die Exponentialfunktion mit der Gleichung $f(x) = c \cdot a^x$ als mathematisches Modell zur Beschreibung exponentiellen Wachstums gewonnen. Deshalb sollen auch vor der detaillierten Untersuchung der speziellen Exponentialfunktion mit $c = 1$ erste Vorstellungen zum Verlauf der Funktionen mit $c \neq 1$ entwickelt werden. Die Einführung des Logarithmus ist dann aus der Notwendigkeit motiviert, zu gegebenen Werten einer Wachstumsfunktion die entsprechenden Argumente zu ermitteln. Das führt letztlich auf die Logarithmusfunktion als Umkehrfunktion der Exponentialfunktion. Nachdem das mathematische Instrumentarium für die Untersuchung von Exponential- und Logarithmusfunktionen ausreichend geübt ist, wird es zur Untersuchung einer Fülle realer Wachstumsvorgänge aus verschiedensten Anwendungsfeldern genutzt und dabei weiterentwickelt. Hierbei spielen dann auch weitere Wachstumsmodelle sowie die Frage der Eignung unterschiedlicher Wachstumsmodelle für einen konkreten Sachverhalt eine Rolle.

Wachstum und Exponentialfunktionen

Lösungen der Aufgaben auf den Seiten 6 bis 11

1. a) t Zeiteinheiten; $m(t)$ in Tonnen: $m(t) = 560 \cdot 2^t$ b) $m(t) = 560 \cdot 2^{-t} = 560 \cdot 0{,}5^t$

c)

t in ZE	–8	–6	–4	–2	–1	0	1	2	4	6	8
m in t	2,2	8,8	35	140	280	560	1120	2240	8960	35 840	143 360

d) Da die Vergrößerung der Wasserhyazinthenpopulation zeitlich kontinuierlich erfolgt, ist es sinnvoll, die Punkte durch eine Kurve zu verbinden.

e)

t in ZE	–7	–5	–3	–2,5	–1,5	0,5	2,5	3	5	7
m in t	4,4	17,5	70	99	198	792	3168	4480	17 920	71 680

f) $m(t) = 560 \cdot 2^t$

g) Die Pflanzendichte wird so groß, dass die Nahrungskonkurrenz der Pflanzen untereinander die weitere Ausbreitung begrenzt.

2. a)

Anzahl der Wochen	0	1	2	3	4	5	6	7
Größe des Baggersees (m^2)	600	650	700	750	800	850	900	950
Größe der Algenfläche (m^2)	12	24	48	96	192	384	768	950

b) Größe des Baggersees in m²: $A_1(t) = 600 + 50 \cdot t$ (t: Zeit in Wochen)
Größe der Algenfläche in m²: $A_2(t) = 12 \cdot 2^t$ für $0 \le t \le 6$

c) Da sowohl die Vergrößerung des Baggersees als auch die Vergrößerung der Algenfläche als zeitlich kontinuierlich angesehen werden können, ist es in beiden Fällen sinnvoll, die entsprechenden Punkte durch Kurven zu verbinden.

3. a) Zinsen: 5200 €; Gesamtbetrag: 15 200 € b) 16 601,88 €

c)

Anzahl der Jahre	1	2	3	4
Gesamtbetrag nach a) in €	10 520	11 040	11 560	12 080
Gesamtbetrag nach b) in €	10 520	11 067,04	11 642,53	12 247,94

Anzahl der Jahre	5	6	7	8
Gesamtbetrag nach a) in €	12 600	13 120	13 640	14 160
Gesamtbetrag nach b) in €	12 884,83	13 554,84	14 259,69	15001,20

Anzahl der Jahre	9	10
Gesamtbetrag nach a) in €	14 680	15 200
Gesamtbetrag nach b) in €	15 781,26	16 601,88

Gesamtbetrag nach a): $f(x) = 10\,000\text{ €} + 520\text{ €} \cdot t$
Gesamtbetrag nach b): $g(x) = 10\,000\text{ €} \cdot 1{,}052^t$

4. Es kommen zwei Arten von Wachtstumsvorgängen vor:
(1) Wachstumsvorgänge, bei denen sich der jeweilige Ausgangswert pro Zeiteinheit um einen bestimmten Faktor vervielfacht;
(2) Wachstumsvorgänge, bei denen sich der jeweilige Ausgangswert pro Zeiteinheit um einen bestimmten Summanden erhöht.

NACHGEDACHT (Randspalte S. 8): Für $x = 0$, also die Anfangssituation, ergibt sich:
$f(0) = m \cdot 0 + b = b$ bzw. $f(0) = c \cdot a^0 = c \cdot 1 = c$.

5. a) Am folgenden Tag beträgt der Bestand 132,25 % des Bestandes vom Vortag.

t in Tagen	0	1	2	3	4	5	6	7	8	9	10
N in %	100	115	132	152	175	201	231	266	306	352	405

t in Tagen	11	12	13	14	15	16	17	18	19	20
N in %	465	535	615	708	814	936	1076	1238	1423	1637

c) Der Ausgangsbestand hat sich nach 5 Tagen verdoppelt und nach weiteren 5 Tagen nochmals verdoppelt. Diese Entwicklung setzt sich fort.

d) $N(t) = 100\,\% \cdot 1{,}15^t$

6. Hier ist ein Missverständnis möglich: Die Ärztin kann gemeint haben, das Gehalt der Arzthelferin werde jährlich um denselben Prozentsatz steigen. Sie könnte jedoch auch an einen festen Betrag gedacht haben, um welchen das Gehalt steigen soll.

7. a)

x	0	1	2	3	4	5
$f(x)$	3	6	12	24	48	96

Exponentielles Wachstum: Das Wachstum bezieht sich auf den Anfangswert $c = 3$ (für $x = 0$). Bei der Zunahme von x um 1 verändert sich der Funktionswert um denselben Faktor 2; der Wachstumsfaktor ist $a = 2$.

b)

x	−3	−2	−1
$f(x)$	0,375	0,75	1,5

Da bei Zunahme von x um 1 der aktuelle Funktionswert mit $a = 2$ multipliziert wird, ist bei Abnahme von x um 1 jeweils durch 2 zu dividieren.

8. Während die Größe des Baggersees sich wöchentlich um 50 m² vergrößert (lineares Wachstum), ist beim exponentiellen Wachstum der Algenfläche die Quadratmeterzahl, um welche sie sich vergrößert, stets verschieden. Sie wächst jedoch stets um denselben Anteil (hier 100 %), d. h. der Quotient zweier aufeinander folgender Werte ist stets derselbe ($a = 2$).
Hinweis: Der relative Zuwachs wird als *(prozentuale) Wachstumsrate* bezeichnet.

9. a)

Tag x	0	1	2	3	4	5	6	7
Masse $f(x)$ in mg	50,0	45,9	42,0	38,6	35,4	32,4	29,7	27,3

Tag x	8	9	10	11	12	13	14
Masse $f(x)$ in mg	25,0	22,9	21,0	19,3	17,7	16,2	14,9

$f(x) = 50 \cdot 0{,}917^x$

b) Eine Funktion $f(x) = c \cdot a^x$ beschreibt einen Zerfallsprozess, wenn der Wachstumsfaktor kleiner ist als 1.
Hinweis: Von den Potenzfunktionen her ist bekannt, dass $a > 0$ sein muss.

10. a) Martin denkt an den relativen Zuwachs. Seine Ansicht trifft nur für $a > 1$ zu.
b) Viola hat recht. $a = 0$ führt auf die konstante Funktion f mit $f(x) = 0$ für alle $x \in \mathbb{R}$.
$a = 1$ führt auf die konstante Funktion f mit $f(x) = c$ für alle $x \in \mathbb{R}$.
Carstens Ansicht ist falsch. Zwar scheidet $c = 0$ aus, denn dies ergibt die konstante Funktion f mit $f(x) = 0$ für alle $x \in \mathbb{R}$. Allerdings ist $c = 1$ möglich und führt auf die spezielle Exponentialfunktion f mit $f(x) = a^x$.

11. a) $f(0) = a^0 = 1$. Graphen von Exponentialfunktionen der Form $f(x) = a^x$ enthalten stets den Punkt $(0 \mid 1)$.
b) Exponentialfunktionen der Form $f(x) = a^x$ mit $a > 0$ eignen sich zur Beschreibung von Wachstumsprozessen (im engeren Sinne), da die Funktionswerte mit steigendem x zunehmen. Funktionen der Form $f(x) = a^x$ mit $0 < a < 1$ eignen sich zur Beschreibung von Zerfallsprozessen, da die Funktionswerte mit steigendem x abnehmen.

12. Faktor 2: Streckung in y-Richtung
Faktor 0,5: Stauchung in y-Richtung;
Faktor −2: Streckung in y-Richtung und Spiegelung an der x-Achse
(siehe nebenstehende Abbildung)

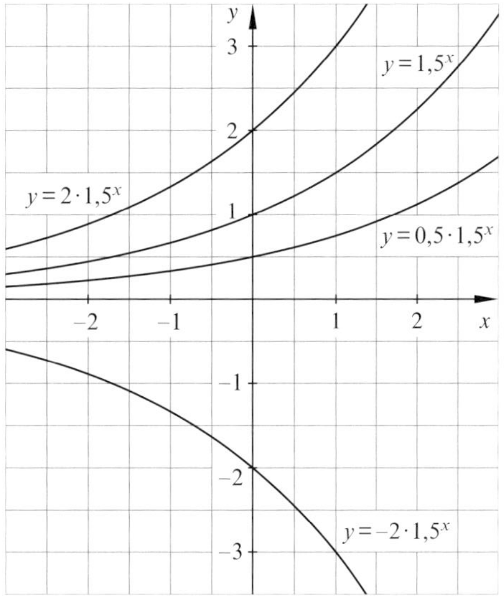

13. a) $0 < a < 1$: f_3, f_5, f_6;
$1 < a$: f_1, f_2, f_4
b) $c < 0$: f_2, f_4, f_5;
$c > 0$: f_1, f_3, f_6
c) $|c| < 1$: f_4, f_6;
$|c| > 1$: f_1, f_2, f_3, f_5

14. z. B. $y = 2^x$; $y = 0{,}8 \cdot 2{,}5^x$; $y = 4 \cdot 0{,}5^x$

15. a) $32 = c \cdot a^6$; $2 = c \cdot a^2 \Rightarrow$
$\frac{32}{2} = \frac{c \cdot a^6}{c \cdot a^2} \Rightarrow 16 = a^4 \Rightarrow a = 2$
$2 = c \cdot a^2 \Rightarrow 2 = c \cdot 2^2 \Rightarrow c = 0{,}5$
b) $600\,000 = c \cdot a^6$; $6000 = c \cdot a^3 \Rightarrow \frac{600\,000}{6000} = \frac{c \cdot a^6}{c \cdot a^3} \Rightarrow 100 = a^3 \Rightarrow a = \sqrt[3]{100}$
$6000 = c \cdot a^3 \Rightarrow 6000 = c \cdot (\sqrt[3]{100})^3 = c \cdot 100 \Rightarrow c = 60 \Rightarrow f(x) = 60 \cdot (\sqrt[3]{100})^x$
c) Aus $8 = c \cdot a^3$ und $-64 = c \cdot a^6$ folgt $a^3 = -8$ und $a = -2$, was der Definition einer Exponentialfunktion widerspricht.
d) Es gibt keine Exponentialfunktion, deren Graph im I. und IV. Quadranten verläuft. Begründung: Seien $P(x_1 \mid y_1)$ und $Q(x_2 \mid y_2)$ Punkte des Graphen einer Exponentialfunktion $f(x) = c \cdot a^x$ mit $y_1 > 0$ und $y_2 < 0$. Aus $y_1 > 0$ folgt $c > 0$ und aus $y_2 < 0$ folgt $c < 0$; Widerspruch.

WAS MEINST DU DAZU (Randspalte S. 10):
Laufzeit: 1003 Jahre; $1\,€ \cdot 1{,}03^{1003} \approx 7{,}51 \cdot 10^{12}\,€$. Das sind etwa 7,51 Billionen Euro.

16. a) $f(x) = 3 \cdot 2^x$ b) $f(x) = 2 \cdot 3^x$ c) $f(x) = 4 \cdot 0{,}5^x$
d) $f(x) = 12 \cdot \left(\frac{1}{3}\right)^x$ e) $f(x) = (-8) \cdot 2^x$ f) $f(x) = (-2) \cdot 4^x$

17. $f_1(x) = 3 \cdot 2^x$; $f_2(x) = -2 \cdot 3^x$; $f_3(x) = 6 \cdot \left(\frac{1}{\sqrt{6}}\right)^x$;
$f_4(x) = -0{,}8 \cdot 5^x$; $f_5(x) = -3 \cdot 0{,}5^x$; $f_6(x) = 0{,}5 \cdot 0{,}5^x$

18. a) weder lineare noch Exponentialfunktion b) lineare Funktion $y = 2{,}5x - 1$
c) weder lineare noch Exponentialfunktion d) Exponentialfunktion $y = -2^x$

19. a) $y = 1{,}2^x$ b) keine Exponentialfunktion

20. a) Die Umwandlung von DIN in ASA folgt der Funktion f mit $f(x) = 0{,}922 \cdot 1{,}25^x$.
b) Rechnerisch entsprechen 18° DIN 51 ASA, 22° DIN 125 ASA, 24° DIN 195 ASA. Angegeben werden üblicherweise die gerundeten Werte:
18° DIN 50 ASA, 22° DIN 125 ASA, 24° DIN 200 ASA.

21. $6000 \cdot x^7 = 10\,150{,}38 \Rightarrow x^7 = 1{,}691\,73 \Rightarrow x = 1{,}078$. Der Jahreszinssatz betrug 7,8 %.

22. A: $5000 \cdot x^4 = 5826{,}83 \Rightarrow x^4 = 1{,}691\,73 \Rightarrow x = 1{,}039 \Rightarrow p = 3{,}9\,\%$
B: $8000 \cdot x^5 = 9593{,}65 \Rightarrow x^5 = 1{,}199\,21 \Rightarrow x = 1{,}037 \Rightarrow p = 3{,}7\,\%$
C: $4000 \cdot x^6 = 5090{,}55 \Rightarrow x^6 = 1{,}272\,64 \Rightarrow x = 1{,}041 \Rightarrow p = 4{,}1\,\%$

23. a) (1) $13\,000 = 10\,000 \cdot x^3 \Rightarrow x^3 = 1{,}3 \Rightarrow x = 1{,}0914 \Rightarrow p = 9{,}14\,\%$
(2) $7250 = 5000 \cdot x^4 \Rightarrow x^4 = 1{,}45 \Rightarrow x = 1{,}0973 \Rightarrow p = 9{,}73\,\%$
b) (1) $13\,000 = 10\,000 \cdot x^3 \Rightarrow x^3 = 1{,}3 \Rightarrow x = 1{,}0914 \Rightarrow p = 9{,}14\,\%$
(2) $7500 = 5000 \cdot x^4 \Rightarrow x^4 = 1{,}5 \Rightarrow x = 1{,}1067 \Rightarrow p = 10{,}67\,\%$

24. a) Die Quotienten zweier aufeinanderfolgender Werte sind (der Reihe nach):
0,69; 0,69; 0,70; 0,70; 0,67; 0,71; 0,70; 0,71; 0,60; 0,67.
Die Messergebnisse bestätigen also einen annähernd exponentiellen Verlauf.
Funktionsgleichung: $h(t) = 90 \cdot 0{,}48^t$ (t in min, $h(t)$ in mm)
b) Funktionsgleichung: $H(t) = 90 \cdot 0{,}69^t$ (t in min, $H(t)$ in mm)

t in min	0	0,5	1	1,5	2	2,5	3	3,5	4	4,5	5
H in mm	90	75	62	52	43	36	30	25	20	17	14

c) Die Angaben des Schulbuches können zutreffen, da die Versuchsbedingungen unvollständig angegeben sind. Die Messwerte könnten sich auf eine andere Biersorte beziehen. Auch könnte die Temperatur des Bieres ebenso wie die des Raumes die Entwicklung der Bierschaumhöhe beeinflussen.

Erläuterungen und Anregungen

Der Einstieg in diese Lerneinheit wird anhand eines realen Beispiels vollzogen. Dieses Beispiel ermöglicht es, Exponentialfunktionen als geeignetes Modell für eine zeitlich begrenzte Beschreibung von Wachstumsvorgängen in der Natur einzuführen. Andererseits ist es geeignet, Grenzen des Modells aufzuzeigen und gleichzeitig dazu anzuregen, Veröffentlichungen, in denen auf exponentielles Wachstum verwiesen wird, kritisch zu werten. Mithilfe des Internets wird es möglich sein, die tatsächliche Entwicklung dem theoretisch angenommenen Verlauf gegenüberzustellen. Da Zeitungsmeldungen wie in Aufgabe 1 nicht selten sind, ist es sicher auch möglich, ein aktuelles Beispiel als Einstieg oder Erweiterung zu verwenden.

Die einführenden Aufgaben führen auf Funktionen vom Typ $f(x) = c \cdot a^x$ bzw. auf lineare Funktionen und stellen exponentielles und lineares Wachstum gegenüber. Im Anschluss werden die wesentlichen Eigenschaften der Exponentialfunktionen mit $f(x) = c \cdot a^x$ (für alle zulässigen Basen a, aber nur für $c > 0$) erarbeitet. Ein weiterer Schwerpunkt dieser Lerneinheit ist das Auffinden von Funktionsgleichungen zu gegebenen Wertepaaren oder Graphen.

Wachstumsprozesse und ihre Beschreibung mithilfe von Änderungsraten

Lösungen der Aufgaben auf den Seiten 12 bis 15

1. a) $R_t = c \cdot N_t$ (c: Proportionalitätsfaktor; $c > 0$)
   $N_{t+1} = N_t + R_t = N_t + c \cdot N_t = (1 + c) \cdot N_t$
   $N_t = (1 + c) \cdot N_{t-1} = (1 + c)^2 \cdot N_{t-2} = (1 + c)^3 \cdot N_{t-3} = \ldots = (1 + c)^t \cdot N_0 \quad (t \in \mathbb{Z})$
   b) Die zugrunde liegende Zeiteinheit sei 1 Monat. Dann gilt:
   $N_0 = 100;\ N_2 = 144 = (1 + c)^2 \cdot N_0 \Rightarrow (1 + c)^2 = 1{,}44 \Rightarrow 1 + c = 1{,}2 \Rightarrow c = 0{,}2$

Zeit t in Monaten	2	4	6	8	10	12	14	16	18	20
Mäusebestand N_t	144	207	299	430	619	892	1284	1849	2662	3834

   c) $N(t) = 100 \cdot 1{,}2^t$
   d) Die Funktionsgleichung kann den Mäusebestand nicht ganz genau, sondern nur näherungsweise beschreiben, da die meisten Funktionswerte keine ganzen Zahlen sind, der Mäusebestand aber ganzzahlig sein muss. Außerdem gibt es in der Praxis immer kleine zufällige Abweichungen.
   Zur Wahl eines sinnvollen Definitionsbereichs:
   - Für sehr große t ist zu erwarten, dass das Wachstum der Mäusepopulation z. B. durch Nahrungs- und Platzmangel begrenzt wird. Es muss also geprüft werden, bis zu welchem $t = t_{max}$ die eingangs gemachte Modellannahme noch sinnvoll ist.
   - Falls es den Mäusebestand auch schon vor dem Zeitpunkt $t = 0$ gab, kann es auch sinnvoll sein, negative Werte für t zuzulassen, allerdings nur bis etwa $t = -12$. Zu diesem Zeitpunkt sind noch 11 Mäuse vorhanden. Bei weniger Mäusen ist die Modellannahme nicht mehr sinnvoll, da sich das Wachstum dann fast nur noch im Bereich von Bruchteilen einer Maus abspielen würde.
   - Innerhalb des Intervalls $[0;\ t_{max}]$ oder $[-12;\ t_{max}]$ können beliebige reelle t-Werte zugelassen werden, denn es ist zu erwarten, dass der Bestandszuwachs etwa gleichmäßig über den Monat verteilt erfolgt. Dann kann man auch für halbe Monate oder einzelne Tage ungefähre Bestandszahlen berechnen.

   Die Modellannahme ist nicht mehr sinnvoll, wenn die Vermehrung der Mäuse starken jahreszeitlichen Schwankungen unterliegen sollte oder Störfaktoren wie Krankheiten oder plötzliche Veränderungen der Umgebungsbedingungen auftreten (z. B. Anschaffung einer Katze, Auslagerung von als Nahrungsquelle dienenden Vorräten).

2. a) $R_t = Z$ (Z: konstanter Zuwachs innerhalb einer Zeiteinheit)
   $N_{t+1} = N_t + R_t = N_t + Z$
   $N_t = N_{t-1} + Z = N_{t-2} + 2 \cdot Z = N_{t-3} + 3 \cdot Z = \ldots = N_0 + t \cdot Z \quad (t \in \mathbb{N})$
   b) Beispiel: Eine Schülerin hat 150 € und spart monatlich 20 €:
   $N_0 = 150;\ Z = 20;\ N_t = 150 + t \cdot 20$ (t: Zeit in Monaten)
3. a) $R_t + R_{t+1}$
   b) Aufgabe 1 b): $R_t = 0{,}2 \cdot N_t = 0{,}2 \cdot 1{,}2^t \cdot 100$.
   Die Wachstumsgeschwindigkeit ändert sich mit der Zeit, sie steigt exponentiell und ist proportional zum vorhandenen Bestand.
   Aufgabe 2 b): $R_t = 20$. Die Wachstumsgeschwindigkeit ist konstant.
4. a)

Nr.	Zeit t (Monate)	alter Best. $B_{alt} = B(t)$	neuer Best. $B_{alt} = B(t+2)$	Best.-Änd. $\Delta B(t) = B_{neu} - B_{alt}$	$R(t) = \frac{\Delta B(t)}{\Delta t}$	$\frac{R(t)}{B(t)}$
1	0	100	144	44	22	0,22
2	2	144	207	63	31,5	0,22
3	4	207	299	92	46	0,22
4	6	299	430	131	65,5	0,22
5	8	430	619	189	94,5	0,22
6	10	619	892	273	136,5	0,22
7	12	892	1284	392	196	0,22
8	14	1284	1849	565	282,5	0,22
9	16	1849	2662	813	406,5	0,22
10	18	2662	3834	1172	586	0,22
11	20	3834	5521	1687	843,5	0,22

   b) Aus der letzten Tabellenspalte lässt sich entnehmen, dass die Änderungsrate (bezogen auf die feste Zeiteinheit $\Delta t = 2$ Monate) direkt proportional zum jeweils aktuell vorhandenen Bestand ist, unabhängig vom Startzeitpunkt und vom Anfangswert. Dies entspricht der in Aufgabe 1 gemachten Modellannahme. Allgemeine Aussage: Die Änderungsrate (bezogen auf eine fest gewählte Zeitintervalllänge Δt) ist bei exponentiellem Wachstum stets proportional zum vorhandenen Bestand.
   Allgemeine Modellgleichung: $B(t + \Delta t) = B(t) + c \cdot B(t) \cdot \Delta t = (1 + c \cdot \Delta t) \cdot B(t)$
5. (1) Aus $R(t) \cdot h = B(t + h) - B(t)$ und $R(t) = c \cdot B(t)$ folgt die Gleichung $B(t + h) = (1 + c \cdot h) \cdot B(t)$ unmittelbar.

(2) $h > 0$ ist klar, weil h eine Zeitspanne ist.
Sinnvoll ist in der Gleichung $B(t + h) - B(t) = ch\,B(t)$ offenbar nur $-1 \leq ch$, denn der Bestand kann in einer Zeitspanne h höchstens ganz verschwinden.
Es gilt einerseits $f(nh) = B(0) \cdot (\sqrt[h]{1+ch})^{nh} = B(0) \cdot (1 + c \cdot h)^n$, andererseits gilt nach (1) auch $B(nh) = (1 + c \cdot h) \cdot B((n - 1)\,h) = \ldots = (1 + c \cdot h)^n \cdot B(0)$.
Also gilt $f(n \cdot h) = B(n \cdot h)$ für alle $n \in \mathbb{N}_0$.

6. Man löst die angegebene Gleichung nach c auf und setzt für f den gegebenen Funktionsterm ein. Es ergibt sich $c = \frac{f(t+h) - f(t)}{f(t) \cdot h} = \frac{k \cdot a^t \cdot (a^h - 1)}{k \cdot a^t \cdot h} = \frac{a^h - 1}{h}$; diese Zahl c hängt offenbar von h, aber nicht von der Stelle t ab.

7. Sei $a = \sqrt[\Delta t]{1 + c \cdot \Delta t}$. Dann folgt aus $R(t) = \frac{B(t+\Delta t) - B(t)}{\Delta t} = c \cdot B(t)$:
$B(t + \Delta t) = B(t) + c \cdot B(t) \cdot \Delta t = (1 + c \cdot \Delta t) \cdot B(t)$
Speziell gilt für $t = 0$; $t = \Delta t$; $t = 2 \cdot \Delta t$ usw.:
$B(\Delta t) = (1 + c \cdot \Delta t) \cdot B(0)$
$B(2 \cdot \Delta t) = (1 + c \cdot \Delta t) \cdot B(\Delta t) = (1 + c \cdot \Delta t)^2 \cdot B(0)$
$B(3 \cdot \Delta t) = (1 + c \cdot \Delta t) \cdot B(2 \cdot \Delta t) = (1 + c \cdot \Delta t)^3 \cdot B(0)$
$\vdots$
$B(n \cdot \Delta t) = (1 + c \cdot \Delta t)^n \cdot B(0) = B(0) \cdot (\sqrt[\Delta t]{1 + c \cdot \Delta t})^{n \cdot \Delta t} = B(0) \cdot a^{n \cdot \Delta t}$
Setzt man nun $t = n \cdot \Delta t$ und $k = B(0)$, so ergibt sich zur Beschreibung des Wachstumsvorganges die Exponentialfunktion: $B(t) = k \cdot a^t$ (allerdings zunächst nur für die Fälle, in denen t ein natürliches Vielfaches von Δt ist; für die Zwischenwerte und für negative t, falls sinnvoll, wären dann noch weitere Nachweise zu führen, die hier nicht verlangt werden).

8. Funktionsgleichung für den Wachstumsprozess:
$V(t) = 3000\text{ m}^3 + t \cdot 150\text{ m}^3/\text{h}$
Wachstumsrate:
$R(t) = 150\text{ m}^3/\text{h}$
Bis das Becken gefüllt ist, vergehen 30 Stunden und 40 Minuten.
Es handelt sich bei diesem Vorgang um lineares Wachstum.

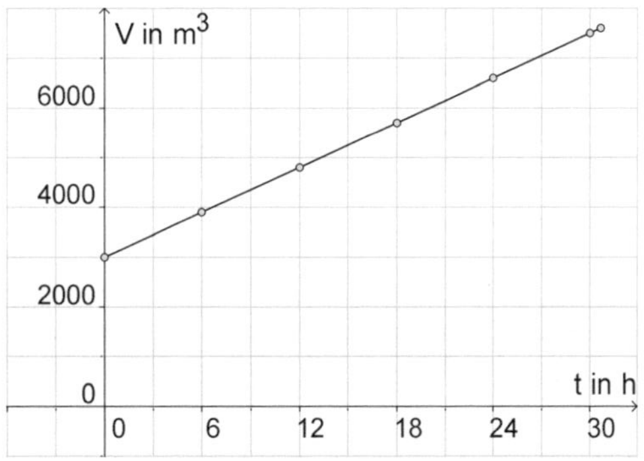

9. a) $B(t + \Delta t) = B(t) + c \cdot \Delta t$ (c: konstante Änderungsrate)
b) Gegeben sei ein linearer Wachstumsprozess, also ein Wachstumsprozess mit konstanter Änderungsrate $R(t) = c$. Dann gilt für $t = 0$; $t = \Delta t$; $t = 2 \cdot \Delta t$ usw.:
$B(\Delta t) = B(0) + c \cdot \Delta t$
$B(2 \cdot \Delta t) = B(\Delta t) + c \cdot \Delta t = B(0) + 2 \cdot c \cdot \Delta t$
$B(3 \cdot \Delta t) = B(2 \cdot \Delta t) + c \cdot \Delta t = B(0) + 3 \cdot c \cdot \Delta t$
$\vdots$
$B(n \cdot \Delta t) = B(0) + n \cdot c \cdot \Delta t$
Setzt man nun $t = n \cdot \Delta t$ und $k = B(0)$, so ergibt sich zur Beschreibung des Wachstumsvorganges die lineare Funktion: $B(t) = k + c \cdot t$ (allerdings zunächst nur für die Fälle, in denen t ein natürliches Vielfaches von Δt ist; für die Zwischenwerte und für negative t, falls sinnvoll, wären weitere Nachweise zu führen).

10. a)

Tageszeit	6.00	8.00	10.00	12.00	14.00	16.00	18.00
Temperatur (in °C)	10,0	12,5	16,5	20,0	21,0	21,0	19,0
Änderungsrate (in °C/h)	1,25	2	1,75	0,5	0	–1	

b) Lösung für den 1. Druck des Lehrbuches:

Jahr	1900	1925	1950	1975	2000
Erdbevölkerung (in Milliarden)	10,0	12,5	16,5	20,0	21,0
Änderungsrate (in Mrd./Jahr)	0,10	0,16	0,14	0,04	

Aufgrund eines Druckfehlers entsprechen diese Zahlen nicht den Tatsachen.
Lösung für den 2. und weitere Drucke:

Jahr	1900	1925	1950	1975	2000
Erdbevölkerung (in Mrd.)	1,6	2,0	2,5	3,9	6,0
Änderungsrate(in Mrd./Jahr)	0,016	0,020	0,056	0,084	

c)

Zeit (in Stunden)	1	5	9	13
Medikamentenkonzentration im Blut (in mg/l)	12,00	8,40	5,88	4,12
Änderungsrate (in $\frac{\text{mg}}{\text{l} \cdot \text{h}}$)	–0,90	–0,63	–0,44	

11. a) Auf 200 Einwohner kommen jährlich 5 Geburten und 4 Todesfälle, also ein Zuwachs von einem Einwohner. Mit anderen Worten: Die Einwohnerzahl der Stadt wächst jährlich um 0,5 %.
Funktionsgleichung: $B(t) = 20\,000 \cdot 1{,}05^t$ (t: Zeit in Jahren)
Modellgleichung: $B(t + 1) = B(t) + 0{,}05 \cdot B(t) = 1{,}05 \cdot B(t)$
Änderungsrate: $R(t) = 0{,}05 \cdot B(t)$

Zeit t (in Jahren)	0	1	2	3	4	5	6
Einwohnerzahl $B(t)$	20 000	21 000	22 050	23 152	24 310	25 526	26 802
Änderungsrate $R(t)$	1000	1050	1102	1158	1216	1276	1340

b) Ja, es liegt exponentielles Wachstum vor, da die Änderungsrate $R(t)$ proportional zum jeweils vorhandenen Einwohnerbestand $B(t)$ ist.

12. a) $R(0) = 1000$

b)

Zeitintervall	[0; 2]	[2; 4]	[4; 6]	[6; 8]	[8; 10]	[10; 12]
B_{alt}	5000	6000	7200	8640	10 368	12 442
B_{neu}	6000	7200	8640	10 368	12 442	14 930
ΔB	1000	1200	1440	1728	2074	2488
R	500	600	720	864	1037	1244

c) Die Änderungsraten aufeinanderfolgender Zeitintervalle wachsen jeweils um den Faktor 1,2 (wie die Bestände).

13. a)

Zeit t (in Wochen)	0	1	2	3	4	5	6
Mäusebestand $B(t)$	1000	970	939	906	873	838	801
Änderungsrate $R(t)$	–30	–31	–33	–33	–35	–37	

Damit der Bauer eine Chance gegen die Mäuse hat, muss er in der Lage sein, in der ersten Woche mehr Mäuse zu fangen als durch Vermehrung hinzu kommen. In den darauffolgenden Wochen wird der Ausgangsbestand dann immer geringer und damit auch die Anzahl der neugeborenen Mäuse. Die Anzahl der gefangenen Mäuse bleibt hingegen konstant. Dadurch wird der Betrag der negativen Änderungsrate immer größer. Somit ist gewährleistet, dass der Mäusebestand wirklich komplett vernichtet wird und sich nicht etwa asymptotisch einem Wert größer als 0 nähert.

b) Bei einem Anfangsbestand von 2000 Mäusen werden in der ersten Woche 80 Mäuse geboren. Es müssen also mehr als 80 Mäuse pro Woche gefangen werden. Hierzu genügen 12 Fallen:

Zeit t (in Wochen)	0	1	2	3	4	5	6
Mäusebestand $B(t)$	2000	1996	1992	1988	1983	1978	1973
Änderungsrate $R(t)$	–4	–4	–4	–5	–6	–5	

Es zeigt sich, dass die Anzahl der Mäuse zwar kontinuierlich abnimmt, jedoch zumindest anfangs sehr langsam, so dass die komplette Beseitigung des Bestandes sehr lange dauert. Außerdem kann es bei theoretischen Änderungsraten von nur –4 oder –5 in der Praxis auch geschehen, dass der Bestand in einzelnen Wochen aufgrund von statistischen Abweichungen wieder zu- statt abnimmt. Es ist daher besser, statt nur 12 wenigstens 13 Fallen zu nehmen. Dann werden je Woche 91 Mäuse gefangen:

Zeit t (in Wochen)	0	1	2	3	4	5	6
Mäusebestand $B(t)$	2000	1989	1978	1966	1953	1940	1927
Änderungsrate $R(t)$	–11	–12	–12	–13	–13	–13	

Jetzt sehen die Ergebnisse schon besser aus.

AUFGABE (Randspalte S. 15):

- Zunahme eines Kapitals bei jährlicher Abhebung der Zinsen (wenn die Zinsen nicht wieder angelegt, aber auch nicht verbraucht werden)
- zurückgelegte Entfernung eines Fahrzeugs bei konstanter Geschwindigkeit
- Geschwindigkeit eines Fahrzeugs bei konstanter Beschleunigung
- Anzahl der hergestellten Erzeugnisse bei einer Massenproduktion bei gleichmäßiger Auslastung der Maschinen rund um die Uhr

NACHGEDACHT (Randspalte S. 15):

Die Aussage ist für die meisten in der Praxis vorkommenden Wachstumsprozesse richtig. Es ist zwar theoretisch in bestimmten Fällen auch möglich, exponentielles Wachstum für begrenzte Zeit durch gezielte Manipulationen von außen zu erzwingen, dies spielt aber bei praktischen Problemen kaum eine Rolle.

Exponentialfunktionen f mit einer Gleichung $f(x) = a^x$

Lösungen der Aufgaben auf den Seiten 16 bis 21

1. Aus $1 \cdot b^5 = 10\,000$ ergibt sich $b \approx 6{,}31$. Der Algenteppich wird also jährlich etwa sechsmal so groß. Mit $b = 6{,}31$ folgt für 1992 eine Ausdehnung von 251 ha (bei Wachstumsfaktor 6: 168 ha). Zum Vergleich: Ende 1996 hatte sich die Alge auf über 3000 ha ausgedehnt.

2. a)

Nr. der Generation	4	5	6	7	8	9	10
Anzahl der Spieler	27	81	243	729	2187	6561	19683

b) (2) $N = f(x) = \frac{1}{3} \cdot 3^x$

3. a) Der Punkt $P(0 \mid 1)$ liegt auf den Graphen aller Funktionen. Darüber hinaus ist der Funktionswert an der Stelle $x = 1$ gerade gleich der Basis, man kann also mithilfe des Punktes $Q(1 \mid a)$ die Basis am Graphen ablesen.

b) Wegen des positiven Wachstumsfaktors a entstehen aus dem positiven Wert 1 (bei $x = 0$) ausschließlich positive Funktionswerte.

c) Wegen der beiden Eigenschaften aus a) sind diese Exponentialfunktionen streng monoton wachsend für $a > 1$ bzw. fallend für $0 < a < 1$.

4\. a)

$f(x)$	2	5	6	0,5
x	0,63	1,46	1,63	–0,63

b)

x	–1	1	0	2	–0,5	1,5
$f(x)$	$\frac{1}{3}$	3	1	9	$\frac{1}{3}\sqrt{3}$	$3\sqrt{3}$

Die Argumente nehmen um 2 zu, die Werte werden um den Faktor $9 = 3^2$ größer.

c) Wird x um s vergrößert, dann verändert sich der Funktionswert um den Faktor 3^s.

5\. a) Lisa meint: Wenn man den Verlauf des Graphen entgegen der Richtung der x-Achse (für $a > 1$) bzw. in Richtung der x-Achse (für $a < 1$) betrachtet, dann wird der Abstand des Graphen von der x-Achse beliebig klein.

b) Tim und Ferdinand versuchen zu beschreiben, dass es – gleich welcher Maßstab für das Koordinatensystem gewählt wird – schwierig ist, die Werte einer Exponentialfunktion graphisch darzustellen. Wegen des exponentiellen Wachstums entstehen sehr schnell (d. h. bei Intervallen $[x_1; x_2] \subset D_f$ schon für kleine $|x_1|$, $|x_2|$) betragsmäßig sehr große und sehr kleine Funktionswerte.

c) Der Graph ist sichtbar, solange $f(x) > 0{,}01$ ist, also etwa für $x > -6{,}6$.

6\. a)

x_1	0	–4	–1	2	4
x_2	3	–2	6	2	5
$f(x_1) \cdot f(x_2)$	$1 \cdot 8 = 8$	$\frac{1}{16} \cdot \frac{1}{4} = \frac{1}{64}$	$\frac{1}{2} \cdot 64 = 32$	$4 \cdot 4 = 16$	$16 \cdot 32 = 512$
$f(x_1 + x_2)$	8	$\frac{1}{64}$	32	16	512

b) Der Zusammenhang gilt für alle Exponentialfunktionen der Form $f(x) = a^x$.

c) $f(x_1) \cdot f(x_2) = a^{x_1} \cdot a^{x_2} = a^{x_1 + x_2} = f(x_1 + x_2)$

(Zwei Potenzen mit der gleichen Basis werden multipliziert, indem man die Exponenten addiert und die Basis beibehält.)

7\. a) (1) $y = 2x$; $f(x_1) = 2x_1$; $f(x_2) = 2x_2$

$f(x_1 + x_2) = 2(x_1 + x_2) = 2x_1 + 2x_2$

$f(x_1) \cdot f(x_2) = 2x_1 \cdot 2x_2 = 4x_1x_2$

(2) $y = x^2$; $f(x_1) = x_1^2$; $f(x_2) = x_2^2$

$f(x_1 + x_2) = (x_1 + x_2)^2 = x_1^2 + 2x_1x_2 + x_2^2$

$f(x_1) \cdot f(x_2) = x_1^2 \cdot x_2^2$

Die Gleichung $f(x_1 + x_2) = f(x_1) \cdot f(x_2)$ wird von der linearen Funktion $y = 2x$ und der quadratischen Funktion $y = x^2$ nicht erfüllt.

b) $f(x_1 + x_2) = f(x_1) + f(x_2)$

8\. a)

x	–5	–4	–3	–2	–1	0	1	2	3	4	5
$y = 2^x$	$\frac{1}{32}$	$\frac{1}{16}$	$\frac{1}{8}$	$\frac{1}{4}$	$\frac{1}{2}$	1	2	4	8	16	32
$y = \left(\frac{1}{2}\right)^x$	32	16	8	4	2	1	$\frac{1}{2}$	$\frac{1}{4}$	$\frac{1}{8}$	$\frac{1}{16}$	$\frac{1}{32}$

b) (1) Gemeinsame Eigenschaften:

gemeinsamer Punkt $P(0 \mid 1)$; gleiche Definitionsbereiche ($\mathbb{R}$) und Wertebereiche ($\mathbb{R}^+$); die Graphen liegen bezüglich der y-Achse zueinander symmetrisch.

(2) Unterschiedliche Eigenschaften: $y = 2^x$ ist streng monoton wachsend über $\mathbb{R}$; $y = 0{,}5^x$ ist streng monoton fallend über $\mathbb{R}$.

c) Jeder der beiden Graphen geht aus dem jeweils anderen durch Spiegelung an der y-Achse hervor.

d) Die Ergebnisse aus b) und c) für f_1 und f_2 gelten auch für die Funktionen f_3 und f_4.

9\. a)

x	–5	–4	–3	–2	–1	0	1	2	3	4	5
$y = 4^x$	$\frac{1}{1024}$	$\frac{1}{256}$	$\frac{1}{64}$	$\frac{1}{16}$	$\frac{1}{4}$	1	4	16	64	256	1024
$y = \left(\frac{1}{4}\right)^x$	1024	256	64	16	4	1	$\frac{1}{4}$	$\frac{1}{16}$	$\frac{1}{64}$	$\frac{1}{256}$	$\frac{1}{1024}$

b) $4^{-x} = \frac{1}{4^x} = \frac{1^x}{4^x} = \left(\frac{1}{4}\right)^x$

c) Es wurde die Symmetrie beider Graphen zur y-Achse nachgewiesen.

d) Gegeben seien $f(x) = a^x$ und $g(x) = \left(\frac{1}{a}\right)^x$. Dann gilt für jedes $x \in \mathbb{R}$:

$f(-x) = a^{-x} = \frac{1}{a^x} = \left(\frac{1}{a}\right)^x = g(x)$.

Damit ist die Symmetrie der Graphen beliebiger Exponentialfunktionen f und g mit $f(x) = a^x$ und $g(x) = \left(\frac{1}{a}\right)^x$ zur y-Achse nachgewiesen.

10\. Zu jedem Punkt $P(x \mid 3^x)$ des Graphen von f gibt es genau einen Punkt $Q(-x \mid (\frac{1}{3})^{-x})$ des Graphen von g, der symmetrisch zur y-Achse liegt und wegen $(\frac{1}{3})^{-x} = 3^x$ den gleichen Funktionswert wie P hat.

11\. $f_5(x) = \left(\frac{2}{3}\right)^x$; $f_6(x) = \left(\frac{5}{9}\right)^x$; $f_7(x) = 0{,}4^x$; $f_8(x) = (\sqrt{2})^x$

WAS MEINST DU DAZU (Randspalte S. 18):

Körneranzahl für das 64. Feld: $2^{63} \approx 9{,}223 \cdot 10^{18}$

Annahmen: (1) Weizenproduktion 1990: 595 Mio. t

(2) Masse eines Korns: 0,9 g

Ergebnis: 2^{63} Körner entsprechen dem 1550-fachen der Weizenproduktion von 1990.

12. a) Exponentialfunktionen mit dem Funktionsterm a^x nehmen an der Stelle $x = 1$ den Wert a an. Da sich die Ordnung der Werte der verschiedenen Funktionen zueinander an einer festen Stelle $x_0 > 0$ nicht ändert, braucht man die Einheiten auf den Achsen nicht zu kennen.

(1) $i(x) = 0{,}75^x$ (2) $f(x) = 0{,}6^x$ (3) $h(x) = 3{,}4^{-x}$ (4) $g(x) = 3{,}4^x$
(5) $j(x) = 2{,}5^x$

b) (1) $a > 1$ (2) $a < 1$ (3) $a > 1$ (4) $a < 1$
(5) $a < 1$ (6) $a > 1$

$a > 1 \Leftrightarrow f(x) > 1$ für $x > 0 \Leftrightarrow f(x) < 1$ für $x < 0$;

$a < 1 \Leftrightarrow f(x) < 1$ für $x > 0 \Leftrightarrow f(x) > 1$ für $x < 0$.

Denn für jede Funktion f mit $f(x) = a^x$ gilt $f(0) = 1$ und f ist streng monoton wachsend [fallend] für $a > 1$ [$a < 1$].

13. Martins Aussage ist nur dann richtig, wenn für einen Punkt $P(x \mid y)$ das Argument x beliebig, aber $x \neq 0$ und $y > 0$ ist. Jennys Aussage ist richtig, denn der Punkt $P(0 \mid 1)$ gehört zum Graphen jeder Exponentialfunktion f mit $f(x) = a^x$. Tinas Forderung ist hinreichend, aber nicht notwendig.

14. a) $f(x) = 7^x$ b) $f(x) = 0{,}2^x$ c) $f(x) = 4^x$ d) $f(x) = 0{,}1^x$

e) $f(x) = (\sqrt{2})^x$ f) $f(x) = \left(\frac{1}{3}\right)^x$ g) $f(x) = 2^x$ h) $f(x) = \left(\frac{1}{\sqrt{2}}\right)^x$

i) Der Punkt $P(0 \mid 1)$ gehört zu jeder Exponentialfunktion f mit $f(x) = a^x$.

15. $f_1(x) = 3^x$; $f_2(x) = (\sqrt[4]{5})^x$; $f_3(x) = (\sqrt{5})^x$;
$f_4(x) = 5^x$; $f_5(x) = 0{,}2^x$; $f_6(x) = 0{,}8^x$

WAS MEINST DU DAZU (Randspalte S. 19):

Dicke d_n nach dem n-ten Falten: $d_n = 0{,}1 \cdot 2^n$ mm

$d_{12} \approx 40{,}96$ cm; $d_{25} \approx 3355$ m; $d_{50} \approx 112{,}6$ Mio. km

16. a) $f(x) = \frac{1}{2} \cdot 2^{x+1} = \frac{1}{2} \cdot 2^x \cdot 2^1 = 2^x$ b) z. B. $f(x) = \frac{1}{4} \cdot 2^{x+2}$; $f(x) = 4 \cdot 2^{x-2}$

17. In den Funktionstermen von g bzw. i tritt gegenüber denen von f bzw. h der Term $x + 1$ anstelle von x auf. Daher ist der Graph von g bzw. i gegenüber dem von f bzw. h um 1 nach links (entgegen der Richtung der x-Achse) verschoben.

18. Meike denkt daran, den Faktor 8 mit der Basis 2 darzustellen und mithilfe des Potenzgesetzes den Funktionsterm auf die Form a^{x+d} zu bringen. Der Übergang von 2^x zu 2^{x+3} zeigt, dass der Graph von f durch Verschiebung um 3 entgegen der Richtung der x-Achse aus dem Graphen von g entsteht.

AUFGABE (Randspalte S. 20):

$g(x) = a^{bx+d} = a^d \cdot a^{bx} = a^d \cdot (a^b)^x$; a^b ist der Wachstumsfaktor und a^d der Anfangswert.

19. a) $f(x) = 10^{x+2}$ b) $f(x) = 2^{x+6}$ c) $f(x) = 4^{x+3}$

d) $f(x) = \left(\frac{1}{2}\right)^{x-3}$ e) $f(x) = 3^{x-2}$ f) $f(x) = \left(\frac{5}{4}\right)^{x-3}$

20. Dazu müsste Caroline den Faktor 5 als Potenz mit der Basis 2 darstellen. Wenn sie den Graphen von g gezeichnet hat, kann sie durch Umkehrung der Zuordnungsrichtung für $y = 5$ feststellen, welches x zu diesem Wert gehört. Auch ohne den Zahlenwert zu kennen, kann sie jetzt den Graphen von f dadurch erhalten, dass die den Graphen von g um diese Länge x entgegen der Richtung der x-Achse verschiebt.

21. a) Die Funktionen f und h haben zu jedem $y \in W$ nur ein $x \in D$, so dass y der Funktionswert an der Stelle x ist (die Gleichungen $m \cdot x = y$ und $x^{2n+1} = y$ besitzen genau eine Lösung x). Daher lässt sich die Zuordnungsrichtung eindeutig umkehren, die Umkehrzuordnung ist eindeutig, es entsteht nach Umkehrung der Zuordnung wieder eine Funktion. Die Funktion $g(x) = x^{2n}$ ($n \in \mathbb{N}$, $n \neq 0$) ist nur auf dem Intervall $x \geq 0$ oder auf dem Intervall $x \leq 0$ oder Teilintervallen davon umkehrbar.

b) Wäre $f(x_1) = f(x_2)$ für zwei Elemente $x_1, x_2 \in D$, $x_1 \neq x_2$, dann ließe sich die Zuordnung für $f(x_1) = f(x_2)$ nicht eindeutig umkehren, es wäre also f nicht umkehrbar.

c) Eine Funktion liegt vor, wenn jede Parallele zur y-Achse den Graphen höchstens einmal schneidet. Gilt zusätzlich, dass auch jede Parallele zur x-Achse den Graphen höchstens einmal schneidet, dann ist die zugehörige Funktion umkehrbar. Funktionen sind die Graphen Nr. 1, 2, 4, 5 und 6; umkehrbare Funktionen sind Nr. 1 und Nr. 5.

22. Nach Voraussetzung (strenge Monotonie) gilt für alle Elemente des Definitionsbereiches: $x_1 < x_2 \Rightarrow f(x_1) < f(x_2)$ oder $x_1 < x_2 \Rightarrow f(x_1) > f(x_2)$. Es gibt daher keine zwei verschiedenen Elemente x_1 und x_2, für die $f(x_1) = f(x_2)$ gilt. Also ist f eineindeutig. Daraus folgt, dass Exponentialfunktionen der Form $f(x) = a^x$ umkehrbar sind.

23. Für Exponentialfunktionen $f(x) = c \cdot a^x$ gelten nach Definition die Bedingungen $a > 0$; $a \neq 1$; $c \neq 0$. Der Defintionsbereich ist immer $\mathbb{R}$. Für $a > 1$ und $c > 0$ ist die Funktion f auf ganz $\mathbb{R}$ streng monoton steigend und damit umkehrbar, ebenso für $0 < a < 1$ und $c < 0$. Für $a > 1$ und $c < 0$ ist die Funktion f auf ganz $\mathbb{R}$ streng monoton fallend und damit umkehrbar, ebenso für $0 < a < 1$ und $c > 0$. Exponentialfunktionen f mit einer Gleichung $f(x) = c \cdot a^x$ (mit $a > 0$; $a \neq 1$; $c \neq 0$) sind also stets umkehrbar.

24. a) vgl. Zusammenfassung auf Lehrbuchseite 48
b) (1) $c > 0$: Einfluss auf die Funktionswerte und den Schnittpunkt des Graphen mit der y-Achse; kein Einfluss auf das Monotonieverhalten
(2) $c < 0$: Einfluss auf den Betrag und das Vorzeichen der Funktionswerte, auf den Schnittpunkt des Graphen mit der y-Achse und das Monotonieverhalten

25. a) siehe Abbildung
b) Die gesuchte Höhe beträgt etwa 5,4 km.
c) Der Luftdruck in 12 km Höhe beträgt rund 218 hPa.
d) Die gesuchte Höhe beträgt etwa 7,9 km.

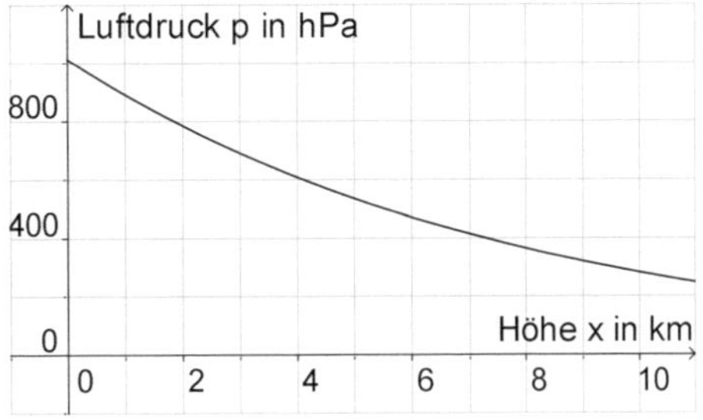

AUFGABE (Randspalte S. 21): Von der Umkehrbarkeit der betrachteten Funktion wird immer dann Gebrauch gemacht, wenn zu einem gegebenen Luftdruck p die dazugehörige Höhe x bestimmt wird, also bei den Aufgaben b) und d).

26.

x	–1	–0,8	–0,6	–0,4	–0,2
y	0,37	0,45	0,55	0,67	0,82

x	0	0,2	0,4	0,6	0,8	1
y	1	1,22	1,49	1,82	2,23	2,72

Graph: siehe nebenstehende Abbildung (Darstellung verkleinert).

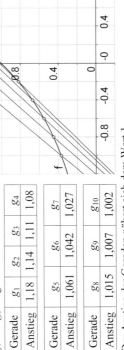

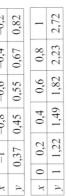

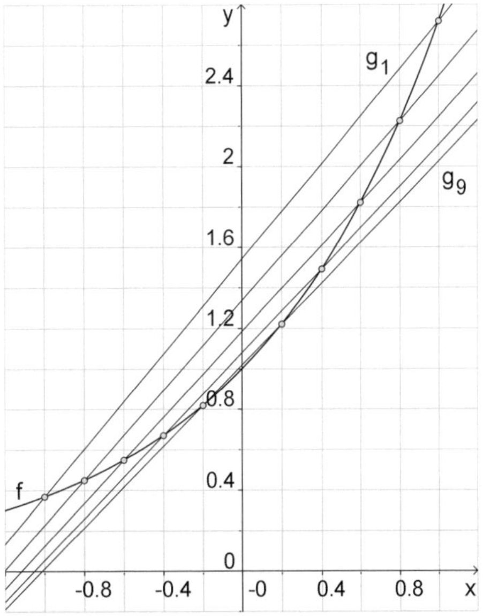

27. a) Siehe Abbildung zu Aufgabe 26. Aus Gründen der Übersichtlichkeit wurden nur die Geraden g_1, g_3, g_5, g_7 und g_9 eingezeichnet.
b)

Gerade	g_1	g_2	g_3	g_4
Anstieg	1,18	1,14	1,11	1,08

Gerade	g_5	g_6	g_7
Anstieg	1,061	1,042	1,027

Gerade	g_8	g_9	g_{10}
Anstieg	1,015	1,007	1,002

Der Anstieg der Geraden nähert sich dem Wert 1.

Erläuterungen und Anregungen

Diese Lerneinheit ist vor allem den speziellen Exponentialfunktionen mit $c = 1$ gewidmet. Hier werden die Funktionalgleichung erarbeitet und die Eigenschaften als Spezialfälle der früheren Untersuchungen formuliert.

Hervorgehoben wird die besondere Eigenschaft von Exponentialfunktionen, dass das Ersetzen der Funktionsvariablen x durch den Term $x + d$ nicht allein wie bei allen Funktionen eine Verschiebung des Graphen in Richtung der x-Achse bewirkt, sondern zugleich als Strecken des Graphen in Richtung der y-Achse gedeutet werden kann.

Überleitend zum folgenden Kapitel werden Monotonie und Umkehrbarkeit betrachtet. Außerdem findet die in der Differentialrechnung bedeutsame Eigenschaft der Funktion $f(x) = e^x$ Erwähnung, dass der Anstieg der Tangente an den Funktionsgraphen in jedem beliebigen Punkt gleich dem Funktionswert an dem betreffenden Punkt ist.

Logarithmieren – eine Umkehrung des Potenzierens

Lösungen der Aufgaben auf den Seiten 22 bis 26

1. a) (1) $0 < x < 1$ (2) $3 < x < 4$ (3) $-1 < x < 0$ (4) $-3 < x < -2$
b) (1) $L = \{-8; 8\}$ (2) $L = \{4\}$ (3) $L = \{6\}$ (4) $L = \{9\}$ (5) $L = \{6\}$
c) (1) $a^c = x$; Potenzieren; gesucht: Potenz
(2) $x^c = b$; Radizieren; gesucht: Basis
(3) $a^x = b$; Logarithmieren; gesucht: Exponent

2. a) 4 b) 4 c) 5 d) 6 e) –6 f) –3
g) –10 h) –5 i) 4 j) –2 k) 6 l) –3

3. a) $\log_a b$ ist der Exponent x, für den gilt: $a^x = b$.
b) $\log_a a^x = x$, denn $\log_a a^x$ ist die Zahl, mit der man a potenzieren muss, um a^x zu erhalten, also x.
$a^{\log_a x} = x$, denn $\log_a x$ ist die Zahl, mit der man a potenzieren muss, um x zu erhalten. Potenziert man a mit dieser Zahl, erhält man x.

4. (2) 3,778 151 250 (3) –0,522 878 745 (4) –2,096 910 013

5. 10^8; 10^{20}; 10^2; 10^7; 10^{-4}; 10^{-3}; 10^{-4}

6. Beispiele:

$8 \cdot 256$	$3 + 8 = 11$	$8 \cdot 256 = 2048$
$32 \cdot 32$	$5 + 5 = 10$	$32 \cdot 32 = 1024$
$16 \cdot 128$	$4 + 7 = 11$	$16 \cdot 128 = 2048$

Begründung: Ist $n + p = q$, so ist $2^n \cdot 2^p = 2^{n+p} = 2^q$.

AUFGABE (Randspalte S. 23): $\lg(b \cdot c) = \lg b + \lg c$; $\lg\left(\frac{b}{c}\right) = \lg b - \lg c$; $\lg(b^c) = c \cdot \lg b$

7. a) Aus $a^x = b$ und $a^y = c$ folgt $x = \log_a b$ und $y = \log_a c$.
   Aus $\frac{b}{c} = \frac{a^x}{a^y} = a^{x-y}$ ergibt sich $x - y = \log_a\left(\frac{b}{c}\right)$, also gilt $\log_a\left(\frac{b}{c}\right) = \log_a b - \log_a c$.
   b) Aus $a^x = b$ folgt $x = \log_a b$. Sei $d = b^c = (a^x)^c = a^{xc}$.
   Daraus ergibt sich $xc = \log_a d = \log_a(b^c)$ und $\log_a(b^c) = c \cdot \log_a b$.

8. a) $x \approx 8{,}043$ b) $x \approx 5{,}993$ c) $x \approx 39{,}52$ d) $x \approx -4{,}984$ e) $x \approx 48{,}68$
   f) $x \approx 12{,}41$ g) $x \approx 9{,}367$ h) $x \approx 4{,}291$ i) $x \approx 461{,}7$

9. a) $\lg 10 = 1$ b) $\lg 1000 = 3$ c) $\lg 100 = 2$ d) $\lg 5 \approx 0{,}699$ e) $\lg 10 = 1$
   f) $\lg 1 = 0$ g) $6 \lg 10 = 6$ h) $\lg 625 \approx 2{,}796$ i) $\lg 10^1 = 1$

10. a) $\lg a + \lg b = \lg(a \cdot b)$. Man sucht also in der Tafel einen dekadischen Logarithmus, der gleich $\lg a + \lg b$ ist oder diesem Wert möglichst nahe kommt. Der dazugehörige Numerus ist dann gleich $a \cdot b$ oder näherungsweise gleich $a \cdot b$.
    b) (1) $\lg 5 + \lg 12 = 0{,}6990 + 1{,}0792 = 1{,}7782 = \lg 60 \Rightarrow 5 \cdot 12 = 60$
    (2) $\lg 12 + \lg 13 = 1{,}0792 + 1{,}1139 = 2{,}1931 = \lg 156 \Rightarrow 12 \cdot 13 = 156$
    (3) $\lg 95 - \lg 5 = 0{,}9777 - 0{,}6990 = 0{,}2787 = \lg 19 \Rightarrow 95 : 5 = 19$
    (4) $\lg 94 - \lg 9 = 1{,}9731 - 0{,}9542 = 1{,}0189 = \lg 10{,}44 \Rightarrow 94 : 9 \approx 10{,}44$
    (5) $\lg 35 + \lg 46 = 1{,}5441 + 1{,}6628 = 3{,}2069 = \lg 1610 \Rightarrow 35 \cdot 46 = 1610$
    (6) $\lg 8 - \lg 7 = 0{,}9031 - 0{,}8451 = 0{,}0580 = \lg 1{,}143 \Rightarrow 8 : 7 \approx 1{,}143$

11. a) $\lg 11 + \lg 22 = 1{,}0414 + 1{,}3424 = 2{,}3838 = \lg 242 \Rightarrow 11 \cdot 22 = 242$
    b) $\lg 2{,}28 + \lg 1{,}24 = 0{,}3579 + 0{,}0934 = 0{,}4513 \approx \lg 2{,}83 \Rightarrow 2{,}28 \cdot 1{,}24 \approx 2{,}83$
    Es tritt die Schwierigkeit auf, dass der Wert 0,4513 nicht in der Tabelle vorkommt. Man verwendet dann den am nächsten liegenden Wert, in diesem Falle 0,4518.

NACHGEDACHT (Randspalte S. 24):
Gründe für das Auftreten von Näherungswerten:
- Mit einer Logarithmentafel wie der hier gezeigten kann ein Ergebnis immer nur mit einer Genauigkeit von maximal drei wesentlichen Ziffern bestimmt werden.
- Logarithmen sind meist irrationale Zahlen.

12. **Im 1. Druck sind einige Logarithmenwerte in der Tabelle fehlerhaft.**
    Korrektur: $\lg 3{,}49 = 0{,}5428$; $\lg 4{,}39 = 0{,}6425$; $\lg 4{,}87 = 0{,}6875$
    a) $0{,}2765 - 0{,}1271 = 0{,}1494 \approx \lg 1{,}41 \Rightarrow 1{,}89 : 1{,}34 \approx 1{,}41$
    b) $8 \cdot 0{,}1614 = 1{,}2912 \approx \lg 19{,}6 \Rightarrow 1{,}45^8 \approx 19{,}6$
    c) $0{,}6263 + \mathbf{0{,}6875} - 1 = 1{,}3138 - 1 = 0{,}3138 \approx \lg 2{,}06 \Rightarrow 4{,}23 \cdot 0{,}487 \approx 2{,}06$
    d) $2{,}3692 : 5 = 0{,}47384 \approx \lg 2{,}98 \Rightarrow \sqrt[5]{234} \approx 2{,}98$
    e) $14 \cdot 0{,}3729 = 5{,}2206 \approx \lg 166\,000 \Rightarrow 2{,}36^{14} \approx 166\,000$

    f) $1{,}5999 - 0{,}2945 = 1{,}3054 = \lg 20{,}2 \Rightarrow 39{,}8 : 1{,}97 \approx 20{,}2$
    g) $1{,}5391 : 12 = 0{,}12826 \approx \lg 1{,}34 \Rightarrow \sqrt[12]{34{,}6} \approx 1{,}34$
    h) $2{,}3118 - 2 - 1{,}6893 = 0{,}6225 - 2 \approx \lg 0{,}0419 \Rightarrow 2{,}05 : 48{,}9 \approx 0{,}0419$

13. a) $x = 100$ b) $x = \frac{1}{6}$ c) $x = 8$ d) $x = 4$ e) $x = 10$ f) $x = 3$

14. a) Man stellt die 1 der Skala C über die 1,3 der Skala D. Unterhalb der Zahl 3,5 auf der Skala C kann auf der Skala D die Ziffernfolge des Ergebnisses abgelesen werden. Die Position des Kommas im Ergebnis ist durch einen Überschlag zu ermitteln.
    b) Eine Markierung mit der Zahl 0 kann es nicht geben, da lg 0 nicht definiert ist. Auf den Skalen wird jeweils die Folge der wesentlichen Ziffern (d. h. ab der ersten Ziffer ungleich 0) eingestellt, z. B. bei 0,09 die Zahl 9.
    c) Man stellt über die 1,5 der Skala D die 8 der Skala C. Unterhalb der Zahl 10 auf der Skala D kann die Ziffernfolge des Ergebnisses abgelesen werden. Die Position des Kommas im Ergebnis muss durch einen Überschlag ermittelt werden.

15. Bastelübung. Ergebnisse: a) 84 b) 120 c) 1200 d) 0,12 e) 5

16. a) $10^{3,6} : 10^{2,4} = 10^{1,2} \approx 15{,}8$
    Ein Erdbeben der Stärke 3,6 ist etwa 15,8-mal stärker als ein Beben der Stärke 2,4.
    b) $10^{7,4} : 10^{4,2} = 10^{3,2} \approx 1585$; $10^{7,9} : 10^{4,2} = 10^{3,7} \approx 5012$
    Ein Erdbeben der Stärke 7,4 ist etwa 1585-mal stärker als ein Beben der Stärke 4,2.
    Ein Erdbeben der Stärke 7,9 ist etwa 5012-mal stärker als ein Beben der Stärke 4,2.

Erläuterungen und Anregungen

Die Verfügbarkeit elektronischer Rechenhilfsmittel bei den Schülern hat in den letzten 10 bis 15 Jahren die Bedeutung der Logarithmen erheblich gewandelt. So hat dieser Abschnitt nicht mehr die Aufgabe, Fähigkeiten und Fertigkeiten im logarithmischen Rechnen zu entwickeln. Es geht um das Grundverständnis von Logarithmen mit dem Ziel, dieses Grundverständnis beim Lösen von Exponentialgleichungen anzuwenden. Insofern ist die Aufgabe 8 der Kernpunkt der Lerneinheit.

Zugleich ist das Thema logarithmisches Rechnen mathematikhistorisch interessant. Es gibt Gelegenheit, darüber zu reflektieren, wie großer Rechenaufwand vor der Zeit der elektronischen Rechenhilfsmittel bewältigt wurde, und dabei das Grundverständnis für Logarithmen und Logarithmengesetze zu vertiefen. Der auf Seite 25 abgedruckte Ausschnitt aus einer Logarithmentafel gestattet die Lösung der Aufgabe 12. Damit kann das Prinzip des logarithmischen Rechnens erarbeitet werden. Es geht dabei keineswegs um Fertigkeiten. Diese Betrachtungen können noch ergänzt werden durch das Eingehen auf den logarithmischen Rechenstab und seine Handhabung. Das könnte z. B. durch einen Schülervortrag geschehen.

Logarithmusfunktionen

Lösungen der Aufgaben auf den Seiten 27 bis 29

1. a)

x	–3	–1	–0,5	0	1	2	3
$y = 2^x$	$\frac{1}{8}$	$\frac{1}{2}$	$\frac{\sqrt{2}}{2}$	1	2	4	8

x	$\frac{1}{8}$	$\frac{1}{4}$	$\frac{1}{2}$	1	$\sqrt{2}$	2	8
$y = \log_2 x$	–3	–2	–1	0	0,5	1	3

b) siehe Abbildung

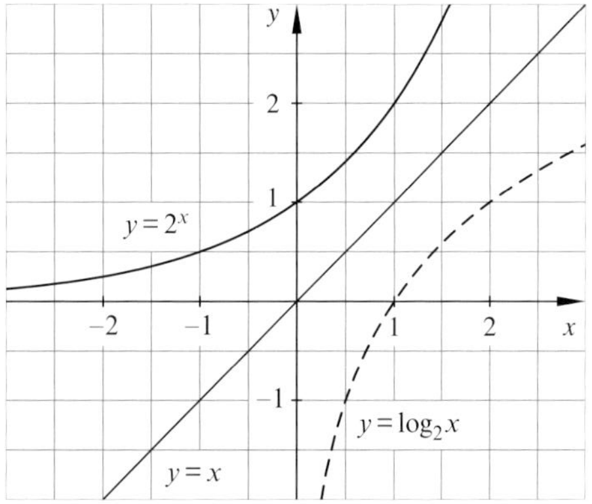

c) Zu jedem $x > 0$ gibt es genau einen zugeordneten Wert y mit $y = \log_2 x$.

d) Zu $y = \log_2 x$ gehören Zahlenpaare, bei denen gegenüber $y = 2^x$ die Koordinaten vertauscht sind.
Die Graphen der beiden Funktionen liegen im Koordinatensystem symmetrisch zur Geraden $y = x$.
$y = \log_2 x$ ist die Umkehrfunktion von $y = 2^x$.

2. a)

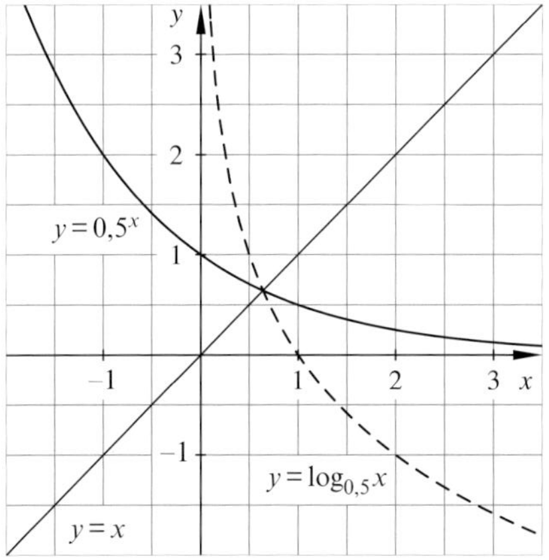

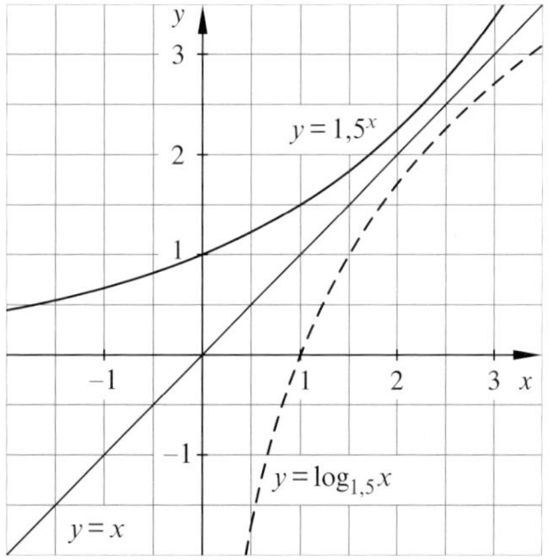

b) Logarithmusfunktionen $y = f(x) = \log_a x$ mit $0 < a < 1$ sind auf ihrem gesamten Definitionsbereich $(0; \infty)$ streng monoton fallend und deshalb umkehrbar. Logarithmusfunktionen $y = f(x) = \log_a x$ mit $a > 1$ sind auf ihrem gesamten Definitionsbereich $(0; \infty)$ streng monoton steigend und deshalb ebenfalls umkehrbar.
Bestimmung der Umkehrfunktion:
$y = f(x) = \log_a x \Rightarrow x = a^y$; Umbenennung der Variablen: $y = f^*(x) = a^x$

AUFGABE (Randspalte S. 27): $f(x) = a^x$ ist streng monoton für jedes $a > 0$, $a \neq 1$ und daher eineindeutig und umkehrbar.

3. a)

Eigenschaft	0	1
Funktionsgleichung	$y = a^x$	$y = \log_a x$
Definitionsbereich	$\mathbb{R}$	$\{x \mid x \in \mathbb{R}; x > 0\}$
Wertebereich	$\{y \mid y \in \mathbb{R}; y > 0\}$	$\mathbb{R}$
Schnittpunkt mit der y-Achse	$S(0 \mid 1)$	existiert nicht
Nullstelle	existiert nicht	$x_0 = 1$
Monotonie	$a > 1$: streng mon. steigend	$a > 1$: streng mon. steigend
	$0 < a < 1$: streng mon. fallend	$0 < a < 1$: streng mon. fallend

4. a) $f(-x) = g(x)$ für alle x, denn $f(-x) = a^{-x} = \frac{1}{a^x} = \left(\frac{1}{a}\right)^x = g(x)$.

b) $f^*(x) = \log_a x = \frac{\lg x}{\lg a}$; $g^*(x) = \log_{\frac{1}{a}} x = \frac{\lg x}{\lg \frac{1}{a}} = -\frac{\lg x}{\lg a} = -f^*(x)$

c) Wegen $f^*(x) = -g^*(x)$ liegen die Graphen von f^* und g^* bezüglich der x-Achse zueinander symmetrisch.

5. $f(x) = y = \log_a x$ mit $x > 0$, $x \neq 1$ ist äquivalent zu $a^y = x$. Diese Gleichung ergibt mit einem gegebenen Zahlenpaar $(x_0 \mid y_0)$ eindeutig ein bestimmtes a:

$a = x_0^{\frac{1}{y_0}}$

a) $f(x) = \log_3 x$ b) $f(x) = \log_2 x$ c) $f(x) = \lg x$
d) $f(x) = \log_{0,5} x$ e) $f(x) = \log_6 x$ f) $f(x) = \log_{0,2} x$

6. Funktionsgleichungen:
(a) $y = \log_{\sqrt[4]{5}} x$ oder $y = \log_{1,5} x$ (b) $y = \log_2 x$ (c) $y = \ln x$ oder $y = \log_{2,7} x$
(d) $y = \lg x$ (e) $y = \log_{0,1} x = -\lg x$ (f) $y = \log_{0,5} x = -\log_2 x$
Umkehrfunktionen:
(a) $y = (\sqrt[4]{5})^x$ bzw. $y = 1{,}5^x$ (b) $y = 2^x$ (c) $y = e^x$ bzw. $y = 2{,}7^x$
(d) $y = 10^x$ (e) $y = 10^{-x} = 0{,}1^x$ (f) $y = 2^{-x} = 0{,}5^x$

7. Für größer werdende Argumente x wird das Wachstum von $y = a^x$ immer stärker und das von $y = \log_a x$ immer schwächer.

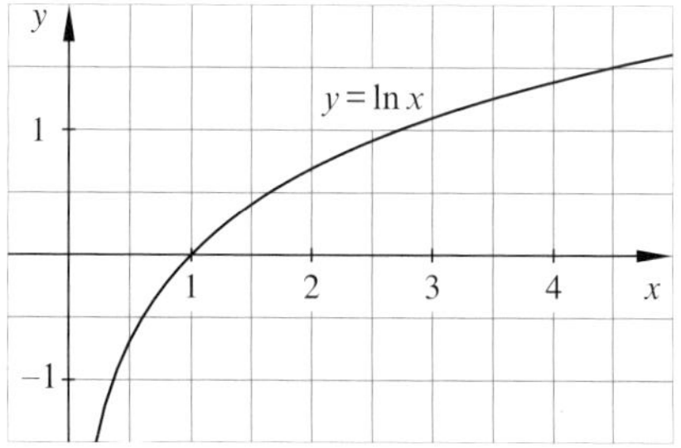

8.

x	e^{-2}	e^{-1}	1	2	e
$y = \ln x$	–2	–1	0	0,69	1

x	4	5	6	e^2	8
$y = \ln x$	1,39	1,61	1,79	2	2,08

9. a) Sei $y_1 = a^{x_1}$ und $y_2 = a^{x_2}$, dann gilt $y_1 \cdot y_2 = a^{x_1} \cdot a^{x_2} = a^{x_1 + x_2}$.
Das ist gleichbedeutend mit
(1) $x_1 = \log_a y_1$; (2) $x_2 = \log_a y_2$ und (3) $x_1 + x_2 = \log_a (y_1 \cdot y_2)$.
Ersetzt man in (3) x_1 und x_2 aus (1) und (2), so folgt
(4) $\log_a y_1 + \log_a y_2 = \log_a (y_1 \cdot y_2)$ und nach Umbenennung der Variablen
(5) $\log_a (x_1 \cdot x_2) = \log_a x_1 + \log_a x_2$.
b) Setzt man in (5) $x_1 = 1$ und $x_2 = x^{-1}$, so folgt:
$$\log_a \frac{1}{x} = \log_a 1 + \log_a x^{-1} = 0 - 1 \cdot \log_a x = -\log_a x.$$

10. a) (1) $y = \log_a x \Leftrightarrow a^y = x$ nach Definition des Logarithmus. Werden von beiden Seiten der Gleichung $a^y = x$ dekadische Logarithmen gebildet, so ergibt sich $\lg (a^y) = \lg x$ und (2) $y \cdot \lg a = \lg x$ nach der Rechenregel $\lg (a^b) = b \cdot \lg a$.
Aus (1) und (2) folgt: $\log_a x \cdot \lg a = \lg x \Leftrightarrow \log_a x = \frac{\lg x}{\lg a}$.
b) (1) $y = \log_a x \Leftrightarrow a^y = x \Rightarrow \ln (a^y) = \ln x \Rightarrow$ (2) $y \cdot \ln a = \ln x$.
Aus (1) und (2) folgt: $\log_a x \cdot \ln a = \ln x \Leftrightarrow \log_a x = \frac{\ln x}{\ln a}$.
c) Für beliebige $b > 0$, $b \neq 1$ gilt: $\log_a x = \frac{\log_b x}{\log_b a}$.
Beweis: (1) $y = \log_a x \Leftrightarrow a^y = x \Rightarrow \log_b (a^y) = \log_b x \Rightarrow$ (2) $y \cdot \log_b a = \log_b x$.
Aus (1) und (2) folgt die Behauptung.

11. Mit 10. c) ergibt sich $\log_a x \cdot \log_b a = \log_b x$.
Das bedeutet: Aus $y = \log_b x$ für ein bestimmtes b erhält man alle Logarithmusfunktionen $y = \log_a x$ durch Multiplikation mit dem konstanten Faktor $\log_b a$.

12. a) ≈ 2,367 b) ≈ 3,155 c) ≈ –0,1143 d) ≈ 10,98
e) ≈ 0,5104 f) ≈ 0,6112 g) 10 h) ≈ –7,228

13. a)

x	0,1	0,5	1	2,5	3	4	5	6,25	10
$y = \log_{2,5} x$	–2,51	–0,76	0	1	1,20	1,51	1,76	2	2,51

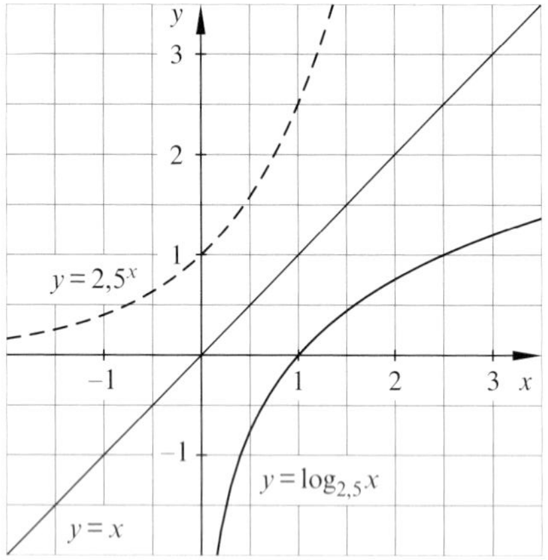

Die Genauigkeit des konstruierten Graphen lässt sich überprüfen, indem man die Funktionsgleichung der Umkehrfunktion aufstellt und anschließend Wertepaare berechnet:
$y = \log_{2,5} x \Rightarrow x = 2{,}5^y$
Umbenennung der Variablen ergibt die Gleichung der Umkehrfunktion:
$y = f^*(x) = 2{,}5^x$
(Definitionsbereich: $\mathbb{R}$;
Wertebereich: $\mathbb{R}^+$)

b)

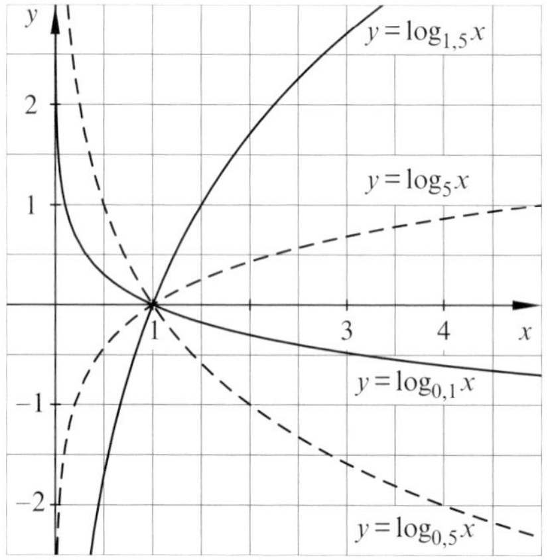

AUFGABEN ZUR WIEDERHOLUNG

1. a) $x_1 = -5{,}5$; $x_2 = 5{,}5$ b) $L = \emptyset$ c) $x_1 = -14$; $x_2 = 14$
d) $x_1 = -\frac{5}{6}$; $x_2 = \frac{1}{2}$ e) $x_1 = 0$; $x_2 = 7{,}2$ f) $x_1 = -3$; $x_2 = 11$
g) $x_1 = -0{,}75$; $x_2 = -4{,}25$ h) $x_1 = -0{,}5$; $x_2 = 2$

2. a) $x_1 = -1;\ x_2 = 5$ b) $x_1 = 1;\ x_2 = 5$ c) $x_1 = -1{,}4;\ x_2 = 6$
 d) $x_1 = -5;\ x_2 = 1$ e) $x_1 = -2;\ x_2 = 20$ f) $x_1 = 0{,}25;\ x_2 = 2$

3. a) $x^2 - 13x + 42 = 0$ b) $x^2 + 17x + 60 = 0$ c) $x^2 - \frac{9}{16} = 0$
 d) $x^2 + 8{,}7x + 4{,}1 = 0$ e) $x^2 - \frac{5}{11}x = 0$ f) $x^2 - \frac{3}{5}x - \frac{28}{25} = 0$

4. (1) $4x^2y^2 + 36 + \frac{81}{x^2y^2} = (2xy + \frac{9}{xy})^2$ (2) $4x^2y^2 + 36 + \frac{1}{9}x^4y^4 = (\frac{1}{3}x^2y^2 + 6)^2$
 (3) $4x^2y^2 + 36 + 24xy = (2xy + 6)^2$

Erläuterungen und Anregungen

Die Logarithmusfunktionen werden als Umkehrfunktionen spezieller Exponentialfunktionen definiert. Diesem Gedanken folgend werden auch die Eigenschaften der Logarithmusfunktionen aus denen der Exponentialfunktionen geschlossen. Es besteht dabei die Möglichkeit, Zusammenhänge zwischen den Eigenschaften einer Funktion und deren Umkehrfunktion zu verallgemeinern. Ein Beispiel ist die folgende Aussage: Ist f eine streng monoton steigende Funktion, so ist auch die Umkehrfunktion von f streng monoton steigend.

Exponential- und Logarithmengleichungen

Lösungen der Aufgaben auf den Seiten 30 bis 31

1. a) $t = \frac{\lg 5}{\lg 1{,}26} \approx 6{,}96$; etwa 7 Stunden b) $a = \sqrt[5]{3{,}75} \approx 1{,}30$

2. a) $x = 5$ b) $x = 10$ c) $x = 5$ d) $x = 2$
 e) $x = 3$ f) $x = 5$ g) $x = 8$ h) $x = 2$
 i) $x = 4$ j) $x = 3$ k) $x = 7$ l) $x = 1{,}4$

3. a) $x = 8$ b) $x = 25$ c) $x = 100\,000$ d) $x = 1000$
 e) $x = 81$ f) $x = 1024$ g) $x = 10\,000$ h) $x = 128$

4. a) $x = 2$ b) $x \approx 2{,}290$ c) $x \approx 0{,}3404$ d) $x \approx 43{,}44$
 e) $x \approx -11{,}63$ f) $x \approx 1{,}972$ g) $x \approx -0{,}1911$ h) $x \approx -0{,}9630$

5. a) $x \approx 4{,}977$ b) $x \approx -0{,}4095$ c) $x \approx -0{,}1977$ d) $x \approx 11{,}98$
 e) $x \approx 15{,}07$ f) $x \approx 43{,}12$ g) $x \approx 46{,}03$ h) $x \approx -1{,}679$
 i) $x \approx 6{,}217$

6. Zueinander äquivalente Gleichungen sind: a) und e): $x \approx 0{,}2789$;
 b) und c): $x = \sqrt{250} \approx 15{,}81$; d) und f): $x = 2{,}5$.

7. a) $f(x) = 3^{-2x}$;
 $g(x) = 1{,}86x - 5$; $x \approx 2{,}69$

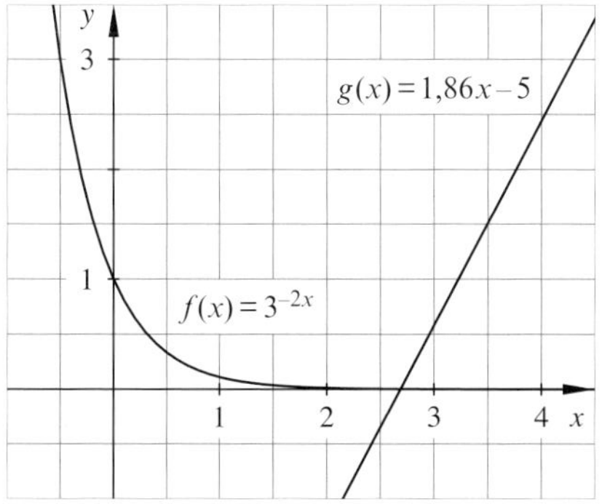

 b) $f(x) = 0{,}9 \cdot 0{,}698^{2x+1}$;
 $g(x) = 4x - 8$; $x \approx 2{,}04$

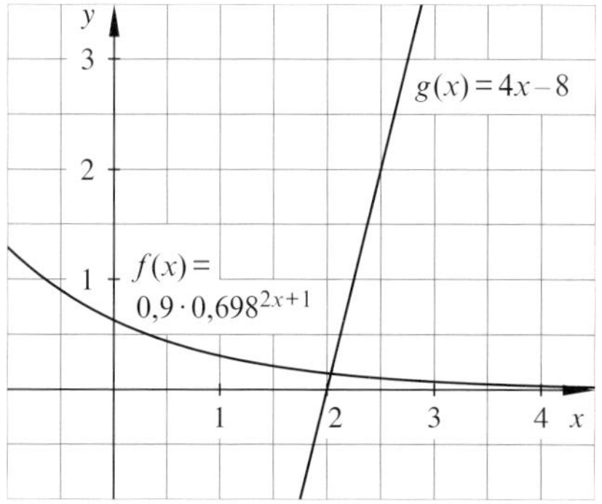

 c) $f(x) = 4{,}06^{-x+3}$; $g(x) = 2{,}5x - 6$; $x \approx 2{,}88$

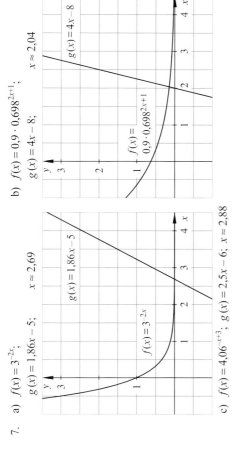

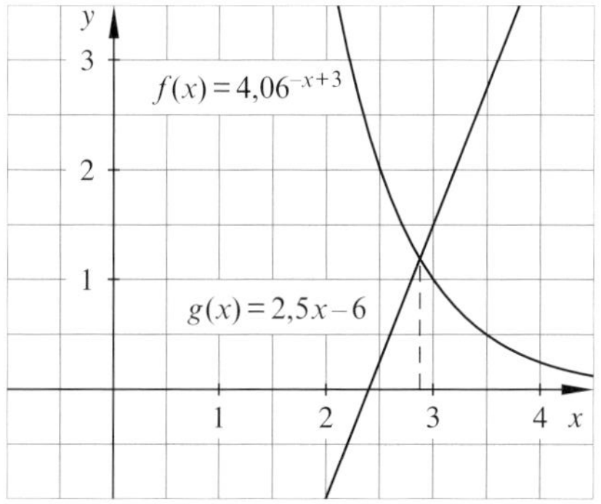

Logistisches Wachstum

Lösung der Aufgabe auf Seite 33

- Graph 1 passt zu Beispiel 1. Da die Wachstumsrate pro Zeiteinheit (Sekunde) konstant ist, kann es sich nur um lineares Wachstum handeln. Die Fortsetzung des Graphen über längere Zeiträume ist kein realistisches Modell, da bei Erreichen des maximalen Fassungsvermögens der Topf überläuft, die Füllhöhe also danach konstant bleibt.
- Graph 2 passt zu Beispiel 2. Da die Wachstumsrate pro Zeiteinheit (Stunde) proportional zum jeweils vorhandenen Bestand ist, handelt es sich um exponentielles Wachstum.

Die Fortsetzung des Graphen über längere Zeiträume ist nicht realistisch, da irgendwann die Nahrung und der Platz knapp werden – auch ein Labor hat nur eine begrenzte Größe.

- Graph 3 passt zu Beispiel 3. Der Temperaturanstieg erfolgt erst schneller, später langsamer. Die Fortsetzung des Graphen über längere Zeiträume ist kein realistisches Modell, da sich die Zimmertemperatur ändern kann und das Getränk mit der Zeit verdunstet.
- Graph 4 passt zu Beispiel 4. Das Wachstum erfolgt erst langsam, dann schneller und gegen Ende wieder langsamer. Die Fortsetzung des Graphen über längere Zeiträume ist kein realistisches Modell, da im Spätherbst und Winter die Seerosen absterben und im nächsten Frühjahr wieder neue wachsen.

Lösungen der Aufgaben auf Seite 34

1.

Nr.	Zeit t (Monate)	alter Bestand $B_{alt} = B(t)$	Sättigungs-manko $S(t)$	Bestands-änderung ΔB	neuer Bestand $B_{neu} = B(t+1)$
1	0	30 000	170 000	25 500	55 500
2	1	55 500	144 500	21 675	77 175
3	2	77 175	122 825	18 424	95 599
4	3	95 599	104 401	15 660	111 259
5	4	111 259	88 741	13 311	124 570
6	5	124 570	75 430	11 315	135 885
7	6	135 885	64 115	9 617	145 502
8	7	145 502	54 498	8 175	153 677
9	8	153 677	46 323	6 948	160 625
10	9	160 625	39 375	5 906	166 531
11	10	166 531	33 469	5 020	171 551
12	11	171 551	28 449	4 267	175 818
13	12	175 818	24 182	3 627	179 445

2.

Nr.	Zeit t (Monate)	alter Bestand $B_{alt} = B(t)$	Sättigungs-manko $S(t) = 200\,000 - B_{alt}$	Bestands-änderung $\Delta B = 0{,}18\ S(t)$	neuer Bestand $B_{neu} = B(t+1)$
1	0	40 000	160 000	28 800	68 800
2	1	68 800	131 200	23 616	92 416
3	2	92 416	107 584	19 365	111 781
4	3	111 781	88 219	15 879	127 660
5	4	127 660	72 340	13 021	140 681
6	5	140 681	59 319	10 677	151 358
7	6	151 358	48 642	8 756	160 114

Lösungen der Aufgaben auf den Seiten 36 bis 37

1. $R(t) = c \cdot S(t) \cdot B(t) = c \cdot (K - B(t)) \cdot B(t) = c \cdot K \cdot B(t) - c \cdot (B(t))^2$
   (quadratische Funktion des Bestandes)
   $B_{neu} = B_{alt} + c \cdot S(t) \cdot B_{alt} \cdot \Delta t = B_{alt} + c \cdot (K - B_{alt}) \cdot B_{alt} \cdot \Delta t = B_{alt} + c \cdot (K \cdot B_{alt} - B_{alt}^2) \cdot \Delta t$
2. $B(0) = 100;\ K = 2000;\ B(1) = 100 \cdot 1{,}2^1 = 120 = B(0) + c \cdot S(0) \cdot B(0) \cdot 1$
   $\Rightarrow\ 120 = 100 + c \cdot 1900 \cdot 100 \cdot 1 \ \Rightarrow\ 20 = c \cdot 190\,000 \ \Rightarrow\ c = \frac{1}{9500}$

Nr.	Zeit t (Monate)	alter Bestand $B_{alt} = B(t)$	Sättigungs-manko $S(t) = 2000 - B_{alt}$	Bestands-änderung $\Delta B = \frac{1}{9500} S(t)\, B_{alt}$	neuer Bestand $B_{neu} = B(t+1)$
1	0	100	1900	20	120
2	1	120	1880	24	144
3	2	144	1856	28	172
4	3	172	1828	33	205
5	4	205	1795	39	244
6	5	244	1756	45	289
7	6	289	1711	52	341
8	7	341	1659	60	401
9	8	401	1599	67	468
10	9	468	1532	75	543
11	10	543	1457	83	626
12	11	626	1374	91	717
13	12	717	1283	97	814
14	13	814	1186	102	916
15	14	916	1084	105	1021
16	15	1021	979	105	1126
17	16	1126	874	104	1230
18	17	1230	770	100	1330
19	18	1330	670	94	1424
20	19	1424	576	86	1510

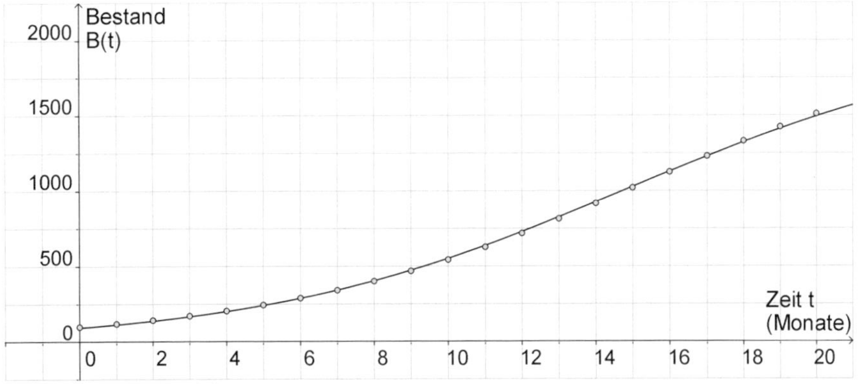

3. Rechercheauftrag

4.

Nr.	Zeit t (min)	Bestand B_{alt}	Abbau $0{,}4B_{alt}$	Zuführung	Bestand B_{neu}
1	0	0	0	100	100
2	1	100	40	100	160
3	2	160	64	100	196
4	3	196	78,4	100	217,6
5	4	217,6	87,0	100	230,6
6	5	230,6	92,2	100	238,3
7	6	238,3	95,3	100	243,0
8	7	243,0	97,2	100	245,8
9	8	245,8	98,3	100	247,5
10	9	247,5	99,0	100	248,5

a) Es kann maximal eine Wirkstoffmenge von 250 Einheiten wirksam werden. Bei dieser Menge wird pro Minute genau so viel Wirkstoff abgebaut wie zugeführt.

b) Eine Wirkstoffmenge von mindestens 230 Einheiten wird nach fünf Minuten erreicht.

c) Nach zehn Minuten wird eine Wirkstoffmenge von 248,5 Einheiten erreicht.

d) Nach Beendigung der Wirkstoffzufuhr erfolgt der Abbau exponentiell nach der Gleichung $B(t) = 248{,}5 \cdot 0{,}4^{t-10}$ $(t \geq 10)$. Zu lösen ist also die Gleichung:
$248{,}5 \cdot 0{,}4^{t-10} = 2 \Rightarrow 0{,}4^{t-10} \approx 0{,}008\,048 \Rightarrow t - 10 \approx 5{,}26 \Rightarrow t \approx 15{,}26$
Nach 15 min 16 s ist die Wirkstoffmenge auf weniger als 2 Einheiten gesunken.

5.

Jahr	Restschuld (Jahresanfang)	Zinsen (7 %)	Tilgung	Restschuld nach Tilgung	Summe der gezahlten Zinsen
1	50 000,00 €	3 500,00 €	4 500,00 €	45 500,00 €	3 500,00 €
2	45 500,00 €	3 185,00 €	4 815,00 €	40 685,00 €	6 685,00 €
3	40 685,00 €	2 847,95 €	5 152,05 €	35 532,95 €	9 532,95 €
4	35 532,95 €	2 487,31 €	5 512,69 €	30 020,26 €	12 020,26 €
5	30 020,26 €	2 101,42 €	5 898,58 €	24 121,67 €	14 121,67 €
6	24 121,67 €	1 688,52 €	6 311,48 €	17 810,19 €	15 810,19 €
7	17 810,19 €	1 246,71 €	6 753,29 €	11 056,91 €	17 056,91 €
8	11 056,91 €	773,98 €	7 226,02 €	3 830,89 €	17 830,89 €
9	3 830,89 €	268,16 €	3 830,89 €	0,00 €	18 099,05 €

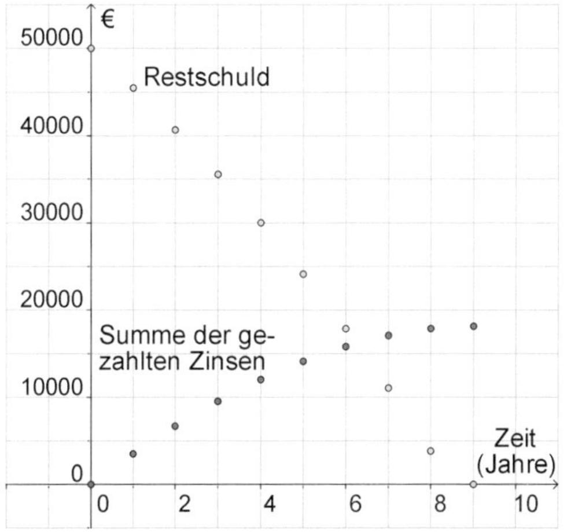

Herr Schult hat den Kredit nach neun Jahren zurückgezahlt.

6. $B(0) = 50$; $K = 500$; $B(1) = 50 \cdot 2^1 = 100 = B(0) + c \cdot S(0) \cdot B(0) \cdot \Delta t$
$\Rightarrow 100 = 50 + c \cdot 450 \cdot 50 \cdot 1 \Rightarrow 50 = c \cdot 22\,500 \Rightarrow c = \frac{1}{450}$

Nr.	Zeit t (Tage)	alter Bestand $B_{alt} = B(t)$	Sättigungsmanko $S(t) = 500 - B_{alt}$	Bestandsänderung $\Delta B = \frac{1}{450}\, S(t)\, B_{alt}$	neuer Bestand $B_{neu} = B(t+1)$
1	0	50	450	50	100
2	1	100	400	88,9	188,9
3	2	188,9	311,1	130,6	319,5
4	3	319,5	180,5	128,2	447,6
5	4	447,6	52,4	52,1	499,7
6	5	499,7	0,3	0,3	500

a) Nach vier Tagen beträgt der Algenbestand 447,6 Gewichtseinheiten.

b) Die Bestandszunahme ist am größten bei $S(t) \cdot B_{alt} = 250$. Es ist also günstig, am Ende des dritten Tages zunächst 69,5 Gewichtseinheiten zu entnehmen, so dass ein Bestand von 250 Einheiten verbleibt. Ab Ende des vierten Tages kann man dann täglich $\frac{250 \cdot 250}{450} \approx 138{,}88$ Gewichtseinheiten entnehmen, ohne dass der Bestand ausstirbt.

c) Nach nur zwei Tagen kann offensichtlich noch nicht mit der Entnahme von täglich 100 Einheiten begonnen werden, denn dann bliebe am Anfang des dritten Tages nur ein Bestand von 88,9 Einheiten übrig und der tägliche Bestandszuwachs wäre kleiner als 100 Einheiten. Entnimmt man ab Ende des dritten Tages täglich 100 Gewichtseinheiten, so ergibt sich folgendes Bild:

Nr.	Zeit t (Tage)	alter Bestand $B_{alt} = B(t)$	Sättigungsmanko $S(t) = 500 - B_{alt}$	Bestandsänderung $\Delta B = \frac{1}{450} S(t) B_{alt}$	neuer Bestand $B_{neu} = B(t+1)$
4	3	219,5	280,5	136,8	356,3
5	4	256,3	243,7	138,8	395,1
6	5	295,1	204,9	134,4	429,5
7	6	329,5	170,5	124,8	454,3
8	7	354,3	145,7	114,7	469,0
9	8	369,0	131,0	107,4	476,4

Es kann also bereits nach drei Tagen problemlos mit der Entnahme von 100 Gewichtseinheiten täglich begonnen werden.

7. a) Logistisches Wachstum: $B(0) = 3$; $K = 2000$; $B(1) = 15 = B(0) + c \cdot S(0) \cdot B(0) \cdot \Delta t$
$\Rightarrow 15 = 3 + c \cdot 1997 \cdot 3 \cdot 1 \Rightarrow 12 = c \cdot 5991 \Rightarrow c = \frac{4}{1997}$

Nr.	Zeit t (Tage)	alter Bestand $B_{alt} = B(t)$	Sättigungsmanko $S(t) = 2000 - B_{alt}$	Bestandsänderung $\Delta B = \frac{4}{1997} S(t) B_{alt}$	neuer Bestand $B_{neu} = B(t+1)$
1	0	3	1997	12	15
2	1	15	1985	60	75
3	2	75	1925	289	364
4	3	364	1636	1193	1557
5	4	1557	443	1382	2939

Hier werden Grenzen des in diesem Kapitel verwendeten diskreten Modells zur Beschreibung logistischen Wachstums sichtbar: Verwendet man bei starkem Wachstum zu große Zeitabstände, kann es zu einer Überschreitung der maximalen Bestandsgröße kommen. Neuer Versuch der Beschreibung als logistisches Wachstum, wobei 6-h-Intervalle verwendet werden (bei Halbtagsintervallen tritt der Fehler ebenfalls auf):
$B(0) = 3$; $K = 2000$; $B(0{,}25) = 3 \cdot 2 = 6 = B(0) + c \cdot S(0) \cdot B(0) \cdot \Delta t$
$\Rightarrow 6 = 3 + c \cdot 1997 \cdot 3 \cdot 0{,}25 \Rightarrow 3 = c \cdot 1497{,}75 \Rightarrow c = \frac{4}{1997}$; $c \cdot \Delta t = \frac{1}{1997}$

Nr.	Zeit t (Tage)	alter Bestand $B_{alt} = B(t)$	Sättigungsmanko $S(t) = 2000 - B_{alt}$	Bestandsänderung $\Delta B = \frac{1}{1997} S(t) B_{alt}$	neuer Bestand $B_{neu} = B(t+1)$
1	0	3	1997	3	6
2	0,25	6	1994	6	12
3	0,5	12	1988	12	24
4	0,75	24	1976	24	48
5	1	48	1952	47	95
6	1,25	95	1905	91	186
7	1,5	186	1814	169	355
8	1,75	355	1645	292	647
9	2	647	1353	438	1085
10	2,25	1085	915	497	1582
11	2,5	1582	418	331	1913
12	2,75	1913	87	83	1996
13	3	1996	4	4	2000

b) Nach zwei Tagen kennen mehr als die Hälfte der Schüler das Gerücht.

c)
- Zwischen 0 und 6 Uhr kann sich das Gerücht nicht so schnell ausbreiten wie zu anderen Tageszeiten.
- Wer das Gerücht erfährt, wird in der Praxis nicht erst sechs Stunden (oder sogar einen ganzen Tag beim ersten Modell) mit dem Weitererzählen warten.
- An einer Schule geht die Ausbreitung von Gerüchten viel schneller. Wenn sich eine Schülerin oder ein Schüler, die/der das Gerücht kennt, im Klassenraum oder auf dem Schulhof „Hört mal alle her!“ ruft und es dann erzählt, ist sofort die ganze Klasse bzw. eine größere Anzahl Schüler informiert.

8. $B(0) = 20;\ K = 500;\ B(1) = 50 = B(0) + c \cdot S(0) \cdot B(0) \cdot \Delta t$

$\Rightarrow\ 50 = 20 + c \cdot 480 \cdot 20 \cdot 1\ \Rightarrow\ 30 = c \cdot 9600\ \Rightarrow\ c = \frac{1}{320}$

Nr.	Zeit t (Monate)	alter Bestand $B_{alt} = B(t)$ (in g)	Sättigungs-manko $S(t) = 500 - B_{alt}$	Bestands-änderung $\Delta B = \frac{1}{320}\ S(t)\ B_{alt}$	neuer Bestand $B_{neu} = B(t+1)$ (in g)
1	0	20	480	30	50
2	1	50	450	70,3	120,3
3	2	120,3	379,7	142,8	263,1
4	3	263,1	236,9	194,8	457,8
5	4	457,8	42,2	60,3	518,2

Nach diesem Modell beträgt das Gewicht des Tieres nach vier Monaten mehr als 450 g. Im fünften Monat tritt aber wieder derselbe Fehler wie bei Aufgabe 7 auf: Die maximale Größe des Bestandes wird überschritten. Das Modell ist also verbesserungsbedürftig.

Neuer Versuch einer Modellierung mit Halbmonatsintervallen:

$B(0) = 20;\ K = 500;\ B(0{,}5) = 20 \cdot \sqrt{2{,}5} \approx 31{,}62 = B(0) + c \cdot S(0) \cdot B(0) \cdot \Delta t$

$\Rightarrow 31{,}62 = 20 + c \cdot 480 \cdot 20 \cdot 0{,}5 \Rightarrow 11{,}62 = c \cdot 4800 \Rightarrow c \approx 0{,}002\,421;\ c\,\Delta t \approx 0{,}001\,211$

Nr.	Zeit t (Monate)	alter Bestand $B_{alt} = B(t)$ (in g)	Sättigungs-manko $S(t) = 500 - B_{alt}$	Bestands-änderung $\Delta B = c\ S(t)\ B_{alt}\ \Delta t$	neuer Bestand $B_{neu} = B(t+1)$ (in g)
1	0	20,0	480,0	11,6	31,6
2	0,5	31,6	468,4	17,9	49,6
3	1	49,6	450,4	27,0	76,6
4	1,5	76,6	423,4	39,3	115,9
5	2	115,9	384,1	53,9	169,8
6	2,5	169,8	330,2	67,9	237,7
7	3	237,7	262,3	75,5	313,2
8	3,5	313,2	186,8	70,9	384,0
9	4	384,0	116,0	53,9	438,0
10	4,5	438,0	62,0	32,9	470,9
11	5	470,9	29,1	16,6	487,5
12	5,5	487,5	12,5	7,4	494,9
13	6	494,9	5,1	3,1	497,9

Nach diesem verbesserten Modell beträgt das Gewicht des Tieres erst nach viereinhalb Monaten mehr als 450 g.

9. Modellierung mit Zweitagesintervallen:

$B(0) = 10;\ K = 200;\ B(2) = 15 = B(0) + c \cdot S(0) \cdot B(0) \cdot \Delta t$

$\Rightarrow\ 15 = 10 + c \cdot 190 \cdot 10 \cdot 2\ \Rightarrow\ 5 = c \cdot 3800\ \Rightarrow\ c \approx \frac{1}{760};\ c\,\Delta t \approx \frac{1}{380}$

Nr.	Zeit t (Tage)	alter Bestand $B_{alt} = B(t)$	Sättigungs-manko $S(t) = 200 - B_{alt}$	Bestands-änderung $\Delta B = \frac{1}{380}\ S(t)\ B_{alt}$	neuer Bestand $B_{neu} = B(t+1)$
1	0	10	190	5	15
2	2	15	185	7	22
3	4	22	178	10	32
4	6	32	168	14	46
5	8	46	154	19	65
6	10	65	135	23	88
7	12	88	112	26	114
8	14	114	86	26	140
9	16	140	60	22	162
10	18	162	38	16	178
11	20	178	22	10	188
12	22	188	12	6	194

Nach diesem Modell ist die Zahl von 194 aufgeblühten Knospen nach 22 Tagen erreicht.

Modellierung mit Tagesintervallen:

$B(0) = 10;\ K = 200;\ B(1) = 10 \cdot \sqrt{1{,}5} \approx 12{,}25 = B(0) + c \cdot S(0) \cdot B(0) \cdot \Delta t$

$\Rightarrow\ 12{,}25 = 10 + c \cdot 190 \cdot 10 \cdot 1\ \Rightarrow\ 2{,}25 = c \cdot 1900\ \Rightarrow\ c \approx \frac{9}{7600}$

Nr.	Zeit t (Tage)	alter Bestand $B_{alt} = B(t)$	Sättigungs-manko $S(t) = 200 - B_{alt}$	Bestands-änderung $\Delta B = \frac{9}{7600}\ S(t)\ B_{alt}$	neuer Bestand $B_{neu} = B(t+1)$
1	0	10	190	2	12
2	1	12	188	3	15
3	2	15	185	3	18
4	3	18	182	4	22
5	4	22	178	5	27
6	5	27	173	6	33
7	6	33	167	7	40
8	7	40	160	8	48

Nr.	Zeit t (Tage)	alter Bestand $B_{alt} = B(t)$	Sättigungsmanko $S(t) = 200 - B_{alt}$	Bestandsänderung $\Delta B = \frac{9}{7600} S(t) B_{alt}$	neuer Bestand $B_{neu} = B(t+1)$
9	8	48	152	9	57
10	9	57	143	10	67
11	10	67	133	11	78
12	11	78	122	11	89
13	12	89	111	12	101
14	13	101	99	12	113
15	14	113	87	12	125
16	15	125	75	11	136
17	16	136	64	10	146
18	17	146	54	9	155
19	18	155	45	8	163
20	19	163	37	7	170
21	20	170	30	6	176
22	21	176	24	5	181
23	22	181	19	4	185
24	23	185	15	3	188
25	24	188	12	3	191
26	25	191	9	2	193
27	26	193	7	2	195

Nach diesem Modell ist die Zahl von 194 aufgeblühten Knospen nach 26 Tagen erreicht.

Anwendungen

Lösungen der Aufgaben auf den Seiten 38 bis 45

Zinseszins

1. Frau Biber erhält nach 5 Jahren 10 307,86 €, wenn sie das Anfangskapital $K_0 = 8000$ € bei einem Jahreszinssatz von 5,2 % (mit Zinsansammlung) fest anlegt. Wählt sie das Angebot von Herrn Kobold, so erhält sie nur 10 250 €.
2. (1) $1000 \cdot x^3 = 1100 \Rightarrow x^3 = 1{,}1 \Rightarrow x = 1{,}0323 \Rightarrow p = 3{,}23\,\%$
   (2) $5000 \cdot x^4 = 6000 \Rightarrow x^4 = 1{,}2 \Rightarrow x = 1{,}0466 \Rightarrow p = 4{,}66\,\%$
   (3) $10\,000 \cdot x^5 = 12\,500 \Rightarrow x^5 = 1{,}25 \Rightarrow x = 1{,}0456 \Rightarrow p = 4{,}56\,\%$

3. individuelle Lösungen
4. a) Sei $q = 1{,}036$ und K_0 die jährliche Einzahlungssumme. Dann gilt:
   $K_0 \cdot (q^{14} + q^{13} + \ldots + q^2 + q) = 19\,800\text{ €} \Rightarrow$
   $K_0 \cdot q \cdot \frac{q^{14}-1}{q-1} = 19\,800\text{ €} \Rightarrow K_0 = \frac{q-1}{q(q^{14}-1)} \cdot 19\,800\text{ €} = 1073{,}83\text{ €}$
   Die jährlich einzuzahlende Summe beträgt 1073,83 €.
   b) Nach 14 Jahren beträgt Frau Müllers Guthaben 20 333,88 €.

Anwendungen aus der Physik

5. a) $K = -\frac{1}{t} \ln \frac{\vartheta(t) - \vartheta_u}{\vartheta_0 - \vartheta_u}$

t in min	5	10	15	20	25
K	0,025	0,021	0,020	0,020	0,021

b)

t in min	5	10	15	20
$\vartheta(t)$ in °C	52,2	49,2	46,5	44,0

c) 47,5 °C d) $t \approx 18$ min e) 39,8 °C (35,0 °C)
f) Nach 68 Minuten (114 Minuten) hat sich das Wasser auf 30 °C (25 °C) abgekühlt.

6. $f(0) = c \cdot a^0 = c \Rightarrow f(T_H) = c \cdot a^{T_H} = \frac{c}{2} \Rightarrow a^{T_H} = \frac{1}{2} \Rightarrow a = \left(\frac{1}{2}\right)^{\frac{1}{T_H}} = 2^{-\frac{1}{T_H}}$

7. a) siehe Abbildung

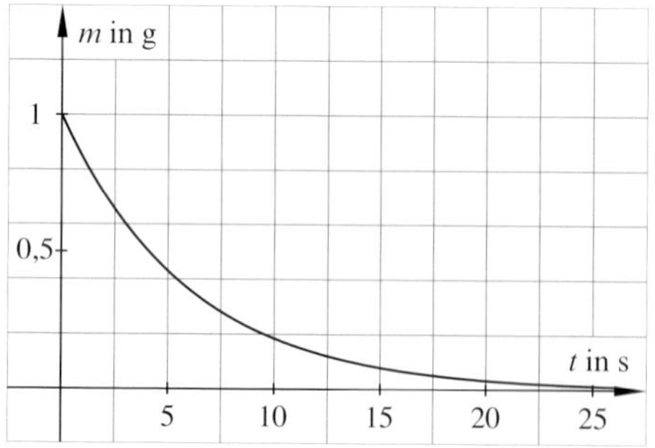

b) $T_H = -\frac{\lg 0{,}5}{\lg 1{,}1842} \approx 4{,}1$
Die Halbwertszeit von P-29 beträgt etwa 4,1 s.

c)

$m(t)$ in g	0,8	0,4	0,1
t in s	1,32	5,42	13,62

d)

t in s	8	15	25
$m(t)$ in g	0,259	0,079	0,015

8. a) $f(11) = 0{,}5 \Rightarrow a^{-11} = 0{,}5 \Rightarrow a \approx 1{,}065$
   b) $f(25) = 0{,}207$. Die Strahlungsintensität wird auf rund ein Fünftel (20,7 %) des ursprünglichen Wertes abgeschwächt.
   c) 36,6 mm
   d) 73,1 mm

9. a) $a^{-5,3} = \frac{1}{2} \Rightarrow a = 2^{\frac{1}{5,3}} \approx 1{,}1397$; $m(1) = 40\text{ g} \cdot 1{,}1397^{-1} \approx 35{,}1\text{ g}$

b) 22,9 Jahre c) 75,7 Jahre

10. $m(t) = m_0 \cdot e^{-at}$

$0{,}5 = 1 \cdot e^{-a \cdot 1590}$

$-a \cdot 1590 = \ln 0{,}5 = -\ln 2$

$a = \frac{\ln 2}{1590} \approx 0{,}000\,435\,9$

$m(t) = m_0 \cdot e^{-0{,}000\,435\,9 \cdot t}$

Graph: siehe Abbildung

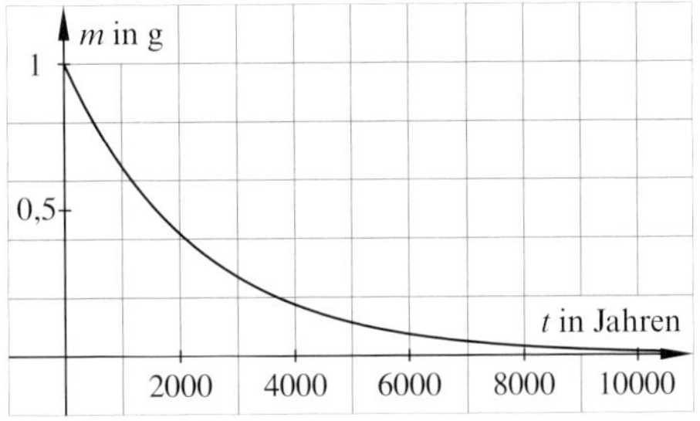

11. a) C-14-Anteil: $B(t) = 100\,\% \cdot b^t$ (t: Zeit in Jahren)
oder $N(T) = 100\,\% \cdot a^T$ (T: Zeit in Jahrtausenden)
Sei t_H die Halbwertszeit in Jahren und T_H die Halbwertszeit in Jahrtausenden. Dann gilt nach Aufgabe 6:

$b = 2^{-\frac{1}{t_H}} = 2^{-\frac{1}{5730}} \approx 0{,}999\,879$ bzw. $a = 2^{-\frac{1}{T_H}} = 2^{-\frac{1}{5{,}73}} \approx 0{,}886\,062.$

Für die zum Erreichen von 57 % C-14-Anteil benötigte Zeitdauer t bzw. T gilt:

$57\,\% = 100\,\% \cdot 0{,}999\,879^t \Rightarrow 0{,}57 = 0{,}999\,879^t \Rightarrow t \approx 4645$

$57\,\% = 100\,\% \cdot 0{,}886\,062^T \Rightarrow 0{,}57 = 0{,}886\,062^T \Rightarrow T \approx 4{,}647$

Der Steinzeitmensch lebte etwa um 2655 v. Chr.

b) Zeitdauer t bzw. T bis zum Erreichen von 91,9 % C-14-Anteil:

$91{,}9\,\% = 100\,\% \cdot 0{,}999\,879^t \Rightarrow 0{,}919 = 0{,}999\,879^t \Rightarrow t \approx 698$

$91{,}9\,\% = 100\,\% \cdot 0{,}886\,062^T \Rightarrow 0{,}919 = 0{,}886\,062^T \Rightarrow T \approx 0{,}698$

Man kann also davon ausgehen, dass der Schweizer Bundesbrief tatsächlich im Jahr 1991 rund 700 Jahre alt war. Ganz exakt auf das Jahr genau kann man es nicht prüfen, wenn der C-14-Prozentsatz nur mit einer Stelle nach dem Komma gegeben ist. (Bei 91,85 % C-14-Anteil würde sich schon $t \approx 703$ bzw. $T \approx 0{,}703$ ergeben.)

c) C-14-Anteil: $B(30\,000) = 100\,\% \cdot 0{,}999\,879^{30\,000} \approx 2{,}65\,\%$

bzw. $N(30) = 100\,\% \cdot 0{,}886\,062^{30} \approx 2{,}65\,\%$

Der C-14-Anteil betrug bei der Entdeckung der Höhle etwa 2,65 %.

12. a) $f(x) = 600 \cdot a^{-x}$. Aus $f(0) = 600$ und $f(11) = 300$ wird $a \approx 1{,}065$ ermittelt.

$f(x) = 600 \cdot 1{,}065^{-x}$

b) Der Stoff ist vermutlich Blei.

13. a) Natronlauge: pH ≈ 12,2; Zitronensaft: pH ≈ 2,5; Eier: pH ≈ 7,8

b) $\text{pH} = -\log_{10} c(\text{H}^+) \Rightarrow \log_{10} c(\text{H}^+) = -\text{pH} \Rightarrow c(\text{H}^+) = 10^{-\text{pH}}$

Mineralwasser: $c(\text{H}^+) \approx 3{,}16 \cdot 10^{-5}$ mol/l; Milch: $c(\text{H}^+) \approx 5{,}01 \cdot 10^{-7}$ mol/l;

Tomatensaft: $c(\text{H}^+) \approx 6{,}31 \cdot 10^{-5}$ mol/l

14. a) $c(t) = c_0 \cdot 1{,}0234^{-t}$; (1) $c(t) = 2 \cdot 1{,}0234^{-t}$; (2) $c(t) = 1{,}0234^{-t}$

b) Die Konzentration der Salzsäure beträgt nach 30 Sekunden noch 50 % und nach 60 Sekunden noch 25 % des Ausgangswertes.

c) (1) Das ist nicht möglich, denn der Punkt $P(0 \mid 2)$ des Graphen bedeutet $c(0) = 2$, aber mit $c(t) = a^{-t}$ entsteht der Widerspruch $c(0) = a^{-0} = 1$.

(2) Die Gleichung in a) ist von der geforderten Art.

Natürliches Wachstum

15. Die Population verdoppelt sich in einer Zeiteinheit.

16. a) Nach einer anfänglichen Phase langsamen Wachstums beschleunigt sich dieses und endet in einer wiederum verlangsamten Wachstumsphase, die auf hohem Niveau der Population zum Stillstand kommt.

b) Im Intervall $0 \le t \le 9$ kann die Entwicklung der Population annähernd durch die Exponentialfunktion $f(t) = 1{,}9459^t$ beschrieben werden.

Anzahl der Lebewesen nach 15 h bei unbegrenztem Wachstum: $1{,}9459^{15} \approx 21\,717$

17. a) siehe Abbildung

b) $a \approx 1{,}85$

c) Nach 2,5 h sind ca. 5,6 mg Bakterien zu erwarten.

d) Nach ca. 16,5 h sind 30 g Bakterienmasse vorhanden.

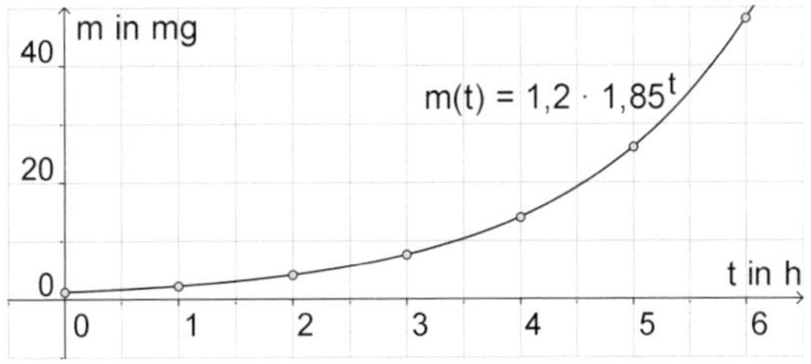

18. a) $m(t) = 10 \cdot 1{,}62^t$

b) Ermittelt man a aus den abgelesenen Werten $m(4) = 70$, $m(5) = 110$, $m(6) = 180$, so erhält man $a \approx 1{,}7$.

t in h	1	2	3	4	5	6	7	8	9	10
m in mg	17	28	46	75	118	179	255	342	426	499

t in h	11	12	13	14	15	16	17	18	19	20
m in mg	555	594	619	635	645	651	655	657	658	659

19. a) Die jährlichen Wachstumsraten kann man mithilfe der Gleichung $E(t) = E(0) \cdot q^t$ mit $q = \frac{100 + p}{100}$ berechnen. Dabei sei $E(0)$ die Einwohnerzahl zu Anfang des betrachteten Intervalls und $E(t)$ die Einwohnerzahl nach t Jahren.

Bevölkerungswachstum in Indien:

Zeitraum	1960–1965	1970–1975	1980–1985	1990–1995	2000–2005
q	1,0229	1,0227	1,0217	1,0193	1,0127
p	2,29 %	2,27 %	2,17 %	1,93 %	1,27 %

Das jährliche Wachstum verlangsamt sich.

b) Für den Zeitraum 2000–2005 beträgt die Wachstumsrate in Indien 1,27 %. Bei gleich bleibender Wachstumsrate hätte Indien im Jahre 2014 etwa 1,210 Mrd. Einwohner.

c) Bei einer konstanten Wachstumsrate von 0,64 % hätte China im Jahre 2010 etwa 1,484 Milliarden Einwohner.

d) Von der Bevölkerungszahl im Jahr 2005 ausgehend dürfte die Wachstumsrate höchstens 0,348 % betragen.

20. b)

Zeitraum	1960–1965	1965–1970	1970–1975	1975–1980
Wachstumsrate Deutschland	0,81 %	0,52 %	0,26 %	–0,25 %
Wachstumsrate Mexiko	3,62 %	3,06 %	3,37 %	2,58 %

Zeitraum	1980–1985	1985–1990	1990–1995	1995–2000	2000–2005
Deutschland	0 %	0,26 %	0,50 %	0,49 %	–0,24 %
Mexiko	2,55 %	2,02 %	1,61 %	1,90 %	1,17 %

21. a) $a \approx 1{,}02$; $n_1(t) = 80 \cdot 1{,}02^t$ b) $a \approx 2{,}64$; $n_2(t) = 2{,}64t + 80$

c) 1950: $t = 0$ liefert sofort $c = 8$.

1975: $t = 25$; $n_3(25) = 136 = 625a + 25b + 80$

2000: $t = 50$; $n_3(50) = 212 = 2500a + 50b + 80$

Mithilfe des linearen Gleichungssystems aus $n_3(25)$ und $n_3(50)$ erhält man $a = 0{,}016$ und $b = 1{,}84 \Rightarrow n_3(t) = 0{,}016t^2 + 1{,}84t + 80$.

d) 2010: $n_2 = 238$, $n_3 = 248$; 2050: $n_2 = 344$, $n_3 = 424$

22. b) Bei einem gleich bleibenden Wachstum von 1,6 % hätte Indonesien im Jahre 2050 etwa 469 Mio. Einwohner.

23. a) $c(t) = c(0) \cdot a^t$

Aus der Gleichung $0{,}2 = 0{,}6 \cdot a^8$ erhält man $a \approx 0{,}8717$.

Nach $t = 6{,}29$ h (6 Stunden 17 Minuten) ist die Konzentration auf 0,25 mg je Liter Blut abgesunken. Nach etwa 6 h müsste also wieder eine Normaldosis eingenommen werden.

Damit wird aber eine höhere Konzentration (0,25 + 0,6) erzeugt, so dass erst wieder nach 8,79 h (8 Stunden 47 Minuten) die Mindestkonzentration von 0,25 mg je Liter Blut erreicht wird. Die nächste Medikamenteneinnahme sollte nach ca. 9 h erfolgen.

t in h	0	1	2	3	4	5	6	7	8
$c(t)$ in $mg \cdot l^{-1}$	0,60	0,52	0,45	0,40	0,34	0,30	0,26	0,23	0,20

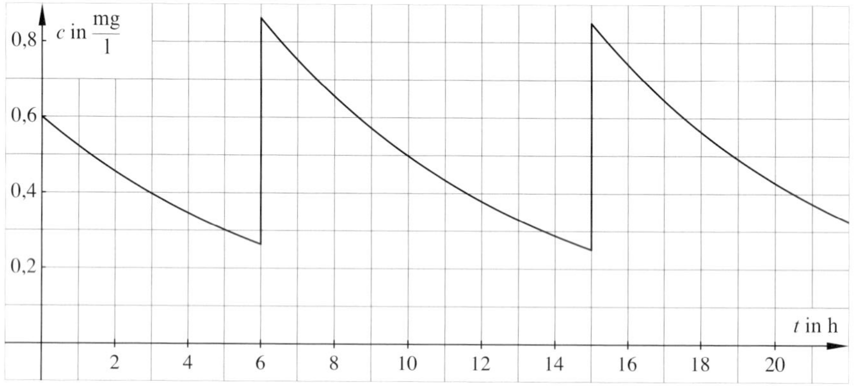

b) Wir rechnen mit einer Blutmenge von insgesamt 5 Litern.

1. Einnahme des Medikaments: 3 mg, zu 50 % von 5 Litern Blut absorbiert, ergibt eine Konzentration von 0,3 mg/l.

Um a zu ermitteln, lösen wir die Gleichung $0{,}15 = 0{,}3\,a^3$ und erhalten $a \approx 0{,}8$.

Die Mindestkonzentration $0{,}04 = 0{,}3 \cdot 0{,}8^t$ ist nach $t \approx 9$ Stunden erreicht.

8 Stunden nach der Ersteinnahme beträgt die Konzentration noch 0,05 mg/l im Blut. Nimmt man nun 2,5 mg des Medikamentes ein, so werden 1,25 mg von 5 Litern Blut absorbiert, d. h. je Liter 0,25 mg. Damit erreicht man wieder die maximale Konzentration von 0,30 mg/l im Blut.

Nach einer Anfangsdosis von 3 mg sollten also jeweils nach 8 Stunden (täglich zur gleichen Zeit) 2,5 mg des Medikamentes eingenommen werden.

Erläuterungen und Anregungen

Die hier angebotenen Sachverhalte sind nach Sachgebieten geordnet. Es ist zu empfehlen, unbedingt auch Aufgaben auszuwählen, bei denen unterschiedliche Modelle (Exponentialfunktion, lineare Funktion, Potenzfunktion) auf ihre Brauchbarkeit untersucht werden (Aufgaben 19 bis 22). Damit lässt sich der Gedanke ins Bewusstsein rücken, dass Modelle immer von Menschen erdachte, vereinfachte Beschreibungen eines Sachverhalts darstellen, die sich aus einer oder mehreren Annahmen über den Sachverhalt ergeben.

Teste dich!

Lösungen der Aufgaben auf den Seiten 46 bis 47

1. a) z. B. $f_1(x) = \left(\frac{3}{4}\right)^x$ oder $f_2(x) = 5^{-x} = \left(\frac{1}{5}\right)^x$;

   alle Funktionen der Form: $f(x) = a^x$ mit $0 < a < 1$

   b) z. B. $f_1(x) = 5^x$ oder $f_2(x) = 7^x$; alle Funktionen der Form: $f(x) = a^x$ mit $a > 1$

   c) z. B. $f_1(x) = -2^x$ oder $f_2(x) = -4^x$; alle Funktionen der Form: $f(x) = -a^x$ mit $a > 1$

   d) z. B. $f_1(x) = -\left(\frac{1}{2}\right)^x$ oder $f_2(x) = -4^{-x} = -\left(\frac{1}{4}\right)^x$;

   alle Funktionen der Form: $f(x) = -a^x$ mit $0 < a < 1$

2. a) Exponentialfunktion $f(x) = 1{,}013 \cdot 0{,}88^x$

   b) lineare Funktion $f(x) = 0{,}981x$; $m = \frac{f(x_2) - f(x_1)}{x_2 - x_1}$

   c) quadratische Funktion $f(x) = 0{,}4x^2$

   d) Die Tabelle gehört zu keiner der genannten Funktionenklassen.

3. a) $f(x) = 0{,}7 \cdot (\sqrt{2})^x$

   b) Da notwendig $f(x) < 0$ oder $f(x) > 0$ für alle x ist, existiert zu diesem Wertepaar keine Exponentialfunktion $f(x) = c \cdot a^x$.

   c) $f(x) = -200 \cdot (\sqrt[5]{0{,}09})^x$

4. Die Funktion ist streng monoton (fallend) und daher umkehrbar. Definitionsbereich sind die reellen Zahlen, Wertebereich sind die negativen reellen Zahlen $(-\infty; 0)$.

   Die Umkehrfunktion ist:

   $$f^*(x) = \frac{\lg\left(-\frac{x}{2}\right)}{\lg 3} = \log_3\left(-\frac{x}{2}\right);$$

   $x < 0$.

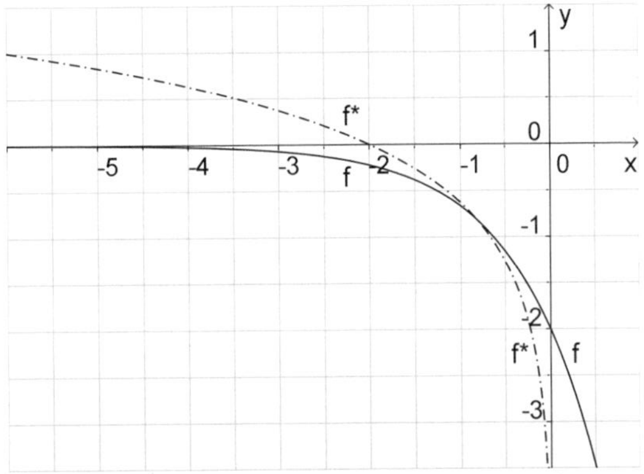

5. $\log_{0,5} \frac{1}{4} = 2$; $\log_{2,5} 0{,}16 = -2$; $\lg 0{,}01 = -2$; $\log_5 0{,}008 = -3$; $10^{\lg \frac{3}{4}} = 0{,}75$; $\ln e = 1$;

   $\log_7 \sqrt[3]{7} = 0{,}\overline{3}$; $\ln 1 = 0$; $\lg(\ln e) = 0$; $\ln(\lg e) \approx -0{,}834$;

   $\log_2(\ln(\lg e))$ ist nicht definiert, weil $\ln(\lg e) < 0$ ist.

6. a) zwei Lösungen: $x_1 = 3$ (kann erraten werden); $x_2 \approx -4{,}968$

   (es ist $2^{-4,968} \approx -0{,}03195 \approx -0{,}032 = -4{,}968 + 5$; x_2 erhält man z. B. aus einer grafischen Lösung mit dem GTR oder Funktionenplotter)

   b) einzige Lösung: $x = 1$

   c) keine Lösung, denn stets ist $2^x + 1 > 0$ und $-3^x < 0$

   d) keine Lösung, denn der Graph von $y = 2^x - 1$ verläuft überall unterhalb des Graphen von $y = 3^x$

   e) $x = 98$ f) $x = 0{,}5$

   g) Umformen mithilfe der Logarithmengesetze liefert die Gleichung

   $$\log_a\left(\frac{x}{7^4}\right) = \log_a\left(\frac{56^2}{x^2}\right);$$ daraus folgt $x^3 = 2^6 \cdot 7^6$, also $x = 196$.

7. Aus den Messwertepaaren ermittelt man das Zerfallsgesetz $m(t) = c \cdot a^t = 35 \cdot 0{,}99791^t$, wobei t in Sekunden zu messen ist und die Masse $m(t)$ in Milligramm angegeben wird. Darin ist $a = 0{,}99791$ ein mittlerer Wert. (Je nachdem, welches Wertepaar man zur Ermittlung von a benutzt, ergibt sich ein etwas anderer Wert.)

   Halbwertszeit ist $T_H = \frac{\ln 0{,}5}{\ln a}$ s ≈ 331 s. Nach etwa 2201 s ($= \frac{\ln 0{,}01}{\ln a}$ s) ist nur noch 1 % der ursprünglichen Masse von 35 mg vorhanden.

8. $\log_8 2520 = \log_8(2^3 \cdot 3^2 \cdot 5 \cdot 7) = \frac{3 \cdot \log_2 2 + 2 \cdot \log_2 3 + \log_2 5 + \log_2 7}{\log_2 8}$

   $= 1 + 0{,}\overline{3}(2 \cdot \mathrm{ld}\,3 + \mathrm{ld}\,5 + \mathrm{ld}\,7)$

9. Der effektive Jahreszins beträgt etwa 9,2 %.

10. a) Flüstern 30 dB, Unterhaltung 57 dB, Trompetenspiel 85 dB, Sirenenton 120 dB

    b) Wenn ein Geräusch eine um 10 Dezibel größere Lautstärke hat als ein anderes, dann ist seine Intensität das Zehnfache derjenigen des anderen Geräusches.

    c) Die Lautstärken sind: Lkw 90 dB, Presslufthammer 94 dB, Autohupe 103 dB, Düsenjet 140 dB. Alle diese Geräusche verursachen Hörschäden, das Geräusch des startenden Düsenjets wird als schmerzhaft empfunden.

Periodische Vorgänge: Winkelfunktionen

Die Winkelfunktionen (Sinusfunktion, Kosinusfunktion, Tangensfunktion) sind wichtig zur Beschreibung von physikalischen Vorgängen. Mit ihrer Hilfe werden Drehbewegungen und Schwingungsvorgänge mathematisch erfasst. Dieser Aspekt steht auch im Vordergrund bei der Einführung, in der Drehbewegungen und die zugehörige Lage eines Punktes auf einer Kreisbahn untersucht werden. Dies führt unmittelbar auf die für die Schülerinnen und Schüler neue Eigenschaft, dass eine Funktion periodisch sein kann. Die Definition der Winkelfunktionen als Funktionen mit reellen Argumenten (statt Winkeln im Gradmaß) und die Untersuchung der Eigenschaften ist das zentrale Thema des Kapitels. Ausgehend von der Sinusfunktion werden die Kosinusfunktion (und die Tangensfunktion) entwickelt. Dabei steht das Ziel im Vordergrund, entsprechende Eigenschaften und Zusammenhänge zu erkennen und die Beziehungen zwischen den verschiedenen Winkelfunktionen sowohl grafisch als auch rechnerisch zu gewinnen und anzuwenden.

Der Einfluss der Parameter a, b und c auf den Graphen einer Funktion mit der Gleichung $y = a \sin (bx + c)$ bereitet die Anwendung bei Schwingungsvorgängen vor, denen eine eigene Lerneinheit gewidmet wird. Dort werden spezielle physikalische Größen (u. a. Amplitude, Frequenz, Schwingungsdauer) definiert und die Graphen harmonischer Schwingungen (Wechselspannung) mittels Oszillogrammen dargestellt und untersucht.

Die Additionstheoreme und Verknüpfungen von Winkelfunktionen (Summe, Produkt) vertiefen die Bedeutung und Anwendungsmöglichkeiten der Winkelfunktionen. Schließlich werden goniometrische Gleichungen betrachtet, bei deren Lösung auch ein Computer-Algebra-System (CAS) eingesetzt wird. Das Lösen einer Gleichung durch Iteration kann mithilfe eines Tabellenkalkulationsprogramm unterstützt werden.

Drehbewegungen

Lösungen der Aufgaben auf den Seiten 50 bis 51

1. a) 2 Minuten = 120 s = 117 s + 3 s, das sind 13 Stationen je 9 s plus 3 s, also nein.
   b) Der Befestigungspunkt der Gondel von Peter befindet sich in 10,5 m Höhe, Peter sitzt in etwa 8 m Höhe.
   c) Nach 117 s war dies der Fall. Jetzt ist der Winkel um 15° größer, also nein.

2. a) $13 \cdot 45° + 15° = 600°$
   b) 120°, 240°, 480°. Allgemein: $120° + n \cdot 360°$ und $240° + n \cdot 360°$ für $n \in \mathbb{N}$.
3. a) nach 9 s, 18 s, 27 s; das nächste Mal ist die Gondel nach 72 s wieder an demselben Punkt, das übernächste Mal nach 144 s usw.
   b) 12 s: 60°; 34 s: 170°; 60 s: 300°; 90 s: 450°; 3 min: 900°
   c) 2 s: 350°; 10 s: 310°; 68 s: 20°; 2 min: 120°
4. a) Drehwinkel α: 90° $P(5 \mid 8)$; 180° $P(0 \mid 13)$; 270° $P(-5 \mid 8)$; 360° $P(0 \mid 3)$; …
   Die Punkte liegen auf den Achsen.
   b) Viertel bei $\alpha = 60°$, Hälfte bei $\alpha = 90°$, Dreiviertel bei $\alpha = 120°$
   c) bei $\alpha = 420°, 780°, \ldots$; allgemein: $\alpha = 60° + n \cdot 360°$
   d) gleiche Höhe bei 300°, gleiche seitliche Auslenkung bei 120°
5. b) Höhe 3,21 m über der u-Achse; gleiche Höhe bei 140°, 400°, 500°, 760°, …; allgemein: $\alpha = 40° + n \cdot 360°$ oder $\alpha = 140° + n \cdot 360°$
   c)

α	10°	20°	30°	40°	50°	60°	70°	80°	90°	…	350°	360°
$u(\alpha)$	4,92	4,70	4,33	3,83	3,21	2,50	1,71	0,87	0	…	4,92	5
$v(\alpha)$	0,87	1,71	2,50	3,21	3,83	4,33	4,70	4,92	5	…	–0,87	0

6. z. B. schwingende Feder, Karussellbewegung, Wellen (Schallwellen, Wasserwellen, Radiowellen)

AUFGABE (Randspalte S. 51): 360°, 720°, 1080°, 1440°, 1800°, …; kleinste Periode: 360°

Erläuterungen und Anregungen

Die Drehbewegung auf einem Kreis wird in den Aufgaben 1 bis 5 betrachtet, um die grundlegenden Eigenschaften der Winkelfunktionen vorzubereiten. Der Zusammenhang Umdrehungszeit – Drehwinkel liefert bereits die Winkelgeschwindigkeit als wichtige Größe, die spezielle Lage der Gondel (Höhe und seitliche Auslenkung) bereitet unmittelbar die Definition der Sinus-(Kosinus)-Funktion vor (Aufgaben 2 und 4). Durch eine exakte Zeichnung auf Millimeterpapier werden die Sinuswerte (= Höhen der Gondeln) als Funktion des Drehwinkels bereits berechnet (Aufgabe 5). Die Eigenschaft der Periodizität dieser Bewegung wird unmittelbar klar, der Begriff einer periodischen Funktion auf diese Weise praktisch spielerisch eingeführt.

Wichtig ist dabei die Erkenntnis, dass es nicht *die* Periode gibt, sondern höchstens die kleinste (positive) Periode einer periodischen Bewegung oder Funktion.

Periodische Vorgänge und Funktionen

Lösungen der Aufgaben auf den Seiten 52 bis 53

1. a) gleichmäßige Nahrungsaufnahme und gleicher Energiebedarf
   b) gleichmäßige Einkünfte und gleichmäßige Ausgaben
   c) gleichmäßige Schwingung (ohne Dämpfung)
2. schwarz: $p = 8$; blau: $p = \pi$; grün: $p = 2\pi$; rot: nicht periodisch
3. a) Wegen $f(x + a) = f(x)$ gilt: $f(x + 2 \cdot a) = f((x + a) + a) = f(x + a) = f(x)$ usw.
   Allgemein: $f(x + k \cdot a) = f(x + (k - 1) \cdot a + a) = f(x + a) = f(x)$.
   b) $f(x + a - b) = f(x + a - b + b) = f(x + a)$ (da b Periode ist)
   $= f(x)$ (da a Periode ist)
4. a) Angenommen, es gäbe eine solche Funktion f. Wegen der Periode 3,6 müsste dann gelten: $f(126) = f(0 + 35 \cdot 3{,}6) = f(0)$. Es ist aber $f(126) \neq f(0)$. Demnach gibt es keine Funktion f, die Klaras Bedingungen erfüllt.
   Es lassen sich allerdings Funktionen f mit den geforderten Bedingungen finden, wenn man die Periode 3,6 nicht als exakten Wert, sondern als Näherungswert auffasst. Falls Klara z. B. die Periode 3,600 001 als noch zulässig gelten lässt, so kann Wenzel folgende Funktion f finden:
   $$f(x) = \frac{21}{126 - 34 \cdot 3{,}600\,001} \cdot (x \bmod 3{,}600\,001),$$
   wobei $x \bmod 3{,}600001$ die für jedes $x \in \mathbb{R}$ eindeutig bestimmte reelle Zahl r mit $x = k \cdot 3{,}600001 + r$; $k \in \mathbb{Z}$; $0 \leq r < 3{,}600\,001$ sein soll.
   Es ist dann $f(0) = 0$ und $f(126) = \frac{21}{126 - 34 \cdot 3{,}600\,001} \cdot (126 - 34 \cdot 3{,}600\,001) = 21$.
   b) Diese Aufgabe ist unlösbar, denn sobald für irgendein Argument x die Gleichung $f(x + a) = f(x)$ mit $a \neq 0$ gilt, ist die Funktion nicht mehr eineindeutig, da die Argumente x und $x + a$ denselben Funktionswert besitzen.
5. Sei p die kleinste positive Periode von f und $q = m \cdot p + p_1$ ($p_1 < p$) eine andere Periode von f, die kein Vielfaches von p ist. Dann folgt für alle x:
   $f(x + q) = f(x + m \cdot p + p_1) = f(x + p_1 + m \cdot p) = f(x + p_1) = f(x)$
   Somit wäre p_1 ($p_1 < p$) auch eine Periode von f im Widerspruch zu der Annahme, dass p die kleinste positive Periode von f ist.

AUFGABE (Randspalte S. 52): Die gesuchte Zahl ist 2.
Begründung: Die Funktion f besitzt in jedem Falle die Zahl 2 als Periode, denn es ist $f(x + 2) = f(x + 6 - 4) = f(x + 6) = f(x)$.
Die kleinste positive Periode von f kann also niemals größer sein als 2.
Zu zeigen bleibt noch, dass es wirklich eine Funktion f mit der kleinsten positiven Periode 2 gibt, die die Bedingungen der Aufgabe erfüllt. Das trifft z. B. für die Funktion $f(x) = x \bmod 2$ zu, wobei mit $x \bmod 2$ die für jedes $x \in \mathbb{R}$ eindeutig bestimmte Zahl r mit $x = k \cdot 2 + r$; $k \in \mathbb{Z}$; $0 \leq r < 2$ gemeint ist.

NACHGEDACHT (Randspalte S. 52): Nein, denn die Funktion $f(x) = 2$ hat jede positive Zahl als Periode. Es gibt auch nichtkonstante periodische Funktionen, die keine kleinste positive Periode besitzen. Beispielsweise besitzt die Funktion
$$f(x) = \begin{cases} 0 & \text{für } x \text{ rational} \\ 1 & \text{für } x \text{ irrational} \end{cases}$$
jede Zahl 10^{-n} mit $n \in \mathbb{N}$ als Periode, da sich bei Addition von 10^{-n} zu x ab der $(n+1)$-ten Dezimalstelle nichts ändert, folglich also keine rationale Zahl zu einer irrationalen verändert werden kann und umgekehrt.

6. Es könnte annähernd eine periodische Funktion vorliegen.
7. Es ergibt sich annähernd eine Sinuskurve bzw. bei längerer Dauer des Experiments die Kurve einer gedämpften Schwingung.
8. Gedämpfte Sinusschwingungen mit dazwischen liegenden regelmäßigen Zeitpunkten, in denen die Dämpfung durch äußere Einwirkung aufgehoben wird.

Erläuterungen und Anregungen

Die Untersuchung periodischer Vorgänge wird hier durch physikalische Beispiele (Aufgaben 1, 7 und 8) oder geografische Phänomene (Aufgabe 6) vertieft. Sinnvoll ist hier eventuell die Zusammenarbeit mit dem Physiklehrer (fächerübergreifender Unterricht), um Schwingungen oder Pendelbewegungen vorzuführen. Die Spur einer angeschlagenen Stimmgabel auf einer gerußten Scheibe oder die Darstellung von Schallwellen auf einem Oszillografen sind weitere hervorragende Beispiele.
Die mathematische Vertiefung (Aufgaben 2 bis 5) ist recht anspruchsvoll.

Grad- und Bogenmaß

Lösungen der Aufgaben auf den Seiten 54 bis 55

1. a) In 24 Stunden dreht sich die Erde einmal um ihre Achse. Am Äquator werden dabei etwa 40 000 km zurückgelegt. Das entspricht einer Geschwindigkeit von 463 m/s oder 1667 km/h.
   b) In unseren Breiten (51° nördlicher Breite) beträgt der Radius des Breitengrades ca. 4000 km, die Länge des Breitengrades also ca. 25 133 km. Daraus ergibt sich eine Windgeschwindigkeit von 291 m/s oder 1047 km/h.
   c) Je kleiner die Abstände von den Polen der Erde werden, desto geringer sind die Radien der Breitenkreise und damit auch die Windgeschwindigkeiten. Vergleiche dazu auch die Erläuterungen und Anregungen.
2. a) 1° entspricht 111,11 km.
   b) Luftlinie 173 km ≈ 170 km. Das ist aber sicher nicht die kürzeste Fahrverbindung, denn es gibt keinen Weg längs eines Meridians. Genauere Angaben sind nicht sinnvoll, da die Städte ausgedehnte Flächen einnehmen.
   c) Der Bogenlänge zu (1/60)° entspricht 1852 m (deutsche Seemeile). Der Mondradius r = 1738 km liefert den Mondumfang u = 10920 km. Für die „Mondseemeile" (Mondbogenlänge zu (1/60)°) ergibt sich dann $s \approx 505{,}56$ m.
3. a) 60°, 240°, 360°, 540°
   b) (1) Turmuhr: 1 h: 9,42 m; 5 min: 0,785 m
   (2) Armbanduhr: 1 h: 6,28 cm; 5 min: 0,524 cm
   c) (1) Minutenzeiger: 25 min: 3,93 m; 40 min: 6,28 m; 2,5 h: 23,6 m
   (2) Stundenzeiger: 25 min: 26,2 cm; 40 min: 41,9 cm; 2,5 h: 1,57 m
4. a) Bogenlängen für $r = 3$ cm: 0,524 cm; 2,36 cm; 7,85 cm; 14,13 cm; 16,23 cm
   b) Der Quotient $\frac{b_\alpha}{\alpha} = \frac{\pi \cdot r}{180°}$ ist konstant (für konstantes r).
   Hieraus ist die Proportionalität ersichtlich.
   c) Bogenlängen für $\alpha = 45°$: 0,785 cm; 1,57 cm; 3,93 cm
   d) Der Quotient $\frac{b_\alpha}{r} = \frac{\pi \cdot \alpha}{180°}$ ist konstant (für konstantes α).
   e) Der Quotient $\frac{b_\alpha}{r} : \alpha = \frac{b_\alpha}{r \cdot \alpha}$ hat den konstanten Wert $\frac{\pi}{180°}$.
5. a) Die Unabhängigkeit vom Radius ($r = 1$) bedeutet wegen $b_\alpha \sim \alpha$, dass zu jedem Winkel im Gradmaß eindeutig eine Bogenlänge im Einheitskreis definiert ist. Diese Bogenlänge kann als Maß des Winkels benutzt werden.

   b) Bei einem beliebigen Radius ist nur mit dem Faktor r zu multiplizieren:
   $b_\alpha(\text{Radius } r) = r \cdot b_\alpha(\text{Radius } 1)$.

6. a)

α	0°	30°	45°	60°	90°	180°	270°	360°
arc α	0	$\frac{\pi}{6}$	$\frac{\pi}{4}$	$\frac{\pi}{3}$	$\frac{\pi}{2}$	π	$\frac{3\pi}{2}$	π

b)

α	–30°	–60°	–90°	405°	540°	1080°
arc α	$-\frac{\pi}{6}$	$-\frac{\pi}{3}$	$-\frac{\pi}{2}$	$\frac{9\pi}{4}$	3π	6π

7. a) 18° b) 36° c) 45° d) 150° e) 120° f) 54°
   g) 720° h) 57,3° i) –30° j) 6° k) –15° l) 225°
   m) –270° n) 630° o) –900° p) –573°

Erläuterungen und Anregungen

Um die Winkelfunktionen als Funktionen mit reellen Argumenten darzustellen, ist es nötig, Winkelgrößen aus dem Gradmaß ins Bogenmaß (reelle Zahl) umzuwandeln. Der Zusammenhang zwischen dem Kreisbogen ($u = 2\pi r$) und dem Winkel ($\alpha = 360°$) wird am Beispiel der Erde verdeutlicht. Dabei werden die Daten der Erde und die Kenntnisse über das Gradnetz benutzt (Aufgaben 1 und 2).

Erdradius am Äquator: R = 6 378 km
Erdumfang am Äquator: U = 40 000 km (genau: 40 074 km)
Mondradius: r = 1 738 km
Mondumfang: u = 10 920 km

Zu Aufgabe 1 b): Im Gegensatz zu den Längenkreisen hängt der Umfang eines Breitenkreises von der geografischen Breite ab. Für die Drehgeschwindigkeit in unseren Breiten (51°) kann der Radius des 51. Breitenkreises zeichnerisch bestimmt werden. An einem Kreis mit dem Radius R = 6,4 cm (entsprechend dem Erdradius) ergibt sich ein Radius von ca. 4 cm (entsprechend 4000 km). Der exakte Wert für den Radius des Breitenkreises zum Winkel $\alpha = 51°$ beträgt $r_\alpha = 6378 \text{ km} \cdot \cos \alpha = 4013{,}8$ km.

Zu Aufgabe 2: Die interessante Tatsache, dass die Seemeile mit dem Umfang der Erde zusammenhängt, liefert eine schöne Anwendung aus der Seefahrt für den Zusammenhang von Kreisbogen und Winkel. Der genaue Wert für die Seemeile (Bogenlänge zum Winkel $\frac{1}{60}$ Grad) beträgt $1 \text{ sm} = \frac{1}{60} \cdot \frac{1}{360} \cdot 40\,000 \text{ km} = 1{,}852$ km.

In diesem Zusammenhang kann auch gut die Geschwindigkeit 1 Knoten (kn) erwähnt werden, denn es gilt $1\text{ kn} = 1\,\frac{\text{sm}}{\text{h}} = 1{,}852\,\frac{\text{km}}{\text{h}} = 0{,}5144\,\frac{\text{m}}{\text{s}}$. Der Name stammt auch aus der Seefahrt, denn die Leine des Handlogs (Geschwindigkeitsmesser auf Schiffen) war mit Knoten markiert, um die in der Zeiteinheit zurückgelegte Entfernung festzulegen.
Der Abstand zweier Breitenkreise (mit 1° Differenz) beträgt also 60 sm = 111,111 km. Diese Kenntnis lässt sich bei der Betrachtung des Atlas gut nutzen, um größere Entfernungen abzuschätzen.
In Aufgabe 4 wird die Proportionalität zweier Größen benutzt. Insbesondere die Beziehung $b_\alpha \sim \alpha$ für konstantes r ermöglicht durch Beschränkung auf den Einheitskreis die umkehrbar eindeutige Zuordnung von Bogenmaß zu Gradmaß. Das sichere Umwandeln dieser beiden Größen in die jeweils andere ist für alles Weitere wichtig und wird in den Aufgaben 6 und 7 geübt.

Die Sinusfunktion und ihre Eigenschaften

Lösungen der Aufgaben auf den Seiten 56 bis 59

1. (1) Hochpunkte bei 90°, 450° und 810° (Gradmaß) bzw. $\frac{\pi}{2}, \frac{5\pi}{2}, \frac{9\pi}{2}$ (Bogenmaß)
   (2) Tiefpunkte bei 270° und 630° (Gradmaß) bzw. $\frac{3\pi}{2}$ und $\frac{7\pi}{2}$ (Bogenmaß)
   (3) Nullstellen bei 0°, 180°, 360°, 540° und 720° (Gradmaß) bzw. 0, π, 2π, 3π und 4π (Bogenmaß)
2.

α	0°	10°	20°	30°	40°	50°	60°	70°	80°	90°	…	360°
$u(\alpha)$	0	0,17	0,34	0,5	0,64	0,77	0,87	0,94	0,98	1	…	0

3. a) Die Sinusfunktion ist periodisch, da für Drehwinkel größer als 360° bzw. kleiner als 0° stets die Funktionswerte aus dem Intervall [0°; 360°] angenommen werden. Kleinste Periode: $p = 360°$ (Gradmaß) bzw. $p = 2\pi$ (Bogenmaß).
   b) Die Nullstellen liegen in gleichen Abständen voneinander (π); die maximalen bzw. minimalen Funktionswerte befinden sich jeweils im Abstand 2π voneinander.
4. a) Nullstellen: $x_0 = k \cdot \pi$ mit $k \in \mathbb{Z}$
   b) monoton steigend über $\left[-\frac{\pi}{2} + k \cdot 2\pi;\ \frac{\pi}{2} + k \cdot 2\pi\right]$, $k \in \mathbb{Z}$;
   monoton fallend über $\left[\frac{\pi}{2} + k \cdot 2\pi;\ \frac{3\pi}{2} + k \cdot 2\pi\right]$, $k \in \mathbb{Z}$

   c) maximal an den Stellen $\frac{\pi}{2} + k \cdot 2\pi,\ k \in \mathbb{Z}$; minimal an den Stellen $\frac{3\pi}{2} + k \cdot 2\pi,\ k \in \mathbb{Z}$
   d) Punktsymmetrie (ungerade Funktion): $\sin(-x) = -\sin x$
5. a) $-\sin\alpha$ b) $\sin\alpha$ c) $-\sin\alpha$ d) $-\sin\alpha$
   e) $\sin\alpha$ f) $-\sin\alpha$ g) $\sin\alpha$ h) $-\sin\alpha$
6. a) $-\sin x$ b) $\sin x$ c) $-\sin x$ d) $-\sin x$
   e) $\sin x$ f) $-\sin x$ g) $\sin x$ h) $\sin x$
7. Einstellen der Einheiten auf der x- und y-Achse; bewirkt Veränderung des angezeigten Bildausschnitts; optimal: Standardeinstellung und AUTO
8. Spiegelung an der x-Achse: a), c), d), f); keine Veränderung: b), e), g), h)
9. a) $\frac{1}{2}\sqrt{2}$ b) -1 c) $-\frac{1}{2}\sqrt{3}$ d) 1
   e) 0 f) $\frac{1}{2}\sqrt{3}$ g) $-\frac{1}{2}$ h) $-\frac{1}{2}\sqrt{2}$
10. a) $\sin 0° = 0$; $\sin 0 = 0$ b) $\sin 30° = 0{,}5$; $\sin 30 \approx -0{,}9880$
    c) $\sin 90° = 1$; $\sin 90 \approx 0{,}8940$ d) $\sin(\pi/4)° \approx 0{,}0137$; $\sin(\pi/4) \approx 0{,}7071$
    e) $\sin \pi° \approx 0{,}0548$; $\sin \pi = 0$ f) $\sin(3\pi/2)° = 0{,}0822$; $\sin(3\pi/2) = -1$
11. a) 0,2334 b) 0,9515 c) 0,9890
    d) –0,8344 e) –0,9901 f) –0,7230
    g) 0,8660 h) –0,5 i) 0,8660
    j) –0,3240 k) 0,6293 l) 0,9320
12. a) 30°; $\frac{\pi}{6}$ b) 17,46°; 0,3047 c) 45°; $\frac{\pi}{4}$
    d) –75°; $-\frac{5\pi}{12}$ e) –60°; $-\frac{\pi}{3}$ f) –27,58°; –0,4814
    g) keine Lösung h) –31,57°; –0,5511 i) keine Lösung
    j) –19,27°; –0,3363 k) –78,72°; –1,374 l) keine Lösung
13. a) $L = \left\{\frac{\pi}{3} + k \cdot 2\pi \,\middle|\, k \in \mathbb{Z}\right\} \cup \left\{\frac{2\pi}{3} + k \cdot 2\pi \,\middle|\, k \in \mathbb{Z}\right\}$
    b) $L = \left\{\frac{3\pi}{2} + k \cdot 2\pi \,\middle|\, k \in \mathbb{Z}\right\}$ c) $L = \{k \cdot \pi \mid k \in \mathbb{Z}\}$
    d) $L = \left\{\frac{5\pi}{4} + k \cdot 2\pi \,\middle|\, k \in \mathbb{Z}\right\} \cup \left\{\frac{7\pi}{4} + k \cdot 2\pi \,\middle|\, k \in \mathbb{Z}\right\}$
    e) $L = \left\{\frac{7\pi}{6} + k \cdot 2\pi \,\middle|\, k \in \mathbb{Z}\right\} \cup \left\{\frac{11\pi}{6} + k \cdot 2\pi \,\middle|\, k \in \mathbb{Z}\right\}$

f) $L = \left\{\frac{4\pi}{3} + k \cdot 2\pi \,\middle|\, k \in \mathbb{Z}\right\} \cup \left\{\frac{5\pi}{3} + k \cdot 2\pi \,\middle|\, k \in \mathbb{Z}\right\}$

g) $L = \left\{\frac{\pi}{2} + k \cdot 2\pi \,\middle|\, k \in \mathbb{Z}\right\}$

h) $L = \left\{\frac{\pi}{4} + k \cdot 2\pi \,\middle|\, k \in \mathbb{Z}\right\} \cup \left\{\frac{3\pi}{4} + k \cdot 2\pi \,\middle|\, k \in \mathbb{Z}\right\}$

14. a) $L = \{36{,}87° + k \cdot 360° \mid k \in \mathbb{Z}\} \cup \{143{,}13° + k \cdot 360° \mid k \in \mathbb{Z}\}$
$L = \{0{,}6435 + k \cdot 2\pi \mid k \in \mathbb{Z}\} \cup \{2{,}4981 + k \cdot 2\pi \mid k \in \mathbb{Z}\}$
b) $L = \{203{,}58° + k \cdot 360° \mid k \in \mathbb{Z}\} \cup \{336{,}42° + k \cdot 360° \mid k \in \mathbb{Z}\}$
$L = \{3{,}5531 + k \cdot 2\pi \mid k \in \mathbb{Z}\} \cup \{5{,}8717 + k \cdot 2\pi \mid k \in \mathbb{Z}\}$
c) $L = \{70{,}05° + k \cdot 360° \mid k \in \mathbb{Z}\} \cup \{109{,}95° + k \cdot 360° \mid k \in \mathbb{Z}\}$
$L = \{1{,}2226 + k \cdot 2\pi \mid k \in \mathbb{Z}\} \cup \{1{,}9190 + k \cdot 2\pi \mid k \in \mathbb{Z}\}$
d) $L = \{261{,}89° + k \cdot 360° \mid k \in \mathbb{Z}\} \cup \{278{,}11° + k \cdot 360° \mid k \in \mathbb{Z}\}$
$L = \{4{,}5708 + k \cdot 2\pi \mid k \in \mathbb{Z}\} \cup \{4{,}8539 + k \cdot 2\pi \mid k \in \mathbb{Z}\}$
e) $L = \{7{,}18° + k \cdot 360° \mid k \in \mathbb{Z}\} \cup \{172{,}82° + k \cdot 360° \mid k \in \mathbb{Z}\}$
$L = \{0{,}1253 + k \cdot 2\pi \mid k \in \mathbb{Z}\} \cup \{3{,}0163 + k \cdot 2\pi \mid k \in \mathbb{Z}\}$
f) $L = \{218{,}90° + k \cdot 360° \mid k \in \mathbb{Z}\} \cup \{321{,}10° + k \cdot 360° \mid k \in \mathbb{Z}\}$
$L = \{3{,}8206 + k \cdot 2\pi \mid k \in \mathbb{Z}\} \cup \{5{,}6042 + k \cdot 2\pi \mid k \in \mathbb{Z}\}$
g) $L = \{186{,}37° + k \cdot 360° \mid k \in \mathbb{Z}\} \cup \{353{,}63° + k \cdot 360° \mid k \in \mathbb{Z}\}$
$L = \{3{,}2528 + k \cdot 2\pi \mid k \in \mathbb{Z}\} \cup \{6{,}1720 + k \cdot 2\pi \mid k \in \mathbb{Z}\}$
h) $L = \{34{,}54° + k \cdot 360° \mid k \in \mathbb{Z}\} \cup \{145{,}46° + k \cdot 360° \mid k \in \mathbb{Z}\}$
$L = \{0{,}6029 + k \cdot 2\pi \mid k \in \mathbb{Z}\} \cup \{2{,}5387 + k \cdot 2\pi \mid k \in \mathbb{Z}\}$

AUFGABEN ZUR WIEDERHOLUNG

1. a) Die Konstruktion ist ausführbar (sws), es gibt genau eine Lösung (siehe nebenstehende Abbildung).
b) Die Konstruktion ist wegen $a + c < b$ nicht ausführbar.
c) Die Konstruktion ist wegen $a < b \sin \alpha$ nicht möglich. Der gegebene Winkel liegt der kleineren Seite gegenüber.

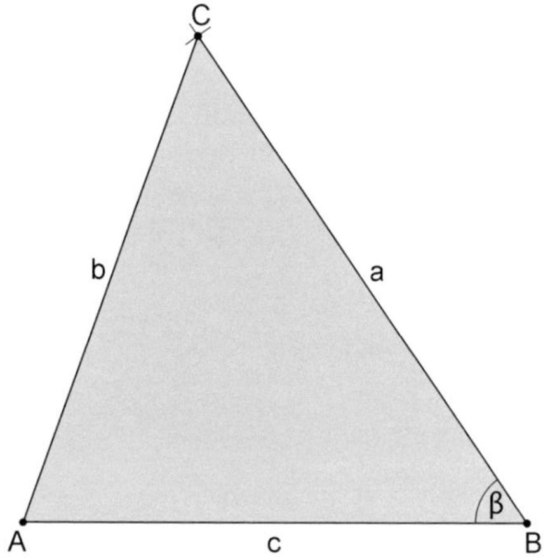

d) Die Konstruktion ist ausführbar (wsw), es gibt genau eine Lösung.

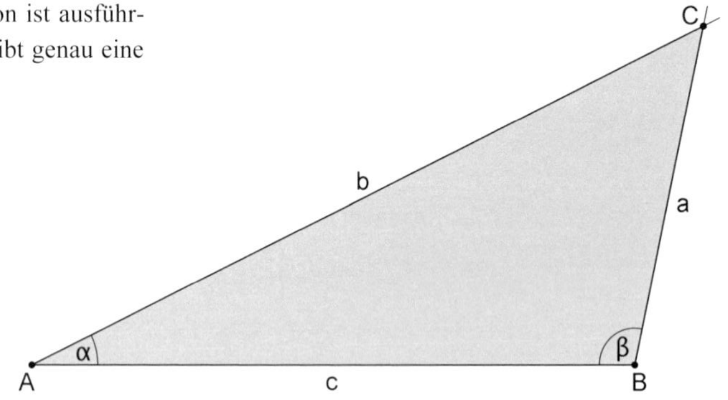

2. a) $a = \overline{BC}$ zeichnen; in C Winkel γ antragen und halbieren; $w_\gamma = \overline{CV}$ zeichnen; $\overline{BV}$ über V hinaus verlängern; der Schnittpunkt mit dem freien Schenkel des Winkels ist Punkt A des gesuchten Dreiecks.

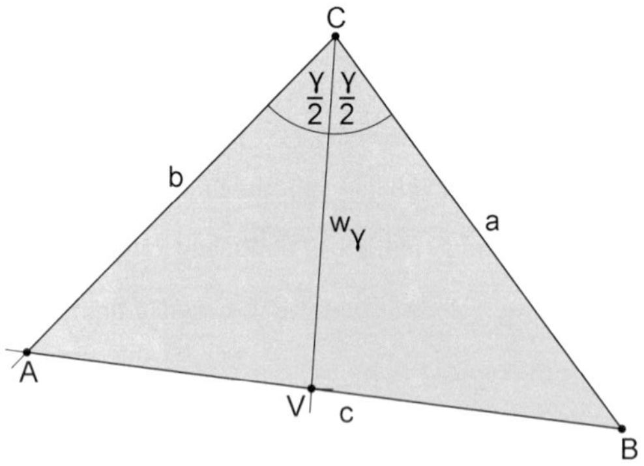

b) $c = \overline{AB}$ zeichnen; in B Winkel β antragen; Seite c halbieren; man erhält den Punkt R. Kreisbogen mit $s_c = 4{,}8$ cm um R zeichnen; der Schnittpunkt mit dem freien Schenkel des Winkels ist Punkt C des gesuchten Dreiecks.

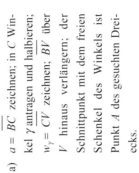

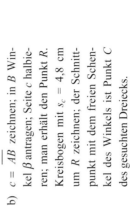

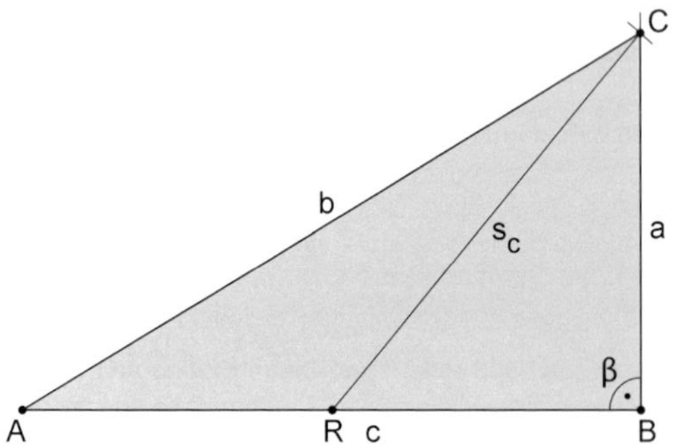

c) $c = \overline{AB}$ zeichnen; Parallele zu $\overline{AB}$ im Abstand h_c konstruieren; in A Winkel α antragen; der Schnittpunkt der Parallelen zu $\overline{AB}$ mit dem freien Schenkel des Winkels ist Punkt C des gesuchten Dreiecks.

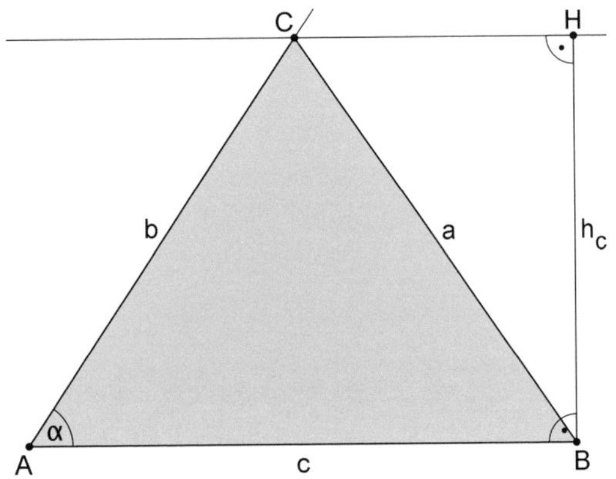

3. a) Es gibt genau einen solchen Punkt, den Mittelpunkt des Umkreises des Dreiecks ABC. Das ist der Schnittpunkt der drei Mittelsenkrechten von $\overline{AB}$, $\overline{AC}$ und $\overline{BC}$.
   b) Es gibt genau drei Geraden, die von A, B und C den gleichen Abstand haben. Die Geraden verlaufen jeweils durch die Mittelpunkte zweier Seiten des Dreiecks ABC (Mittelparallelen). Die jeweils gleichen Abstände ergeben sich aus der zugrunde liegenden Strahlensatzfigur.
4. a) siehe Abbildung (Darstellung verkleinert)
   b) w_α und w_β schneiden sich unter dem Winkel $\delta = 68°$.
   w_α und w_γ schneiden sich unter dem Winkel $\varepsilon = 74°$.
   c) $\gamma = 180° - \alpha - \beta = 44°$
   $\delta = \frac{\alpha}{2} + \frac{\beta}{2}$; $\varepsilon = \frac{\alpha}{2} + \frac{\gamma}{2}$
   (Jeder Außenwinkel eines Dreiecks ist so groß wie die Summe der beiden nicht anliegenden Innenwinkel.)

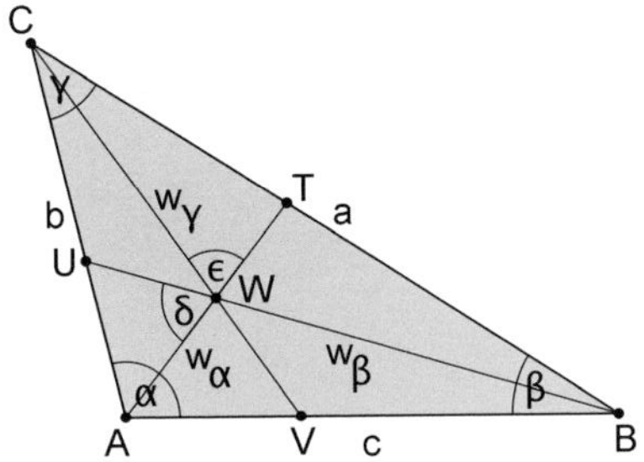

Erläuterungen und Anregungen

Die Definition der Sinusfunktion (*sinus* (lat.) Krümmung) durch die Ordinate eines Punktes auf dem Einheitskreis ist nach den Vorbereitungen der letzten Lerneinheit problemlos. Die Graphen der Sinusfunktion (als Funktion des Winkels bzw. des Bogenmaßes, Aufgaben 1 und 4) können deshalb unmittelbar benutzt werden, um die Eigenschaften selbstständig zu formulieren, Winkelbeziehungen am Einheitskreis zu entdecken und herzuleiten (Aufgaben 5 + 6).

Dabei wird immer wieder zwischen Grad- und Bogenmaß gewechselt; oft werden beide Angaben verlangt oder benötigt (Aufgaben 10 bis 12).
Wichtig: Die richtige Benutzung der Taste zur Einstellung des Winkelmaßes (DEG für Gradmaß, RAD für Bogenmaß) muss beherrscht werden. Ebenso verlangt die umgekehrte Berechnung des Winkels zu einem vorgegebenen Wert die sichere Anwendung der Taste 2ndF oder inv oder $\sin^{-1}$ (Aufgaben 12 bis 14). Damit wird bereits die Umkehrfunktion $y = \arcsin x$ vorbereitet.
Zu den Rechnungen ohne Taschenrechner:
Die Werte der Sinusfunktion zu $0, \frac{\pi}{6}, \frac{\pi}{4}, \frac{\pi}{3}, \frac{\pi}{2}$ und damit zu weiteren Winkeln müssen bekannt und sicher beherrscht werden (Aufgaben 9 und 13). Die Periodizität wird bei der Ermittlung der vollständigen Lösungsmenge wesentlich benutzt.

Die Kosinusfunktion und ihre Eigenschaften

Lösungen der Aufgaben auf den Seiten 60 bis 62

1. Es entsteht der Graph der Funktion $f(x) = 5 \cdot \cos x$; vgl. Aufgabe 5, Seite 55.

α	0°	10°	20°	30°	40°	50°	60°	70°	80°	90°	…	360°
$u(\alpha)$	5	4,92	4,70	4,33	3,83	3,21	2,5	1,71	0,87	0	…	5

2. vgl. Aufgabe 2, Seite 60

α	0°	10°	20°	30°	40°	50°	60°	70°	80°	90°	…	360°
$u(\alpha)$	1	0,98	0,94	0,87	0,77	0,64	0,5	0,34	0,17	0	…	1

3. Verschiebt man den Graphen der Sinusfunktion um $\frac{\pi}{2}$ nach links, so ergibt sich der Graph der Kosinusfunktion.
4. a) $p = 2\pi$ b) Nullstellen allgemein: $\frac{\pi}{2} + k \cdot \pi$ mit $k \in \mathbb{Z}$
   c) monoton steigend über $[\pi + k \cdot 2\pi;\ 2\pi + k \cdot 2\pi]$, $k \in \mathbb{Z}$;
   monoton fallend über $[k \cdot 2\pi;\ \pi + k \cdot 2\pi]$, $k \in \mathbb{Z}$
   d) maximal an den Stellen $k \cdot 2\pi$, $k \in \mathbb{Z}$; minimal an den Stellen $\pi + k \cdot 2\pi$, $k \in \mathbb{Z}$
   e) Achsensymmetrie (gerade Funktion): $\cos(-x) = \cos x$
5. a) $-\cos\alpha$ b) $-\cos\alpha$ c) $\cos\alpha$ d) $-\cos\alpha$
   e) $\cos\alpha$ f) $\cos\alpha$ g) $-\cos\alpha$ h) $-\cos\alpha$
6. a) $-\cos x$ b) $-\cos x$ c) $\cos x$ d) $-\cos x$
   e) $\cos x$ f) $\cos x$ g) $\cos x$ h) $-\cos x$

7. Spiegelung an der x-Achse: a), b), d), h); keine Veränderung: c), e), f), g)

8. a) $\frac{1}{2}\sqrt{2}$ b) 0 c) $-\frac{1}{2}$ d) 0
e) 1 f) $-\frac{1}{2}$ g) $\frac{1}{2}\sqrt{3}$ h) $\frac{1}{2}\sqrt{2}$

9. a) $\cos 0° = 1$; $\cos 0 = 1$
b) $\cos 30° \approx 0{,}8660$; $\cos 30 \approx 0{,}1542$
c) $\cos 90° = 0$; $\cos 90 \approx -0{,}4481$

10. a) 0,9724 b) 0,3077 c) −0,1478
d) −0,5512 e) −0,1404 f) 0,6909
g) 0,5 h) 0,8660 i) −0,5
j) 0,9460 k) −0,7772 l) 0,3624

11. a) 60°; $\frac{\pi}{3}$ b) 72,54°; 1,2661 c) 45°; $\frac{\pi}{4}$
d) 165°; $\frac{11\pi}{12}$ e) 150°; $\frac{5\pi}{6}$ f) 117,58°; 2,0522
g) existiert nicht h) 121,57°; 2,1219 i) existiert nicht
j) 109,27°; 1,9071 k) 168,72°; 2,9448 l) existiert nicht

12. a) $L = \left\{\frac{\pi}{6} + k \cdot 2\pi \,\middle|\, k \in \mathbb{Z}\right\} \cup \left\{\frac{11\pi}{6} + k \cdot 2\pi \,\middle|\, k \in \mathbb{Z}\right\}$
b) $L = \{\pi + k \cdot 2\pi \mid k \in \mathbb{Z}\}$
c) $L = \left\{\frac{\pi}{2} + k \cdot \pi \,\middle|\, k \in \mathbb{Z}\right\}$
d) $L = \left\{\frac{3\pi}{4} + k \cdot 2\pi \,\middle|\, k \in \mathbb{Z}\right\} \cup \left\{\frac{5\pi}{4} + k \cdot 2\pi \,\middle|\, k \in \mathbb{Z}\right\}$
e) $L = \left\{\frac{2\pi}{3} + k \cdot 2\pi \,\middle|\, k \in \mathbb{Z}\right\} \cup \left\{\frac{4\pi}{3} + k \cdot 2\pi \,\middle|\, k \in \mathbb{Z}\right\}$
f) $L = \left\{\frac{5\pi}{6} + k \cdot 2\pi \,\middle|\, k \in \mathbb{Z}\right\} \cup \left\{\frac{7\pi}{6} + k \cdot 2\pi \,\middle|\, k \in \mathbb{Z}\right\}$
g) $L = \{k \cdot 2\pi \mid k \in \mathbb{Z}\}$
h) $L = \left\{\frac{\pi}{4} + k \cdot 2\pi \,\middle|\, k \in \mathbb{Z}\right\} \cup \left\{\frac{7\pi}{4} + k \cdot 2\pi \,\middle|\, k \in \mathbb{Z}\right\}$

13. a) $L = \{45{,}57° + k \cdot 360° \mid k \in \mathbb{Z}\} \cup \{314{,}43° + k \cdot 360° \mid k \in \mathbb{Z}\}$
$L = \{0{,}7954 + k \cdot 2\pi \mid k \in \mathbb{Z}\} \cup \{5{,}4878 + k \cdot 2\pi \mid k \in \mathbb{Z}\}$
b) $L = \{101{,}54° + k \cdot 360° \mid k \in \mathbb{Z}\} \cup \{258{,}46° + k \cdot 360° \mid k \in \mathbb{Z}\}$
$L = \{1{,}7722 + k \cdot 2\pi \mid k \in \mathbb{Z}\} \cup \{4{,}5110 + k \cdot 2\pi \mid k \in \mathbb{Z}\}$
c) $L = \{41{,}41° + k \cdot 360° \mid k \in \mathbb{Z}\} \cup \{318{,}59° + k \cdot 360° \mid k \in \mathbb{Z}\}$
$L = \{0{,}7227 + k \cdot 2\pi \mid k \in \mathbb{Z}\} \cup \{5{,}5605 + k \cdot 2\pi \mid k \in \mathbb{Z}\}$
d) $L = \{148{,}21° + k \cdot 360° \mid k \in \mathbb{Z}\} \cup \{211{,}79° + k \cdot 360° \mid k \in \mathbb{Z}\}$
$L = \{2{,}5868 + k \cdot 2\pi \mid k \in \mathbb{Z}\} \cup \{3{,}6964 + k \cdot 2\pi \mid k \in \mathbb{Z}\}$
e) $L = \{99{,}50° + k \cdot 360° \mid k \in \mathbb{Z}\} \cup \{260{,}50° + k \cdot 360° \mid k \in \mathbb{Z}\}$
$L = \{1{,}7366 + k \cdot 2\pi \mid k \in \mathbb{Z}\} \cup \{4{,}5466 + k \cdot 2\pi \mid k \in \mathbb{Z}\}$
f) $L = \{82{,}93° + k \cdot 360° \mid k \in \mathbb{Z}\} \cup \{277{,}07° + k \cdot 360° \mid k \in \mathbb{Z}\}$
$L = \{1{,}4475 + k \cdot 2\pi \mid k \in \mathbb{Z}\} \cup \{4{,}8357 + k \cdot 2\pi \mid k \in \mathbb{Z}\}$
g) $L = \{90{,}17° + k \cdot 360° \mid k \in \mathbb{Z}\} \cup \{269{,}83° + k \cdot 360° \mid k \in \mathbb{Z}\}$
$L = \{1{,}5738 + k \cdot 2\pi \mid k \in \mathbb{Z}\} \cup \{4{,}7094 + k \cdot 2\pi \mid k \in \mathbb{Z}\}$
h) $L = \{83{,}63° + k \cdot 360° \mid k \in \mathbb{Z}\} \cup \{276{,}37° + k \cdot 360° \mid k \in \mathbb{Z}\}$
$L = \{1{,}4596 + k \cdot 2\pi \mid k \in \mathbb{Z}\} \cup \{4{,}8236 + k \cdot 2\pi \mid k \in \mathbb{Z}\}$

AUFGABEN ZUR WIEDERHOLUNG

1. a) Der Graph der Funktion ist eine monoton fallende Gerade mit dem Anstieg −2, die mit den Koordinatenachsen die Punkte $A\,(1{,}75 \mid 0)$ und $B\,(0 \mid 3{,}5)$ gemeinsam hat.
b) Der Graph der Funktion ist eine monoton steigende Gerade mit dem Anstieg $\frac{1}{3}$, die die Koordinatenachsen in den Punkten $C\,(4{,}2 \mid 0)$ und $D\,(0 \mid -1{,}4)$ schneidet.

2. Nullstelle von f: $x_0 = 1{,}75$
Kontrolle durch Rechnung:
$-2x + 3{,}5 = 0 \Rightarrow 2x = 3{,}5 \Rightarrow x = 1{,}75$
Nullstelle von g: $x_0 = 4{,}2$
Kontrolle durch Rechnung:
$\frac{1}{3}x - \frac{7}{5} = 0 \Rightarrow 5x - 21 = 0 \Rightarrow x = 4{,}2$
Schnittpunkt der Graphen von f und g:
$S\,(2{,}1 \mid -0{,}7)$
Kontrolle durch Rechnung:
$-2x + 3{,}5 = \frac{1}{3}x - \frac{7}{5} \quad | \cdot 30$
$-60x + 105 = 10x - 42 \Rightarrow 147 = 70x$
$x = 2{,}1;\; y = -2 \cdot 2{,}1 + 3{,}5 = -0{,}7$

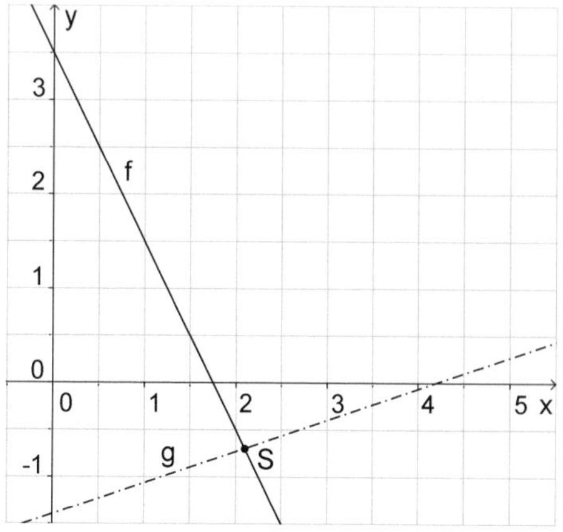

3. a) $a = 1;\ b = 2;\ c = -3;$

x	–4	–3	–2	–1	0	1	2
y	5	0	–3	–4	–3	0	5

Parabelachse: $x = -1$;
monoton fallend für $x \le -1$;
monoton steigend für $x \ge -1$;
Scheitelpunkt: $S(-1 \mid -4)$;
Nullstellen: $x_1 = -3;\ x_2 = 1$

b) $a = 2;\ b = 4;\ c = -6$

x	–4	–3	–2	–1	0	1	2
y	10	0	–6	–8	–6	0	10

Parabelachse: $x = -1$;
monoton fallend für $x \le -1$;
monoton steigend für $x \ge -1$;
Scheitelpunkt: $S(-1 \mid -8)$;
Nullstellen: $x_1 = -3;\ x_2 = 1$

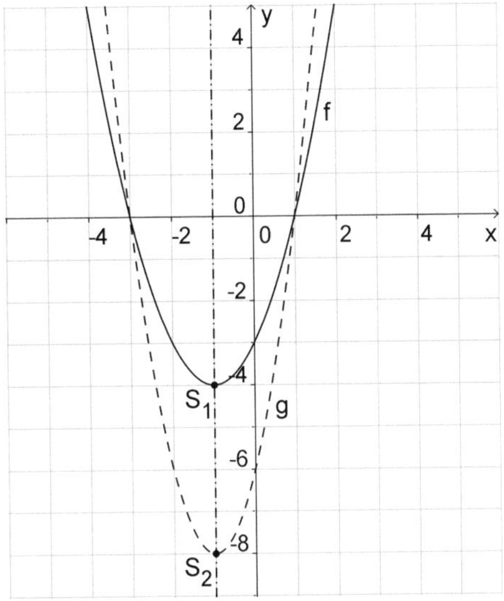

Erläuterungen und Anregungen

Diese Lerneinheit über die Kosinusfunktion (*cosinus* (gekürzt aus complementi sinus = Ergänzung des Sinus)) ist genauso aufgebaut wie die zur Sinusfunktion. Die Kosinusfunktion wird durch die Abszisse eines Punktes auf dem Einheitskreis definiert. Die Hauptfrage ist dabei: Was ist verschieden, was bleibt gleich?

Die Gemeinsamkeiten und Unterschiede werden in den Aufgaben 3 und 4 untersucht. Die anderen Aufgaben entsprechen unmittelbar in der Art und Formulierung denen der letzten Lerneinheit. Alle Bemerkungen dort gelten auch hier.

Die Tangensfunktion und ihre Eigenschaften

Lösungen der Aufgaben auf den Seiten 63 bis 65

1. a) Bei 90° und 270° gibt es keinen Punkt. Nach 180° ist der Punkt das nächste Mal an derselben Stelle.

b) $\sin\alpha = \frac{s}{e};\ \cos\alpha = \frac{d}{e} \Rightarrow \frac{s}{d} = \frac{\sin\alpha}{\cos\alpha} \Rightarrow s = 10\text{ m}\cdot\frac{\sin\alpha}{\cos\alpha}$

2. a)

α	0°	10°	20°	30°	40°	50°	60°	70°	80°	90°
t	0	0,18	0,36	0,58	0,84	1,19	1,73	2,75	5,67	–

b) Es ergibt sich der Graph der Tangensfunktion.

3. b) $f(\alpha) = \frac{\sin\alpha}{\cos\alpha}$ nach dem 2. Strahlensatz.

4. a) Die Werte wiederholen sich, weil die Sinus- und die Kosinusfunktion periodisch sind. Kleinste positive Periode: 180° bzw. π.

b) Der Graph der Tangensfunktion besteht aus unendlich vielen kongruenten Ästen, die voneinander gleiche Abstände haben.

5. a) Nullstellen: $x_0 = k\cdot\pi\ (k \in \mathbb{Z})$

b) streng monoton steigend in den Intervallen $\left(-\frac{\pi}{2} + k\cdot\pi;\ \frac{\pi}{2} + k\cdot\pi\right),\ k \in \mathbb{Z}$;
monoton fallend nirgendwo

c) Es gibt keine maximalen bzw. minimalen Werte.

d) Punktsymmetrie (ungerade Funktion): $\tan(-x) = -\tan x$

6. b) Es gibt keinen Bereich, in dem der Graph der Tangensfunktion senkrecht zur x-Achse verläuft, denn das würde bedeuten, dass zu einem x-Wert mehrere y-Werte gehören, was bei einer Funktion nicht möglich ist.

c)

α	89,99°	89,999°	89,9999°	90,0001°	90,001°	90,01°
$\tan\alpha$	5729,6	57 296	572 958	–572 958	–57 296	–5729,6

7. a) $\tan\alpha$ b) $-\tan\alpha$ c) $-\tan\alpha$ d) $\tan\alpha$
e) $\tan\alpha$ f) $-\tan\alpha$ g) $-\tan\alpha$ h) $\tan\alpha$

8. a) $\tan x$ b) $-\tan x$ c) $-\tan x$ d) $\tan x$

g) $-\tan\left(\frac{\pi}{2} - x\right) = -\frac{\sin\left(\frac{\pi}{2} - x\right)}{\cos\left(\frac{\pi}{2} - x\right)} = -\frac{\cos x}{\sin x} = -\frac{1}{\tan x}$

e), f) Der Graph von $y = \tan x$ ist bei e), f) und g) jeweils um $\frac{\pi}{2}$ in positiver bzw. negativer x-Richtung verschoben, d. h. die Graphen von e), f) und g) stimmen überein. Für e) und f) ergibt sich also ebenfalls die Lösung $-\frac{1}{\tan x}$.

h) $\tan x$

NACHGEDACHT (Randspalte S. 64):

Die Tangensfunktion ist für $\alpha = 90° + k \cdot 180°$ bzw. $x = \frac{\pi}{2} + k \cdot \pi$ $(k \in \mathbb{Z})$ nicht definiert, weil an diesen Stellen $\cos \alpha = 0$ bzw. $\cos x = 0$ gilt.

AUFGABE (Randspalte Seite 64):

Vorzeichenschema: + / – / + / – für den 1., 2., 3. und 4. Quadranten

9. a) 1 b) $-\frac{1}{3}\sqrt{3}$ c) $-\sqrt{3}$ d) 0
e) keine Lösung f) 0 g) $\sqrt{3}$ h) $\frac{1}{3}\sqrt{3}$

10. a) $L = \left\{\frac{\pi}{4} + k \cdot \pi \,\middle|\, k \in \mathbb{Z}\right\}$; $L = \{45° + k \cdot 180° \mid k \in \mathbb{Z}\}$
b) $L = \left\{\frac{\pi}{3} + k \cdot \pi \,\middle|\, k \in \mathbb{Z}\right\}$; $L = \{60° + k \cdot 180° \mid k \in \mathbb{Z}\}$
c) $L = \left\{\frac{2\pi}{3} + k \cdot \pi \,\middle|\, k \in \mathbb{Z}\right\}$; $L = \{120° + k \cdot 180° \mid k \in \mathbb{Z}\}$
d) $L = \{k \cdot \pi \mid k \in \mathbb{Z}\}$; $L = \{k \cdot 180° \mid k \in \mathbb{Z}\}$
e) $L = \left\{\frac{\pi}{6} + k \cdot \pi \,\middle|\, k \in \mathbb{Z}\right\}$; $L = \{30° + k \cdot 180° \mid k \in \mathbb{Z}\}$
f) $L = \left\{\frac{3\pi}{4} + k \cdot \pi \,\middle|\, k \in \mathbb{Z}\right\}$; $L = \{135° + k \cdot 180° \mid k \in \mathbb{Z}\}$
g) $L = \left\{\frac{5\pi}{6} + k \cdot \pi \,\middle|\, k \in \mathbb{Z}\right\}$; $L = \{150° + k \cdot 180° \mid k \in \mathbb{Z}\}$
h) $L = \left\{\frac{\pi}{4} + k \cdot \frac{\pi}{2} \,\middle|\, k \in \mathbb{Z}\right\}$; $L = \{45° + k \cdot 90° \mid k \in \mathbb{Z}\}$

11. a) $L = \{1{,}1071 + k \cdot \pi \mid k \in \mathbb{Z}\}$; $L = \{63{,}43° + k \cdot 180° \mid k \in \mathbb{Z}\}$
b) $L = \left\{\frac{3\pi}{4} + k \cdot \pi \,\middle|\, k \in \mathbb{Z}\right\}$; $L = \{135° + k \cdot 180° \mid k \in \mathbb{Z}\}$

c) $L = \{0{,}4636 + k \cdot \pi \mid k \in \mathbb{Z}\}$; $L = \{26{,}57° + k \cdot 180° \mid k \in \mathbb{Z}\}$
d) $L = \{1{,}6705 + k \cdot \pi \mid k \in \mathbb{Z}\}$; $L = \{95{,}71° + k \cdot 180° \mid k \in \mathbb{Z}\}$
e) $L = \{0{,}8961 + k \cdot \pi \mid k \in \mathbb{Z}\}$; $L = \{51{,}34° + k \cdot 180° \mid k \in \mathbb{Z}\}$
f) $L = \{1{,}9913 + k \cdot \pi \mid k \in \mathbb{Z}\}$; $L = \{114{,}09° + k \cdot 180° \mid k \in \mathbb{Z}\}$
g) $L = \{1{,}2626 + k \cdot \pi \mid k \in \mathbb{Z}\}$; $L = \{72{,}34° + k \cdot 180° \mid k \in \mathbb{Z}\}$
h) $L = \{1{,}8925 + k \cdot \pi \mid k \in \mathbb{Z}\}$; $L = \{108{,}43° + k \cdot 180° \mid k \in \mathbb{Z}\}$

AUFGABE (Randspalte S. 65):

Eigenschaften der Funktion $y = \cot x$:

- Definitionsbereich: $\mathbb{R} \setminus \{k \cdot \pi \mid k \in \mathbb{Z}\}$
- Wertebereich: $\mathbb{R}$
- Die Funktion ist periodisch; die kleinste positive Periode ist π.
- Nullstellen: $x_0 = \frac{\pi}{2} + k \cdot \pi$ $(k \in \mathbb{Z})$
- streng monoton fallend in den Intervallen $(k \cdot \pi; (k+1) \cdot \pi)$, $k \in \mathbb{Z}$; monoton steigend nirgendwo
- Es gibt keine maximalen bzw. minimalen Werte.
- Punktsymmetrie (ungerade Funktion): $\cot(-x) = -\cot x$

Erläuterungen und Anregungen

Die Tangensfunktion (tangere (lat.) berühren) hat zu den beiden bisher behandelten Winkelfunktionen zwei Unterschiede. Erstens ist die kleinste Periode nur π. Die wichtigere Eigenschaft ist aber die Existenz von Definitionslücken. Das Beispiel eines rotierenden Laserstrahles in der Disco wird als Modell benutzt, diese Besonderheiten in einem konkreten Fall zu betrachten und die Eigenschaften der Tangensfunktion vorzubereiten.

Die grafische Untersuchung am Einheitskreis macht den wichtigen Zusammenhang mit der Sinus- und der Kosinusfunktion deutlich: es gilt $\tan x = \frac{\sin x}{\cos x}$.

Dieser Wert kann mithilfe der Strahlensätze als Abschnitt auf der Tangente gedeutet werden und erklärt so den Namen.

Die Eigenschaften der Sinus- und Kosinusfunktion übertragen sich jetzt auf die Tangensfunktion. Insbesondere ergeben sich die Vorzeichen in den vier Quadranten nun zwangsläufig (Aufgabe in der Randspalte).

Die Funktion $\cot x$ kann behandelt werden. Wegen der Beziehung $\cot x = \frac{1}{\tan x}$ wird sie meist nicht als eigene Funktion auf dem Taschenrechner ausgewiesen.

Beziehungen zwischen den Winkelfunktionen

Lösungen der Aufgaben auf den Seiten 66 bis 67

1. a) Die Dreiecke stimmen überein in zwei Winkeln (α und 90°) sowie der Hypotenuse (Länge 1).
   b) Die Behauptung folgt aus a) anhand der Zeichnung.
   c) (1) Verschiebt man die Sinuskurve um $\frac{\pi}{2}$ nach links, so erhält man die cos-Kurve.
   (2) Verschiebt man die Kosinuskurve um $\frac{\pi}{2}$ nach links, so erhält man die an der x-Achse gespiegelte Sinuskurve.
2. a) (1) Verschiebung der Sinuskurve um $\frac{\pi}{2}$ nach rechts.
   (2) Verschiebung der Kosinuskurve um $\frac{\pi}{2}$ nach rechts.
   b) $\sin\left(x-\frac{\pi}{2}\right) = -\sin\left(-x+\frac{\pi}{2}\right)$ (Punktsymmetrie)
   $= -\cos(-x)$ (nach Aufgabe 1b)
   $= -\cos x$ (Achsensymmetrie)
   c) $\cos\left(x-\frac{\pi}{2}\right) = \cos\left(-x+\frac{\pi}{2}\right)$ (Achsensymmetrie)
   $= -\sin(-x)$ (nach Aufgabe 1b)
   $= \sin x$ (Punktsymmetrie)
3. a) $\sin\left(\frac{\pi}{2}-x\right) = -\sin\left(x-\frac{\pi}{2}\right) = -(-\cos x) = \cos x$
   $\cos\left(\frac{\pi}{2}-x\right) = \cos\left(x-\frac{\pi}{2}\right) = \sin x$
4. Es handelt sich stets um ein rechtwinkliges Dreieck mit den Katheten sin x und cos x und der Hypotenuse 1. Nach dem Satz des Pythagoras gilt daher $\sin^2 x + \cos^2 x = 1$. Die Gleichung gilt auch für den Fall $\sin x = 0$ oder $\cos x = 0$. Da sin und cos periodisch sind mit der kleinsten positiven Periode 2π, genügt der Nachweis der Gültigkeit der Gleichung für das Intervall $[0; 2\pi]$.

5. a)

α	0°	30°	45°	60°	90°
cos α	$\frac{1}{2}\sqrt{4}$	$\frac{1}{2}\sqrt{3}$	$\frac{1}{2}\sqrt{2}$	$\frac{1}{2}\sqrt{1}$	$\frac{1}{2}\sqrt{0}$

b)

α	0°	30°	45°	60°	90°
tan α	0	$\frac{1}{\sqrt{3}}$	1	$\sqrt{3}$	nicht definiert

6. a) $\cos x = -\frac{\sqrt{24}}{5} \approx -0{,}9798$; $\tan x = \frac{1}{\sqrt{24}} \approx 0{,}2041$ (3. Quadrant) oder
   $\cos x = \frac{\sqrt{24}}{5} \approx 0{,}9798$; $\tan x = -\frac{1}{\sqrt{24}} \approx -0{,}2041$ (4. Quadrant)
   b) $\cos x = \sqrt{0{,}51} \approx 0{,}7141$; $\tan x = \frac{0{,}7}{\sqrt{0{,}51}} \approx 0{,}9802$ (1. Quadrant) oder
   $\cos x = -\sqrt{0{,}51} \approx -0{,}7141$; $\tan x = -\frac{0{,}7}{\sqrt{0{,}51}} \approx -0{,}9802$ (2. Quadrant)
   c) $\sin x = \frac{\sqrt{5}}{3} \approx 0{,}7454$; $\tan x = \frac{\sqrt{5}}{2} \approx 1{,}1180$ (1. Quadrant) oder
   $\sin x = -\frac{\sqrt{5}}{3} \approx -0{,}7454$; $\tan x = -\frac{\sqrt{5}}{2} \approx -1{,}1180$ (4. Quadrant)
   d) $\sin x = \sqrt{0{,}84} \approx 0{,}9165$; $\tan x = -\frac{\sqrt{0{,}84}}{0{,}4} \approx -2{,}2913$ (2. Quadrant) oder
   $\sin x = -\sqrt{0{,}84} \approx -0{,}9165$; $\tan x = \frac{\sqrt{0{,}84}}{0{,}4} \approx 2{,}2913$ (3. Quadrant)

7.

	sin x	cos x	tan x
sin x	–	$\sin x = \pm\sqrt{1-\cos^2 x}$	$\sin x = \frac{\tan x}{\pm\sqrt{1+\tan^2 x}}$
cos x	$\cos x = \pm\sqrt{1-\sin^2 x}$	–	$\cos x = \frac{1}{\pm\sqrt{1+\tan^2 x}}$
tan x	$\tan x = \frac{\sin x}{\pm\sqrt{1-\sin^2 x}}$	$\tan x = \frac{\pm\sqrt{1-\cos^2 x}}{\cos x}$	–

Für Winkel im 1. Quadranten sind die nichtnegativen Funktionswerte zu nehmen; in den anderen Quadranten entscheiden die Vorzeichen der Winkelfunktionen darüber, ob der positive oder der negative Funktionswert zu nehmen ist.

8. a) $(\sin x + \cos x)^2 = \sin^2 x + \cos^2 x + 2 \sin x \cos x = 1 + 2 \sin x \cos x$

b) Aus $\sin x = \cos\left(\frac{\pi}{2} - x\right)$ (Aufgabe 3) folgt $\sin x = \cos\left(x - \frac{\pi}{2}\right)$ für alle $x \in \mathbb{R}$.

Ersetzt man x durch $x + \frac{\pi}{4}$, so durchläuft $x + \frac{\pi}{4}$ ebenfalls alle reellen Zahlen.

$$\sin\left(x + \frac{\pi}{4}\right) = \cos\left(x + \frac{\pi}{4} - \frac{\pi}{2}\right) = \cos\left(x - \frac{\pi}{4}\right) = \cos\left(\frac{\pi}{4} - x\right)$$

AUFGABE (Randspalte S. 67):

a) $\dfrac{1 - \cos^2 x}{\cos x} = \dfrac{\sin^2 x}{\cos x} = \sin x \cdot \tan x$

b) $\sqrt{1 - \cos x} \cdot \sqrt{1 + \cos x} = \sqrt{(1 - \cos x)(1 + \cos x)} = \sqrt{1 - \cos^2 x} = \sqrt{\sin^2 x} = |\sin x|$

c) $1 + \tan^2 x = 1 + \dfrac{\sin^2 x}{\cos^2 x} = \dfrac{\cos^2 x + \sin^2 x}{\cos^2 x} = \dfrac{1}{\cos^2 x}$

d) $\dfrac{1}{\sqrt{1 + \tan^2 x}} = \dfrac{1}{\sqrt{\dfrac{1}{\cos^2 x}}} = \sqrt{\cos^2 x} = |\cos x|$

e) $\sin^4 x - \cos^4 x = (1 - \cos^2 x)^2 - \cos^4 x = 1 - 2 \cos^2 x + \cos^4 x - \cos^4 x = 1 - 2\cos^2 x$
$= \sin^2 x + \cos^2 x - 2 \cos^2 x = \sin^2 x - \cos^2 x = \sin^2 x - (1 - \sin^2 x) = 2 \sin^2 x - 1$

f) $\dfrac{0{,}5}{1 - \sin x} + \dfrac{0{,}5}{1 + \sin x} = \dfrac{0{,}5(1 + \sin x) + 0{,}5(1 - \sin x)}{(1 - \sin x)(1 + \sin x)} = \dfrac{1}{1 - \sin^2 x} = \dfrac{1}{\cos^2 x}$

Erläuterungen und Anregungen

Die Beziehungen zwischen der Sinus- und Kosinusfunktion werden durch die grafische Darstellung am Einheitskreis unmittelbar deutlich und können von den Schülern selbst formuliert und bewiesen werden (Aufgaben 1 bis 3). Speziell ergibt sich grafisch, dass der Graph der Kosinusfunktion durch Verschiebung um $\frac{\pi}{2}$ aus dem Graphen der Sinusfunktion entsteht.

Rechnerisch werden dabei die Komplementwinkelbeziehungen hergeleitet und für die Nutzung an rechtwinkligen Dreiecken vorbereitet.

Die wichtige Gleichung $\sin^2 x + \cos^2 x = 1$ wird am Einheitskreis mit dem Satz des Pythagoras hergeleitet und liefert die Möglichkeit, aus einem Wert für $\sin x$ unmittelbar $\cos x$ zu berechnen. Dabei ist zu beachten: Zu $\sin x$ gibt es in der Regel zwei Werte für $\cos x$ (und $\tan x$), da die Gleichung nur $|\cos x| = \sqrt{1 - \sin^2 x}$ liefert. Bei den konkreten Aufgaben sind also stets zwei Werte für die jeweils andere Funktion (sin, cos, tan) anzugeben. Durch Einschränkung auf einen bestimmten Quadranten erhält man eine eindeutige Lösung (Aufgaben 4 bis 6).

Die Beziehungen zwischen $\sin x$, $\cos x$ und $\tan x$ sind für die Behandlung der trigonometrischen Funktionen, speziell in der Analysis, wichtig und werden in Tabellenform aufgestellt (Aufgabe 7). Die Aufgaben in der Randspalte vertiefen und sichern den Umgang mit den Funktionen.

Funktionen mit Gleichungen der Form $f(x) = a \sin (bx + c)$

Lösungen der Aufgaben auf den Seiten 68 bis 71

1. Die Nullstellen, die Lage der Extrempunkte und die Periode bleiben gleich, die Höhen der Extrempunkte (Amplituden) ändern sich. Für $a < 0$ wird der Graph an der x-Achse gespiegelt.
2. blau: $a = 2$; grün: $a = -1{,}5$; rot: $a = 0{,}25$
3. Die Funktionswerte werden mit dem Faktor a multipliziert:
   a) $a = 2$ b) $a = 1{,}5$ c) $a = -3$
4. a) Der Graph der Sinusfunktion wird
   (1) um $\frac{\pi}{2}$ nach links; (2) um $\frac{\pi}{4}$ nach rechts; (3) um 2 nach rechts verschoben.

   b) schwarz: $y = \sin\left(x + \frac{\pi}{2}\right) = \cos x$; rot: $y = \sin\left(x + \frac{\pi}{4}\right) = \cos\left(x - \frac{\pi}{4}\right)$;

   grün: $y = \sin\left(x - \frac{\pi}{4}\right) = \cos\left(x - \frac{3\pi}{4}\right)$; gelb: $y = \sin\left(x - \frac{\pi}{2}\right) = -\cos x$;

   blau: $y = \sin (x - 2)$
5. Verschiebung des Graphen der Sinusfunktion um den Wert $|c|$ nach rechts, falls $c < 0$, bzw. nach links, falls $c > 0$.
6. a) Graph der Sinusfunktion um 2 nach links verschoben
   b) Graph der Sinusfunktion um 1,5 nach rechts verschoben
   c) Graph der Sinusfunktion (es ist $\sin (x + 2\pi) = \sin x$)
   d) Graph der Kosinusfunktion um $\frac{\pi}{4}$ nach rechts verschoben
   e) Graph der Funktion $y = -\cos x$ (es ist $\cos (x + \pi) = -\cos x$)
   f) Graph der Kosinusfunktion um 5 nach rechts verschoben
7. a) Amplitude 2; Verschiebung um $\frac{\pi}{4}$ nach rechts
   b) Amplitude 3; sonst kein Unterschied zur Sinusfunktion
   (es ist $-3 \sin (x + \pi) = 3 \sin x$)

c) Amplitude 0,5; Verschiebung um 5 nach rechts

d) Amplitude 2; Verschiebung um $\frac{\pi}{4}$ nach rechts

e) Amplitude 3; sonst kein Unterschied zur Kosinusfunktion (es ist $-3\cos(x+\pi) = 3\cos x$)

f) Amplitude 0,5; Verschiebung um 5 nach rechts

8. z. B. $f(x) = 2\sin\left(x - \frac{5}{4}\right)$; $f(x) = 2\cos\left(x - \frac{5}{4} - \frac{\pi}{2}\right)$

9. a) Die Graphen besitzen alle dieselbe Amplitude 1 sowie die Nullstelle $x_0 = 0$. Sie unterscheiden sich durch die Anzahl der Wellenberge in einem festen Intervall bzw. durch die Periode.

b) Die Amplitude bleibt gleich; die Periode, die Nullstellen und die Extremstellen ändern sich. Die Periode ist jetzt $p = \frac{2\pi}{|b|}$; die Nullstellen liegen bei $x = k \cdot \frac{\pi}{b}$ $(k \in \mathbb{Z})$.

c) $f(x) = (bx)^2 = b^2x^2$: Jeder Funktionswert von f ist das b^2-fache des entsprechenden Funktionswertes von $g(x) = x^2$.

NACHGEDACHT (Randspalte S. 69): vgl. Aufgabe 9 b).

10. grün: $y = \sin(2\pi x)$; schwarz: $y = \sin(0{,}5\pi x)$; rot: $y = \sin(0{,}25\pi x)$

11. a) $p = 6\pi$ b) $p = 5\pi$ c) $p = 1{,}5\pi$

d) $p = 2$ e) $p = 4$ f) $p = \frac{4}{3}$

12. $f\left(x + \frac{2\pi}{b}\right) = \sin\left[b\left(x + \frac{2\pi}{b}\right)\right] = \sin(bx + 2\pi) = \sin(bx) = f(x)$

13. blau: $y = 1{,}5\sin(2x)$

grün: $y = -2\cos(2x)$

rot: $y = \frac{1}{2}\sin\left[\frac{1}{2}\left(x + \frac{\pi}{2}\right)\right] = \frac{1}{2}\sin\left(\frac{1}{2}x + \frac{\pi}{4}\right)$;

Schrittfolge:

(1) Stauchen mit dem Faktor 0,5 in y-Richtung;

(2) Verschieben um $\frac{\pi}{4}$ nach links;

(3) Strecken mit dem Faktor 2 in x-Richtung.

AUFGABE (Randspalte S. 71):

a) Schrittfolge bei der ursprünglichen Schreibweise $f(x) = 0{,}5\sin\left(\frac{2}{3}\left(x - \frac{\pi}{2}\right)\right)$:

(1) Stauchen mit dem Faktor 0,5 in y-Richtung;

(2) Strecken mit dem Faktor 1,5 in x-Richtung;

(3) Verschieben um $\frac{\pi}{2}$ nach rechts.

b) Andere Schreibweise: $f(x) = 0{,}5\sin\left(\frac{2}{3}x - \frac{\pi}{3}\right)$.

Schrittfolge hierfür:

(1) Stauchen mit dem Faktor 0,5 in y-Richtung;

(2) Verschieben um $\frac{\pi}{3}$ nach rechts;

(3) Strecken mit dem Faktor 1,5 in x-Richtung.

Beide Schrittfolgen führen auf dieselbe Funktion.

14. a) $|a| = 2$; $p = \pi$; $x_0 = -1 + k \cdot \frac{\pi}{2}$ $(k \in \mathbb{Z})$

b) $|a| = \frac{1}{2}$; $p = 4\pi$; $x_0 = -1 + k \cdot 2\pi$ $(k \in \mathbb{Z})$

c) $|a| = 3$; $p = \frac{\pi}{2}$; $x_0 = \frac{5}{4} + k \cdot \frac{\pi}{4}$ $(k \in \mathbb{Z})$

d) $|a| = \frac{1}{2}$; $p = \pi$; $x_0 = \frac{1}{6} + k \cdot \frac{\pi}{2}$ $(k \in \mathbb{Z})$

e) $|a| = 1$; $p = \pi$; $x_0 = k \cdot \frac{\pi}{2}$ $(k \in \mathbb{Z})$

f) $|a| = \frac{1}{2}$; $p = 6\pi$; $x_0 = \frac{3}{4} + \frac{3}{2}\pi + k \cdot 3\pi$ $(k \in \mathbb{Z})$

15. a) $|a| = 1$; $p = 0{,}4\pi$; $x_0 = 0{,}2\pi$ b) $|a| = 2$; $p = 2\pi$; $x_0 = 3$

c) $|a| = \pi$; $p = 2$; $x_0 = 1$ d) $|a| = 1$; $p = 2\pi$; $x_0 = 0{,}5\pi$

e) $|a| = 4$; $p = 8\pi$; $x_0 = 2\pi$ f) $|a| = 3$; $p = 4\pi$; $x_0 = 2\pi$

16. a) $f(x) = \cos x$ b) $f(x) = \frac{3}{2}\sin(2x)$ c) $f(x) = \frac{1}{2}\sin\left(\frac{1}{2}x + \frac{\pi}{4}\right)$

NACHGEDACHT (Randspalte S. 71):

Es gibt bei allen drei Teilaufgaben jeweils unendlich viele Lösungen, da die gegebene Periode p nicht unbedingt die kleinste positive Periode sein muss.

Funktionsterm, der alle Lösungen einschließt:

a) $f(x) = \sin\left[k \cdot \left(x - \frac{\pi}{2}\right)\right]$ $(k \in \mathbb{Z};\ k \neq 0)$

b) $f(x)=\frac{3}{2}\sin\left[2k\cdot\left(x+\frac{\pi}{2}\right)\right]$ $(k\in\mathbb{Z};\ k\neq 0)$

c) $f(x)=\frac{1}{2}\sin\left[\frac{k}{2}\cdot\left(x-\frac{3\pi}{2}\right)\right]$ $(k\in\mathbb{Z};\ k\neq 0)$

17. rot: $y=3\sin\left(x-\frac{\pi}{4}\right)$; blau: $y=\cos(2x)$; grün: $y=\frac{1}{2}\cos\left(\frac{2}{3}x\right)$

Erläuterungen und Anregungen

In der Physik werden Schwingungsvorgänge mithilfe der Sinusfunktion (in Abhängigkeit von verschiedenen Parametern) untersucht und beschrieben. Das wird in dieser Lerneinheit schrittweise vorbereitet. Der Einfluss von a (Aufgaben 1 bis 3) führt auf den Begriff der Amplitude, Änderung von c (Aufgaben 5 bis 8) bereitet den Begriff der Phasenverschiebung vor. Schließlich liefert die Änderung von b (Aufgaben 9 bis 12) eine andere Periode und bereitet so die Begriffe Kreisfrequenz und Schwingungsdauer vor.
Gemischte Aufgaben (Aufgaben 14 und 15) mit Einsatz des GTR schließen die Einheit ab. Insbesondere werden alle Kenntnisse benutzt, um zu vorgegebenen Graphen die zugehörigen Funktionsterme zu finden (Aufgaben 13 und 17).

Additionstheoreme

Lösungen der Aufgaben auf den Seiten 72 bis 73

1.

α	0°	30°	45°	60°	90°
$\sin\alpha$	0	$\frac{1}{2}$	$\frac{1}{2}\sqrt{2}$	$\frac{1}{2}\sqrt{3}$	1
$\cos\alpha$	1	$\frac{1}{2}\sqrt{3}$	$\frac{1}{2}\sqrt{2}$	$\frac{1}{2}$	0
$\tan\alpha$	0	$\frac{1}{\sqrt{3}}$	1	$\sqrt{3}$	–

Weitere mögliche Lösungen: $\sin 18° = \cos 72° = \frac{\sqrt{5}-1}{4}$; $\sin 54° = \cos 36° = \frac{\sqrt{5}+1}{4}$

2. a) $\sin(60°+30°)=\sin 90° = 1$; $\sin 60° + \sin 30° = \frac{1}{2}\sqrt{3}+\frac{1}{2}\approx 1{,}3660$

b) $\cos(30°+45°)=\cos 75°\approx 0{,}2588$; $\cos 30° + \cos 45° = \frac{1}{2}\sqrt{3}+\frac{1}{2}\sqrt{2}\approx 1{,}5731$

c) $\cos(90°-60°)=\frac{1}{2}\sqrt{3}\approx 0{,}8660$; $\cos 90° - \cos 60° = 0-0{,}5=-0{,}5$

d) $\tan(45°+30°)=\tan 75°\approx 3{,}7321$; $\tan 45° + \tan 30° = 1+\frac{1}{3}\sqrt{3}\approx 1{,}5774$

3. b) (1) $\cos(\alpha+\beta) = -\overline{ML_2} = \overline{ML_4}-\overline{L_2L_4} = \overline{ML_4}-\overline{L_3L_5}$

Im Dreieck ML_1P_1 gilt $\overline{ML_4}:\overline{ML_1}=\overline{ML_3}:\overline{MP_1}$ oder $\overline{ML_4}:\cos\alpha=(\cos\beta):1$, also

(2) $\overline{ML_4}=\cos\alpha\cdot\cos\beta$.

In den zueinander ähnlichen Dreiecken $P_2L_5L_3$ und ML_1P_1 gilt

$\overline{L_3L_5}:\overline{P_2L_3}=\overline{P_1L_1}:\overline{MP_1}$ oder $\overline{L_3L_5}:\sin\beta=(\sin\alpha):1$, also

(3) $\overline{L_3L_5}=\sin\alpha\cdot\sin\beta$. Also ergibt sich:

$\cos(\alpha+\beta)=\overline{ML_4}-\overline{L_3L_5}=\cos\alpha\cdot\cos\beta-\sin\alpha\cdot\sin\beta$.

Folgerungen:

– Aus $\sin(\alpha+\beta)=\sin\alpha\cdot\cos\beta+\cos\alpha\cdot\sin\beta$ folgt:
$\sin(\alpha-\beta)=\sin\alpha\cdot\cos(-\beta)+\cos\alpha\cdot\sin(-\beta)=\sin\alpha\cdot\cos\beta-\cos\alpha\cdot\sin\beta$.
– Aus $\cos(\alpha+\beta)=\cos\alpha\cdot\cos\beta-\sin\alpha\cdot\sin\beta$ folgt:
$\cos(\alpha-\beta)=\cos\alpha\cdot\cos(-\beta)-\sin\alpha\cdot\sin(-\beta)=\cos\alpha\cdot\cos\beta+\sin\alpha\cdot\sin\beta$.

4. a) $\sin 15° = \sin(60°-45°)=\frac{\sqrt{3}}{2}\cdot\frac{\sqrt{2}}{2}-\frac{1}{2}\cdot\frac{\sqrt{2}}{2}=\frac{\sqrt{6}-\sqrt{2}}{4}$

b) $\cos 75° = \sin 15° = \frac{\sqrt{6}-\sqrt{2}}{4}$ c) $\cos 105° = -\cos 75° = \frac{\sqrt{2}-\sqrt{6}}{4}$

d) $\sin 135° = \sin 45° = \frac{1}{2}\sqrt{2}$

e) $\cos 195° = -\cos 15° = -\cos(60°-45°) = -\frac{1}{2}\cdot\frac{\sqrt{2}}{2}-\frac{\sqrt{3}}{2}\cdot\frac{\sqrt{2}}{2}=-\frac{\sqrt{6}+\sqrt{2}}{4}$

5. a) Das gleichschenklige Dreieck ABC ist ähnlich zum gleichschenkligen Dreieck ABM, da beide denselben Basiswinkel δ besitzen. Es ist $\varphi = 360° : 10 = 36°$ und $\delta = (180°-\varphi):2 = 72° = 2\varphi$. Hieraus folgt: $\sphericalangle MBC = \delta - \varphi = 2\varphi - \varphi = \varphi$.
Somit ist das Dreieck BMC gleichschenklig und es gilt $\overline{MC}=\overline{BC}=s$. Daraus folgt:

$r:s=s:\overline{AC}=s:(r-s)\ \Rightarrow\ s^2+rs-r^2=0\ \Rightarrow\ s=r\cdot\frac{\sqrt{5}-1}{2}$ $(s<0$ entfällt).

b) D sei der Mittelpunkt der Strecke $\overline{AB}$. Das Dreieck ADM ist rechtwinklig und besitzt den spitzen Innenwinkel $\frac{\varphi}{2}=18°$. Hieraus folgt: $\sin 18° = \frac{\frac{s}{2}}{r}=\frac{r\cdot\frac{\sqrt{5}-1}{4}}{r}=\frac{\sqrt{5}-1}{4}$.

6. a) $\tan(\alpha+\beta)=\dfrac{\sin(\alpha+\beta)}{\cos(\alpha+\beta)}=\dfrac{\sin\alpha\cdot\cos\beta+\cos\alpha\cdot\sin\beta}{\cos\alpha\cdot\cos\beta-\sin\alpha\cdot\sin\beta}$

Werden Zähler und Nenner des Bruches durch $\cos\alpha\cdot\cos\beta$ dividiert, erhält man:

$\tan(\alpha+\beta)=\dfrac{\tan\alpha+\tan\beta}{1-\tan\alpha\cdot\tan\beta}$

b) $\tan(\alpha-\beta)=\tan(\alpha+(-\beta))=\dfrac{\tan\alpha+\tan(-\beta)}{1-\tan\alpha\cdot\tan(-\beta)}=\dfrac{\tan\alpha-\tan\beta}{1+\tan\alpha\cdot\tan\beta}$

7. a) $\tan\alpha=2\Rightarrow\alpha\approx 63{,}435°$;

$\tan\beta=0{,}5\Rightarrow\beta\approx 26{,}565°\Rightarrow\alpha-\beta\approx 36{,}87°$

Probe: $\tan(\alpha-\beta)=\dfrac{2-0{,}5}{1+2\cdot 0{,}5}=0{,}75\Rightarrow\alpha-\beta\approx 36{,}87°$

b) $\tan\alpha=-3\Rightarrow\alpha\approx 108{,}435°$;

$\tan\beta=-0{,}8\Rightarrow\beta\approx 141{,}340°\Rightarrow\beta-\alpha\approx 32{,}91°$

Probe: $\tan(\beta-\alpha)=\dfrac{(-0{,}8)-(-3)}{1+(-0{,}8)\cdot(-3)}=\dfrac{2{,}2}{3{,}4}=\dfrac{11}{17}\Rightarrow\beta-\alpha\approx 32{,}91°$

8. a) $\sin 2\alpha=\sin(\alpha+\alpha)=\sin\alpha\cos\alpha+\cos\alpha\sin\alpha=2\sin\alpha\cos\alpha$

$\cos 2\alpha=\cos(\alpha+\alpha)=\cos\alpha\cos\alpha-\sin\alpha\sin\alpha=\cos^2\alpha-\sin^2\alpha$

$\tan 2\alpha=\tan(\alpha+\alpha)=\dfrac{\tan\alpha+\tan\alpha}{1-\tan\alpha\tan\alpha}=\dfrac{2\tan\alpha}{1-\tan^2\alpha}$

b) Unter Beachtung von $\cos 2\alpha=\cos^2\alpha-\sin^2\alpha=1-2\sin^2\alpha=2\cos^2\alpha-1$ folgt:

(1) $\sin^2\alpha=\dfrac{1-\cos 2\alpha}{2}$ bzw. $\sin\alpha=\pm\sqrt{\dfrac{1-\cos 2\alpha}{2}}$

(2) $\cos^2\alpha=\dfrac{1+\cos 2\alpha}{2}$ bzw. $\cos\alpha=\pm\sqrt{\dfrac{1+\cos 2\alpha}{2}}$

Die Ersetzung von α durch $\dfrac{\alpha}{2}$ führt zur jeweiligen Behauptung.

(3) $\dfrac{\sin 2\alpha}{1+\cos 2\alpha}=\dfrac{2\sin\alpha\cos\alpha}{\sin^2\alpha+\cos^2\alpha+\cos^2\alpha-\sin^2\alpha}=\dfrac{2\sin\alpha\cos\alpha}{2\cos^2\alpha}=\dfrac{\sin\alpha}{\cos\alpha}=\tan\alpha$

Die Ersetzung von α durch $\dfrac{\alpha}{2}$ liefert $\tan\dfrac{\alpha}{2}=\dfrac{\sin\alpha}{1+\cos\alpha}$.

9. a) $\sin 44°=\sin(45°-1°)\approx\dfrac{\sqrt{2}}{2}\cdot\sqrt{1-\left(\dfrac{\pi}{180}\right)^2}-\dfrac{\sqrt{2}}{2}\cdot\dfrac{\pi}{180}\approx 0{,}6947$

b) $\sin 33°=\sin(30°+3°)\approx\dfrac{1}{2}\cdot\sqrt{1-\left(\dfrac{\pi}{60}\right)^2}+\dfrac{\sqrt{3}}{2}\cdot\dfrac{\pi}{60}\approx 0{,}5447$

Summe und Produkt von Winkelfunktionen

Lösungen der Aufgaben auf den Seiten 74 bis 75

1. a) $f(x)=f_1(x)+f_2(x)=\sin x+\cos x$

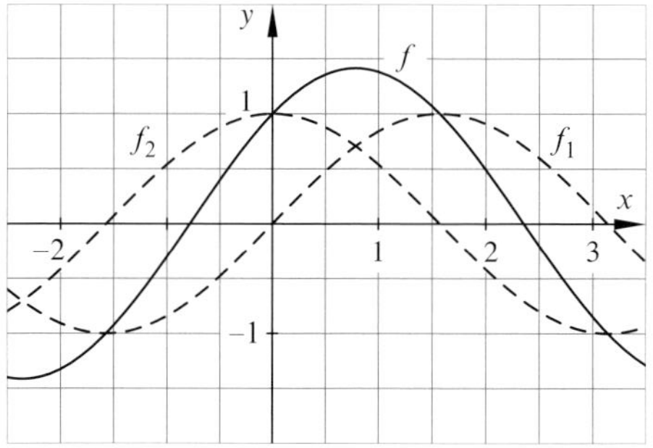

2. a) rot: $f(x)=\sin x$

blau: $g(x)=\sin(2x)$

grün: $h(x)=\sin x+\sin(2x)$

b) Gemeinsame Nullstellen:

$x_0=k\cdot\pi\ (k\in\mathbb{Z})$

Kleinste positive Periode der Summenfunktion: $p=2\pi$

3. a) $f(x)=2-\sin(0{,}5x)$

b) $f(x)=2\cos x+\cos x=3\cos x$

c) $f(x)=\cos x-\cos x=0$

d) $f(x)=2\sin x+\cos(2x)$

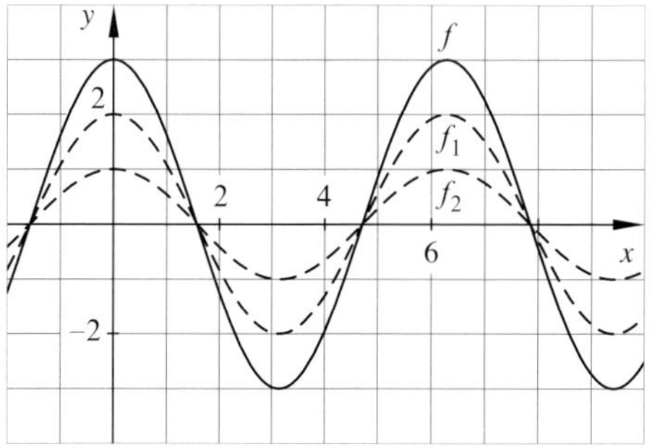

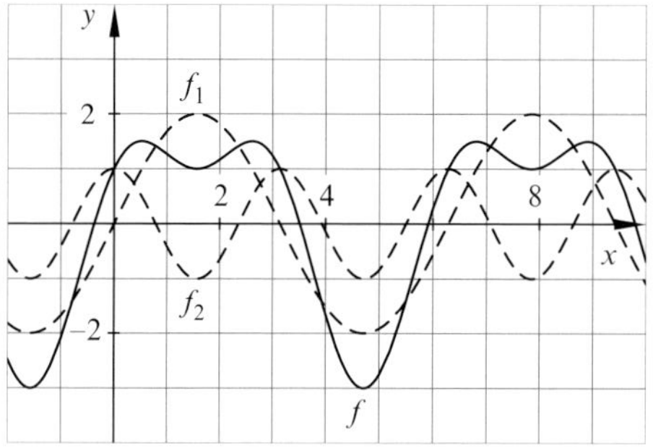

4. a) $f(x)=2\sin(0{,}5x)-\cos(2x)$

b) $f(x)=\sin(3x)+\sin(3x+\frac{\pi}{6})$

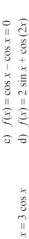

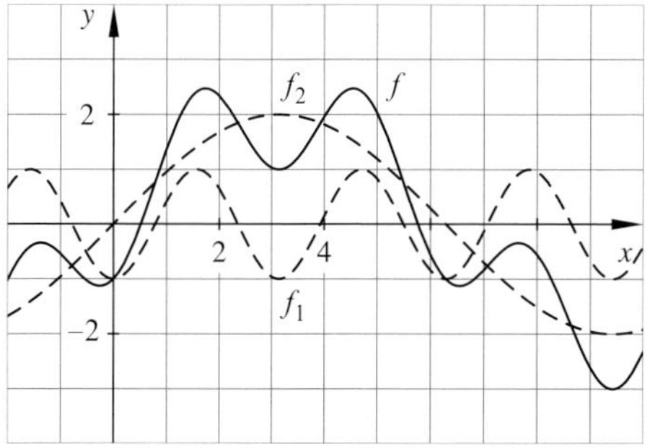

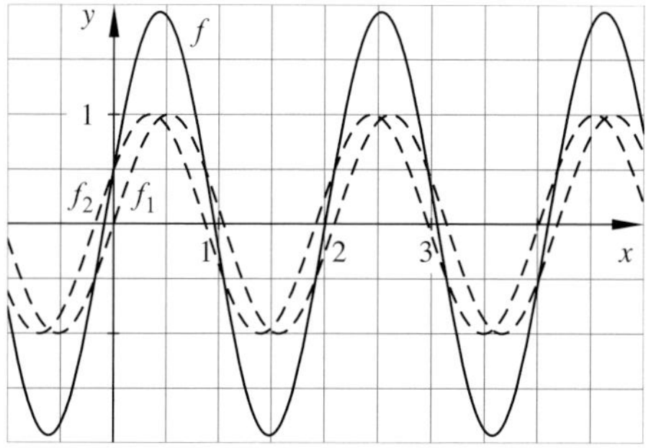

c) $f(x) = \sin(3x) + \cos(\frac{x}{3})$

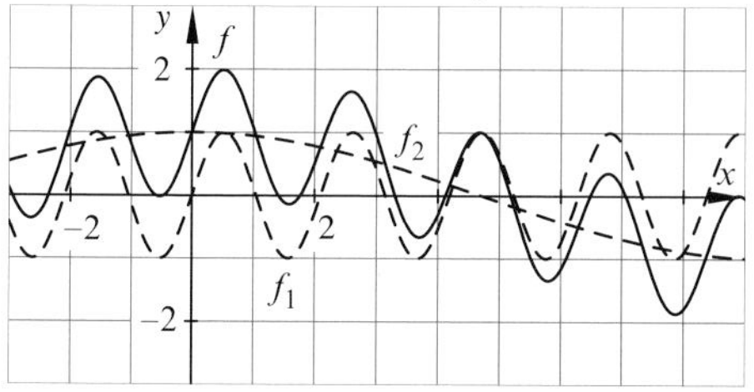

d) $f(x) = \sin(4x) + \sin(5x)$

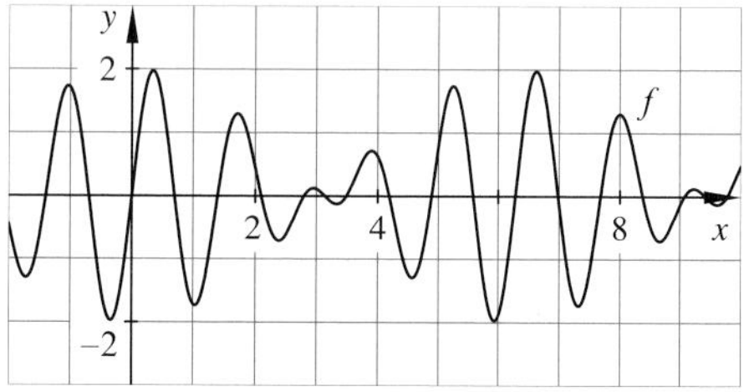

e) $f(x) = \sin(9x) + 3\sin x$

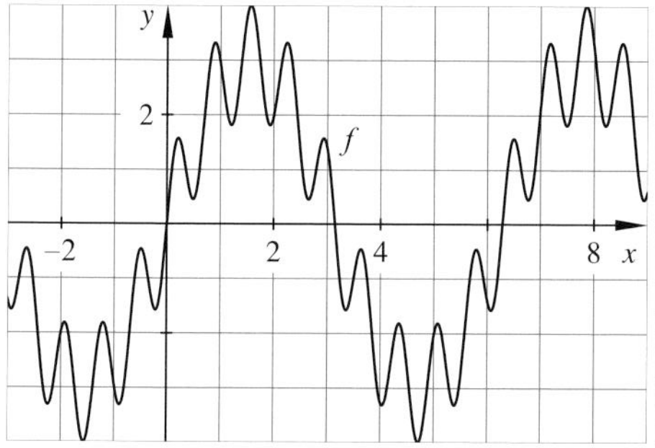

f) $f(x) = 2\sin(2x + 0{,}5\pi) + 2{,}8\sin x$

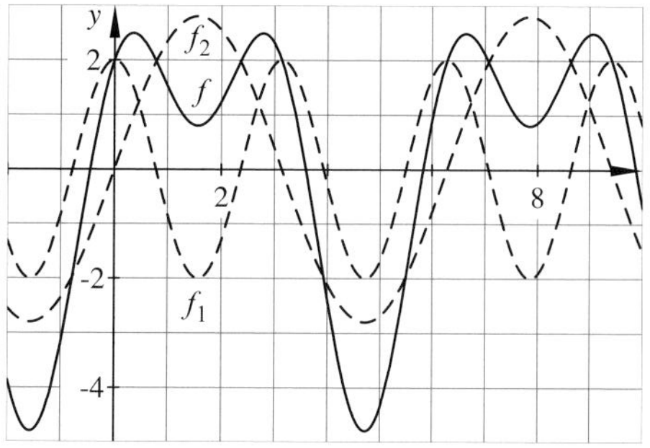

5. a) GTR: Amplitude: 2; kleinste positive Periode: 2π

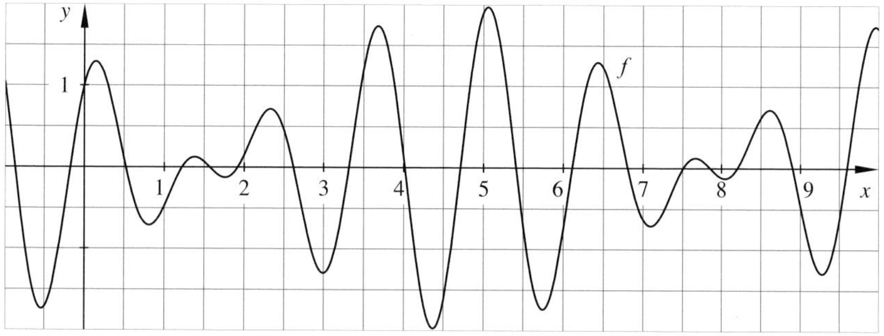

Funktionsterm:

Wegen $|\cos(5x)| \le 1$ und $|\sin(4x)| \le 1$ kann die Amplitude von f höchstens 2 sein.

Die kleinste positive Periode von $\cos(5x)$ ist $\frac{2}{5}\pi$; die von $\sin(4x)$ ist $\frac{\pi}{2}$.

Die kleinste positive Periode von f ist das kleinste gemeinsame ganzzahlige Vielfache von $\frac{2}{5}\pi$ und $\frac{\pi}{2}$: $\frac{2}{5}\pi \cdot 5 = \frac{\pi}{2} \cdot 4 = 2\pi$; ggT (5; 4) = 1.

b) GTR: Amplitude: $\approx 2{,}889$; kleinste positive Periode: 12π

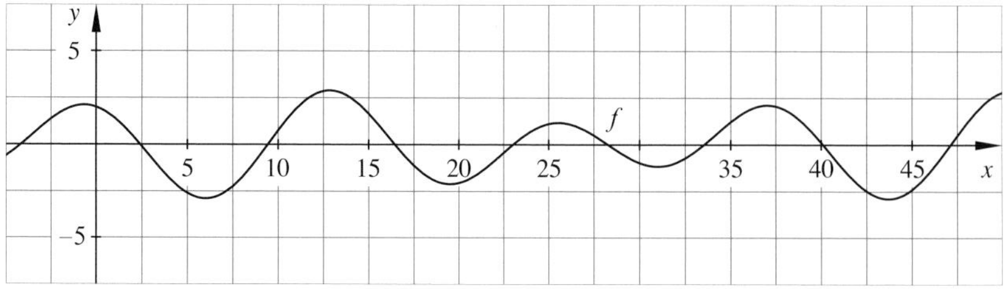

Funktionsterm:

Die Amplitude ist wegen $|2\cos(\frac{x}{2})| \le 2$ und $|\sin(\frac{x}{3})| \le 1$ höchstens 3. Die kleinste positive Periode von $\cos(\frac{x}{2})$ ist 4π; die von $\sin(\frac{x}{3})$ ist 6π. Die kleinste positive Periode von f ist das kleinste gemeinsame ganzzahlige Vielfache von 4π und 6π:

$4\pi \cdot 3 = 6\pi \cdot 2 = 12\pi$; g. g. T. (3; 2) = 1.

6. a) $f_1(x) = \cos x$; $f_2(x) = \sin(1{,}6\pi x)$ b) $f(x) = f_1(x) \cdot f_2(x)$

c) Alle Nullstellen von f_1 und alle Nullstellen von f_2 sind auch Nullstellen von f. Weitere Nullstellen besitzt f nicht.

7. a) rot: $f_1(x) = (-1)^{\text{int}(x)}$

b) blau: $f_2(x) = \sin(2\pi x)$; grün: $f_3(x) = f_1(x) \cdot f_2(x) = (-1)^{\text{int}(x)} \cdot \sin(2\pi x)$

8. Sei $x = \frac{u}{2}$ und $y = \frac{v}{2}$. Dann gilt:

$$2\sin\left(\frac{u+v}{2}\right)\cos\left(\frac{u-v}{2}\right) = 2\sin(x+y)\cos(x-y)$$

$= 2(\sin x\cos y + \cos x\sin y)(\cos x\cos y + \sin x\sin y)$

$= 2(\sin x\cos x\cos^2 y + \sin^2 x\sin y\cos y + \cos^2 x\sin y\cos y + \sin x\cos x\sin^2 y$

$= 2[(\sin^2 y + \cos^2 y)\sin x\cos x + (\sin^2 x + \cos^2 x)\sin y\cos y]$

$= 2\sin x\cos x + 2\sin y\cos y = \sin(2x) + \sin(2y) = \sin u + \sin v$

9. a) $\sin(5\pi x) + \sin(4\pi x)$
$= 2\sin\left(\frac{9}{2}\pi x\right)\cdot\cos\left(\frac{\pi}{2}x\right)$

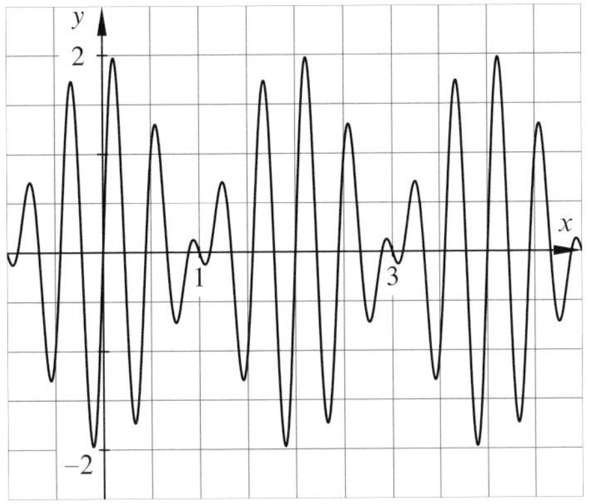

b) Man erhält anschaulich alle Nullstellen im betrachteten Intervall und kann entscheiden, welche zu $\sin\left(\frac{9}{2}\pi x\right)$ bzw. zu $\cos\left(\frac{\pi}{2}x\right)$ gehören. Für $u = v$ ergibt sich auf beiden Seiten der Gleichung $2 \sin u$.
Für $u \approx v$ wird der Graph einer Sinuskurve immer ähnlicher, deren Amplitude sich periodisch ändert (Schwebung).

10. a) (1) $f\left(\frac{\pi}{2}\right) = f_a\left(\frac{\pi}{2}\right) \Rightarrow 0 = a\cdot\frac{\pi^2}{4}+1 \Rightarrow a = -\frac{4}{\pi^2}$

(2) $f\left(\frac{\pi}{4}\right) = f_a\left(\frac{\pi}{4}\right) \Rightarrow \frac{1}{2}\sqrt{2} = a\cdot\frac{\pi^2}{16}+1 \Rightarrow a = \frac{16\cdot(0{,}5\sqrt{2}-1)}{\pi^2} = \frac{8\sqrt{2}-16}{\pi^2}$

b) Prozentuale Abweichung: $\frac{|f_a(x) - f(x)|}{|f(x)|}\cdot 100\,\%$

x	0	$0{,}1\pi$	$0{,}2\pi$	$0{,}3\pi$	$0{,}4\pi$	$0{,}5\pi$
$f(x) = \cos x$	1	0,9511	0,8090	0,5878	0,3090	0
(1) $f_a(x) = -\frac{4}{\pi^2}x^2+1$	1	0,96	0,84	0,64	0,36	0
prozentuale Abweichung	0 %	0,94 %	3,83 %	8,88 %	16,5 %	–
(2) $f_a(x) = \frac{8\sqrt{2}-16}{\pi^2}x^2+1$	1	0,9531	0,8125	0,5782	0,2502	–0,1716
prozentuale Abweichung	0 %	0,21 %	0,43 %	1,63 %	19,0 %	–

Erläuterungen und Anregungen

Zur Untersuchung von Summen- und Produktfunktionen dieser Art sollten die Schülerinnen und Schüler möglichst über einen grafikfähigen Taschenrechner verfügen oder Zugang zum Funktionenplotter eines Computers haben. Die meisten Aufgaben lassen sich jedoch auch ohne solche Hilfen bearbeiten.

Summen von Winkelfunktionen sind für die Physik von großer praktischer Bedeutung (Schwingungs- und Wellenlehre). Produktfunktionen wie z. B. in Aufgabe 7 spielen bei der digitalen Nachrichtenübermittlung eine Rolle.
Aufgabe 10 kann als Aufhänger für den anschließenden Lehrerhinweis dienen, dass sich $\cos x$ durch das Polynom

$1 - \frac{x^2}{2!} + \frac{x^4}{4!} - \frac{x^6}{6!} + - \ldots$

mit wachsender Genauigkeit approximieren lässt. Es sind auch Arbeitsaufträge für interessierte Schülerinnen und Schüler denkbar, um mittels entsprechender Computerprogrammierung eine Kosinustabelle zu erstellen.

Navigation aus dem All

Lösungen der Aufgaben auf den Seiten 76 bis 77

1. a) $v = \frac{2\pi r_{\text{Sat}}}{T} = \frac{2\pi\cdot 26608\text{ km}}{11\cdot 3600\text{ s} + 58\cdot 60\text{ s}} \approx 3{,}881\,\frac{\text{km}}{\text{s}}$

b) $h = c\cdot\Delta t \Rightarrow \Delta t = \frac{h}{c} = \frac{20230000\text{ m}}{2{,}99792458\cdot 10^8\,\frac{\text{m}}{\text{s}}} \approx 0{,}0675\text{ s} = 67{,}5\text{ ms}$

2. a) $1\text{ m} = c\cdot\Delta t \Rightarrow \Delta t = \frac{1\text{ m}}{2{,}99792458\cdot 10^8\,\frac{\text{m}}{\text{s}}} \approx 3{,}34\cdot 10^{-9}\text{ s} = 0{,}000\,000\,003\,34\text{ s}$

Eine Sekunde muss also auf 10 Dezimalen genau sein.

b) 300 000 Jahre $\approx 300\,000 \cdot 365{,}25\cdot 24\cdot 3600\text{ s} \approx 9{,}467\,28\cdot 10^{12}\text{ s}$

Fehler je Sekunde: $\frac{1\text{ s}}{9{,}46728\cdot 10^{12}} \approx 1{,}0563\cdot 10^{-13}\text{ s} \approx 0{,}000\,000\,000\,000\,106\text{ s}$

Es besteht also eine Genauigkeit von mehr als 12 Dezimalen.
Die Forderung aus a) ist erfüllt.

3. Die Punkte $P_1(9 \mid 3)$ und $P_2(-1{,}88 \mid 11{,}16)$ erfüllen die Bedingungen der Aufgabe.
Lösungsweg: z. B. Bestimmung der Schnittpunkte der Kreise
k_1 mit $(x-2)^2 + (y-5)^2 = 53$ und k_2 mit $(x-5)^2 + (y-9)^2 = 52$.

4. a) Die auf der Referenzstation gemessenen Abweichungen sind:
$\Delta x = +0{,}328$ m; $\Delta y = +0{,}006$ m; $\Delta z = -2{,}734$ m.
Weil diese Abweichungen überall in der Stadt gelten, lauten die verbesserten Koordinaten für den Hydranten:
$x = 3\,976\,435{,}730$ m; $y = 473\,452{,}000$ m; $z = 4\,947\,779{,}111$ m.

b) $r = \sqrt{x^2 + y^2 + z^2} = 6\,365\,274{,}231\text{ m} \approx 6365\text{ km}$

$\sin\varphi = \frac{z}{r} \Rightarrow \varphi = 51{,}014\,762\,53° \approx 51°\,1'$

(Die Abweichung von 11′ bei φ liegt an der Abflachung der Pole.)

Sei r' die Projektion von r auf die xy-Ebene. Dann gelten die Beziehungen:

$\cos\lambda = \frac{x}{r'}$ und $\cos\varphi = \frac{r'}{r}$. Daraus folgt: $\cos\lambda = \frac{x}{r\cdot\cos\varphi} = 0{,}992\,986\,316$;

$\lambda = 6{,}789\,923\,427° \approx 6°\,47'\,23{,}7''$ (keine Abweichung).

Erläuterungen und Anregungen

Hintergrundinformationen zum Thema GPS (für Lehrer):

- Manfred Bauer, Vermessung und Ortung mit Satelliten, Wichmann-Verlag
- Werner Mansfeld, Satellitenortung und Navigation, Vieweg-Verlag

Goniometrische Gleichungen

Lösungen der Aufgaben auf den Seiten 78 bis 80

1. a) $\sin(2\alpha) = 0{,}855\,87 \Rightarrow \alpha \approx 29{,}4°$ oder $\alpha \approx 60{,}6°$
   b) Ja, für $29{,}4° < \alpha < 60{,}6°$ erzielt man bessere Wurfweiten.
   Das Maximum $s_w \approx 79{,}9$ m erreicht man bei $\sin(2\alpha) = 1$, also bei $\alpha = 45°$.
2. a) $L = \{\pi + k\cdot 2\pi \mid k \in \mathbb{Z}\}$
   b) $L = \left\{\frac{7}{12}\pi + k\cdot 2\pi \,\middle|\, k \in \mathbb{Z}\right\} \cup \left\{\frac{11}{12}\pi + k\cdot 2\pi \,\middle|\, k \in \mathbb{Z}\right\}$
   c) $L = \left\{\frac{\pi}{4} + k\cdot\pi \,\middle|\, k \in \mathbb{Z}\right\}$
3. a) $x \approx 0{,}74$ b) $x \approx 1{,}93$
   c) Es gibt unendlich viele Lösungen. Eine davon ist $x \approx 1{,}30$.
   d) $x_1 \approx -1{,}24$; $x_2 = 0$; $x_3 = 1{,}24$
4. a) $L = \left\{\frac{2}{3}\pi + k\cdot 8\pi \,\middle|\, k \in \mathbb{Z}\right\} \cup \left\{\frac{10}{3}\pi + k\cdot 8\pi \,\middle|\, k \in \mathbb{Z}\right\}$
   b) $L = \left\{\frac{\pi}{6} + k\cdot\frac{\pi}{2} \,\middle|\, k \in \mathbb{Z}\right\}$ c) $L = \left\{\frac{\pi}{3} + k\cdot\pi \,\middle|\, k \in \mathbb{Z}\right\}$
   d) $L = \{k\cdot\pi \mid k \in \mathbb{Z}\}$

   e) $L = \left\{\frac{\pi}{4} - 1 + k\cdot 2\pi \,\middle|\, k \in \mathbb{Z}\right\} \cup \left\{\frac{7}{4}\pi - 1 + k\cdot 2\pi \,\middle|\, k \in \mathbb{Z}\right\}$
   f) $L = \{k\cdot\pi \mid k \in \mathbb{Z}\} \cup \left\{\frac{\pi}{2} + k\cdot 2\pi \,\middle|\, k \in \mathbb{Z}\right\}$
5. a) $L = \left\{\frac{\pi}{4} + k\cdot\frac{\pi}{2} \,\middle|\, k \in \mathbb{Z}\right\}$ b) $L = \left\{\frac{\pi}{12} + k\cdot\pi \,\middle|\, k \in \mathbb{Z}\right\} \cup \left\{\frac{5}{12}\pi + k\cdot\pi \,\middle|\, k \in \mathbb{Z}\right\}$
   c) $L = \left\{\frac{\pi}{4} + k\cdot\frac{\pi}{2} \,\middle|\, k \in \mathbb{Z}\right\}$ d) $L = \left\{\frac{2}{3}\pi + k\cdot 4\pi \,\middle|\, k \in \mathbb{Z}\right\} \cup \left\{\frac{4}{3}\pi + k\cdot 4\pi \,\middle|\, k \in \mathbb{Z}\right\}$
   e) $L = \left\{\frac{3}{8}\pi + k\cdot\frac{\pi}{2} \,\middle|\, k \in \mathbb{Z}\right\}$ f) $L = \left\{\frac{\pi}{9} + k\cdot\pi \,\middle|\, k \in \mathbb{Z}\right\} \cup \left\{\frac{7}{9}\pi + k\cdot\pi \,\middle|\, k \in \mathbb{Z}\right\}$
6. a) $x_1 \approx 1{,}1071$; $x_2 = x_1 + \pi \approx 4{,}2487$ b) $x_1 \approx 0{,}6662$; $x_2 = \pi - x_1 \approx 2{,}4754$
   c) $x_1 \approx 0{,}5404$; $x_2 = x_1 + \pi \approx 3{,}6820$ d) $L = [0;\, 2\pi]$ (allgemeingültige Gleichung)
   e) $x_1 = \frac{1}{2} + \frac{\pi}{8} \approx 0{,}8927$; $x_2 = \frac{1}{2} + \frac{5}{8}\pi \approx 2{,}4635$;
   $x_3 = \frac{1}{2} + \frac{9}{8}\pi \approx 4{,}0343$; $x_4 = \frac{1}{2} + \frac{13}{8}\pi \approx 5{,}6051$
   f) $x_1 \approx 0{,}2241$; $x_2 \approx 3{,}7029$
7. a) $L = \left\{\frac{\pi}{4} + k\cdot\pi \,\middle|\, k \in \mathbb{Z}\right\}$ b) $L = \left\{\frac{\pi}{16} + k\cdot\frac{\pi}{2} \,\middle|\, k \in \mathbb{Z}\right\} \cup \left\{\frac{7}{16}\pi + k\cdot\frac{\pi}{2} \,\middle|\, k \in \mathbb{Z}\right\}$
   c) $L = \left\{\frac{\pi}{6} + k\cdot\pi \,\middle|\, k \in \mathbb{Z}\right\}$ d) $L = \left\{x \,\middle|\, x \in \mathbb{R};\ x \neq \frac{\pi}{2} + k\cdot\pi;\ k \in \mathbb{Z}\right\}$
   (allgemeingültige Gleichung)
   e) $L = \left\{k\cdot\frac{7}{4}\pi \,\middle|\, k \in \mathbb{Z}\right\}$ f) $L = \left\{\frac{\pi}{8} + k\cdot\pi \,\middle|\, k \in \mathbb{Z}\right\} \cup \left\{\frac{7}{8}\pi + k\cdot\pi \,\middle|\, k \in \mathbb{Z}\right\}$
8. a) $x_1 \approx 0{,}3621$; $x_2 = \pi - x_1 \approx 2{,}7795$
   b) $x_1 \approx 1{,}1071$; $x_2 = \pi - x_1 \approx 2{,}0344$; $x_3 = \pi + x_1 \approx 4{,}2487$; $x_4 = 2\pi - x_1 \approx 5{,}1760$
   c) $x = \frac{\pi}{2}$
   d) $x_1 = \frac{\pi}{4}$; $x_2 = \frac{3}{4}\pi$; $x_3 = \frac{5}{4}\pi$; $x_4 = \frac{7}{4}\pi$
   e) $x_1 = \frac{\pi}{3}$; $x_2 = \pi$; $x_3 = \frac{5}{3}\pi$
   f) $x_1 \approx 1{,}4056$; $x_2 \approx 1{,}8925$; $x_3 = x_1 + \pi \approx 4{,}5472$; $x_4 = x_1 + \pi \approx 5{,}0341$

9. a)

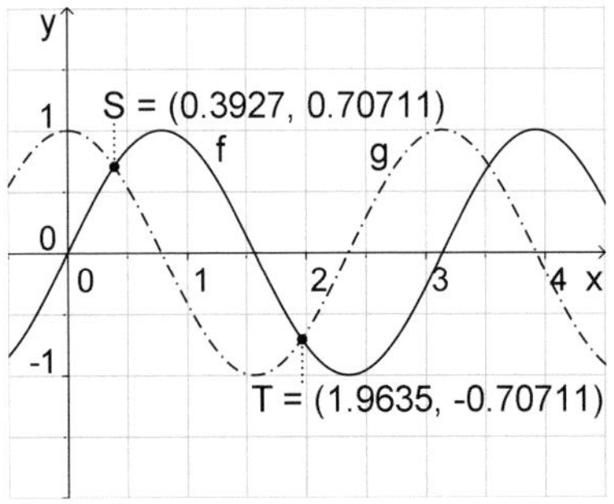

$f(x) = \sin(2x)$; $g(x) = \cos(2x)$

$x_1 \approx 0{,}3927 \approx \frac{\pi}{8}$; $x_2 \approx 1{,}9635 \approx \frac{5}{8}\pi$

b)

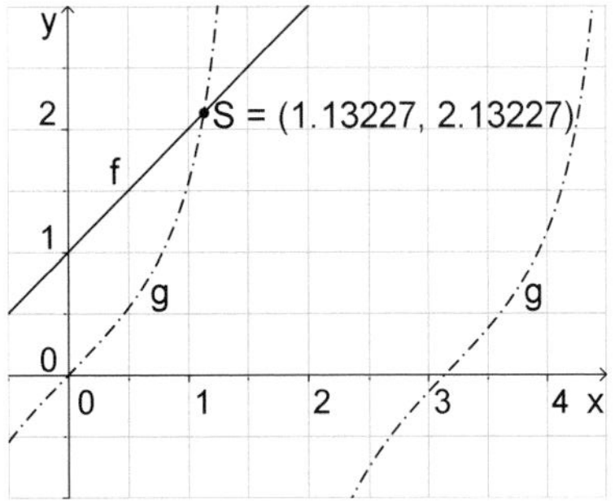

$f(x) = x + 1$; $g(x) = \tan x$

Lösung: $x \approx 1{,}13227$

10. a) $x_1 \approx -1{,}848$; $x_2 \approx -0{,}762$; $x_3 \approx 2{,}912$ b) $x \approx 0{,}488$ c) $x \approx 1{,}014$

11. a) Eine Lösung der Gleichung ist $x_1 = k\pi$ ($k \in \mathbb{Z}$). Für $x \neq k\pi$ erhält man:

$2\sin^2 x + 2\sqrt{3}\,\sin x\cos x = 0 \qquad |:\sin^2 x$

$2 + 2\sqrt{3}\,\cot x = 0 \Rightarrow \cot x = -\frac{1}{\sqrt{3}} = -\frac{1}{3}\sqrt{3} \Rightarrow x_2 = \frac{2}{3}\pi + k\pi \ (k \in \mathbb{Z})$

$L = \{k\pi \mid k \in \mathbb{Z}\} \cup \left\{\frac{2}{3}\pi + k\pi \,\middle|\, k \in \mathbb{Z}\right\}$

b) 1. Lösungsweg (mit der Tangensfunktion):

$x = \frac{\pi}{2} + k\pi$ ($k \in \mathbb{Z}$) ist keine Lösung der Gleichung. Für $x \neq \frac{\pi}{2} + k\pi$ erhält man:

$4\sin^2 x + 3\sin x\cos x - 7\cos^2 x = 0 \qquad |:\cos^2 x$

$4\tan^2 x + 3\tan x - 7 = 0 \Rightarrow \tan^2 x + \frac{3}{4}\tan x - \frac{7}{4} = 0$

$\tan x_{1/2} = -\frac{3}{8} \pm \sqrt{\frac{9+112}{64}} = \frac{-3 \pm 11}{8}$

$\tan x_1 = 1 \Rightarrow x_1 = \frac{\pi}{4} + k\pi \ (k \in \mathbb{Z})$; $\tan x_2 = -\frac{7}{4} \Rightarrow x_2 \approx 2{,}0899 + k\pi \ (k \in \mathbb{Z})$

$L = \left\{\frac{\pi}{4} + k\pi \,\middle|\, k \in \mathbb{Z}\right\} \cup \{2{,}0899 + k\pi \mid k \in \mathbb{Z}\}$

2. Lösungsweg (mit der Kotangensfunktion):

$x = k\pi$ ($k \in \mathbb{Z}$) ist keine Lösung der Gleichung. Für $x \neq k\pi$ erhält man:

$4\sin^2 x + 3\sin x\cos x - 7\cos^2 x = 0 \qquad |:\sin^2 x$

$4 + 3\cot x - 7\cot^2 x = 0 \Rightarrow \cot^2 x - \frac{3}{7}\cot x - \frac{4}{7} = 0$

$\cot x_{1/2} = \frac{3}{14} \pm \sqrt{\frac{9+112}{196}} = \frac{3 \pm 11}{14}$

$\cot x_1 = 1 \Rightarrow x_1 = \frac{\pi}{4} + k\pi \ (k \in \mathbb{Z})$; $\cot x_2 = -\frac{4}{7} \Rightarrow x_2 \approx 2{,}0899 + k\pi \ (k \in \mathbb{Z})$

$L = \left\{\frac{\pi}{4} + k\pi \,\middle|\, k \in \mathbb{Z}\right\} \cup \{2{,}0899 + k\pi \mid k \in \mathbb{Z}\}$

c) $1 = \sin x\cos x \Rightarrow 2 = 2\sin x\cos x \Rightarrow 2 = \sin(2x) \Rightarrow L = \emptyset$

12. a)

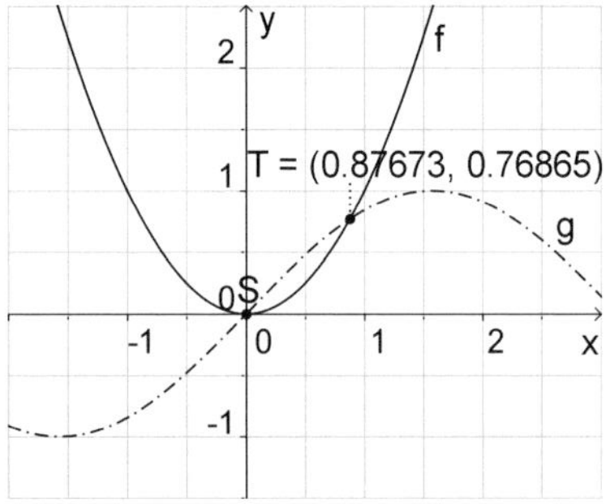

$f(x) = x^2$; $g(x) = \sin x$

Lösungen der Gleichung $x^2 = \sin x$:

$x_1 = 0$; $x_2 \approx 0{,}87673$

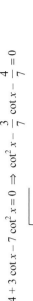

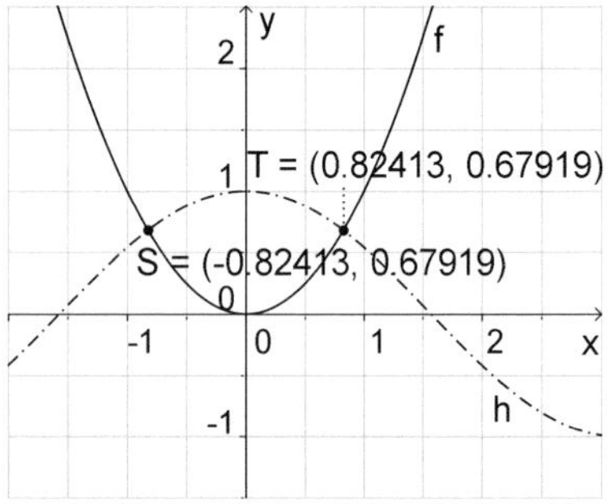

$f(x) = x^2$; $h(x) = \cos x$

Lösungen der Gleichung $x^2 = \cos x$:

$x_1 \approx -0{,}82413$; $x_2 \approx 0{,}82413$

b) Der Parameter c bei $f(x) = x^2 + c$ bewirkt jeweils eine Verschiebung der Normalparabel nach oben (für $c > 0$) oder unten (für $c < 0$) in Richtung der y-Achse.

Die Gleichung $x^2 + c = \cos x$ hat:

- genau zwei Lösungen für $c < 1$;
- genau eine Lösung für $c = 1$ (die Lösung $x = 0$);
- keine Lösung für $c > 1$.

Dies ist unmittelbar aus der rechten Abbildung bei a) ersichtlich.

Zur Gleichung $x^2 + c = \sin x$: Aus der linken Abbildung bei a) ist ersichtlich, dass die Gleichung für $c \leq 0$ genau zwei Lösungen besitzt. Mehr als zwei Lösungen kann sie offensichtlich nicht haben. Außerdem ist erkennbar, dass es einen Wert $c_1 \in \mathbb{R}$ mit $0 < c_1 < 1$ gibt, so dass die Gleichung für $c < c_1$ genau zwei, für $c = c_1$ genau eine und für $c > c_1$ keine Lösung hat.

Dieser Wert lässt sich durch Probieren mithilfe eines Funktionenplotters ermitteln: Die Abbildung rechts zeigt die Graphen der Funktionen $f(x) = x^2 + 0{,}23246$ und $g(x) = \sin x$. Die Graphen haben zwei dicht beieinander liegende Schnittpunkte S und T. Für $c = 0{,}23247$ besitzen die Graphen von f und g keine gemeinsamen Punkte mehr.

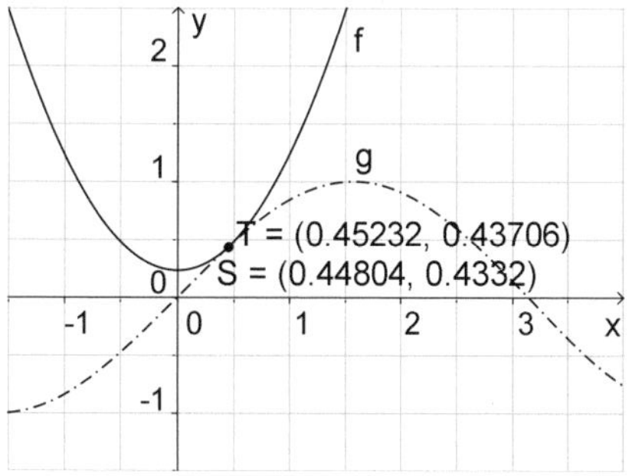

Die Gleichung $x^2 + c = \cos x$ hat also:

- genau zwei Lösungen für $c \leq 0{,}23246$;
- genau eine Lösung für einen gewissen Wert $c = c_1$ mit $0{,}23246 < c_1 < 0{,}23247$ (die Lösung $x \approx 0{,}45$);
- keine Lösung für $c \geq 0{,}23247$.

AUFGABEN ZUR WIEDERHOLUNG

1. a) $x = 3$ b) $x = 4{,}4$ c) $x = -3$
2. a) 1. Möglichkeit: Gleichung unverändert lassen
   2. Möglichkeit: $7 - (2x + 4) = -(x + 4)$
   3. Möglichkeit: $(7 - 2x)(+4) = (-x)(+4)$
   b) $2(x + 1) = 4(x - 7)$
3. Die Basis des gleichschenkligen Dreiecks ist 7 cm und jeder Schenkel 10,5 cm lang.
4. Die drei Zahlen sind 113, 114 und 115. Da $(n-1) + n + (n+1) = 3n$ für jedes $n \in \mathbb{Z}$ ist, ist die Summe von drei aufeinanderfolgenden ganzen Zahlen stets durch 3 teilbar.
5. a) (I) $y = -x + 5$
   (II) $y = 0{,}5x + 2$
   Lösung: $x = 2$; $y = 3$
   (siehe nebenstehende Abbildung)
   b) Für (I') $0{,}5x + 5 = y$ besitzt das System keine Lösung.

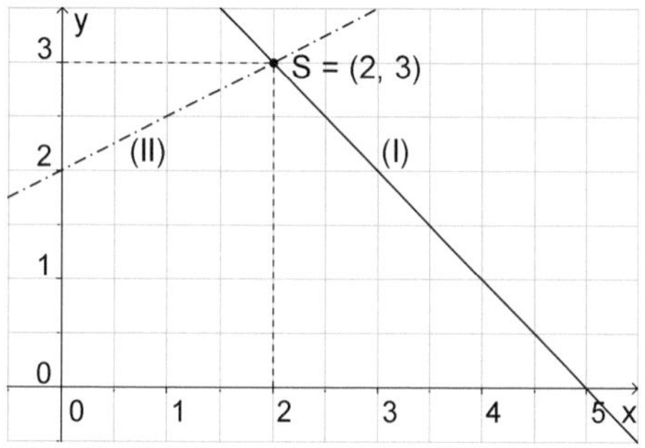

6. a) $x = 1{,}8$; $y = -0{,}9$
   b) $x = \frac{2}{7}$; $y = \frac{5}{14}$
   c) $x = 5{,}5$; $y = -3{,}5$

Erläuterungen und Anregungen

Es ist ratsam, die Schüler darüber aufzuklären, dass – anders als etwa bei quadratischen Gleichungen – kein allgemeines Lösungsverfahren zur Verfügung steht und auch nur ein geringer Teil der goniometrischen Gleichungen durch Substitution gelöst werden kann.
Andererseits spielen goniometrische Gleichungen in vielen Anwendungen eine Rolle. Ein einfaches Beispiel aus der Astronomie stellt die Kepler-Gleichung $x - e \cdot \sin x = a$ dar. Sie beschreibt eine elliptische Bahn, wobei die sogenannte exzentrische Anomalie x in Abhängigkeit von den Konstanten a und e gesucht wird. Solche Gleichungen können nur durch Iteration näherungsweise gelöst werden.

Schwingungsvorgänge

Lösungen der Aufgaben auf den Seiten 81 bis 83

1. a) $T \approx 2{,}8$ s
   b) $y(t) = a \cdot \sin\left(\frac{2\pi}{T} \cdot t\right) \approx a \cdot \sin(2{,}215 \cdot t)$ c) $T = 2\pi \cdot \sqrt{\frac{2\text{ m}}{9{,}81\,\frac{\text{m}}{\text{s}^2}}} \approx 2{,}84$ s
2. a) $T = 8$ s; $a = 5$ cm; $\varphi = \frac{\pi}{4}$; $y \approx 3{,}54$ cm; $y = 5\text{ cm} \cdot \sin\left(\frac{\pi}{4} \cdot t\right)$
   b) $y(t) = y_{\max} \cdot \sin\left(\frac{2\pi}{T} \cdot t\right)$
3. $f = \frac{1}{T}$
4. – Schwingung: $a > 0$ ist die Amplitude oder Schwingungsweite und kennzeichnet die maximale Auslenkung der Schwingung.
   T kennzeichnet die Periode der Schwingung, d. h. die für eine volle Schwingung benötigte Zeit (z. B. gemäß der Wegfolge $M - U_1 - M - U_2 - M$).
   Kommt eine Phasenverschiebung $\varphi_0 > 0$ ($\varphi_0 < 0$) hinzu, so beginnt die Schwingung $|\varphi_0|$ Sekunden früher (später).
   – Allgemeine Funktion $f(x) = a \sin(bx + c)$:
   $|a|$ ist die Amplitude, d. h. der betragsgrößte Funktionswert.
   $\frac{2\pi}{|b|}$ kennzeichnet die (kleinste positive) Periode der allgemeinen Sinusfunktion.
   Durch $c > 0$ ($c < 0$) wird der Funktionsgraph längs der x-Achse um $|c|$ nach rechts (links) verschoben.

5. a) $a = 2$ cm; $T = 4$ s

t in s	0,75	1,5	2,5	3
y in cm	1,85	1,41	−1,41	−2

b) $y = 2\sin\left(\frac{\pi}{2} \cdot t\right)$

6. a) $y = 1{,}5\sin\left(\frac{\pi}{2} \cdot t + \frac{5\pi}{4}\right)$

Nullstellen: $t = 2k - 2{,}5$ $(k \in \mathbb{Z})$; z. B. $t_1 = -0{,}5$; $t_2 = 1{,}5$; $t_3 = 3{,}5$

b) $y = 2\sin(3t + \pi)$

Nullstellen: $t = k \cdot \frac{\pi}{3}$ $(k \in \mathbb{Z})$; z. B. $t_1 = 0$; $t_2 = \frac{\pi}{3}$; $t_3 = \frac{2\pi}{3}$

7. $U_0 = \sqrt{2} \cdot 230\ \text{V} \approx 325\ \text{V}$

Die Spannung erreicht 6000-mal pro Minute ihr Maximum.

8. a) 0,01 s b) $U(t) = 4 \cdot \sin(100\pi \cdot t)$

c) Bild 1: $I(t) = 0{,}4 \cdot \sin\left(100\pi \cdot t - \frac{\pi}{2}\right)$; Bild 2: $I(t) = 0{,}4 \cdot \sin(100\pi \cdot t)$

9. a) $U_{eff} = \frac{12}{\sqrt{2}}\ \text{V} \approx 8{,}49\ \text{V}$; $f = 2$ Hz; $T = 0{,}5$ s

b) $t = 0{,}2$ s: $U \approx 7{,}05$ V; $t = 0{,}375$ s: $U = -12$ V

c) $I_0 = \frac{U_0}{R} = 0{,}2\ \text{A}$; $I_{eff} = \frac{I_0}{\sqrt{2}} \approx 0{,}141\ \text{A}$

$t = 0{,}2$ s: $I \approx 0{,}118$ A; $t = 0{,}375$ s: $I = -0{,}2$ A

10. Voraussetzung ist, dass beide Spannungen hintereinandergeschaltet an den Oszillografen angelegt werden.

11. a) $f(t) = 3\sin\left(\frac{\pi}{2}t\right)$

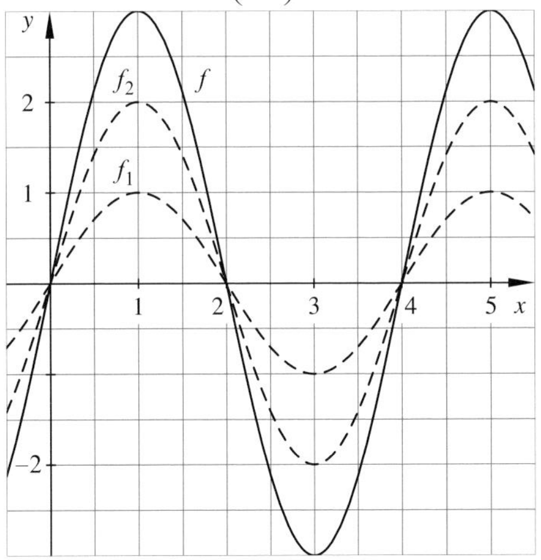

b) $f(t) = \sin t - \cos(2t)$

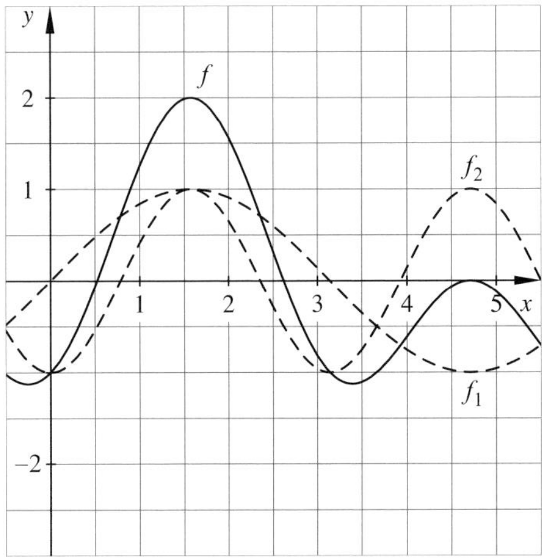

12. a) $f(t) = 3\sin(4t)$

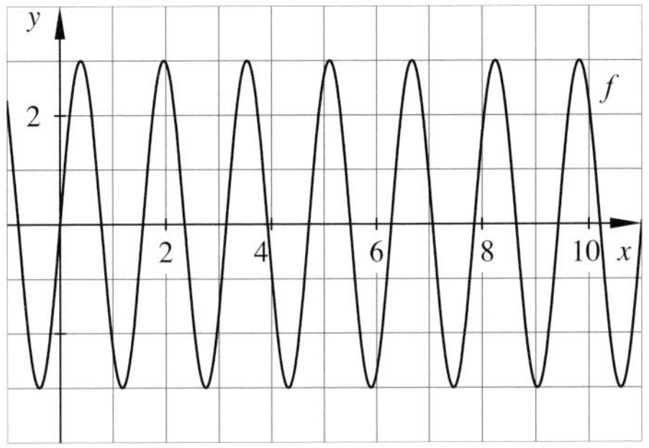

b) $f(t) = \sqrt{2} \cdot \sin\left(4t + \frac{\pi}{4}\right)$

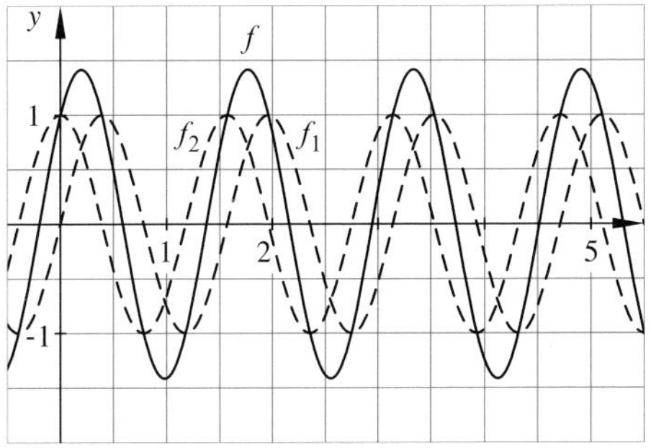

c) $f(t) = 2\sin(4t) + 2\sin(5t)$

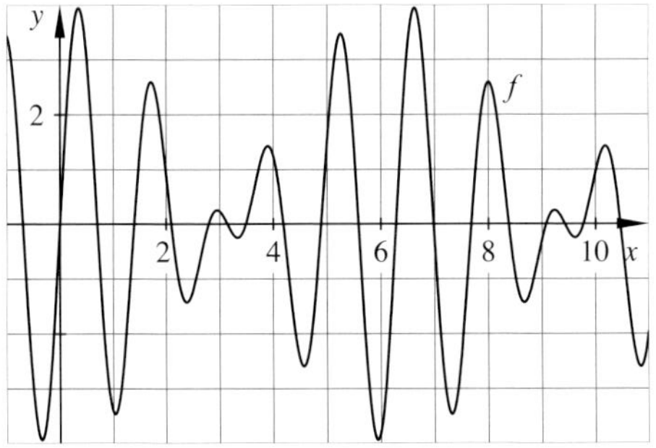

d) $f(t) = -\sin(4t) + 2\sin t$

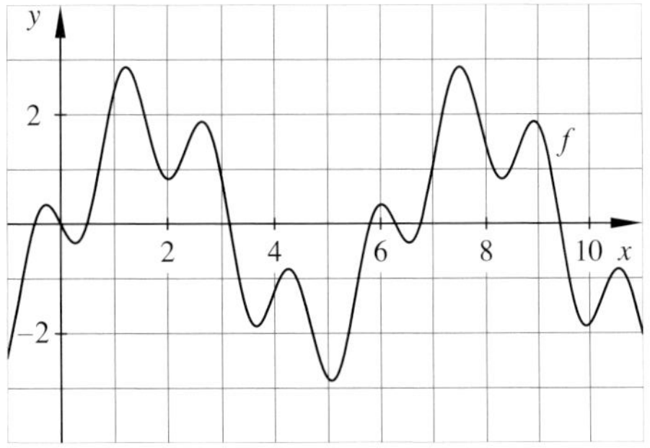

13. a) Die kleinste positive Periode ist 2.
b) Nein, im Gegensatz zum Weg-Zeit-Gesetz für harmonische Schwingungen ist hier die Amplitude nicht konstant, sondern schwankt regelmäßig mit einer Frequenz, die gleich der Differenz der Frequenzen der Schwingungen f_1 und f_2 ist.
c) Bei a) und b) ergeben sich harmonische Schwingungen.
d) Setzt man links $4\pi t = v$ und $5\pi t = u$, so folgt $\frac{u+v}{2} = 4{,}5\pi t$; $\frac{u-v}{2} = 0{,}5\pi t$ und damit die Richtigkeit der rechten Seite.
e) Die Periode von $\sin(4{,}5\pi t)$ ist $\frac{4}{9}$ und die von $\cos(0{,}5\pi t)$ ist 4.

Teste dich!

Lösungen der Aufgaben auf den Seiten 84 bis 85

1. a) 2π; $\frac{\pi}{6}$; $\frac{\pi}{2}$; $\frac{2\pi}{3}$; $\frac{2\pi}{5}$; $\approx 0{,}19897$
b) 135°; 240°; 120°; 90°; ≈ 454,36°; ≈ 179,91°
2. a) z. B. $\cos(-x) = \sin\left(\frac{\pi}{2} - x\right)$ oder $\cos(-x) = \sin\left(\frac{\pi}{2} + x\right)$
b) z. B. $\sin(x) = \cos\left(\frac{\pi}{2} - x\right)$ oder $\sin(x) = \cos\left(\frac{3\pi}{2} + x\right)$
c) $-\sin(x)\cdot\tan(x) = \frac{-\sin^2 x}{\cos x} = \frac{\cos^2 x - 1}{\cos x}$
d) $-\tan(-x) = -\frac{\sin(-x)}{\cos(-x)} = \frac{\sin x}{\cos x} = \frac{\sin x}{\sqrt{1-\sin^2 x}}$
3. a) $30° + k\cdot 360°$ und $150° + k\cdot 360°$ $(k \in \mathbb{Z})$;
$45° + k\cdot 360°$ und $150° + k\cdot 360°$ $(k \in \mathbb{Z})$;
$60° + k\cdot 360°$ und $120° + k\cdot 360°$ $(k \in \mathbb{Z})$;
$\sqrt{3}$ ist größer als 1 und daher als Sinuswert nicht möglich;
$225° + k\cdot 360°$ und $315° + k\cdot 360°$ $(k \in \mathbb{Z})$;
$210° + k\cdot 360°$ und $330° + k\cdot 360°$ $(k \in \mathbb{Z})$
b) $45° + k\cdot 180°$ $(k \in \mathbb{Z})$
4. a) Aus $\sin(3x) = \pm\frac{\sqrt{3}}{2}$ folgt
$x \in \{20° + k\cdot 120°;\ 40° + k\cdot 120°;\ 80° + k\cdot 120°;\ 100° + k\cdot 120° \mid k \in \mathbb{Z}\}$.
b) $\frac{\sin x}{\cos x} = 2\sin x \Rightarrow \sin x = 0$ oder $\cos x = 0{,}5$, also
$x \in \{k\cdot 180°;\ 60° + k\cdot 360°;\ 300° + k\cdot 360° \mid k \in \mathbb{Z}\}$
5. a) Die Werte der Tangensfunktion streben bei Annäherung von links an die Stellen $x = \frac{\pi}{2} + k\pi$ nach $+\infty$ (∞ ist das Symbol für „unendlich") und bei Annäherung von rechts an diese Stellen nach $-\infty$. Der Graph nähert sich asymptotisch den senkrechten Geraden $x = \frac{\pi}{2} + k\pi$ an. Dieses Verhalten kann sowohl an der Definition der Tangensfunktion am Einheitskreis erkannt werden (die den Tangens darstellende Strecke wird bei Annäherung an 90° unendlich lang, das Vorzeichen ergibt sich aus den Vorzeichen von Sinus und Kosinus) als auch an der Definition $\tan x = \frac{\sin x}{\cos x}$ (der Nenner würde an den Stellen $x = \frac{\pi}{2} + k\pi$ null, der Zähler ungleich null, der Bruch also dem Betrage nach unendlich groß).
b) Nur aus der Lage der Definitionslücken kann nicht auf die kleinste Periode geschlossen werden. Zum Beispiel haben die Funktionen $y = \frac{x}{\cos x}$ und $y = \frac{\sin(2x)}{\cos x}$ dieselben Definitionslücken wie $y = \tan x$. Die erstere Funktion ist aber überhaupt nicht periodisch, die zweite hat die kleinste Periode 2π.
6. Paul hat unrecht; eine Funktion f hat die Periode π genau dann, wenn für *jede* Zahl x (also nicht nur für die Zahl $x = 0$) aus dem Definitionsbereich von f gilt: $f(x + k\pi) = a$ mit einer festen Zahl a. Die kleinste Periode der Sinusfunktion ist 2π.

7. a) Der Faktor a bewirkt eine Streckung bzw. Stauchung des Funktionsgraphen in Richtung der y-Achse und, falls $a < 0$ ist, zusätzlich eine Spiegelung an der x-Achse. Der Faktor b bewirkt eine Streckung bzw. Stauchung in Richtung der x-Achse und, falls $b < 0$ ist, zusätzlich eine Spiegelung an der y-Achse. Der Summand c bewirkt eine Verschiebung in Richtung der x-Achse (siehe Wissenskasten auf Lehrbuchseite 71).

b) Wertebereich: $[-3; 3]$; kleinste Periode: 4π; Maxima: $(4k\pi \mid 3)$ mit $k \in \mathbb{Z}$; Minima: $(2\pi + 4k\pi \mid -3)$ mit $k \in \mathbb{Z}$; Nullstellen bei $x = (2k - 1)\,\pi$

8. Die Lösung ergibt sich leicht aus $\sin(2x) = 2 \sin x \cdot \cos x$.

Maxima: $\left(\frac{\pi}{4} + k\pi \,\middle|\, \frac{1}{2}\right)$ mit $k \in \mathbb{Z}$; Minima: $\left(\frac{3\pi}{4} + k\pi \,\middle|\, -\frac{1}{2}\right)$ mit $k \in \mathbb{Z}$;

der betragsmäßig kleinste Wert ist 0; die Nullstellen liegen bei $x = k \cdot \frac{\pi}{2}$ $(k \in \mathbb{Z})$.

9. a) Dieselbe Höhe wie um 11.20 Uhr hat die Spitze des Minutenzeigers jeweils nach $k \cdot 60$ min und nach 20 min $+ k \cdot 60$ min, also z. B. um 11.40 Uhr $(k \in \mathbb{Z})$. Dieselbe Höhe wie um 11.05 Uhr hat sie jeweils nach $k \cdot 60$ min und nach 50 min $+ k \cdot 60$ min, also z. B. um 11.55 Uhr $(k \in \mathbb{Z})$.

b) Ist h_0 die Höhe des gemeinsamen Drehpunktes der beiden Zeiger über dem Fußboden in cm, und definiert man z. B. $t = 0$ als den Zeitpunkt 12.00 Uhr, so gibt die Funktion $h(t) = h_0 + 20\text{ cm} \cdot \cos(0{,}1^\circ\ \text{s}^{-1} \cdot t)$ die Höhe der Spitze des Minutenzeigers in cm an (t in Sekunden).

c) Der von der Spitze des Minutenzeigers zurückgelegte Weg in cm ist näherungsweise

$b(t) = 0{,}0349 \frac{\text{cm}}{\text{s}} \cdot t$, wobei t in Sekunden zu messen ist.

Der von der Spitze des Stundenzeigers zurückgelegte Weg in cm ist näherungsweise

$s(t) = 0{,}00175 \frac{\text{cm}}{\text{s}} \cdot t$, wobei t in Sekunden zu messen ist.

10. a) Eine Schwingung dauert etwa $6{,}2 \cdot \frac{1}{300}\ \text{s} \approx 0{,}021$ s.

Das entspricht einer Frequenz von etwa 48,4 Hz.

b) Aus der grafischen Darstellung liest man $U_{max} \approx 200$ V ab.

Damit ergibt sich für die Effektivspannung $U_{eff} = \frac{1}{\sqrt{2}}\, U_{max} \approx 141{,}4$ V.

c) Einer Verdopplung der Frequenz entspricht eine Halbierung der Periode.

Mit Wahrscheinlichkeiten rechnen

„Das Gewebe dieser Welt ist aus Notwendigkeit und Zufall gebildet; die Vernunft des Menschen stellt sich zwischen beide und weiß sie zu beherrschen; sie behandelt das Notwendige als den Grund ihres Daseins; das Zufällige weiß sie zu lenken, zu leiten und zu nutzen…“

(Johann Wolfgang von Goethe in „Wilhelm Meisters Lehrjahre“, S. 27)

Wenn der Zufall bei Geschehnissen auftritt, wird er gegenüber klaren Ursache-Wirkungs-Gefügen häufig als Mangel und störend empfunden. Zu unterscheiden ist dabei zwischen ***subjektivem*** Zufall, der auf den Mangel an Wissen über bestimmte Erscheinungen zurückzuführen ist, und ***objektivem*** Zufall, der den Erscheinungen prinzipiell zugrunde liegt. Der erste wird sicher zu Recht als Mangel empfunden.

Doch man stelle sich einmal eine Welt ohne objektiven Zufall vor: Es wäre eine ideal geordnete Welt, in der jedes Ereignis eindeutig auf frühere Zustände zurückgeführt werden könnte und in der Vergangenheit, Gegenwart und Zukunft starr miteinander verknüpft wären. Durch den Zufall kommt eine positive, schöpfende Kraft in die Welt. Zufall ist nicht nur in Spielsituationen von Bedeutung, sondern er hat eine immense Bedeutung für den Aufbau und das Wirkungsgefüge der Welt, in der wir alle leben. Dieser Aspekt sollte den Schülerinnen und Schülern deutlich bewusst werden. Sie sollten unbedingt über die begrenzte Sicht hinaus kommen, dass Zufall nur verbunden ist mit so genannten Zufallsgeräten, die in Spielsituationen genutzt werden, wie z. B. Würfel, Glücksrad, Roulettegerät. Andererseits sollten sie die Urne als geeignetes mathematisches Modell für die Darstellung von Zufallsprozessen kennen und kompetent damit arbeiten können.

In unserer realen Welt sind Kausalbeziehungen ***wahrscheinlichkeitsbedingte*** Beziehungen; wir leben in einer ***Wahrscheinlichkeitswelt,*** d. h. in einer Welt, die auf der Wahrscheinlichkeit aufgebaut ist. Durch die Stochastik und ihre Gesetze sind wir Menschen in der Lage, den Zufall gewissermaßen zu berechnen. So sind z. B. alle Berechnungen für Erscheinungen auf der Quantenebene, die den Erscheinungen auf der makroskopischen Ebene zugrunde liegen, durch Wahrscheinlichkeiten bestimmt.

In diesem Kapitel wird das Wissen bezüglich des Berechnens von Wahrscheinlichkeiten für mehrstufige Zufallsexperimente wiederholt, erweitert und auf vielfältige Sachverhalte angewandt. Im ersten Abschnitt werden einige bereits bekannte Begriffe und Verfahren wiederholt und geübt. Mit den kombinatorischen Abzählverfahren wird anschließend eine effektive Methode erarbeitet, um auch bei nicht sofort zu überschauenden Zufallsexperimenten systematisch alle möglichen Fälle zu erfassen. Für ein erfolgreiches Aufgabenlösen ist das Verständnis dafür entscheidend, wie im jeweiligen Fall zu zählen ist bzw. welches Urnenmodell eine gegebene Sachsituation gegebenenfalls adäquat wiederspiegelt (und nicht so sehr die Kenntnis der verschiedenen Zählterme). Den Abschluss des Kapitels bildet eine Lerneinheit zur Simulation von Zufallsversuchen.

Zufallsexperimente, Ereignisse und Wahrscheinlichkeiten

Lösungen der Aufgaben auf den Seiten 88 bis 92

1. a) Werfen eines Würfels. Ergebnisse: 1, 2, 3, 4, 5, 6
   b) Werfen einer Münze. Ergebnisse: Wappen, Zahl
   c) Geburt eines Kindes. Ergebnisse: Junge, Mädchen
   d) Elfmeter beim Fußball. Ergebnisse: Treffer, gehalten, verschossen
   e) Fußballspiel. Ergebnisse: 0 : 0, 1 : 0, 0 : 1, 2 : 0, 1 : 1, 0 : 2, 3 : 0, 2 : 1, …
   Eine vollständige Ergebnismenge ist schwer angebbar, da es unterschiedliche Meinungen darüber geben kann, wie viele Tore in einem Spiel maximal möglich sind.
2. $\Omega = \{1, 2, 3, 4, 5, 6, 7, 8, 9, 10\}$
3. a) A: (g, g), (b, b), (r, r)
   B tritt bei allen möglichen Ergebnissen ein. Diese sind:
   (g, g), (g, b), (g, r), (g, w), (b, b), (b, r), (b, w), (r, r), (r, w)
   C: (g, b), (b, b), (b, r), (b, w)
   b) D: (g, b), (b, b), (b, r)
   E: (g, b), (g, r), (g, w), (b, r), (b, w), (r, w)
   F tritt wie B bei allen möglichen Ergebnissen ein, denn die Aussage „höchstens eine Kugel ist grün" beinhaltet auch den stets zutreffenden Fall „keine Kugel ist grün".
4. $\overline{A} = \{(1; 1), (1; 2), (2; 1)\}$ (die Augensumme beträgt höchstens 3)
   $\overline{B} = \{(6; 6)\}$ (es fallen zwei Sechsen)
   $\overline{C} = \{(6; 6)\}$ (die Augensumme beträgt 12)
   Zu D: Sei K das Ereignis „die Person ist krank" und T das Ereignis „die Person wird positiv getestet" (d. h. der Test zeigt das Vorliegen der Krankheit an). Dann gilt:

$D = \overline{K} \cap T$; $\overline{D} = K \cup \overline{T} = (K \cap T) \cup (K \cap \overline{T}) \cup (\overline{K} \cap \overline{T})$.
Das Gegenereignis zu D lautet also: „Die Person ist entweder krank – oder sie ist gesund und der Test zeigt negatives Ergebnis, also keine Krankheit, an."

5. a) $A = \{WWW, WWZ, ZWW, ZWZ\}$ (Wappen im zweiten Wurf)
   $B = \{WWW, WWZ, WZW, ZWW\}$ (höchstens einmal Zahl)
   $A \cup B = \{WWW, WWZ, WZW, ZWW, ZWZ\}$
   (höchstens einmal Zahl oder genau zweimal Zahl, dann aber im 1. und 3. Wurf)
   $A \cap B = \{WWW, WWZ, ZWW\}$ (höchstens einmal Zahl, aber nicht im 2. Wurf)
   b) $\overline{A \cup B} = \overline{A} \cap \overline{B} = \{WZZ, ZZW, ZZZ\}$
   (höchstens einmal Wappen, aber nicht im 2. Wurf)
   Das Ereignis $\overline{A \cup B}$ setzt sich aus allen Ergebnissen zusammen, die nicht zu A und nicht zu B gehören. Dasselbe trifft auf $\overline{A} \cap \overline{B}$ zu.
   $\overline{A \cap B} = \overline{A} \cup \overline{B} = \{WZW, WZZ, ZWZ, ZZW, ZZZ\}$
   (höchstens einmal Wappen oder genau zweimal Wappen, dann aber im 1. und 3. Wurf)
   Das Ereignis $\overline{A \cap B}$ setzt sich aus allen Ergebnissen zusammen, die nicht zu A oder nicht zu B gehören. Dasselbe trifft auf $\overline{A} \cup \overline{B}$ zu.
6. a) rund 343 000 Jungen (genauer Wert: 343 089 Jungen)
   b) $\approx 0{,}514$
7. a) Sei $H_n(A)$ die absolute Häufigkeit des Ereignisses A bei n Versuchen, d. h. die Anzahl der Versuche, bei denen A eintrat. Dann gilt $0 \le H_n(A) \le n$.
   Hieraus folgt wegen $n > 0$: $\frac{0}{n} \le \frac{H_n(A)}{n} \le \frac{n}{n} \Rightarrow 0 \le h_n(A) \le 1$.
   Aus $H_n(\Omega) = n$ folgt $h_n(\Omega) = \frac{H_n(\Omega)}{n} = \frac{n}{n} = 1$.
   Für das sichere Ereignis ist die relative Häufigkeit also immer gleich 1.
   b) Seien $a_1, a_2, \ldots, a_m$ die für das Ereignis A günstigen Ergebnisse und $H_n(a_i)$ die absolute Häufigkeit des Ergebnisses a_i bei n Versuchen $(1 \le i \le m)$.
   Dann ist $H_n(A) = H_n(a_1) + \ldots + H_n(a_m)$.
   Hieraus folgt wegen $n > 0$:
   $\frac{H_n(A)}{n} = \frac{H_n(a_1)}{n} + \ldots + \frac{H_n(a_m)}{n} \Rightarrow h_n(A) = h_n(a_1) + \ldots + h_n(a_m)$.
8. Individuelle Lösungen. Mit „beherrschen" ist gemeint, dass sich die Häufigkeit, mit der ein zufälliges Ereignis eintritt, näherungsweise abschätzen lässt.

9.

Landkreise und kreisfreie Städte	Lebendgeborene	davon männlich	relative Häufigkeit	Summe Lebendgeborene	davon männlich	relative Häufigkeit
Frankfurt (Oder)	459	232	0,505	459	232	0,505
Brandenburg (Havel)	480	253	0,527	939	485	0,517
Prignitz	559	275	0,492	1 498	760	0,507
Cottbus	716	357	0,499	2 214	1117	0,505
Ostprignitz-Ruppin	716	368	0,514	2 930	1485	0,507
Elbe-Elster	748	369	0,493	3 678	1854	0,504
Spree-Neiße	821	416	0,507	4 499	2270	0,505
Oberspreew.-Lausitz	847	418	0,494	5 346	2688	0,503
Uckermark	912	446	0,489	6 258	3134	0,501
Dahme-Spreewald	1076	544	0,506	7 334	3678	0,501
Havelland	1137	574	0,505	8 471	4252	0,502
Teltow-Fläming	1219	630	0,517	9 690	4882	0,504
Barnim	1248	656	0,526	10 938	5538	0,506
Märkisch-Oderland	1276	669	0,524	12 214	6207	0,508
Oder-Spree	1318	649	0,492	13 532	6856	0,507
Potsdam-Mittelmark	1412	734	0,520	14 944	7590	0,508
Potsdam	1435	744	0,518	16 379	8334	0,509
Oberhavel	1531	791	0,517	17 910	9125	0,509

Aus der letzten Tabellenspalte ist ersichtlich: Am Anfang treten noch große Schwankungen auf, mit zunehmender Anzahl der betrachteten Geburten werden diese jedoch geringer. Als Schätzwert für die Wahrscheinlichkeit einer Jungengeburt ergibt sich 0.509. Dieser Wert weicht nur geringfügig von dem von Laplace ermittelten Wert (0,512) ab.

10. a) Die gesuchte Wahrscheinlichkeit beträgt $\frac{2}{10} = \frac{1}{5} = 20\,\%$.

b) Verwendete Ereignisbezeichnungen:

E: Es wird ein Pfannkuchen mit Erdbeermarmelade herausgegriffen.

P: Es wird ein Pfannkuchen mit Pflaumenmus herausgegriffen.

A: Genau einer der beiden ausgewählten Pfannkuchen enthält Pflaumenmus.

B: In beiden ausgewählten Pfannkuchen befindet sich Erdbeermarmelade.

Lösungsweg 1 mithilfe von Zählтermen:

$$P(A) = \frac{\binom{8}{1}\cdot\binom{2}{1}}{\binom{10}{2}} = \frac{16}{45} \approx 35{,}6\,\%; \quad P(B) = \frac{\binom{2}{2}}{\binom{10}{2}} = \frac{1}{45} \approx 2{,}2\,\%$$

Lösungsweg 2 mithilfe eines Baumdiagramms:

Es wird angenommen, dass einzeln nacheinander zwei Pfannkuchen zufällig ausgewählt werden (ohne Zurücklegen).

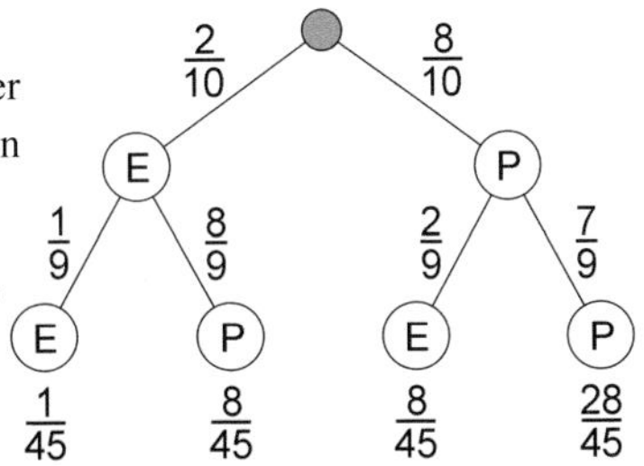

$$P(A) = \frac{2}{10}\cdot\frac{8}{9} + \frac{8}{10}\cdot\frac{2}{9} = \frac{8}{45} + \frac{8}{45} = \frac{16}{45} \approx 35{,}6\,\%$$

$$P(B) = \frac{2}{10}\cdot\frac{1}{9} = \frac{1}{45} \approx 2{,}2\,\%$$

11. Sei jeweils N die Anzahl der ausgewählten Mädchen.

Lösungsweg 1 mithilfe von Zähltermen:

$$P(N=0) = \frac{\binom{4}{0}\cdot\binom{4}{4}}{\binom{8}{4}} = \frac{1}{70} \approx 1{,}4\,\%; \quad P(N=1) = \frac{\binom{4}{1}\cdot\binom{4}{3}}{\binom{8}{4}} = \frac{4\cdot 4}{70} = \frac{16}{70} = \frac{8}{35} \approx 22{,}9\,\%;$$

$$P(N=2) = \frac{\binom{4}{2}\cdot\binom{4}{2}}{\binom{8}{4}} = \frac{6\cdot 6}{70} = \frac{36}{70} = \frac{18}{35} \approx 51{,}4\,\%;$$

$$P(N=3) = P(N=1) = \frac{8}{35} \approx 22{,}9\,\%;$$

$$P(N=4) = P(N=0) = \frac{1}{70} \approx 1{,}4\,\%$$

Lösungsweg 2 mithilfe eines Baumdiagramms:

Es wird angenommen, dass die vier Personen einzeln nacheinander ausgewählt werden.

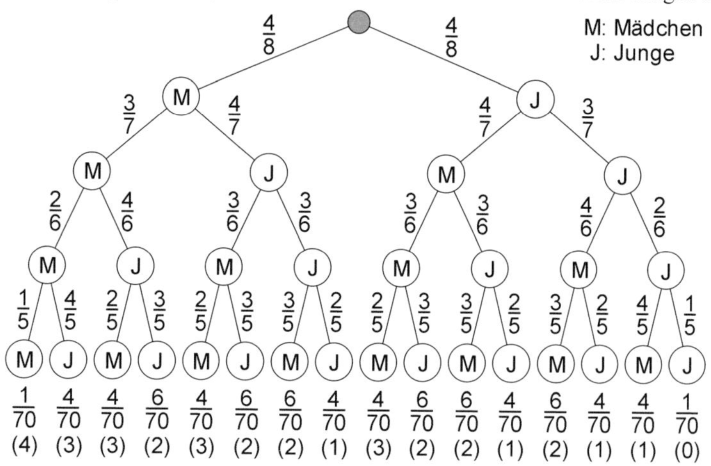

Die in Klammern gesetzten Zahlen bedeuten die jeweiligen Anzahlen der ausgewählten Mädchen.

$P(N=0) = \frac{1}{70} \approx 1{,}4\,\%$; $P(N=1) = 4 \cdot \frac{4}{70} = \frac{16}{70} = \frac{8}{35} \approx 22{,}9\,\%$;

$P(N=2) = 6 \cdot \frac{6}{70} = \frac{36}{70} = \frac{18}{35} \approx 51{,}4\,\%$; $P(N=3) = 4 \cdot \frac{4}{70} = \frac{16}{70} = \frac{8}{35} \approx 22{,}9\,\%$;

$P(N=4) = \frac{1}{70} \approx 1{,}4\,\%$

12. Nummeriert man bei Aufgabe 8 alle Pfannkuchen von 1 bis 10 durch, so gibt es beim Ziehen eines Pfannkuchens zehn gleichwahrscheinliche Ergebnisse und beim Herausgreifen von zwei Pfannkuchen 45 gleichwahrscheinliche Auswahlmöglichkeiten. Bei Aufgabe 9 gibt es 70 gleichwahrscheinliche Möglichkeiten, aus den acht Personen vier auszuwählen.

13. Beispiel: Einmaliges Würfeln mit einem normalen Spielwürfel ist mit der Ergebnismenge {1; 2; 3; 4; 5; 6} oder mit der Ergebnismenge {gerade Zahl; ungerade Zahl} ein Laplace-Experiment, jedoch mit der Ergebnismenge {6; keine 6} kein Laplace-Experiment.

14. a) $\frac{1}{7} \approx 14{,}3\,\%$ b) $\frac{6}{7} \approx 85{,}7\,\%$ c) $\frac{2}{49} \approx 4{,}1\,\%$

15. Sei $H_n(A)$ die absolute Häufigkeit des Ereignisses A bei n Versuchen.

a) $h_n(\Omega) = \frac{H_n(\Omega)}{n} = \frac{n}{n} = 1$

b) Es gilt in jedem Falle $0 \le H_n(A) \le n$. Hieraus folgt wegen $n > 0$:

$\frac{0}{n} \le \frac{H_n(A)}{n} \le \frac{n}{n} \Rightarrow 0 \le h_n(A) \le 1.$

c) $h_n(A) + h_n(\bar{A}) = \frac{H_n(A)}{n} + \frac{H_n(\bar{A})}{n} = \frac{H_n(A)}{n} + \frac{n - H_n(A)}{n} = \frac{n}{n} = 1$

d) $h_n(A) = \frac{H_n(A)}{n} = \frac{H_n(a_1) + H_n(a_2) + \ldots + H_n(a_m)}{n}$

$= \frac{H_n(a_1)}{n} + \frac{H_n(a_2)}{n} + \ldots + \frac{H_n(a_m)}{n} = h_n(a_1) + h_n(a_2) + \ldots + h_n(a_m)$

e) Bei unvereinbaren Ereignissen A und B ($A \cap B = \emptyset$) gilt offensichtlich:

$H_n(A \cup B) = H_n(A) + H_n(B)$.

Für nicht unvereinbare Ereignisse A und B ($A \cap B \neq \emptyset$) gilt diese Formel nicht, denn auf der rechten Seite werden alle Versuchsdurchführungen, bei denen sowohl A als auch B eintritt, doppelt gezählt. Die Formel ist deshalb wie folgt zu korrigieren:

$H_n(A \cup B) = H_n(A) + H_n(B) - H_n(A \cap B)$.

Diese geänderte Formel gilt sowohl für nicht unvereinbare als auch für unvereinbare Ereignisse, denn bei letzteren ist $H_n(A \cap B) = H_n(\emptyset) = 0$. Hieraus folgt:

$\frac{H_n(A \cup B)}{n} = \frac{H_n(A)}{n} + \frac{H_n(B)}{n} - \frac{H_n(A \cap B)}{n}$

$h_n(A \cup B) = h_n(A) + h_n(B) - h_n(A \cap B)$

16. Im Folgenden bezeichne $g(A)$ die Anzahl der für das Ereignis A günstigen Ergebnisse und k die Anzahl aller möglichen Ergebnisse des Laplace-Experiments ($k > 0$).

a) $P(\Omega) = \frac{g(\Omega)}{k} = \frac{k}{k} = 1$

b) Es gilt in jedem Falle $0 \le g(A) \le k$. Hieraus folgt: $\frac{0}{k} \le \frac{g(A)}{k} \le \frac{k}{k} \Rightarrow 0 \le P(A) \le 1.$

c) Sei $u(A)$ die Anzahl der für A ungünstigen Ergebnisse.

Dann gilt $g(A) + u(A) = k$. Wegen $u(A) = g(\bar{A})$ und $k > 0$ folgt hieraus:

$\frac{g(A)}{k} + \frac{g(\bar{A})}{k} = \frac{k}{k} \Rightarrow P(A) + P(\bar{A}) = 1 \Rightarrow P(\bar{A}) = 1 - P(A).$

d) $P(A) = \frac{g(A)}{k} = \frac{m}{k} = \underbrace{\frac{1}{k} + \frac{1}{k} + \ldots + \frac{1}{k}}_{m \text{ Summanden}} = \frac{g(a_1)}{k} + \ldots + \frac{g(a_m)}{k} = P(a_1) + \ldots + P(a_m)$

e) Bei unvereinbaren Ereignissen A und B ($A \cap B = \emptyset$) gilt offensichtlich:

$g(A \cup B) = g(A) + g(B)$.

Für nicht unvereinbare Ereignisse A und B ($A \cap B \neq \emptyset$) gilt diese Formel nicht, denn auf der rechten Seite werden alle Ergebnisse, die für A und für B günstig sind, doppelt gezählt. Die Formel ist deshalb folgendermaßen zu korrigieren:

$g(A \cup B) = g(A) + g(B) - g(A \cap B)$.

Diese geänderte Formel gilt sowohl für nicht unvereinbare als auch für unvereinbare Ereignisse, denn bei letzteren ist $g(A \cap B) = g(\emptyset) = 0$. Hieraus folgt:

$$\frac{g(A \cup B)}{k} = \frac{g(A)}{k} + \frac{g(B)}{k} - \frac{g(A \cap B)}{k} \Rightarrow P(A \cup B) = P(A) + P(B) - P(A \cap B).$$

17. Das Ereignis A sei aus m gleichwahrscheinlichen Ergebnissen $a_1, a_2, \ldots, a_m$ zusammengesetzt ($m \in \mathbb{N}$; $m \geq 1$). Die Ergebnismenge Ω bestehe aus k gleichwahrscheinlichen Ergebnissen $a_1, a_2, \ldots, a_m, a_{m+1}, \ldots, a_k$ ($k \in \mathbb{N}$; $k \geq m$).

Nach Eigenschaft 1 ist $P(\Omega) = P(\{a_1, a_2, \ldots, a_k\}) = 1$.

Nach Eigenschaft 4 ist $P(\Omega) = P(\{a_1, a_2, \ldots, a_k\}) = P(a_1) + P(a_2) + \ldots + P(a_k)$.

Es gilt also $P(a_1) + P(a_2) + \ldots + P(a_k) = 1$.

Da es sich um ein Laplace-Experiment handelt, gilt $P(a_1) = P(a_2) = \ldots = P(a_k)$.

Hieraus folgt $P(a_1) = P(a_2) = \ldots = P(a_k) = \frac{1}{k}$. Nach Eigenschaft 4 folgt hieraus:

$P(A) = P(\{a_1, a_2, \ldots, a_m\}) = P(a_1) + P(a_2) + \ldots + P(a_m)$

$$P(A) = m \cdot \frac{1}{k} = \frac{m}{k} = \frac{\text{Anzahl der Elemente von } A}{\text{Anzahl der Elemente von } \Omega}$$

Es fehlt noch der Fall $A = \emptyset$. In diesem Falle gilt nach Eigenschaft 6:

$$P(A) = P(\emptyset) = 0 = \frac{0}{k} = \frac{\text{Anzahl der Elemente von } A}{\text{Anzahl der Elemente von } \Omega}$$

18. Die Wahrscheinlichkeit, dass eine Person in den Monaten März bis Mai Geburtstag hat, beträgt, wenn man alle Tage eines Jahres als für Geburten gleichwahrscheinlich ansieht, $\frac{92}{365{,}25} \approx 0{,}251\,882$. Die Wahrscheinlichkeit des Gegenereignisses beträgt 0,748 118.

Die Wahrscheinlichkeit, dass von n Personen keine in den Monaten März bis Mai geboren ist, beträgt somit $0{,}748\,118^n$. Zu lösen ist also die Ungleichung $0{,}748\,118^n < 0{,}1$. Die Exponentialfunktion $f(x) = 0{,}748\,118^x$ ist streng monoton fallend, deshalb folgt hieraus

$$n > \log_{0{,}748118} 0{,}1 = \frac{\lg 0{,}1}{\lg 0{,}748\,118} \approx 7{,}93 \Rightarrow n \geq 8.$$

Lösung: Die Gruppe sollte aus mindestens 8 Personen bestehen.

Um einzuschätzen, ob dieses Ergebnis realistisch ist, müsste man anhand von Geburtenstatistiken überprüfen, wie groß die relative Häufigkeit für Geburten in den Monaten März bis Mai z. B. in Deutschland wirklich ist, und das Ergebnis ggf. korrigieren.

AUFGABE (Randspalte S. 92, oben):

Beispiele für unvereinbare Ereignisse:

- beim Werfen einer Münze: $A = \{\text{Zahl}\}$, $B = \{\text{Wappen}\}$;
- beim Würfeln mit einem Würfel: $A = \{2; 3; 5\}$, $B = \{1; 6\}$.

In Aufgabe 13 e) gilt im Falle unvereinbarer Ereignisse A und B:

$P(A \cap B) = P(\emptyset) = 0 \Rightarrow P(A \cup B) = P(A) + P(B)$.

AUFGABEN (Randspalte S. 92, Mitte):

(1) *Beweis, dass aus Eigenschaft 5 die Eigenschaft 3 folgt:*

Aus Eigenschaft 5 folgt: $P(A \cup \overline{A}) = P(A) + P(\overline{A}) - P(A \cap \overline{A})$

$\Rightarrow P(\Omega) = P(A) + P(\overline{A}) - P(\emptyset) \Rightarrow 1 = P(A) + P(\overline{A}) - 0 \Rightarrow P(\overline{A}) = 1 - P(A)$

(2) *Beweis, dass für endliche Ergebnismengen aus Eigenschaft 4 die Eigenschaft 5 folgt:*

Seien A und B endliche Ergebnismengen mit

$A = \{a_1, a_2, \ldots, a_m, c_1, c_2, \ldots, c_s\}$ und $B = \{b_1, b_2, \ldots, b_r, c_1, c_2, \ldots, c_s\}$, d. h.

$a_1, a_2, \ldots, a_m$ seien die Ergebnisse, die zu A, aber nicht zu B gehören;

$b_1, b_2, \ldots, b_r$ seien die Ergebnisse, die zu B, aber nicht zu A gehören;

$c_1, c_2, \ldots, c_s$ seien die Ergebnisse, die zu A und B gehören.

Hierbei soll $m \geq 0$, $r \geq 0$ und $s \geq 0$ gelten; bei $m = 0$, $r = 0$ oder $s = 0$ sind in den folgenden Umformungen die entsprechenden Elemente bzw. Summanden wegzulassen.

$$\begin{aligned}
P(A \cup B) &= P(\{a_1, a_2, \ldots, a_m, b_1, b_2, \ldots, b_r, c_1, c_2, \ldots, c_s\}) \\
&= P(a_1) + P(a_2) + \ldots + P(a_m) + P(b_1) + P(b_2) + \ldots + P(b_r) \\
&\quad + P(c_1) + P(c_2) + \ldots + P(c_s) \\
&= P(a_1) + P(a_2) + \ldots + P(a_m) + P(c_1) + P(c_2) + \ldots + P(c_s) \\
&\quad + P(b_1) + P(b_2) + \ldots + P(b_r) + P(c_1) + P(c_2) + \ldots + P(c_s) \\
&\quad - (P(c_1) + P(c_2) + \ldots + P(c_s)) \\
P(A \cup B) &= P(A) + P(B) - P(A \cap B)
\end{aligned}$$

(3) *Beweis, dass für endliche Ergebnismengen aus Eigenschaft 5 die Eigenschaft 4 folgt:*

Sei $A = \{a_1, a_2, \ldots, a_m\}$ mit $m \geq 2$ (für $m = 1$ ist die zu beweisende Aussage trivial).

$$\begin{aligned}
P(\{a_1, a_2, \ldots, a_m\}) &= P(\{a_1\} \cup \{a_2, \ldots, a_m\}) \\
&= P(\{a_1\}) + P(\{a_2, \ldots, a_m\}) - P(\{a_1\} \cap \{a_2, \ldots, a_m\}) \\
&= P(a_1) + P(\{a_2, \ldots, a_m\}) - P(\emptyset) = P(a_1) + P(\{a_2, \ldots, a_m\}) - 0 \\
P(\{a_1, a_2, \ldots, a_m\}) &= P(a_1) + P(\{a_2, \ldots, a_m\}) \quad (*)
\end{aligned}$$

Im Fall $m = 2$ ist $P(\{a_2, \ldots, a_m\}) = P(a_2)$, der Beweis ist also erledigt.

Im Fall $m > 2$ kann man die Formel (*) nun nacheinander auf

$P(\{a_2, \ldots, a_m\}), P(\{a_3, \ldots, a_m\}), \ldots, P(\{a_{m-2}, \ldots, a_m\}), P(\{a_{m-1}, a_m\})$ anwenden:

$$\begin{aligned}
P(\{a_1, a_2, \dots, a_m\}) &= P(a_1) + P(\{a_2, \dots, a_m\}) \\
&= P(a_1) + P(a_2) + P(\{a_3, \dots, a_m\}) \\
&= P(a_1) + P(a_2) + P(a_3) + P(\{a_4, \dots, a_m\}) \\
&\vdots \\
&= P(a_1) + P(a_2) + P(a_3) + \dots + P(a_{m-3}) + P(\{a_{m-2}, \dots, a_m\}) \\
&= P(a_1) + P(a_2) + P(a_3) + \dots + P(a_{m-2}) + P(\{a_{m-1}, a_m\}) \\
&= P(a_1) + P(a_2) + P(a_3) + \dots + P(a_{m-2}) + P(a_{m-1}) + P(\{a_m\}) \\
P(\{a_1, a_2, \dots, a_m\}) &= P(a_1) + P(a_2) + \dots + P(a_m)
\end{aligned}$$

Baumdiagramme und systematisches Zählen

Lösungen der Aufgaben auf den Seiten 93 bis 95

1. a) Ja, bei einer Münze guter Qualität sind alle Pfade gleichwahrscheinlich.

   b) $P(A) = \frac{3}{8} = 0{,}375$

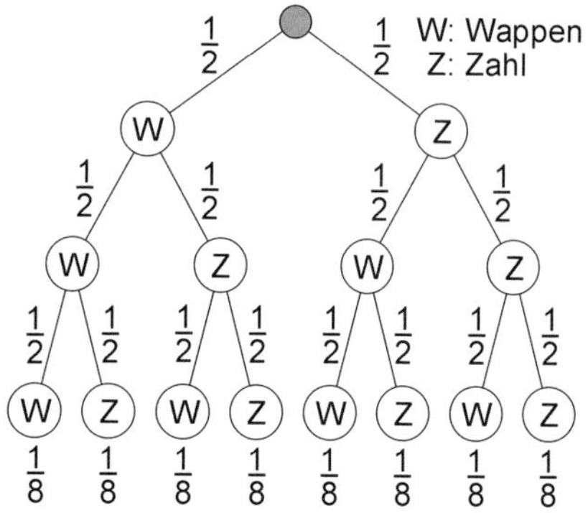

2. Verwendete Ereignisbezeichnungen:
   A_1: Paul und Paula bekommen genau einen Jungen und genau ein Mädchen.
   A_2: Paul und Paula bekommen mindestens einen Jungen und mindestens ein Mädchen.
   $P(A_1) = 0{,}51 \cdot 0{,}49 + 0{,}49 \cdot 0{,}51 = 0{,}4998$
   $P(A_2) = 0{,}4998 + 0{,}49^2 \cdot 0{,}51 + 0{,}51^2 \cdot 0{,}49$
   $P(A_2) = 0{,}7497$
   $P(B) = 0{,}51^2 + 0{,}49^2 = 0{,}5002$
   $P(\overline{A_1}) = P(B) = 0{,}5002$
   $P(\overline{A_2}) = 0{,}51^3 + 0{,}49^3 = 0{,}2503$
   $P(\overline{B}) = P(A_1) = 0{,}4998$

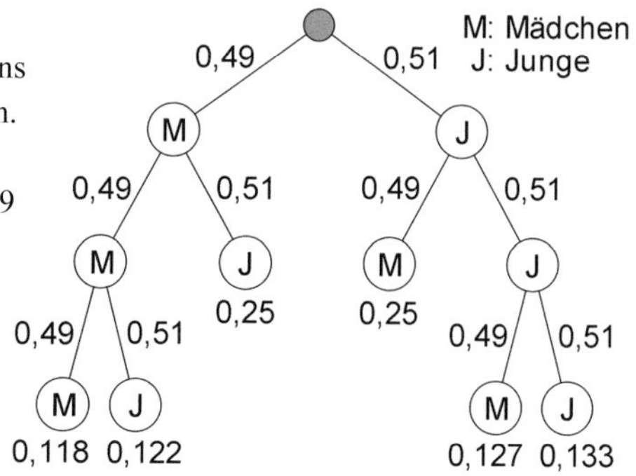

3. Verwendete Ereignisbezeichnungen:
   P: „Ausfall“ in Physik;
   G: „Ausfall“ in Geographie.
   Lösungen:
   $P(A) = 0{,}08 + 0{,}18 = 0{,}26$
   $P(B) = 0{,}72$

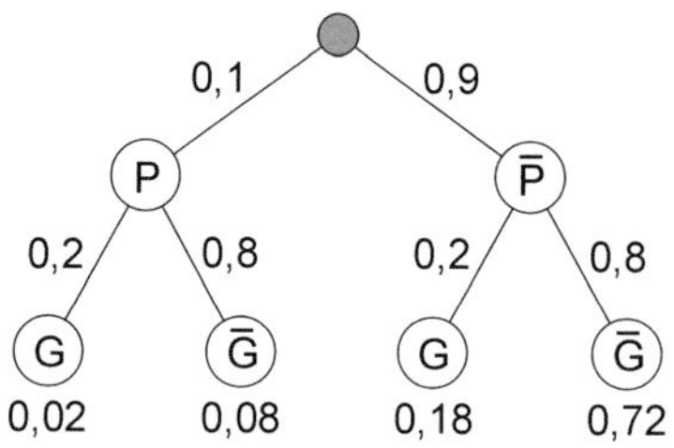

4. a) $5! = 120$ b) 21 c) $7 \cdot 6 \cdot 5 \cdot 4 \cdot 3 = 2520$
   d) Für jede der 21 Möglichkeiten, aus 7 Läufern 5 auszuwählen, gibt es 120 Möglichkeiten, diese anschließend auf 5 Bahnen zu verteilen.
   Insgesamt gibt es also $21 \cdot 120 = 2520$ Möglichkeiten, aus 7 Läufern 5 auszuwählen und auf 5 Bahnen zu verteilen.
5. a) Es gibt $3! = 6$ Möglichkeiten.
   b) Möglich sind die Wörter ORT, ROT und TOR. Die Wahrscheinlichkeit, dass eines dieser drei Wörter auftritt, beträgt 0,5.
6. Es gibt $5! = 120$ Möglichkeiten.
7. Für jeden der fünf Buchstaben gibt es 65 Auswahlmöglichkeiten. Insgesamt gibt es also $65^5 = 1\,160\,290\,625$ mögliche Passwörter.
8. Es gibt $\binom{49}{6} = 13\,983\,816$ mögliche Ziehungsergebnisse. Die Wahrscheinlichkeit für einen „Sechser“ beträgt deshalb $\frac{1}{\binom{49}{6}} = \frac{1}{13\,983\,816} \approx 7{,}15 \cdot 10^{-8}$.
9. Es gibt $\binom{9}{2} = 36$ solche Geraden.
10. a) 2 Punkte: $\binom{6}{2} = 15$ Zeichen; 3 Punkte: $\binom{6}{3} = 20$ Zeichen
    b) Insgesamt können $2^6 = 64$ Zeichen verschlüsselt werden.
11. $P(0)$: Wahrscheinlichkeit, dass kein defektes Erzeugnis in der Stichprobe ist
    $P(1)$: Wahrscheinlichkeit, dass genau ein defektes Erzeugnis in der Stichprobe ist
    $P(0) = \frac{\binom{90}{10}}{\binom{100}{10}} \approx 0{,}3305$; $P(1) = \frac{\binom{10}{1} \cdot \binom{90}{9}}{\binom{100}{10}} \approx 0{,}4080$

13. a) Anzahl der möglichen Kartenverteilungen:

$\binom{32}{2}\cdot\binom{30}{10}\cdot\binom{20}{10} = 2\,753\,294\,580\,537\,280 \approx 2{,}753 \cdot 10^{15}$

b) Wahrscheinlichkeit dafür, dass der ausspielende Spieler beim Verteilen der Karten alle vier Buben erhält:

$P(4\text{ Buben}) = \binom{28}{6} : \binom{32}{10} = \frac{7\cdot 8\cdot 9\cdot 10}{32\cdot 31\cdot 30\cdot 29} \approx 0{,}005\,84$

14. a) $\binom{20}{10} = 184\,756$ b) $\binom{20}{3} = \binom{20}{7} = 1140$; 7-mal Wappen bedeutet 3-mal Zahl.

c)

Wappenzahl	0	20	1	19	2	18	3
Ergebnisse	1	1	20	20	190	190	1140

Wappenzahl	17	4	16	5	15	6	14
Ergebnisse	1140	4845	4845	15 504	15 504	38 760	38 760

Wappenzahl	7	13	8	12	9	11	10
Ergebnisse	77 520	77 520	125 970	125 970	167 960	167 960	184 756

Die Mathematik des Zufalls

Lösungen der Aufgaben auf den Seiten 94 bis 95

1. Diese Frage lässt sich nicht eindeutig beantworten.
2. Der Gesamtsieger ist spätestens nach 3 Spielen ermittelt. Anne wird mit der Wahrscheinlichkeit $\frac{7}{8}$ Gesamtsieger, Bjarne mit der Wahrscheinlichkeit $\frac{1}{8}$.
3.

Teilungsverhältnis	5 : 3	6 : 1	2 : 1	7 : 1
Auszahlung für Anne (€)	3,75	5,14	4,00	5,25
Auszahlung für Bjarne (€)	2,25	0,86	2,00	0,75

4. $(a+b)^0 = 1$
$(a+b)^1 = a + b$
$(a+b)^2 = a^2 + 2ab + b^2$
$(a+b)^3 = a^3 + 3a^2b + 3ab^2 + b^3$
$(a+b)^4 = a^4 + 4a^3b + 6a^2b^2 + 4ab^3 + b^4$

1
1 1
1 2 1
1 3 3 1
1 4 6 4 1
1 5 10 10 5 1
1 6 15 20 15 6 1

Beim Teilungsproblem werden Serien von Spielen für zwei Personen betrachtet, bei denen jeder der beiden Spieler die Gewinnchance 0,5 hat. Ein solches Spiel kann durch einen Münzwurf simuliert werden, eine Serie von n Spielen also durch n-fachen Münzwurf. Das hier betrachtete konkrete Beispiel kann durch einen dreifachen Münzwurf simuliert werden. Bedeutet Wappen „Punkt für Anne“ und Zahl „Punkt für Bjarne“, dann wird Bjarne Gesamtsieger, wenn dreimal Zahl fällt, und Anne gewinnt in allen anderen Fällen, d. h. wenn mindestens einmal Wappen fällt.

Für „0-mal Zahl“ gibt es $\binom{3}{0} = 1$ mögliches Ergebnis (WWW).

Für „1-mal Zahl“ gibt es $\binom{3}{1} = 3$ mögliche Ergebnisse (WWZ, WZW, ZWW).

Für „2-mal Zahl“ gibt es $\binom{3}{2} = 3$ Ergebnisse (WZZ, ZWZ, ZZW).

Für „3-mal Zahl“ gibt es $\binom{3}{3} = 1$ Ergebnis (ZZZ).

Die Chancen auf den Gesamtsieg für Anne und Bjarne verhalten sich also wie

$\left[\binom{3}{0}+\binom{3}{1}+\binom{3}{2}\right] : \binom{3}{3} = (1+3+3) : 1 = 7 : 1.$

5. Wenn zum Gesamtsieg n Punkte benötigt werden, ist der Gesamtsieger nach spätestens $2n-1$ Spielen ermittelt. Innerhalb von $2n-1$ Spielen kann aber maximal einer der beiden Spieler n Punkte erreichen; für den Spielstand $n : n$ benötigt man $2n$ Spiele. Folglich hat es keinen Einfluss auf den Gesamtsieg, ob die $2n-1$ Spiele, nachdem ein Spieler n Punkte erreicht hat, noch zu Ende gespielt werden oder nicht.

Mehrstufige Zufallsexperimente – Anwendungen und Beispiele

Lösungen der Aufgaben auf den Seiten 98 bis 101

1. Verwendete Bezeichnungen für Ereignisse:

J_1: Die erste ausgewählte Person ist ein Junge.
J_2: Die zweite ausgewählte Person ist ein Junge.
M_1: Die erste ausgewählte Person ist ein Mädchen.
M_2: Die zweite ausgewählte Person ist ein Mädchen.

Wahrscheinlichkeit, dass zwei Mädchen ausgewählt werden:

$P(M_1 \cap M_2) = \frac{12}{30} \cdot \frac{11}{29} = \frac{2 \cdot 11}{5 \cdot 29} = \frac{22}{145} \approx 0{,}1517$

Wahrscheinlichkeit, dass ein Mädchen und ein Junge ausgewählt werden:

$P(M_1 \cap J_2) + P(J_1 \cap M_2) = \frac{12}{30} \cdot \frac{18}{29} + \frac{18}{30} \cdot \frac{12}{29} = \frac{2 \cdot 2 \cdot 18}{5 \cdot 29} = \frac{72}{145} \approx 0{,}4966$

Wahrscheinlichkeit, dass die zweite ausgewählte Person ein Junge ist:

$P(J_2) = P(J_1 \cap J_2) + P(M_1 \cap J_2) = \frac{18}{30} \cdot \frac{17}{29} + \frac{12}{30} \cdot \frac{18}{29} = \frac{18 \cdot 29}{30 \cdot 29} = \frac{3}{5} = 0{,}6$

Wahrscheinlichkeit, dass die erste ausgewählte Person ein Junge ist:

$P(J_1) = \frac{18}{30} = \frac{3}{5} = 0{,}6$

2. Verwendete Ereignisbezeichnungen:
   E_1, E_2, E_3: Erfolg im 1., 2., 3. Versuch; F_1, F_2, F_3: Fehler im 1., 2., 3. Versuch
   Wahrscheinlichkeit, dass Jenny die 3,85 m schafft:
   $P(E_1 \cup E_2 \cup E_3) = P(E_1) + P(F_1 \cap E_2) + P(F_1 \cap F_2 \cap E_3)$
   $= 0{,}7 + 0{,}3 \cdot 0{,}5 + 0{,}3 \cdot 0{,}5 \cdot 0{,}4$
   $= 0{,}7 + 0{,}15 + 0{,}06 = 0{,}91$
3. Die Wahrscheinlichkeit, dass beide Personen Rh-positiv sind, beträgt $0{,}85^2 = 0{,}7225$.
   Die Wahrscheinlichkeit, dass genau eine Person den Rhesusfaktor nicht hat, beträgt $2 \cdot 0{,}85 \cdot 0{,}15 = 0{,}255$.
   Die Wahrscheinlichkeit, dass mindestens eine Person den Rhesusfaktor nicht hat, beträgt $2 \cdot 0{,}85 \cdot 0{,}15 + 0{,}15^2 = 0{,}255 + 0{,}0225 = 0{,}2775$.
4. Ereignisbezeichnungen:
   2: Es wird eine 2 gewürfelt.
   61: Es wird eine 6 und danach eine 1 gewürfelt.
   6664: Es werden drei Sechsen und danach eine 4 gewürfelt.
   $62 \cup 64$: Es wird eine 6 und danach eine 2 oder 4 gewürfelt.
   a) Die gesuchte Wahrscheinlichkeit beträgt:
   $P(1) + P(61) + P(661) + P(6661) + P(666\,61) + P(666\,661) + \ldots$
   $= \frac{1}{6} + \left(\frac{1}{6}\right)^2 + \left(\frac{1}{6}\right)^3 + \left(\frac{1}{6}\right)^4 + \left(\frac{1}{6}\right)^5 + \left(\frac{1}{6}\right)^6 + \ldots$
   $\approx 0{,}166\,667 + 0{,}027\,778 + 0{,}004\,630 + 0{,}000\,772 + 0{,}000\,129 + 0{,}000\,021 \approx 0{,}2000$
   Beim Rechnen auf vier Dezimalstellen Genauigkeit können die Fälle, in denen mehr als fünf Sechsen nacheinander gewürfelt werden, vernachlässigt werden, denn es ist $P(666\,666) \approx 0{,}000\,021$ und $P(666\,666\,1) \approx 0{,}000\,004$.

   b) Der blaue Stein kann mit einer 2 oder 4 hinausgeworfen werden. Wird eine 6 gewürfelt, muss der wartende rote Stein eingesetzt werden. Danach kann der blaue Stein mit einer 2, 4 oder 5 hinausgeworfen werden. Werden nun noch weitere Sechsen gewürfelt, muss mindestens einer der drei roten Steine den blauen überspringen und in Richtung Ziel weiterziehen. Es sei angenommen, dass hierfür der zuletzt eingesetzte rote Stein verwendet wird, solange dies möglich ist. Dieser Stein kann bis zu siebenmal 6 Felder vorrücken; Fälle mit noch mehr gewürfelten Sechsen können vernachlässigt werden (vgl. a)). Die Chancen, den blauen Stein hinauszuwerfen, erhöhen sich nicht, wenn statt dieses roten Steines ein anderer genommen wird oder gar mehrere rote Steine den blauen überspringen.
   Die Wahrscheinlichkeit, dass der blaue Stein hinausgeworfen kann, beträgt also:
   $P(2 \cup 4) + P(62 \cup 64 \cup 65) + P(662 \cup 664) + P(6662 \cup 6664)$
   $+ P(666\,62 \cup 666\,64) + P(666\,662 \cup 666\,664) + \ldots$
   $= \frac{1}{3} + \frac{1}{6} \cdot \frac{1}{2} + \left(\frac{1}{6}\right)^2 \cdot \frac{1}{3} + \left(\frac{1}{6}\right)^3 \cdot \frac{1}{3} + \left(\frac{1}{6}\right)^4 \cdot \frac{1}{3} + \left(\frac{1}{6}\right)^5 \cdot \frac{1}{3} + \ldots$
   $\approx 0{,}333\,333 + 0{,}083\,333 + 0{,}009\,259 + 0{,}001\,543 + 0{,}000\,257 + 0{,}000\,043 \approx 0{,}4278$
5. Nach der ersten Ziehung befinden sich im zweiten Gefäß entweder 4 rote und 8 blaue Kugeln oder 3 rote und 9 blaue. In beiden Fällen sind es mehr blaue als rote Kugeln, es lohnt sich also, auf die Farbe Blau zu wetten.
6. Verwendete Ereignisbezeichnungen: *ee*: eineiige Zwillinge; *ze*: zweieiige Zwillinge; *J*: zwei Jungen; *M*: zwei Mädchen; *V*: die Zwillinge sind verschiedenen Geschlechts.
   Wahrscheinlichkeit, dass Zwillinge dasselbe Geschlecht haben:
   $P(A) = P(\overline{V}) = 1 - P(ze \cap V) = 1 - 0{,}62 \cdot 0{,}5 = 0{,}69$
   Wahrscheinlichkeit, dass gewöhnliche Geschwisterpaare dasselbe Geschlecht haben:
   $0{,}51^2 + 0{,}49^2 = 0{,}2601 + 0{,}2401 = 0{,}5002$
7. $P(0\text{ Richtige}) = \frac{17}{20} \cdot \frac{16}{19} \cdot \frac{15}{18} = \frac{17 \cdot 16}{4 \cdot 19 \cdot 6} = \frac{17 \cdot 2}{19 \cdot 3} = \frac{34}{57} \approx 0{,}596\,49$
   $P(1\text{ Richtige}) = \frac{17}{20} \cdot \frac{16}{19} \cdot \frac{3}{18} + \frac{17}{20} \cdot \frac{3}{19} \cdot \frac{16}{18} + \frac{3}{20} \cdot \frac{17}{19} \cdot \frac{16}{18} = \frac{3 \cdot 17 \cdot 16 \cdot 3}{20 \cdot 19 \cdot 18} = \frac{17 \cdot 2}{5 \cdot 19} = \frac{34}{95}$
   $P(1\text{ Richtige}) \approx 0{,}357\,89$
   $P(2\text{ Richtige}) = \frac{17}{20} \cdot \frac{3}{19} \cdot \frac{2}{18} + \frac{3}{20} \cdot \frac{17}{19} \cdot \frac{2}{18} + \frac{3}{20} \cdot \frac{2}{19} \cdot \frac{17}{18} = \frac{3 \cdot 17 \cdot 3 \cdot 2}{20 \cdot 19 \cdot 18} = \frac{17}{20 \cdot 19} = \frac{17}{380}$
   $P(2\text{ Richtige}) \approx 0{,}044\,74$
   $P(3\text{ Richtige}) = \frac{3}{20} \cdot \frac{2}{19} \cdot \frac{1}{18} = \frac{1}{20 \cdot 19 \cdot 3} = \frac{1}{1140} \approx 0{,}000\,88$

8. Verwendete Ereignisbezeichnungen: E: Erzeugnis ist einwandfrei;
F: Erzeugnis ist fehlerhaft; A: Erzeugnis wird ausgesondert.
Wahrscheinlichkeit, dass ein Erzeugnis ausgesondert wird:
$P(A) = P(F \cap A) + P(E \cap A) = 0{,}05 \cdot 0{,}98 + 0{,}95 \cdot 0{,}003 = 0{,}049 + 0{,}002\,85 = 0{,}051\,85$
Anteil der irrtümlich ausgesonderten Erzeugnisse an den ausgesonderten Erzeugnissen:
$\frac{P(E \cap A)}{P(A)} = \frac{0{,}002\,85}{0{,}051\,85} = \frac{57}{1037} \approx 5{,}497\,\%$
Anteil der irrtümlich ausgesonderten Erzeugnisse an der Gesamtproduktion:
$P(E \cap A) = 0{,}002\,85 \approx 0{,}285\,\%$

9. Verwendete Ereignisbezeichnungen: A: Alarm wird ausgelöst; B: es brennt.
Wahrscheinlichkeit für einen Alarm:
$P(A) = P(B \cap A) + P(\overline{B} \cap A) = 0{,}0005 \cdot 0{,}99 + 0{,}9995 \cdot 0{,}001 = 0{,}000\,495 + 0{,}000\,999\,5$
$P(A) \approx 0{,}001\,49$

10. a) Die auszuwählende Urne kann z. B. durch Werfen einer Münze bestimmt werden.
b) $0{,}5 \cdot 0{,}5 + 0{,}5 \cdot 0{,}5 = 0{,}5$
c) z. B.: 1. Urne – 5 weiße Kugeln; 2. Urne – 5 weiße und 10 schwarze Kugeln.
Gewinnwahrscheinlichkeit: $\frac{1}{2} \cdot 1 + \frac{1}{2} \cdot \frac{1}{3} = \frac{1}{2} + \frac{1}{6} = \frac{2}{3} \approx 0{,}6667$
d) 1. Urne – 1 weiße Kugel; 2. Urne – 9 weiße und 10 schwarze Kugeln.
Gewinnwahrscheinlichkeit: $\frac{1}{2} \cdot 1 + \frac{1}{2} \cdot \frac{9}{19} = \frac{1}{2} + \frac{9}{38} = \frac{28}{38} \approx 0{,}7368$

11. Verwendete Ereignisbezeichnungen:
A_1: Würfeln einer 1 mit dem Würfel A; B_2: Würfeln einer 2 mit dem Würfel B; …
a) Gewinnchance bei der angegebenen Strategie:
$$\frac{1}{3}\left[P(A_1) \cdot 1 + P(A_4) \cdot P(C_6)\right] + \frac{1}{3}\left[P(B_2) \cdot P(A_4)\right] + \frac{1}{3}\left[P(C_3) \cdot P(B_5)\right]$$
$$= \frac{1}{3}\left[\frac{1}{6} \cdot 1 + \frac{5}{6} \cdot \frac{1}{6}\right] + \frac{1}{3}\left[\frac{1}{2} \cdot \frac{5}{6}\right] + \frac{1}{3}\left[\frac{5}{6} \cdot \frac{1}{2}\right] = \frac{1}{3} \cdot \frac{11+15+15}{36} = \frac{41}{108} \approx 0{,}3796$$
b) Es kann z. B. folgende Strategie gewählt werden:

Wahl des Gegenspielers	A	B	C
eigene Wahl	B	C	A

Die Gewinnchance hierbei beträgt:
$$\frac{1}{3}\left[P(A_1) \cdot 1 + P(A_4) \cdot P(B_5)\right] + \frac{1}{3}\left[P(B_2) \cdot 1 + P(B_5) \cdot P(C_6)\right] + \frac{1}{3}\left[P(C_3) \cdot P(A_4)\right]$$
$$= \frac{1}{3}\left[\frac{1}{6} \cdot 1 + \frac{5}{6} \cdot \frac{1}{2}\right] + \frac{1}{3}\left[\frac{1}{2} \cdot 1 + \frac{1}{2} \cdot \frac{1}{6}\right] + \frac{1}{3}\left[\frac{5}{6} \cdot \frac{5}{6}\right] = \frac{1}{3} \cdot \frac{21+21+25}{36} = \frac{67}{108} \approx 0{,}6204$$

Diese Strategie ist die günstigste. Es gibt aber noch 6 weitere Strategien, die ebenfalls Lösungen der Aufgabe sind:

Wahl des Gegenspielers	A	B	C	Gewinnchance
eigene Wahl	B	A	A	$\frac{21+15+25}{108} = \frac{61}{108} \approx 0{,}5648$
eigene Wahl	B	C	B	$\frac{21+21+15}{108} = \frac{57}{108} \approx 0{,}5278$
eigene Wahl	C	C	A	$\frac{11+21+25}{108} = \frac{57}{108} \approx 0{,}5278$
eigene Wahl	B	A	B	$\frac{21+15+15}{108} = \frac{51}{108} \approx 0{,}4722$
eigene Wahl	C	A	A	$\frac{11+15+25}{108} = \frac{51}{108} \approx 0{,}4722$
eigene Wahl	C	C	B	$\frac{11+21+15}{108} = \frac{47}{108} \approx 0{,}4352$

12. Verwendete Ereignisbezeichnungen:
A_1, A_2, A_3: Mannschaft A gewinnt das 1., 2., 3. Spiel.
B_1, B_2, B_3: Mannschaft B gewinnt das 1., 2., 3. Spiel.
Gewinnwahrscheinlichkeit, wenn gegen Mannschaft A zuerst gespielt wird:
$$P(\overline{A_1}) \cdot P(B_2) + P(A_1) \cdot P(\overline{B_2}) \cdot P(\overline{A_3}) = \frac{3}{5} \cdot \frac{1}{2} + \frac{2}{5} \cdot \frac{1}{2} \cdot \frac{3}{5} = \frac{3}{10} + \frac{6}{50} = \frac{21}{50} = 0{,}42$$
Gewinnwahrscheinlichkeit, wenn gegen Mannschaft B zuerst gespielt wird:
$$P(\overline{B_1}) \cdot P(\overline{A_2}) + P(B_1) \cdot P(\overline{A_2}) \cdot P(\overline{B_3}) = \frac{1}{2} \cdot \frac{3}{5} + \frac{1}{2} \cdot \frac{3}{5} \cdot \frac{1}{2} = \frac{3}{10} + \frac{3}{20} = \frac{9}{20} = 0{,}45$$
Es ist also besser, Mannschaft B als ersten Gegner zu wählen.

13. a) Kugeln treffen bei ihrem Weg von oben nach unten auf Nagelreihen, bei denen die Wahrscheinlichkeit dafür, nach rechts oder links abgelenkt zu werden, jeweils gleich ist (beim normalen Galton-Brett). Die Kugeln landen je nach zurückgelegtem Weg in einem der Fächer im unteren Bereich des Galton-Bretts.
Da beim Auftreffen auf jeden Nagel die Wahrscheinlichkeit für rechts (und auch für links) gleich 50 % ist, handelt es sich um ein mehrstufiges Zufallsexperiment, bei der die Anzahl der Nacheinanderausführungen des Zufallsversuchs „Ablenkung durch einen Nagel" gleich der Anzahl der Nagelreihen ist.
Die zwei möglichen Versuchsausgänge auf jeder Stufe sind „Ablenkung der Kugel nach rechts" und „Ablenkung nach links".

b) Beim schiefen Galton-Brett ist die Wahrscheinlichkeit für Ablenkung nach links und rechts nicht mehr gleich, sondern in der Neigungsrichtung des Brettes aus physikalischen Gründen größer. Allerdings sind die Wahrscheinlichkeiten für rechts bzw. links bei jedem Nagel dieselben.

c) Die Wahrscheinlichkeit ist gleich $(0{,}5)^n$, wobei n die Anzahl der Nagelreihen ist. In der Abbildung gibt es 8 Nagelreihen, also ist die Wahrscheinlichkeit gleich 0,39 %.

d) Die Wahrscheinlichkeit ist gleich $(1 - 0{,}7)^n$, wobei n die Anzahl der Nagelreihen ist. Wahrscheinlichkeit für das Galton-Brett der Abbildung: 0,0066 %.

14. Sei X die Anzahl der durch Raten richtig beantworteten Fragen.

a) $P(X = 3) = \binom{4}{3} \cdot \left(\frac{1}{3}\right)^3 \cdot \frac{2}{3} = \frac{8}{81} \approx 0{,}0988$

b) $P(X \leq 3) = 1 - P(X = 4) = 1 - \left(\frac{1}{3}\right)^4 = 1 - \frac{1}{81} = \frac{80}{81} \approx 0{,}9877$

c) $P(X \geq 1) = 1 - P(X = 0) = 1 - \left(\frac{2}{3}\right)^4 = 1 - \frac{16}{81} = \frac{65}{81} \approx 0{,}8025$

15. Sei X die Anzahl der Spender mit der gesuchten Blutgruppe.
Das Gegenereignis zu $X \geq 1$ ist $X = 0$.
$P(X \geq 1) = 1 - P(X = 0) = 1 - 0{,}98^{20} \approx 1 - 0{,}6676 = 0{,}3324$
Die gesuchte Wahrscheinlichkeit beträgt 0,3324.

Simulation von Zufallsversuchen

Lösungen der Aufgaben auf den Seiten 102 bis 105

1. a) Spiel 1: Wahrscheinlichkeit für einmal weiß: 0,9;
Gewinnwahrscheinlichkeit 7-mal weiß: $0{,}9^7 \approx 0{,}478$

Spiel 2: $2^5 = 32$ mögliche Ergebnisse;
günstige Ergebnisse: 5-mal Kopf (1 Möglichkeit),
4-mal Kopf (5 Möglichkeiten), 3-mal Kopf (10 Möglichkeiten);
Wahrscheinlichkeit für „mindestens dreimal Kopf": $\frac{16}{32} = 0{,}5$

Beim Spiel 2 sind die Gewinnchancen größer.

3. a) An einer Stelle der Zufallszifferntabelle beginnen und das „Paket" der nächsten sieben Zufallsziffern auswählen; die Ziffern 1 bis 9 bedeuten z. B. weiße Kugel, die Ziffer 0 schwarze Kugel.

4. a) Diese Wahrscheinlichkeit wird im allgemeinen als sehr gering eingeschätzt.

b) Für das Ereignis A = „Mindestens 2 der 30 Schüler haben am selben Tag Geburtstag" ist die Wahrscheinlichkeit $P(A) = 0{,}706$. Schon bei 25 Personen ist die Wahrscheinlichkeit, dass mindestens zwei am selben Tag Geburtstag haben, größer als 50 %.

5. a) Es ist zu überprüfen, ob alle Ziffern mit etwa gleicher Häufigkeit auftreten.

b) Auftreten der einzelnen Ziffern ($p = 0{,}1$):

Ziffer	0	1	2	3	4	5	6	7	8	9
abs. Häufigkeit	30	17	18	20	15	26	19	26	14	19
rel. Häufigkeit	0,15	0,08	0,09	0,10	0,07	0,15	0,09	0,13	0,07	0,09

Arithmetisches Mittel der Anzahlen der Ziffern: $204 : 10 = 20{,}4$
Für eine deutlichere Annäherung der absoluten Häufigkeiten an das arithmetische Mittel ist der Tabellenausschnitt zu klein.

6. a) Die relative Häufigkeit der Ziffer 0 beträgt bei der ersten Ziffernfolge 0,517; die relative Häufigkeit der Ziffer 1 beträgt 0,483. Bei der zweiten Ziffernfolge betragen die entsprechenden Werte 0,466 und 0,534.

b)

Ziffernblock	00	01	10	11
relative Häufigkeit bei Folge 1	0,448	0,138	0	0,414
relative Häufigkeit bei Folge 2	0,103	0,310	0,241	0,207

c)

Ziffernblock	000	001	010	011	100	101	110	111
relative Häufigkeit bei Folge 1	0,37	0	0	0,21	0	0	0,05	0,26
relative Häufigkeit bei Folge 2	0,11	0,11	0,21	0,21	0,05	0,21	0,05	0,11

d) Bei der Ziffernfolge 1 treten offenbar besondere Gesetzmäßigkeiten auf, die mit einer Zufallsverteilung schwer zu vereinbaren sind.

8. 04937256 64184328 34396264 47151432 12968616 68592008 91696104 92049352
96641576 56340488 32426344 21542472 80052136 40677768 28810984

9. a) Die Wahrscheinlichkeit beträgt 0,779.

b) Die Wahrscheinlichkeiten betragen 0,252 bzw. 0,126.

c) Jedes Tabellenfeld bedeutet ein Brötchen. Für jedes der 150 ermittelten Zufallsziffernpaare kommt in das zugehörige Brötchenfeld ein Strich; z. B. für das Zufallsziffernpaar 43 kommt der Strich in das Brötchenfeld mit der Nummer 43.

10. a) Man wähle z. B. aus der Zufallszifferntabelle 100 Ziffernpaare (2 Kinder) aus. Gerade Ziffer bedeute Mädchen, ungerade Ziffer bedeute Junge. Die Simulation liefert für die Wahrscheinlichkeit (Anzahl der Ziffernpaare mit ungerader und gerader Ziffer dividiert durch die Anzahl der Ziffernpaare mit überhaupt einer ungeraden Ziffer) 0,667.

b) Die ungerade Ziffer muss hier z. B. die erste Ziffer sein. Dazu wird die Anzahl aller Ziffernpaare mit gerader Ziffer an der zweiten Stelle ermittelt. Die durch die Simulation bestimmte Wahrscheinlichkeit beträgt 0,49.

c) Die Simulation verläuft entsprechend wie in a) und in b) mit Zufallszifferntripeln.

11. a) Man wählt 10-ziffrige Zufallszahlen. Jeder Ziffernwert bedeutet, dass die Ente mit dieser Nummer getroffen wurde. (Die zehn Enten sind durchnummeriert von 0 bis 9). Die Simulation zeigt, dass im Durchschnitt vier bis fünf Enten überleben.

b) Man nimmt zehn Spielkarten, denen die Nummern 1 bis 10 zugeordnet werden. Es wird achtmal mit Zurücklegen gezogen.

c) Es überleben im Durchschnitt drei Enten.

12. a) 10 b) 100 c) 10

14. c) Baumdiagramm für die Strategie „Immer wechseln“:

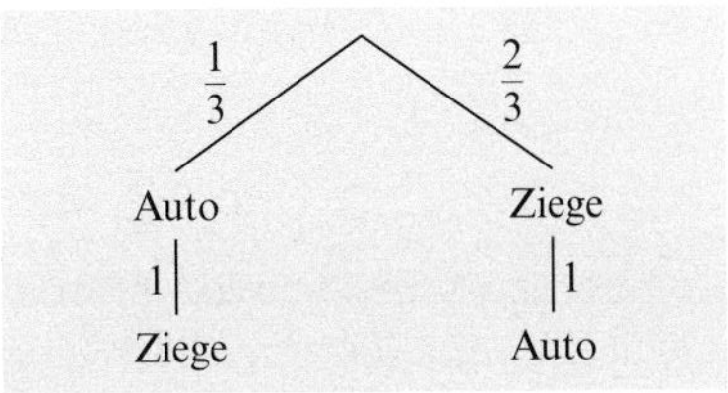

Gewinnwahrscheinlichkeit:

$P(\text{Auto}) = \frac{2}{3}$

Baumdiagramm für die Strategie „Nicht wechseln“:

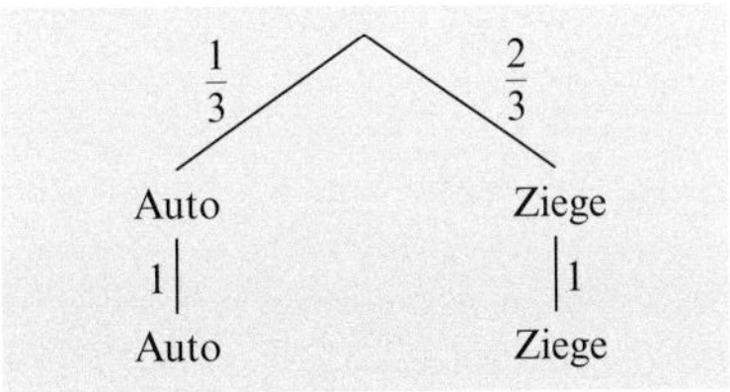

Gewinnwahrscheinlichkeit:

$P(\text{Auto}) = \frac{1}{3}$

Erläuterungen und Anregungen

Simulationen stellen ein mächtiges Instrument dar, auch komplizierte Situationen statistisch untersuchen zu können. In der Monte-Carlo-Methode wird gewissermaßen der Zufall gegen den Zufall eingesetzt. Statt die Tiefen der komplizierten zufälligen Prozesse zu erkunden, weist man dem Zufall die Aufgabe zu, sich mit den Erscheinungen, der er verursacht hat, auch selbst auseinanderzusetzen. Simulationen werden insbesondere eingesetzt, wenn reale Versuche zu teuer, zu langwierig oder zu gefährlich sein würden.

Es bietet sich an, für Simulationen Computerprogramme zu schreiben und mit ihrer Hilfe auch lange Serien von Simulationsvorgängen zu erzeugen.

Teste dich!

Lösungen der Aufgaben auf den Seiten 106 bis 107

1. Die für beide Spieler möglichen „unverrechneten“ Würfelergebnisse sind:
$\Omega = \{(1,1), (1,2), (1,3), (1,4), (1,5), (1,6), (2,1), \ldots, (6,1), (6,2), (6,3), (6,4), (6,5), (6,6)\}$.
Spieler A erzielt ein ganzzahliges Ergebnis mit der Wahrscheinlichkeit $\frac{14}{36}$.
(Dafür günstige Würfelergebnisse sind:
(1,1), (2,1), (2,2), (3,1), (3,3), (4,1), (4,2), (4,4), (5,1), (5,5), (6,1), (6,2), (6,3), (6,6).)
Spieler B erzielt ein ganzzahliges Ergebnis mit der Wahrscheinlichkeit $\frac{8}{36}$.
(Dafür günstige Würfelergebnisse sind: (1,1), (1,4), (2,2), (3,3), (4,1), (4,4), (5,5), (6,6).)
Spieler A hat also die erheblich höheren Gewinnchancen.

2. a) $P(A) = \frac{3}{40}$; $P(B) = \frac{3}{20}$; $P(C) = \frac{1}{40}$; $P(D) = \frac{1}{10}$; $P(E) = \frac{3}{10}$

b) P(„Masse der gezogenen Kugeln beträgt 8 kg) $= \frac{3}{20}$.
Das Ereignis A: „schwarz, rot, gold“ (in beliebiger Reihenfolge) bedingt notwendig die Masse 8 kg und es ist $P(A) = \frac{3}{40}$.
Wenn man also schon weiß, dass die Masse 8 kg beträgt, ist die Wahrscheinlichkeit für das Ereignis „schwarz, rot, gold“ $\frac{3}{40} : \frac{3}{20} = 0{,}5$. Die Frage ist also, ob man eine Wette mit einer Gewinnchance von 0,5 eingehen möchte.

3. Es gibt insgesamt $2 \cdot 3 \cdot 4 = 24$ Anordnungen, davon 6 mit genau zwei „richtigen“ Zahlen. Die Wahrscheinlichkeit für genau zwei „Richtige“ beträgt 0,25.

4. a) Das ist nicht möglich, denn wenn es ein von Ω und $\emptyset$ verschiedenes Ereignis A geben soll, dann muss Ω mindestens zwei Elemente ω_1 und ω_2 enthalten. Dann gibt es aber mindestens zwei weitere Ereignisse, also nicht *genau ein* weiteres Ereignis.

b) Das ist nicht möglich, denn die Summe $P(\omega_1) + P(\omega_2) + P(\omega_3) = \frac{13}{12}$ ist größer als 1.

c) Das ist möglich, denn es gilt $P(\omega_1) + P(\omega_2) + P(\omega_3) = 1$.
Ein Beispiel: Urne mit 3 blauen, 2 roten und einer grünen Kugel; es wird eine Kugel gezogen und als Ergebnis die Farbe der Kugel betrachtet.

d) Das ist nicht möglich, denn die beschriebene Situation bedeutet $A \subset (B \cup C)$. Daraus würde mit den angegebenen Wahrscheinlichkeiten folgen:

$\frac{50}{90} = P(A) \leq P(B \cup C) = P(B) + P(C) - P(B \cap C) \leq P(B) + P(C) = \frac{49}{90}$.

Das ist ein Widerspruch.

5. Sei n die Anzahl der Farben und a_n die dazugehörige Anzahl darstellbarer Lehrkräfte.

   Dann gilt: $a_1 = 1$ und $a_2 = 2 + 1 = 3$. Für $n \geq 3$ ist $a_n = n + \binom{n}{2} + \binom{n}{3}$. Daraus folgt:

   $a_3 = 3 + 3 + 1 = 7$; $a_4 = 4 + 6 + 4 = 14$; $a_5 = 5 + 10 + 10 = 25 < 32$;

   $a_6 = 6 + 15 + 20 = 41 > 32$. Es werden also 6 Farben benötigt.

6. Beispielsweise könnte man die Kaninchen durch zwanzig unterschiedliche Spielkarten symbolisieren. Der Ablauf einer Stunde wird durch die Ziehung einer Karte aus dem gründlich gemischten Stapel simuliert. Wenn eine bestimmte Karte gezogen wurde, bedeutet das, dass das dieser Karte entsprechende Kaninchen die Seite gewechselt hat. Das kann mit einem zweiten, gleichartigen Satz Spielkarten direkt ausgeführt werden: Die Karten werden zu Beginn offen in „Gehege 1“ ausgelegt und von da an je nach Ziehungsergebnis in das jeweils andere „Gehege“ gelegt. Es ist zu erwarten, dass nach Ablauf vieler Stunden (nach vielen Ziehungen) sich in jedem der beiden Gehege etwa gleich viele Kaninchen aufhalten.

7. a) $P(\text{„B fällt aus“}) = 0{,}1 \cdot 0{,}6 + 0{,}9 \cdot 0{,}05 = 0{,}105$

   b) $P(\text{„Gerät fällt nicht aus“}) = 1 - 0{,}1 \cdot 0{,}6 = 0{,}94$

Winkel, Längen und Flächen: Trigonometrische Berechnungen

Zur Geometrie in der Sekundarstufe I gehören als Standardgebiete die Planimetrie, die Stereometrie und die Trigonometrie.

In der Planimetrie werden geometrische (Mess-)Probleme in ebenen Figuren zeichnerisch-konstruktiv, in der Trigonometrie dagegen algebraisch-rechnerisch gelöst. Alle drei Gebiete sind also eng aufeinander bezogen. Darüber hinaus ist die Trigonometrie bei der Bearbeitung von anwendungsorientierten Aufgaben von großem Nutzen.

Als didaktische Konsequenz daraus ist beim Aufbau des Kapitels „Winkel, Längen und Flächen: Trigonometrische Berechnungen“ auf eine möglichst große Beziehungshaltigkeit und Anwendungsorientierung geachtet worden. Viele Einstiegs- und Übungsaufgaben sind dementsprechend ausgewählt worden. Häufig sind Aufgaben bewusst so gestellt, dass die Schülerinnen und Schüler planimetrische und trigonometrische Überlegungen im Wechsel und zur gegenseitigen Vertiefung anstellen sollen. Lösungen, die mit planimetrischen und trigonometrischen Methoden erreicht wurden, sollen (zur gegenseitigen Kontrolle) miteinander verglichen werden. Außerdem gewinnen die Schülerinnen und Schüler vertiefte Einsicht darin, dass die Lösung vieler Aufgaben in der Berechnung von Dreiecken besteht, die mithilfe der Strategie „Betrachtung von geeigneten rechtwinkligen Teildreiecken“ durchgeführt wird.

Bei den trigonometrischen Lösungen soll uneingeschränkt der Taschenrechner benutzt werden, wobei Eindeutigkeitsfragen und Genauigkeitsfragen und -angaben sinnvoll zu klären sind. Weitere mediale Hilfsmittel können neben dem Taschenrechner auch dynamische Geometriesoftware und Computeralgebrasysteme sein.

Einige Aufgaben erfordern allgemeine bzw. formelmäßige Lösungen und gestatten zudem innermathematische Ausflüge und Ausweitungen. Über die Formulierung einiger Aufgaben in englischer Sprache hinaus bieten manche Aufgaben ebenfalls Ansätze zu fachübergreifenden Aspekten.

Winkelbeziehungen in rechtwinkligen Dreiecken

Lösungen der Aufgaben auf den Seiten 110 bis 115

1. b) Die Sonnenhöhe beträgt 39°. Ein 1 m langer Stab hat die Schattenlänge 1,24 m, ein 10 m hoher Baum die Schattenlänge 12,35 m.

2. a)

Schattenlänge in m	2,00	2,40	2,80
Stablänge in m	1,80	2,16	2,52

b)

Schattenlänge in m	1,00	1,50	2,00
Stablänge in m	1,00	1,50	2,00

3. a) 80,4 m b) 1502 m c) 2,3 km d) 8,9°

4. $\sin\alpha = \frac{a}{c}$, $\cos\alpha = \frac{b}{c}$ und $\tan\alpha = \frac{a}{b}$ bleiben konstant.

5. Stimmen zwei Dreiecke in zwei Innenwinkeln überein, so sind sie nach dem Hauptähnlichkeitssatz zueinander ähnlich und alle entsprechenden Seitenverhältnisse beider Dreiecke sind gleich.

6.

	Winkel	Ankathete	Gegenkathete
a)	β	c	b
b)	β	d	q
	γ	b	p
	δ	r	s
c)	α	h	q
	β	h	p
	γ	f	b

a)

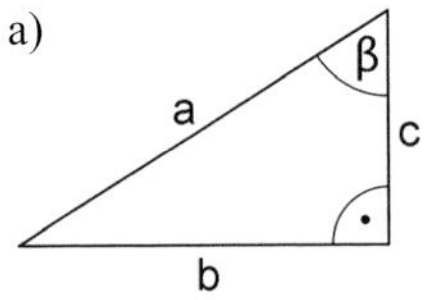

b)

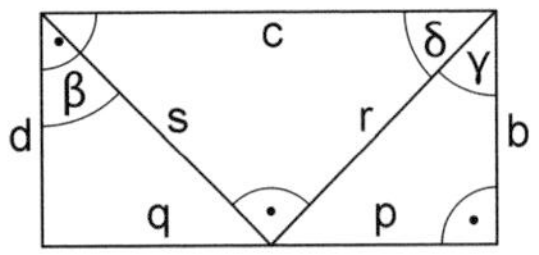

c)

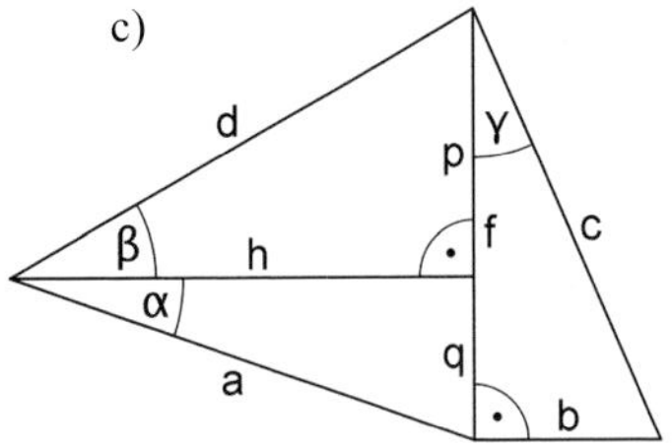

7. $\frac{\sin\alpha}{\cos\alpha} = \frac{a}{c} : \frac{b}{c} = \frac{a \cdot c}{c \cdot b} = \frac{a}{b} = \tan\alpha$

8. a) $\sin\alpha = \overline{AE} : \overline{BE}$; $\cos\alpha = \overline{AB} : \overline{BE}$; $\tan\alpha = \overline{AE} : \overline{AB}$;
$\sin\beta = \overline{CD} : \overline{BD}$; $\cos\beta = \overline{BC} : \overline{BD}$; $\tan\beta = \overline{CD} : \overline{BC}$;
$\sin\gamma = \overline{BC} : \overline{BD}$; $\cos\gamma = \overline{CD} : \overline{BD}$; $\tan\gamma = \overline{BC} : \overline{CD}$

b) $\sin\alpha = \overline{CD} : \overline{AD}$; $\cos\alpha = \overline{AC} : \overline{AD}$; $\tan\alpha = \overline{CD} : \overline{AC}$;
$\sin\beta = \overline{AC} : \overline{AB} = \overline{AD} : \overline{BD}$; $\cos\beta = \overline{BC} : \overline{AB} = \overline{AB} : \overline{BD}$;
$\tan\beta = \overline{AC} : \overline{BC} = \overline{AD} : \overline{AB}$;
$\sin\gamma = \overline{AC} : \overline{AD} = \overline{AB} : \overline{BD}$; $\cos\gamma = \overline{CD} : \overline{AD} = \overline{AD} : \overline{BD}$;
$\tan\gamma = \overline{AC} : \overline{CD} = \overline{AB} : \overline{AD}$

c) $\sin\alpha = \overline{PT} : \overline{QT}$; $\cos\alpha = \overline{PQ} : \overline{QT}$; $\tan\alpha = \overline{PT} : \overline{PQ}$;
$\sin\beta = \overline{ST} : \overline{QS}$; $\cos\beta = \overline{QT} : \overline{QS}$; $\tan\beta = \overline{ST} : \overline{QT}$;
$\sin\gamma = \overline{RS} : \overline{QR}$; $\cos\gamma = \overline{QS} : \overline{QR}$; $\tan\gamma = \overline{RS} : \overline{QS}$

d) $\sin\alpha = \overline{BF} : \overline{AB} = \overline{BC} : \overline{AC}$; $\cos\alpha = \overline{AF} : \overline{AB} = \overline{AB} : \overline{AC}$;
$\tan\alpha = \overline{BF} : \overline{AF} = \overline{BC} : \overline{AB}$;
$\sin\beta = \overline{CF} : \overline{BC}$; $\cos\beta = \overline{BF} : \overline{BC}$; $\tan\beta = \overline{CF} : \overline{BF}$;
$\sin\gamma = \overline{CE} : \overline{CD}$; $\cos\gamma = \overline{DE} : \overline{CD}$; $\tan\gamma = \overline{CE} : \overline{DE}$

e) $\sin\alpha = \overline{XY} : \overline{UX}$; $\cos\alpha = \overline{UY} : \overline{UX}$; $\tan\alpha = \overline{XY} : \overline{UY}$;
$\sin\beta = \overline{PZ} : \overline{UZ}$; $\cos\beta = \overline{PU} : \overline{UZ}$; $\tan\beta = \overline{PZ} : \overline{PU}$;
$\sin\gamma = \overline{WY} : \overline{WX}$; $\cos\gamma = \overline{XY} : \overline{WX}$; $\tan\gamma = \overline{WY} : \overline{XY}$;
$\sin(\alpha+\beta) = \overline{PX} : \overline{UX}$; $\cos(\alpha+\beta) = \overline{PU} : \overline{UX}$; $\tan(\alpha+\beta) = \overline{PX} : \overline{PU}$

f) $\sin\alpha = \overline{CG} : \overline{BG}$; $\cos\alpha = \overline{BC} : \overline{BG}$; $\tan\alpha = \overline{CG} : \overline{BC}$;
$\sin\beta = \overline{BC} : \overline{BG}$; $\cos\beta = \overline{CG} : \overline{BG}$; $\tan\beta = \overline{BC} : \overline{CG}$;
$\sin\gamma = \overline{DH} : \overline{BH}$; $\cos\gamma = \overline{BD} : \overline{BH}$; $\tan\gamma = \overline{DH} : \overline{BD}$

9. a) $a = b = 11{,}1$ cm; $c = 15{,}7$ cm; $\alpha = \beta = 45°$; $\gamma = 90°$; $\sin 45° = \cos 45° \approx 0{,}7071$
b) $\sin 45° = \cos 45° \approx 0{,}7071$; $\tan 45° = 1$

10.

α	10°	20°	30°	40°	50°	60°	70°	80°
a in cm	1,7	3,4	5,0	6,4	7,7	8,7	9,4	9,8
b in cm	9,8	9,4	8,7	7,7	6,4	5,0	3,4	1,7
$\sin\alpha$	0,17	0,34	0,50	0,64	0,77	0,87	0,94	0,98
$\cos\alpha$	0,98	0,94	0,87	0,77	0,64	0,50	0,34	0,17
$\tan\alpha$	0,18	0,36	0,58	0,84	1,19	1,73	2,75	5,67

11. a) In den Zeilen für b bzw. $\cos\alpha$ befinden sich die gleichen Werte wie in den Zeilen für a bzw. $\sin\alpha$, aber in umgekehrter Reihenfolge. Erklärung: In den Dreiecken für die Winkel 10°, 20°, …, 80° ist der jeweils andere spitze Innenwinkel 80°, 70°, …, 10°. Daraus ergibt sich z. B. $\sin 10° = \frac{a}{10} = \cos 80°$; $\sin 20° = \cos 70°$ usw.

b) (1) $\sin\alpha = \frac{a}{10}$
$\sin 0° = 0$: Die Gegenkathete a schrumpft auf einen Kreispunkt zusammen.
$\sin 90° = 1$: Die Gegenkathete a fällt mit der Hypotenuse zusammen ($a = 10$).

(2) $\cos\alpha = \frac{b}{10}$
$\cos 0° = 1$: Die Ankathete b fällt mit einem Kreisradius zusammen ($b = 10$).
$\cos 90° = 0$: Die Ankathete b schrumpft auf den Kreismittelpunkt zusammen.

(3) $\tan\alpha = \frac{a}{b}$; $\tan 0° = 0$ wegen $a = 0$ und $b \neq 0$; $\tan 90°$ ist undefiniert wegen $b = 0$.

12. a) Es braucht nur a bzw. b abgelesen zu werden und das Ergebnis ist durch 10 zu dividieren.

b) $\tan\alpha = \frac{a}{b} = \frac{\overline{AB}}{\overline{OA}}$; es wird $\overline{AB}$ abgelesen und durch 10 dividiert.

13. a)

α	0°	10°	20°	30°	40°	50°	60°	70°	80°	90°
$\sin\alpha$	0	0,1736	0,3420	0,5	0,6428	0,7660	0,8660	0,9397	0,9848	1
$\cos\alpha$	1	0,9848	0,9397	0,8660	0,7660	0,6428	0,5	0,3420	0,1736	0
$\tan\alpha$	0	0,1763	0,3640	0,5774	0,8391	1,1918	1,7321	2,7475	5,6713	–

b)

α	17°	23°	41°	56°	14,7°	67,2°	89,9°	0,5°	0,2°	0,1°
$\sin\alpha$	0,2924	0,3907	0,6561	0,8290	0,2538	0,9219	≈ 1	0,0087	0,0035	0,0017
$\cos\alpha$	0,9563	0,9205	0,7547	0,5592	0,9673	0,3875	0,0017	≈ 1	≈ 1	≈ 1
$\tan\alpha$	0,3057	0,4245	0,8693	1,4826	0,2623	2,3789	572,96	0,0087	0,0035	0,0017

c)

α	9°	18°	35°	74°	34,7°	83,8°	89,99°	0,9°	0,01°	0,001°
$\sin\alpha$	0,1564	0,3090	0,5736	0,9613	0,5693	0,9942	≈ 1	0,0157	$1{,}7\cdot10^{-4}$	$1{,}7\cdot10^{-5}$
$\cos\alpha$	0,9877	0,9511	0,8192	0,2756	0,8221	0,1080	$1{,}7\cdot10^{-4}$	0,9999	≈ 1	≈ 1
$\tan\alpha$	0,1584	0,3249	0,7002	3,4874	0,6924	9,2052	5729,6	0,0157	$1{,}7\cdot10^{-4}$	$1{,}7\cdot10^{-5}$

14. a) 0,8345 b) 0,5510 c) 1,5147 d) 0,9697
e) 1,9797 f) ≈ 1 g) $2{,}909\cdot10^{-4}$ h) 3437,7

15. a) $\alpha\approx 23°$ b) $\alpha\approx 23°$ c) $\alpha\approx 74°$ d) $\alpha\approx 35°$

16. a) $\alpha\approx 28{,}56°$ b) $\alpha\approx 47{,}88°$ c) $\alpha\approx 80{,}97°$ d) $\alpha\approx 7{,}09°$
e) $\alpha\approx 47{,}74°$ f) $\alpha\approx 2{,}81°$ g) $\alpha\approx 84{,}20°$ h) $\alpha\approx 41{,}14°$
i) $\alpha\approx 33{,}92°$ j) $\alpha\approx 63{,}19°$ k) $\alpha\approx 89{,}43°$ l) $\alpha\approx 89{,}9994°$

17. a) $d = a\sqrt{2}$ b) $\sin 45° = \cos 45° = \frac{a}{d} = \frac{a}{a\sqrt{2}} = \frac{1}{\sqrt{2}} = \frac{1}{2}\sqrt{2}$; $\tan 45° = \frac{a}{a} = 1$

18. a) $h = \frac{a}{2}\sqrt{3}$ b) $\sin 30° = \cos 60° = \frac{\frac{a}{2}}{a} = \frac{1}{2}$; $\sin 60° = \cos 30° = \frac{\frac{a}{2}\sqrt{3}}{a} = \frac{1}{2}\sqrt{3}$;

$\tan 30° = \frac{\frac{a}{2}}{\frac{a}{2}\sqrt{3}} = \frac{1}{\sqrt{3}}$; $\tan 60° = \frac{\frac{a}{2}\sqrt{3}}{\frac{a}{2}} = \sqrt{3}$

19. a) $\frac{1}{2}\sqrt{4}$; $\frac{1}{2}\sqrt{3}$; $\frac{1}{2}\sqrt{2}$; $\frac{1}{2}\sqrt{1}$; $\frac{1}{2}\sqrt{0}$ b) $(\sqrt{3})^{-1}$; $(\sqrt{3})^{0}$; $(\sqrt{3})^{1}$

20. a) Sonnenhöhe: 39°; Schattenlänge des 1 m langen Stabes: 1,24 m;
Schattenlänge des 10 m hohen Baumes: 12,35 m

b)

Schattenlänge	2,0 m	2,4 m	2,8 m
Stablänge	1,80 m	2,16 m	2,52 m

21. a) Werden die zwei Kreise konzentrisch angeordnet, so bilden die Sehnen und Radien eine Strahlensatzfigur mit $\frac{r_1}{r_2} = \frac{s_1}{s_2}$. Durch Umformung ergibt sich $\frac{s_1}{r_1} = \frac{s_2}{r_2}$.

b)

a	60°	80°	100°	120°
$s : r$	1	1,3	1,5	1,7

Näherungsweise stimmt $\frac{s}{r}$ zu gegebenem Winkel α mit $2\cdot\sin\frac{\alpha}{2}$ überein.

c) Aus $\sin\frac{\alpha}{2} = \frac{\frac{s}{2}}{r} = \frac{s}{2r}$ folgt $\frac{s}{r} = 2\cdot\sin\frac{\alpha}{2}$.

Beziehungen zwischen Sinus, Kosinus und Tangens eines Winkels

Lösungen der Aufgaben auf den Seiten 116 bis 117

1. a) $\sin 3{,}6° = 0{,}0628$; $\cos 87{,}7° = 0{,}0401$; $\alpha = 84{,}4°$; $\alpha = 87{,}1°$
b) $\cos(90° - \alpha) = \sin\alpha$ für $0° < \alpha < 90°$ c) $\tan\alpha = \frac{\sin\alpha}{\cos\alpha}$

2. Der spitze Winkel bei A sei α, dann ist der spitze Winkel bei B gleich $90° - \alpha$.
(1) $\cos\alpha = \frac{b}{c}$; $\sin(90° - \alpha) = \frac{b}{c}$ $\Rightarrow$ $\cos\alpha = \sin(90° - \alpha)$
(2) $\sin\alpha = \frac{a}{c}$; $\cos(90° - \alpha) = \frac{a}{c}$ $\Rightarrow$ $\sin\alpha = \cos(90° - \alpha)$

3. a) $(\sin 0°)^2 + (\cos 0°)^2 = 0^2 + 1^2 = 1$
$(\sin 30°)^2 + (\cos 30°)^2 = \left(\frac{1}{2}\right)^2 + \left(\frac{1}{2}\sqrt{3}\right)^2 = \frac{1}{4} + \frac{3}{4} = 1$
$(\sin 45°)^2 + (\cos 45°)^2 = \left(\frac{1}{2}\sqrt{2}\right)^2 + \left(\frac{1}{2}\sqrt{2}\right)^2 = \frac{1}{2} + \frac{1}{2} = 1$
$(\sin 60°)^2 + (\cos 60°)^2 = \left(\frac{1}{2}\sqrt{3}\right)^2 + \left(\frac{1}{2}\right)^2 = \frac{3}{4} + \frac{1}{4} = 1$
$(\sin 90°)^2 + (\cos 90°)^2 = 1^2 + 0^2 = 1$

b) $\sin\alpha = \frac{a}{c}$; $\cos\alpha = \frac{b}{c}$ $\Rightarrow$ $\sin^2\alpha + \cos^2\alpha = \frac{a^2}{c^2} + \frac{b^2}{c^2} = \frac{a^2 + b^2}{c^2} = 1$,
denn nach dem Satz des Pythagoras gilt $a^2 + b^2 = c^2$.

4. a) $\tan 30° \cdot \tan 60° = \frac{1}{3}\sqrt{3}\cdot\sqrt{3} = 1$; $\tan 60° \cdot \tan 30° = \sqrt{3}\cdot\frac{1}{3}\sqrt{3} = 1$;
$\tan 45° \cdot \tan 45° = 1 \cdot 1 = 1$
b) $\tan\alpha \cdot \tan(90° - \alpha) = \frac{a}{b}\cdot\frac{b}{a} = 1$

5. a) $\cos\alpha = \frac{3}{5}$; $\tan\alpha = \frac{4}{3}$; $\sin\beta = \frac{3}{5}$; $\cos\beta = \frac{4}{5}$; $\tan\beta = \frac{3}{4}$

b) $\cos\alpha = \frac{15}{17}$; $\tan\alpha = \frac{8}{15}$; $\sin\beta = \frac{15}{17}$; $\cos\beta = \frac{8}{17}$; $\tan\beta = \frac{15}{8}$

c) $\sin\alpha = \frac{12}{13}$; $\tan\alpha = \frac{12}{5}$; $\sin\beta = \frac{5}{13}$; $\cos\beta = \frac{12}{13}$; $\tan\beta = \frac{5}{12}$

d) $\sin\alpha = \frac{40}{41}$; $\tan\alpha = \frac{40}{9}$; $\sin\beta = \frac{9}{41}$; $\cos\beta = \frac{40}{41}$; $\tan\beta = \frac{9}{40}$

6. a) $1 + \tan^2\alpha = \frac{\cos^2\alpha + \sin^2\alpha}{\cos^2\alpha} = \frac{1}{\cos^2\alpha} \Rightarrow \cos\alpha = \frac{1}{\sqrt{1+\tan^2\alpha}}$

($0° < \alpha < 90°$ nach Voraussetzung $\Rightarrow \cos\alpha > 0$)

$\sin\alpha = \tan\alpha \cdot \cos\alpha \Rightarrow \sin\alpha = \frac{\tan\alpha}{\sqrt{1+\tan^2\alpha}}$

b) vgl. a): $\cos\alpha = \frac{1}{\sqrt{1+\tan^2\alpha}}$

7. a) $\sin\alpha = \frac{24}{25}$; $\cos\alpha = \frac{7}{25}$; $\sin\beta = \frac{7}{25}$; $\cos\beta = \frac{24}{25}$; $\tan\beta = \frac{7}{24}$

b) $\sin\alpha = \frac{7}{25}$; $\cos\alpha = \frac{24}{25}$; $\sin\beta = \frac{24}{25}$; $\cos\beta = \frac{7}{25}$; $\tan\beta = \frac{24}{7}$

c) $\sin\alpha = \frac{21}{29}$; $\cos\alpha = \frac{20}{29}$; $\sin\beta = \frac{20}{29}$; $\cos\beta = \frac{21}{29}$; $\tan\beta = \frac{20}{21}$

8. a) $\cos\alpha \cdot \tan\alpha = \sin\alpha$

b) $\frac{1-\cos^2\alpha}{\cos\alpha} = \frac{\sin^2\alpha}{\cos\alpha} = \sin\alpha \cdot \tan\alpha$

c) $\frac{1}{\cos\alpha} + \frac{\tan\alpha}{\sin\alpha} = \frac{1}{\cos\alpha} + \frac{\sin\alpha}{\cos\alpha \cdot \sin\alpha} = \frac{1}{\cos\alpha} + \frac{1}{\cos\alpha} = \frac{2}{\cos\alpha}$

d) $\sin\alpha \cdot \frac{\cos\alpha}{\tan\alpha} = \sin\alpha \cdot \frac{\cos\alpha \cdot \cos\alpha}{\sin\alpha} = \cos^2\alpha$

e) $\sin\alpha - \sin\alpha \cdot \cos^2\alpha = \sin\alpha \cdot (1 - \cos^2\alpha) = \sin\alpha \cdot \sin^2\alpha = \sin^3\alpha$

f) $\frac{1}{\sqrt{1+\tan^2\alpha}} = \frac{1}{\sqrt{\frac{\cos^2\alpha+\sin^2\alpha}{\cos^2\alpha}}} = \frac{1}{\sqrt{\frac{1}{\cos^2\alpha}}} = \sqrt{\cos^2\alpha} = |\cos\alpha| = \cos\alpha$

für $0° \leq \alpha < 90°$; vgl. auch Aufgabe 6 a)

g) $\sin^3\alpha + \sin\alpha \cdot \cos^2\alpha = \sin\alpha \cdot (\sin^2\alpha + \cos^2\alpha) = \sin\alpha$

h) $\sqrt{1-\sin\alpha} \cdot \sqrt{1+\sin\alpha} = \sqrt{(1-\sin\alpha)(1+\sin\alpha)} = \sqrt{1-\sin^2\alpha} = \sqrt{\cos^2\alpha} = |\cos\alpha|$

$= \cos\alpha$ für $0° \leq \alpha \leq 90°$

i) $\sin^4\alpha - \cos^4\alpha = (1-\cos^2\alpha)^2 - \cos^4\alpha = 1 - 2\cos^2\alpha = \sin^2\alpha - \cos^2\alpha = 2\sin^2\alpha - 1$

Berechnungen in rechtwinkligen und in gleichschenkligen Dreiecken

Lösungen der Aufgaben auf den Seiten 118 bis 122

1. Bei exaktem Halbmond bilden Sonne, Mond und Erde zueinander ein rechtwinkliges Dreieck (siehe Abbildung).

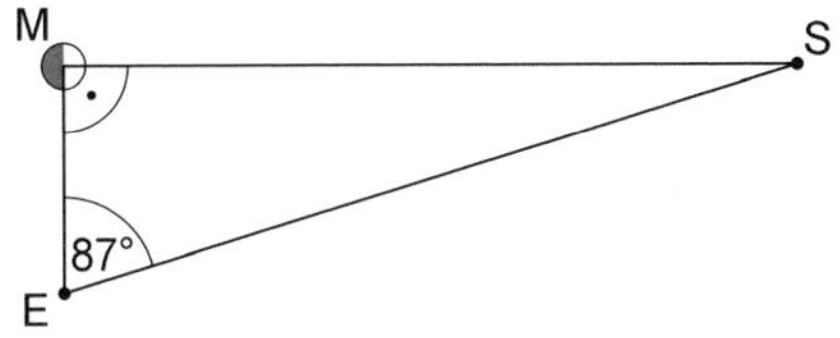

Gegeben: $\sphericalangle EMS = 90°$; $\sphericalangle SEM = 87°$

Gesucht: $\overline{EM} : \overline{ES}$

$\overline{EM} : \overline{ES} = \cos 87° \approx 0{,}05234 \approx 1 : 19{,}1$

Dieses Ergebnis ist allerdings erheblich durch Messfehler verfälscht. In astronomischen Formelsammlungen findet man $\overline{EM} : \overline{ES} \approx 0{,}00257 \approx 1 : 389 \approx \cos 89{,}85°$. Kleine Abweichungen bei den gemessenen Winkeln haben hier großen Einfluss auf das Ergebnis.

2. a) $x = \frac{3\text{ cm} \cdot \tan 38°}{\sin 64°} \approx 2{,}61$ cm b) $x = \frac{3\text{ cm} \cdot \tan 30°}{\cos^2 30°} = \frac{4\sqrt{3}}{3}$ cm $\approx 2{,}31$ cm

3. a) $\beta = 56°$; $b \approx 4{,}15$ cm; $c \approx 5{,}01$ cm b) $\beta = 47°$; $a \approx 2{,}89$ cm; $c \approx 4{,}24$ cm

c) $\alpha = 22{,}6°$; $a \approx 3{,}57$ cm; $b \approx 8{,}59$ cm d) $\alpha = 32{,}1°$; $a \approx 5{,}39$ cm; $c \approx 10{,}15$ cm

4. a) $\beta = 127°$; $e \approx 4{,}02$ cm; $f \approx 8{,}05$ cm b) $\beta = 118°$; $a \approx 4{,}66$ cm; $f \approx 7{,}99$ cm

c) $\alpha = 52°$; $a \approx 2{,}56$ cm; $e \approx 2{,}24$ cm d) $\alpha \approx 122{,}63°$; $\beta \approx 57{,}37°$; $a \approx 3{,}02$ cm

5. a) $\gamma = 142°$; $h \approx 2{,}77$ cm; $c \approx 1{,}31$ cm; $e \approx 5{,}59$ cm

b) $\alpha = 62°$; $a \approx 8{,}63$ cm; $d \approx 4{,}08$ cm; $e \approx 7{,}62$ cm

6. a) $\alpha \approx 75{,}96°$ b) $\alpha \approx 71{,}57°$ c) $\alpha \approx 50{,}19°$ d) $\alpha \approx 26{,}57°$

e) $\alpha = 45°$ f) $\alpha = 0°$; die Gerade g fällt mit der x-Achse zusammen

7. a) (1) Seiten: $\overline{P_1P_2} = \sqrt{(x_2-x_1)^2+(y_2-y_1)^2}$; $\overline{P_1P_3} = x_2 - x_1$; $\overline{P_2P_3} = y_2 - y_1$

(2) Winkel: Sei $\alpha = \sphericalangle P_3P_1P_2$; $\beta = \sphericalangle P_1P_2P_3$; $\gamma = \sphericalangle P_2P_3P_1$. Dann gilt:

$\tan\alpha = \frac{y_2 - y_1}{x_2 - x_1}$; $\beta = 90° - \alpha$; $\gamma = 90°$.

b) Der Schnittwinkel entspricht dem Winkel α aus a).

8. $\overline{AF} = 5$ miles $\cdot \tan 27° \approx 2{,}55$ miles; $\overline{BF} = \frac{5\text{ miles}}{\cos 27°} \approx 5{,}61$ miles

9. a) $H = \frac{b}{2} \cdot \tan\alpha \approx 5{,}30$ m b) $A = \frac{b \cdot h^2}{2 \cdot H} - 0{,}5\text{ m} \cdot 0{,}6\text{ m} \approx 6{,}76\text{ m}^2$

c) obere Latte: $a_1 \approx 5{,}20$ m; $c_1 \approx 4{,}87$ m; $h_1 = 20$ cm;

untere Latte: $a_2 = 8{,}90$ m; $c_2 \approx 8{,}56$ m; $h_2 = 20$ cm

10. c) $\sphericalangle CBA = \alpha = 35°$; $\sphericalangle ACB = 180° - 2\alpha = 110°$; $\sphericalangle BCD = 2\alpha = 70°$;

$\sphericalangle DBC = \sphericalangle CDB = (180° - 2\alpha) : 2 = 55°$; $\sphericalangle DBA = \alpha + 55° = 90°$;

$\overline{AC} = \overline{BC} = \overline{CD} = \dfrac{\overline{AB}}{2\cos\alpha} \approx 3{,}05$ cm; $\overline{AD} \approx 6{,}10$ cm; $\overline{BD} = \overline{AB} \cdot \tan\alpha \approx 3{,}50$ cm

11. a) $\gamma = 54°$; $\beta = \delta = 126°$; $a = b = c = d \approx 4{,}96$ cm; $f \approx 4{,}42$ cm
    b) $\delta = 63°$; $\alpha = \gamma = 117°$; $b = c = d = 6{,}2$ cm; $e \approx 10{,}57$ cm; $f \approx 6{,}48$ cm
    c) $\alpha = 42°$; $\beta = \delta = 138°$; $a = b = c = d \approx 4{,}18$ cm; $e \approx 1{,}50$ cm
    d) $\alpha = \gamma \approx 76{,}43°$; $\beta = \delta \approx 103{,}57°$; $b = c = d = 8{,}4$ cm; $e \approx 10{,}39$ cm
    e) $\alpha = \gamma \approx 57{,}48°$; $\beta = \delta \approx 122{,}52°$; $a = b = c = d \approx 3{,}54$ cm
    f) $\alpha = 38°$; $\beta = \delta = 142°$; $b = c = d = 4{,}4$ cm; $e \approx 2{,}86$ cm; $f \approx 8{,}32$ cm

AUFGABE (Randspalte S. 119): Eine Raute $ABCD$ besteht aus den kongruenten Dreiecken ABD und BCD. Ihr Flächeninhalt ist $F = 2 \cdot \frac{1}{2} \cdot e \cdot \frac{f}{2} = 2 \cdot \frac{e}{2} \cdot \frac{f}{2}$ (*).

Nun gilt $\sin\frac{\alpha}{2} = \frac{e}{2a}$ und $\cos\frac{\alpha}{2} = \frac{f}{2a}$, also auch $\frac{e}{2} = a \cdot \sin\frac{\alpha}{2}$ und $\frac{f}{2} = a \cdot \cos\frac{\alpha}{2}$.

Dies ergibt in (*) eingesetzt: $F = 2 \cdot a \cdot \sin\frac{\alpha}{2} \cdot a \cdot \cos\frac{\alpha}{2} = a^2 \cdot \left(2\sin\frac{\alpha}{2}\cos\frac{\alpha}{2}\right) = a^2 \sin\alpha$.

12. a) $\gamma = 70°$; $\delta = 128°$; $a \approx 6{,}85$ cm; $b \approx 2{,}66$ cm; $c \approx 5{,}81$ cm; $d \approx 3{,}17$ cm
    b) $\alpha = \gamma = 132°$; $b = 7{,}6$ cm; $c = d \approx 5{,}54$ cm; $e \approx 5{,}20$ cm; $f \approx 12{,}03$ cm
    c) $\gamma = \delta = 76°$; $d \approx 5{,}17$ cm; $e \approx 6{,}42$ cm
    d) $\gamma = 52°$; $b = c \approx 6{,}79$ cm; $a = d \approx 3{,}31$ cm; $f \approx 7{,}55$ cm
13. $\overline{AB} = 6$ cm
14. Sei E der gemeinsame Fußpunkt der eingezeichneten Seitenflächenhöhen, a die Kante des Tetraeders und F der Mittelpunkt von $\overline{BD}$.
    Die kongruenten Dreiecke BFE und FDE sind rechtwinklig, ihre Seitenlängen sind
    $\overline{BF} = \overline{DF} = \frac{a}{2}$; $\overline{BE} = \overline{DE} = \frac{a}{2}\sqrt{3}$; $\overline{EF} = \sqrt{\overline{BE}^2 - \overline{BF}^2} = \frac{a}{2}\sqrt{2}$.

    Hieraus folgt: $\cos\frac{\mu}{2} = \frac{\overline{EF}}{\overline{EB}} = \frac{\frac{a}{2}\sqrt{2}}{\frac{a}{2}\sqrt{3}} = \frac{\sqrt{2}}{\sqrt{3}}$.

    Durch Anwendung der Gleichung $\cos 2\alpha = 2\cos^2\alpha - 1$ auf $2\alpha = \mu$ erhält man:
    $\cos\mu = 2\cos^2\frac{\mu}{2} - 1 = 2 \cdot \frac{2}{3} - 1 = \frac{1}{3}$.
15. a) $V = \frac{\pi}{12} d^2 h$; $h = \frac{d}{2}\tan\alpha \Rightarrow V = \frac{\pi}{24} d^3 \cdot \tan\alpha$
    b) $V = \dfrac{\pi d^3}{24\tan\frac{\gamma}{2}} = \frac{\pi}{24} d^3 \cot\frac{\gamma}{2}$

16. Richtung: N 8,4° W; Geschwindigkeit: 186 mph
17. Länge der Fahnenstange: 10 ft
18. Abstand der Gebäude: 100 ft; Höhe des Hochhauses: 513 ft
19. a) A und D können als benachbarte Eckpunkte eines dem Kreis einbeschriebenen regelmäßigen 12-Ecks aufgefasst werden. Der Mittelpunktswinkel bei C ist $\frac{360°}{12} = 30°$ und es gilt $\sphericalangle CAD = \sphericalangle ADC = \varepsilon = (180° - 30°) : 2 = 75°$ und $\delta = 90° - \varepsilon = 15°$.
    b) $\overline{AF} = 5$ cm; $\overline{DF} = \left(1 - \frac{1}{2}\sqrt{3}\right) \cdot 10$ cm $= (10 - 5\sqrt{3})$ cm

    $\overline{AD} = \sqrt{\overline{AF}^2 + \overline{DF}^2} = \sqrt{(25 + (10 - 5\sqrt{3})^2)\,\text{cm}^2}$
    $\overline{AD} = \sqrt{200 - 100\sqrt{3}}$ cm $= 10\sqrt{2 - \sqrt{3}}$ cm

    $\sin 15° = \cos 75° = \dfrac{\overline{DF}}{\overline{AD}} = \dfrac{(10 - 5\sqrt{3})\text{ cm}}{10\sqrt{2-\sqrt{3}}\text{ cm}} = \dfrac{5(2-\sqrt{3})\sqrt{2-\sqrt{3}}}{10(2-\sqrt{3})} = \frac{1}{2}\sqrt{2-\sqrt{3}}$

    $\sin 75° = \cos 15° = \dfrac{\overline{AF}}{\overline{AD}} = \dfrac{5\text{ cm}}{10\sqrt{2-\sqrt{3}}\text{ cm}} = \dfrac{5\sqrt{2+\sqrt{3}}}{10\sqrt{(2-\sqrt{3})(2+\sqrt{3})}} = \frac{1}{2}\sqrt{2+\sqrt{3}}$

    $\tan 15° = \dfrac{\overline{DF}}{\overline{AF}} = \dfrac{(10-5\sqrt{3})\text{ cm}}{5\text{ cm}} = 2 - \sqrt{3}$; $\tan 75° = \dfrac{\overline{AF}}{\overline{DF}} = \dfrac{1}{2-\sqrt{3}} = 2 + \sqrt{3}$

ZUSATZAUFGABE (Randspalte S. 121):

$\sin 15° = \frac{1}{2}\sqrt{2-\sqrt{3}} = \sqrt{\dfrac{2-\sqrt{3}}{4}} = \sqrt{\dfrac{1-\frac{1}{2}\sqrt{3}}{2}} = \sqrt{\dfrac{1-\cos 30°}{2}}$

$\cos 15° = \frac{1}{2}\sqrt{2+\sqrt{3}} = \sqrt{\dfrac{2+\sqrt{3}}{4}} = \sqrt{\dfrac{1+\frac{1}{2}\sqrt{3}}{2}} = \sqrt{\dfrac{1+\cos 30°}{2}}$

Verallgemeinerung: $\sin\frac{\alpha}{2} = \pm\sqrt{\dfrac{1-\cos\alpha}{2}}$; $\cos\frac{\alpha}{2} = \pm\sqrt{\dfrac{1+\cos\alpha}{2}}$

20. c) In dem rechtwinkligen Dreieck mit der Hypotenuse r, der Kathete R und dem eingeschlossenen Winkel $\frac{\alpha}{2}$ gilt: $\cos\frac{\alpha}{2} = \frac{\varrho}{r} \Rightarrow \varrho = r \cdot \cos\frac{\alpha}{2}$.

    Wegen $r = 5$ cm und $\alpha = 60°$ folgt daraus: $\varrho = 5\text{ cm} \cdot \frac{1}{2}\sqrt{3} = 2{,}5 \cdot \sqrt{3}$ cm.
    d) $A = 18{,}75\pi\text{ cm}^2 \approx 58{,}90\text{ cm}^2$

21. b) Länge einer Seite: $a = 2r \cdot \sin 15° = r \cdot \sqrt{2-\sqrt{3}} \approx 2{,}59$ cm

c) Inkreisradius: $\varrho = r \cdot \cos 15° = \frac{r}{2} \cdot \sqrt{2+\sqrt{3}} \approx 4{,}83$ cm

Flächeninhalt des Inkreises: $A = \pi \varrho^2 \approx 73{,}28\ \text{cm}^2$

22. a) Dreieck ABW: $\sphericalangle\, WBA = \sphericalangle\, AWB = 72°$; Basiswinkel
Dreieck AWC: $\sphericalangle\, WAC = \sphericalangle\, ACW = 72°$; Basiswinkel

b) Die Ähnlichkeit der Dreiecke folgt aus der Übereinstimmung der Innenwinkel. $\overline{AC} : \overline{AB} = \overline{AB} : \overline{BW}$ gilt, da die einander entsprechenden Streckenverhältnisse vom Schenkel zur Basis gleich sind.

c) $\frac{\overline{AC}}{\overline{AB}} = \frac{\overline{AB}}{\overline{BW}}$; $\overline{BW} + \overline{AB} = \overline{AC} \Rightarrow \frac{\overline{AC}}{\overline{AB}} = \frac{\overline{AB}}{\overline{AC} - \overline{AB}}$

$\Rightarrow \overline{AB}^2 + \overline{AB} \cdot \overline{AC} - \overline{AC}^2 = 0$

$\Rightarrow \overline{AB}^2 + \overline{AB} \cdot 4\ \text{cm} - 16\ \text{cm}^2 = 0$ cm

$\Rightarrow \overline{AB} = 2(\sqrt{5} - 1)\ \text{cm} \approx 2{,}47$ cm

Oder Ergebnis aus Aufgabe 5 b), Seite 31 verwenden:

$\overline{AB} = 2 \cdot 4\ \text{cm} \cdot \sin 18° = 8\ \text{cm} \cdot \frac{\sqrt{5}-1}{4} = 2(\sqrt{5}-1)\,\text{cm} \approx 2{,}47$ cm

d) $h = \sqrt{\overline{AC}^2 - (\frac{1}{2}\overline{AB})^2} = \sqrt{(4\ \text{cm})^2 - ((\sqrt{5}-1)\ \text{cm})^2} = \sqrt{10+2\sqrt{5}}\ \text{cm} \approx 3{,}80$ cm
(Satz des Pythagoras)

e)

α	18°	36°	54°	72°
$\sin\alpha$	$\frac{1}{4}(\sqrt{5}-1)$	$\frac{1}{4}\sqrt{10-2\sqrt{5}}$	$\frac{1}{4}(\sqrt{5}+1)$	$\frac{1}{4}\sqrt{10+2\sqrt{5}}$
$\cos\alpha$	$\frac{1}{4}\sqrt{10+2\sqrt{5}}$	$\frac{1}{4}(\sqrt{5}+1)$	$\frac{1}{4}\sqrt{10-2\sqrt{5}}$	$\frac{1}{4}(\sqrt{5}-1)$
$\tan\alpha$	$\sqrt{1-\frac{2}{5}\sqrt{5}}$	$\sqrt{5-2\sqrt{5}}$	$\sqrt{1+\frac{2}{5}\sqrt{5}}$	$\sqrt{5+2\sqrt{5}}$

23. a) Alle Seitenlängen des blau markierten Vierecks stimmen überein, denn es handelt sich jedesmal um die Höhe h des gleichseitigen Dreiecks mit der Seitenlänge a.

b) $h = \frac{a}{2}\sqrt{3} \approx 5{,}20$ cm

c) $\cos\mu = \frac{a}{2h} \approx 0{,}5774 \Rightarrow \mu \approx 54{,}74° \Rightarrow 2\mu \approx 109{,}5°$

24. $\tan\alpha = \frac{\overline{PC}}{\overline{AP}}$; $\tan\beta = \frac{\overline{PC}}{\overline{PB}}$; $\overline{AP} + \overline{PB} = \overline{AB} \Rightarrow \frac{\overline{PC}}{\tan\alpha} + \frac{\overline{PC}}{\tan\beta} = \overline{AB}$

$\Rightarrow \overline{PC} \cdot \tan\beta + \overline{PC} \cdot \tan\alpha = \overline{AB} \cdot \tan\alpha \cdot \tan\beta \Rightarrow \overline{PC} = \overline{AB} \cdot \frac{\tan\alpha \cdot \tan\beta}{\tan\alpha + \tan\beta}$

$\overline{AP} = \frac{\overline{PC}}{\tan\alpha} = \overline{AB} \cdot \frac{\tan\beta}{\tan\alpha \cdot \tan\beta}$

$\overline{BP} = \frac{\overline{PC}}{\tan\beta} = \overline{AB} \cdot \frac{\tan\alpha}{\tan\alpha \cdot \tan\beta}$

Erläuterungen und Anregungen

Zur Geometrie in der Sekundarstufe I gehören als Standardgebiete die Planimetrie, die Stereometrie und die Trigonometrie.

In der Planimetrie werden geometrische (Mess-)Probleme in ebenen Figuren zeichnerisch-konstruktiv, in der Trigonometrie dagegen algebraisch-rechnerisch gelöst. Alle drei Gebiete sind also eng aufeinander bezogen. Darüber hinaus ist die Trigonometrie bei der Bearbeitung von anwendungsorientierten Aufgaben von großem Nutzen.

Als didaktische Konsequenz daraus ist bei der Auswahl der Aufgaben auf eine möglichst große Beziehungshaltigkeit und Anwendungsorientierung geachtet worden. Viele Einstiegs- und Übungsaufgaben sind dementsprechend ausgewählt worden. Zusätzlich weisen eine Reihe von Aufgaben deutliche historische Bezüge auf. Häufig sind Aufgaben bewusst so gestellt worden, dass die Schülerinnen und Schüler planimetrische und trigonometrische Überlegungen im Wechsel und zur gegenseitigen Vertiefung anstellen sollen. Lösungen, die mit planimetrischen und trigonometrischen Methoden erreicht wurden, sollen (zur gegenseitigen Kontrolle) miteinander verglichen werden. Außerdem gewinnen die Schülerinnen und Schüler vertiefte Einsicht darin, dass die Lösung vieler Aufgaben in der Berechnung von Dreiecken besteht, die mithilfe der Strategie „Betrachtung von geeigneten rechtwinkligen Teildreiecken“ durchgeführt wird. Bei den trigonometrischen Lösungen soll uneingeschränkt der Taschenrechner benutzt werden, wobei Eindeutigkeits- und Genauigkeitsfragen sinnvoll zu klären sind. Weitere mediale Hilfsmittel können neben dem Taschenrechner auch dynamische Geometriesoftware und Computeralgebrasysteme sein.

Einige Aufgaben erfordern allgemeine bzw. formelmäßige Lösungen und gestatten zudem innermathematische Ausflüge und Ausweitungen. Über die Formulierung einiger Aufgaben in englischer Sprache hinaus bieten manche Aufgaben ebenfalls Ansätze zu fachübergreifenden Aspekten.

Sinussatz und Kosinussatz

Lösungen der Aufgaben auf den Seiten 123 bis 127

1. $\overline{AC} = b \approx 1{,}35$ km; $\overline{BC} = a \approx 1{,}98$ km
2. Die Rechnung ergibt $\overline{AB} \approx 2{,}43$ km.
3. Im spitzwinkligen Dreieck ABC sei h_c die Höhe von C auf c mit dem Fußpunkt F. In den rechtwinkligen Dreiecken AFC und FBC gilt:

   $\sin\alpha = \frac{h_c}{b}$ und $\sin\beta = \frac{h_c}{a}$. Daraus folgt $b \cdot \sin\alpha = a \cdot \sin\beta$ und $\frac{\sin\alpha}{\sin\beta} = \frac{a}{b}$.

   Die Überlegungen sind unabhängig von der Bezeichnung und gelten auch für die anderen Paare von Seiten und gegenüber liegenden Winkeln.
4. Aus (1) folgt $\frac{a}{\sin\alpha} = \frac{b}{\sin\beta}$; aus (2) folgt $\frac{b}{\sin\beta} = \frac{c}{\sin\gamma}$.
5. Sei D der Fußpunkt von h_a, E der Fußpunkt von h_b und F der Fußpunkt von h_c.

   a) Im rechtwinkligen Dreieck ABD gilt: $\sin\beta = \frac{h_a}{c} \Rightarrow h_a = c \cdot \sin\beta$.

   Im rechtwinkligen Dreieck EBC gilt: $\sin\gamma = \frac{h_b}{a} \Rightarrow h_b = a \cdot \sin\gamma$.

   Im rechtwinkligen Dreieck AFC gilt: $\sin\alpha = \frac{h_c}{b} \Rightarrow h_c = b \cdot \sin\alpha$.

   b) Im rechtwinkligen Dreieck ADC gilt: $\sin\gamma = \frac{h_a}{b} \Rightarrow h_a = b \cdot \sin\gamma$.

   Im rechtwinkligen Dreieck ABE gilt: $\sin\alpha = \frac{h_b}{c} \Rightarrow h_b = c \cdot \sin\alpha$.

   Im rechtwinkligen Dreieck FBC gilt: $\sin\beta = \frac{h_c}{a} \Rightarrow h_c = a \cdot \sin\beta$.

   c) $h_a = b \cdot \sin\gamma = c \cdot \sin\beta \Rightarrow \frac{b}{c} = \frac{\sin\beta}{\sin\gamma}$; $h_b = a \cdot \sin\gamma = c \cdot \sin\alpha \Rightarrow \frac{a}{c} = \frac{\sin\alpha}{\sin\gamma}$;

   $h_c = a \cdot \sin\beta = b \cdot \sin\alpha \Rightarrow \frac{a}{b} = \frac{\sin\alpha}{\sin\beta}$
6. Sei α der stumpfe Winkel. Dann gilt:

   $\sin(180° - \alpha) = \frac{h_c}{b}$; $\sin\beta = \frac{h_c}{a}$; $h_c = b \cdot \sin(180° - \alpha) = b \cdot \sin\alpha$; $h_c = a \cdot \sin\beta$.

   Daraus folgt $a \cdot \sin\beta = b \cdot \sin\alpha$ und $\frac{a}{b} = \frac{\sin\alpha}{\sin\beta}$.

7. a) $\gamma = 79°$; $a \approx 3{,}94$ cm; $b \approx 4{,}23$ cm b) $\gamma = 97°$; $b \approx 3{,}61$ cm; $c \approx 8{,}80$ cm
   c) $\beta = 52°$; $a \approx 9{,}32$ cm; $c \approx 9{,}81$ cm d) $\alpha \approx 29{,}30°$; $\beta \approx 106{,}70°$; $b \approx 6{,}07$ cm
   e) $\beta \approx 53{,}42°$; $\gamma \approx 55{,}58°$; $c \approx 6{,}37$ cm f) $\gamma \approx 26{,}67°$; $\alpha \approx 115{,}33°$; $a \approx 7{,}05$ cm
   g) $\alpha \approx 17{,}27°$; $\beta \approx 48{,}73°$; $b \approx 6{,}58$ cm h) $\alpha \approx 23{,}30°$; $\beta \approx 112{,}70°$; $b \approx 19{,}12$ cm
   i) Es gibt zwei verschiedene Lösungen: (1) $\gamma \approx 43{,}43°$; $\alpha \approx 100{,}57°$; $a \approx 9{,}87$ cm; (2) $\gamma \approx 136{,}57°$; $\alpha \approx 7{,}43°$; $a \approx 1{,}30$ cm
   j) Es existiert kein Dreieck mit den gegebenen Größen.
8. a) Das Lot von M auf c halbiert den Zentriwinkel 2γ und die Seite c. Also gilt

   $\sin\gamma = \frac{c}{2r}$ und $r = \frac{c}{2\sin\gamma}$. Analog entstehen die beiden anderen Formeln.

   b) Nachweis nur für $\frac{a}{b} = \frac{\sin\alpha}{\sin\beta}$:

   Aus $r = \frac{a}{2\sin\alpha}$ und $r = \frac{b}{2\sin\beta}$ folgt $2a \cdot \sin\beta = 2b \cdot \sin\alpha$ und $\frac{a}{b} = \frac{\sin\alpha}{\sin\beta}$.

   Analog gewinnt man $\frac{b}{c} = \frac{\sin\beta}{\sin\gamma}$ und $\frac{a}{c} = \frac{\sin\alpha}{\sin\gamma}$.
9. a) Aus $\sin(2\gamma) = \frac{c}{2}$ sowie $\sin\gamma = \frac{c}{2a}$ und $\frac{c}{2} = a \cdot \sin\gamma$ folgt $\sin(2\gamma) = a \cdot \sin\gamma$.

   $\sphericalangle DMB = \gamma \Rightarrow \cos\gamma = \frac{\frac{a}{2}}{1} = \frac{a}{2}$.

   b) $2\sin\gamma \cdot \cos\gamma = 2 \cdot \frac{c}{2a} \cdot \frac{a}{2} = \frac{c}{2} = \sin(2\gamma)$
10. a) $b \approx 3{,}56$ sm b) $\alpha \approx 28{,}14°$
    c) $b^2 = h_c^2 + (c-d)^2 = h_c^2 + c^2 + d^2 - 2cd$
    Wegen $h_c^2 + d^2 = a^2$ und $d = a \cdot \cos\beta$ folgt: $b^2 = a^2 + c^2 - 2ac \cdot \cos\beta \approx 3{,}56$ sm.
11. a) $a \approx 10{,}58$ cm; $\beta \approx 32{,}79°$; $\gamma \approx 66{,}21°$
    b) $c \approx 23{,}39$ cm; $\alpha \approx 23{,}46°$; $\beta \approx 99{,}54°$; dieses Dreieck ist stumpfwinklig; ein spitzwinkliges Dreieck mit den gegebenen Größen existiert nicht.
    c) $b \approx 0{,}644$ cm; $\alpha \approx 99{,}92°$; $\gamma \approx 64{,}08°$; dieses Dreieck ist stumpfwinklig; ein spitzwinkliges Dreieck mit den gegebenen Größen existiert nicht.
    d) $\alpha \approx 70{,}30°$; $\beta \approx 22{,}83°$; $\gamma \approx 86{,}87°$

AUFGABE (Randspalte S. 125):

(1) $x^2 = y^2 + z^2 - 2yz \cdot \cos\varphi$; (2) $y^2 = x^2 + z^2 - 2xz \cdot \cos\varepsilon$; (3) $z^2 = x^2 + y^2 - 2xy \cdot \cos\delta$

12. Aus $h_c^2 = a^2 - (c-d)^2$ und $h_c^2 = b^2 - d^2$ folgt durch Gleichsetzen:
    $a^2 - (c-d)^2 = b^2 - d^2 \Rightarrow a^2 - c^2 + 2cd - d^2 = b^2 - d^2 \Rightarrow a^2 = b^2 + c^2 - 2cd$.
    Mit $d = b \cdot \cos\alpha$ ergibt sich: $a^2 = b^2 + c^2 - 2bc \cdot \cos\alpha$.

13. Für $\gamma = 90°$ ergibt sich $c^2 = a^2 + b^2$ mit der Hypotenuse c und den Katheten a und b.

14. Im Dreieck ABC sei α der stumpfe Winkel; d sei die Strecke, die vom Fußpunkt der Höhe h_c und dem Dreieckspunkt A begrenzt wird.
Dann gilt: $h_c^2 = b^2 - d^2$ und $h_c^2 = a^2 - (c + d)^2$.
Gleichsetzen ergibt: $b^2 - d^2 = a^2 - c^2 - 2cd - d^2 \Rightarrow a^2 = b^2 + c^2 - 2cd$.
Wegen $d = b \cdot \cos(180° - \alpha) = -b \cdot \cos\alpha$ erhält man $a^2 = b^2 + c^2 - 2bc \cdot \cos\alpha$.
Analog ergeben sich die Formeln für b^2 und c^2.

15. Es ist nicht eindeutig festgelegt, welche Seite eines Dreiecks mit a, b bzw. c bezeichnet werden muss. Deshalb kann man, wenn man eine der drei Aussagen bewiesen hat, die anderen beiden durch geeignete Umbenennungen der Seiten und Winkel des Dreiecks erhalten. Es ist dabei lediglich darauf zu achten, dass der Winkel α immer der Seite a, der Winkel β der Seite b und der Winkel γ der Seite c gegenüberliegt.

16. a) $b \approx 3{,}31$ cm; $\alpha \approx 45{,}81°$; $\gamma \approx 88{,}19°$ b) $a \approx 9{,}94$ cm; $\beta \approx 34{,}27°$; $\gamma \approx 66{,}73°$
c) $\alpha \approx 35{,}31°$; $\beta \approx 60{,}12°$; $\gamma \approx 84{,}57°$ d) $\alpha \approx 57{,}51°$; $\beta \approx 45{,}42°$; $\gamma \approx 77{,}07°$
e) $c \approx 36{,}05$ cm; $\alpha \approx 63{,}65°$; $\beta \approx 47{,}35°$
f) $a \approx 6{,}89$ cm; $c \approx 8{,}31$ cm; $\beta \approx 23{,}54°$; $\gamma \approx 102{,}46°$

17. a) $\alpha = \sphericalangle M_2M_1M_3 \approx 75{,}47°$; $\beta = \sphericalangle M_3M_2M_1 \approx 61{,}37°$; $\gamma = \sphericalangle M_1M_3M_2 \approx 43{,}16°$
b) Winkelbezeichnung wie in a);
$\overline{M_1M_2} = r_1 + r_2 = c$; $\overline{M_2M_3} = r_2 + r_3 = a$; $\overline{M_1M_3} = r_1 + r_3 = b$
$$\cos\alpha = 1 - \frac{2r_2r_3}{(r_1+r_2)(r_1+r_3)};\ \cos\beta = 1 - \frac{2r_1r_3}{(r_1+r_2)(r_2+r_3)};\ \cos\gamma = 1 - \frac{2r_1r_2}{(r_1+r_3)(r_2+r_3)}$$

18. Tunnellänge: $\overline{XY} \approx 793$ m; $\sphericalangle ZXY \approx 55°$; $\sphericalangle XYZ \approx 74°$

19.

Grundaufgabe	Beispiel	Lösung
sss	a, b, c	$\cos\alpha = \frac{b^2+c^2-a^2}{2bc}$; $\cos\beta = \frac{a^2+c^2-b^2}{2ac}$ oder $\sin\beta = \frac{b}{a}\cdot\sin\alpha$; $\gamma = 180° - (\alpha+\beta)$
sws	a, γ, b	$c^2 = a^2 + b^2 - 2ab\cdot\cos\gamma$; $\cos\alpha = \frac{b^2+c^2-a^2}{2bc}$ oder $\sin\alpha = \frac{a}{c}\cdot\sin\gamma$; $\beta = 180° - (\alpha+\gamma)$
wsw oder *sww*	α, c, β	$\gamma = 180° - (\alpha+\beta)$; $a = c\cdot\frac{\sin\alpha}{\sin\gamma}$; $b = c\cdot\frac{\sin\beta}{\sin\gamma}$
SsW	$a, c, \gamma\ (a \le c)$	$\sin\alpha = \frac{a}{c}\cdot\sin\gamma$; $\beta = 180° - (\alpha+\gamma)$; $b = c\cdot\frac{\sin\beta}{\sin\gamma}$

20. $\alpha \approx 44{,}42°$; $\beta \approx 57{,}12°$; $\gamma \approx 78{,}46°$

BEACHTE (Randspalte S. 126, unten): Da in jedem Dreieck der größten Seite der größte Winkel gegenüberliegt und ein Dreieck höchstens einen stumpfen oder rechten Winkel besitzt, müssen die beiden anderen Winkel spitze Winkel sein.

21. a) $\alpha \approx 26{,}91°$; $\beta \approx 88{,}23°$; $\gamma \approx 64{,}86°$ b) $\alpha \approx 29{,}76°$; $\beta \approx 67{,}18°$; $\gamma \approx 83{,}06°$
c) $\alpha \approx 37{,}11°$; $\beta \approx 28{,}75°$; $\gamma \approx 114{,}14°$ d) $\alpha \approx 26{,}05°$; $\beta \approx 51{,}32°$; $\gamma \approx 102{,}63°$

22. Gegeben: $a = 4$ cm; $b = 6$ cm; $\gamma \approx 50°$; Lösungen: $c \approx 4{,}60$ cm; $\alpha \approx 41{,}79°$; $\beta \approx 88{,}21°$

23. a) $b \approx 8{,}23$ cm; $\alpha \approx 29{,}01°$; $\gamma \approx 122{,}99°$ b) $c \approx 1{,}55$ cm; $\alpha \approx 50{,}76°$; $\beta \approx 112{,}24°$
c) $a \approx 4{,}37$ cm; $\beta \approx 51{,}97°$; $\gamma \approx 63{,}03°$ d) $\gamma = 130{,}2°$; $a \approx 1{,}72$ cm; $b \approx 5{,}77$ cm
e) $\gamma \approx 18{,}24°$; $\beta \approx 133{,}76°$; $b \approx 9{,}23$ cm f) $\alpha \approx 46{,}50°$; $\gamma \approx 56{,}50°$; $c \approx 7{,}70$ cm
g) $\gamma \approx 45{,}36°$; $\beta \approx 39{,}64°$; $b \approx 2{,}69$ cm h) $\beta \approx 26{,}01°$; $\alpha \approx 88{,}99°$; $a \approx 6{,}84$ cm

24. Gegeben: $a = 7$ cm; $b = 4$ cm; $\alpha \approx 65°$; Lösungen: $\beta \approx 31{,}19°$; $\gamma \approx 83{,}81°$; $c \approx 7{,}68$ cm

25. a) Es gibt zwei Lösungen:
(1) $\alpha = 60°$; $\gamma = 90°$; $b = 4$ m; (2) $\alpha = 120°$; $\gamma = 30°$; $b = 2$ m.
b) $\alpha = 90°$; $\gamma = 60°$; $c \approx 3{,}46$ m
c) Es existiert kein solches Dreieck.
d) $\alpha \approx 22{,}02°$; $\gamma \approx 127{,}98°$; $c \approx 3{,}15$ m

26. a) $\gamma = 67°$; $a \approx 5{,}09$ cm; $b \approx 2{,}40$ cm b) $\gamma = 104°$; $b \approx 18{,}29$ cm; $c \approx 23{,}51$ cm
c) $\beta = 79°$; $a \approx 6{,}00$ cm; $c \approx 3{,}89$ cm d) $\alpha = 33°$; $a \approx 3{,}09$ cm; $b \approx 3{,}57$ cm

AUFGABEN ZUR WIEDERHOLUNG

1. a) Sei x der Strom-Jahresverbrauch in kWh und y der Preis in €.
Für einen Jahresverbrauch bis 5000 kWh gilt: $y = f(x) = 0{,}1095x + 8{,}50 \cdot 12$.
Für einen Jahresverbrauch über 5000 kWh gilt: $y = g(x) = 0{,}1299x$.

x	0	1000	3000	5000	7000	9000	10000
$f(x)$	102,00	211,50	430,50	649,50	868,50	1087,50	1197,00
$g(x)$	0,00	129,90	380,70	649,50	909,30	1169,10	1299,00

2. a) $f(t) = 0{,}14t + 2{,}30$ (t in Minuten, $f(t)$ in €)

b)

$f(t)$ in €	7	10	12	15	20
t in min	33	55	69	90	126

c)

t in min	75	85	100	115	145
$f(t)$ in €	12,80	14,20	16,30	18,40	22,60

Gauß und die Vermessung des Königreiches Hannover

Erläuterungen und Anregungen
Historische Sachverhalte können den Mathematikunterricht in vielfältiger Weise befruchten, die Interessen der Schüler wecken und zur Gestaltung fächerübergreifender Projekte anregen. Viele kennen ihn noch, den bis 2001 verwendeten 10-DM-Schein, auf dem als Hauptmotiv der Mathematiker, Astronom, Geodät und Physiker Carl Friedrich Gauß abgebildet ist. Die Hintergrundzeichnung zeigt Gebäude des historischen Göttingen. Hier hat Gauß studiert, gelehrt und die Sternwarte geleitet. Davor wird in einem rechtwinkligen Koordinatensystem die Gaußsche Normalverteilungskurve dargestellt. Auf der Notenrückseite bildet ein Sextant das vorherrschende Motiv. Daneben findet man einen Ausschnitt aus der Gaußschen Vermessung des Königreiches Hannover. Die Darstellungen auf diesem Geldschein werfen Fragen auf, die Anlass sein können, mit Schülern ein Projekt über das Leben und Wirken von Carl Friedrich Gauß (1777 bis 1855) zu bearbeiten.

Ein solches Projekt beginnt mit einer Planungsphase, in die möglichst viele Schüler einzubeziehen sind. Einen ersten Überblick über die Thematik bekommen die Schüler beim Studium einer Biographie von Carl Friedrich Gauß. Es werden Fragen und Vorschläge für einzelne Teile des Gesamtprojektes gesammelt. Diese betreffen z. B.
- Gauß, seine Herkunft, seine Schulzeit und sein Studium;
- seine ersten wissenschaftlichen Arbeiten auf dem Gebiet der Mathematik;
- Gauß und die Astronomie, Triumph des Rechenstiftes im Planetensystem, Berechnung der Bahndaten der Ceres, seine Tätigkeit als Direktor der Sternwarte Göttingen;
- Gauß und Weber, Experimente mit magnetischen Feldern, der erste Telegraph zwischen dem Physikalischen Kabinett und der Sternwarte in Göttingen;
- Gauß und die Vermessung des Königreiches Hannover;
- Freundschaften und Verbindungen zu anderen Mathematikern und Naturwissenschaftlern.

Aus der Fülle dieser Themen bearbeiten einzelne Schülergruppen je nach ihren Interessen bestimmte Aufgabenstellungen.

Schülerinnen und Schüler der Klasse 9 können ihre Kenntnisse über trigonometrische Berechnungen bei unterschiedlichen Vermessungsaufgaben anwenden. Es bietet sich an, bei dem Projekt einzelne Dreiecke oder Dreiecksketten einer Landesvermessung in vereinfachter Form zu berechnen.

Die geodätischen Messungen von Gauß wurden so ausgeführt, dass von einem Messpunkt aus zwei andere Punkte anvisiert und zwischen ihnen der Winkel bestimmt wurde. Diese Punkte waren entweder markante Geländeerhebungen oder Kirchtürme. Von Punkt zu Punkt wurde so ein Netz von Messpunkten über das zu untersuchende Gebiet gelegt. Wenn für ein so aufgestelltes Dreieck die Länge einer Seite bekannt ist, so lassen sich mithilfe der vermessenen Winkel die beiden übrigen Seiten berechnen, die dann wieder Basis der sich anschließenden Dreiecke sein können.
Die Genauigkeit einer solchen Triangulation hängt davon ab, wie genau die Länge der ersten Basisstrecke und wie präzise alle weiteren Winkel gemessen werden. Es ist sehr aufschlussreich, die Berechnung einer solchen Dreieckskette unter der Voraussetzung auszuführen, dass die gemessenen Winkel einen angenommenen Messfehler haben. Die erforderlichen Rechnungen sind aufwändig, können die Schüler aber gut motivieren, ein Tabellenkalkulationsprogramm eines Computers zu nutzen. Dann ist es relativ einfach zu zeigen, wie kleine Änderungen an den gemessenen Winkeln die Endergebnisse beeinflussen.

Nach dem Einblick in die historischen Arbeiten von Gauß zur Landesvermessung bietet sich ein regionaler Bezug zur Gegenwart an. Wie sieht das Dreiecksnetz 1. Ordnung für das jeweilige Bundesland aus? Wo liegen in der Nachbarschaft der Schule Knotenpunkte dieses Netzes?
Auskünfte hierüber geben die jeweiligen Landesvermessungsämter. Oft können auch Eltern helfen, die beruflich mit Fragen des Vermessungswesens vertraut sind. Die Einbeziehung von Eltern bzw. Mitarbeitern eines Vermessungs-, Ingenieur- oder Architektenbüros sollte bei einem solchen Projekt unbedingt angestrebt werden.

Den Abschluss eines Projektes bildet eine reale und kritische Beurteilung des Erreichten. Die einzelnen Gruppen präsentieren ihre Ergebnisse in Form von Vorträgen, Experimenten, schriftlichen Dokumentationen, Anschauungstafeln, Computerprogrammen und Internetseiten. Es erfolgt eine Würdigung der erbrachten Leistungen im Klassen- bzw. Schulverband. Auf diese Weise wird das Projekt zu einem Höhepunkt im selbständigen, problemreichen und fächerübergreifenden Lernen der Schüler. Es bereitet sie in besonderer Weise auf Anforderungen im späteren Berufsleben vor.

Lösung der Aufgabe 2 auf Seite 129

Berechnung der Dreieckskette Hamburg – Bremen

Bezeichnungen: H = Hamburg, O = Hohenhorn, W = Wilsede, L = Litberg,
Z = Zeven, S = Steinberg, B = Bremen

Strecke Hamburg – Hohenhorn:	26 977,483 m	
Dreieck 1: $\sphericalangle\, WHO = 76{,}271\,964°$;	$\sphericalangle\, HOW = 67{,}721\,469°$;	$\sphericalangle\, OWH = 36{,}006\,567°$
Strecke Hamburg – Wilsede:	42 464,023 m	
Dreieck 2: $\sphericalangle\, LHW = 50{,}104\,854°$;	$\sphericalangle\, HWL = 45{,}014\,412°$;	$\sphericalangle\, WLH = 84{,}880\,734°$
Strecke Litberg – Wilsede:	32 709,701 m	
Dreieck 3: $\sphericalangle\, ZLW = 107{,}543\,498°$;	$\sphericalangle\, LWZ = 30{,}093\,888°$;	$\sphericalangle\, WZL = 42{,}362\,614°$
Strecke Wilsede – Zeven:	46 285,806 m	
Dreieck 4: $\sphericalangle\, SZW = 72{,}917\,398°$;	$\sphericalangle\, ZWS = 41{,}184\,404°$;	$\sphericalangle\, WSZ = 65{,}898\,197°$
Strecke Zeven – Steinberg:	33 389,329 m	
Dreieck 5: $\sphericalangle\, BZS = 52{,}141\,151°$;	$\sphericalangle\, ZSB = 74{,}526\,369°$;	$\sphericalangle\, SBZ = 53{,}332\,480°$
Strecke Bremen – Zeven:	40 117,821 m	

Flächeninhaltsberechnungen bei Dreiecken

Lösungen der Aufgaben auf den Seiten 130 bis 132

1. Es sind 18 m² zu streichen. Es werden also 4 Dosen benötigt, diese kosten 35,80 €.
2. Das Grundstück ist etwa 204 m² groß und hat einen Wert von 42 840 €.
3. $A = \frac{1}{2}ch_c$; $h_c = b \cdot \sin\alpha \Rightarrow A = \frac{1}{2}bc \cdot \sin\alpha$
4. $A = \frac{1}{2}ah_a$; $h_a = b \cdot \sin\gamma \Rightarrow A = \frac{1}{2}ab \cdot \sin\gamma$
5. a) $A \approx 7{,}71$ cm² b) $A \approx 18{,}07$ cm² c) $A \approx 7{,}39$ cm² d) $A \approx 8{,}27$ cm²
   e) $A \approx 21{,}58$ m² f) $A \approx 3{,}62$ cm²
6. $A = \frac{1}{2}ah_a$; $h_a = b \cdot \sin(180° - \gamma) = b \cdot \sin\gamma \Rightarrow A = \frac{1}{2}ab \cdot \sin\gamma$
7. a) $A = \frac{1}{2} \cdot 6{,}8\text{ cm} \cdot 4{,}2\text{ cm} \cdot \sin\beta$; $\cos\beta = \frac{2{,}1}{6{,}8} \Rightarrow \beta \approx 72{,}01°$; $A \approx 13{,}58$ cm²
   (auch Ansatz gemäß c) möglich)
   b) $A = \frac{1}{2}ac \cdot \sin\beta = \frac{1}{2}ac \cdot \sqrt{1-\cos^2\beta} = \frac{1}{2}ac \cdot \sqrt{1-\left(\frac{c}{2a}\right)^2} = \frac{c}{2} \cdot \sqrt{a^2-\left(\frac{c}{2}\right)^2}$
   c) $a^2 = h_c^2 + \left(\frac{c}{2}\right)^2 \Rightarrow h_c^2 = a^2 - \left(\frac{c}{2}\right)^2 \Rightarrow h_c = \sqrt{a^2-\left(\frac{c}{2}\right)^2} \Rightarrow A = \frac{1}{2}c \cdot \sqrt{a^2-\left(\frac{c}{2}\right)^2}$

8. a) $A \approx 3{,}90$ cm²
   b) $A = \frac{1}{2}a^2 \cdot \sin 60° = \frac{1}{2}a^2 \cdot \frac{1}{2}\sqrt{3} = \frac{\sqrt{3}}{4}a^2$
9. $b = a \cdot \frac{\sin\beta}{\sin\alpha} \approx 4{,}43$ cm; $\gamma = 57°$; $A \approx 11{,}14$ cm²
10. a) $A \approx 5{,}65$ cm² b) $A \approx 2{,}09$ m² c) $A \approx 48{,}74$ cm² d) $A \approx 20{,}74$ m²
    e) $A \approx 39{,}87$ cm² f) $A \approx 365{,}1$ cm²
11. $a \approx 5{,}15$ cm; $b \approx 5{,}93$ cm; $c \approx 7{,}00$ cm
12. a) $A \approx 9{,}92$ cm² b) $A \approx 10{,}39$ cm² c) $A \approx 14{,}70$ cm² d) $A \approx 20{,}40$ cm²
13. a)

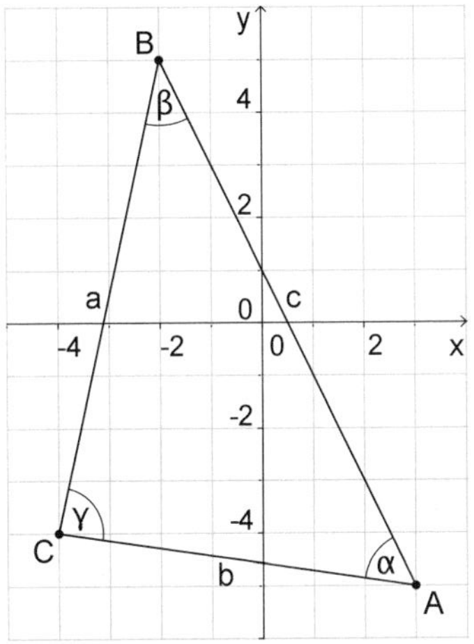

$a \approx 9{,}22$ cm; $b \approx 7{,}07$ cm;
$c \approx 11{,}18$ cm;
$\alpha \approx 55{,}3°$; $\beta \approx 39{,}1°$; $\gamma \approx 85{,}6°$;
Flächeninahlt des Dreiecks ABC:
$A = 32{,}5$ cm²

b)

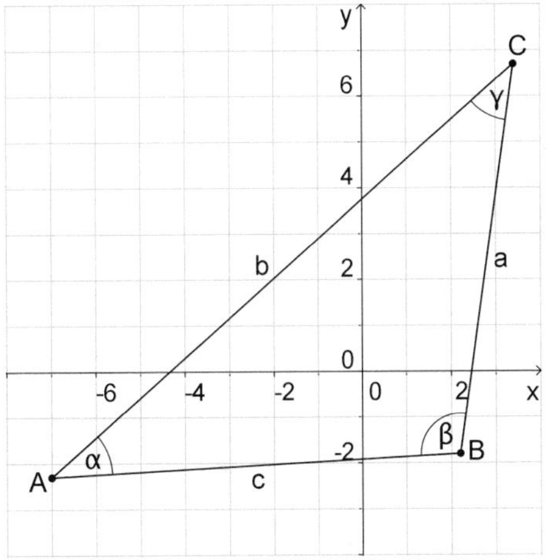

$a \approx 8{,}58$ cm; $b \approx 13{,}75$ cm;
$c \approx 9{,}21$ cm;
$\alpha \approx 37{,}8°$; $\beta \approx 101{,}1°$; $\gamma \approx 41{,}1°$;
Flächeninahlt des Dreiecks ABC:
$A = 38{,}8$ cm²

14. a) $\triangle ADB$: a, β und γ sind bekannt;
$d \approx 22{,}3$ m; $f \approx 26{,}7$ m.
$\triangle ACB$: a, δ und $\beta - \alpha$ sind bekannt;
$b \approx 26{,}0$ m; $e \approx 41{,}1$ m.
$\triangle ADC$: d, e und α sind bekannt;
$c \approx 25{,}2$ m.
Flächeninhalt des Vierecks $ABCD$:
$A = \frac{1}{2}de \sin\alpha + \frac{1}{2}ae \sin(\beta - \alpha)$
$A \approx 549$ m²

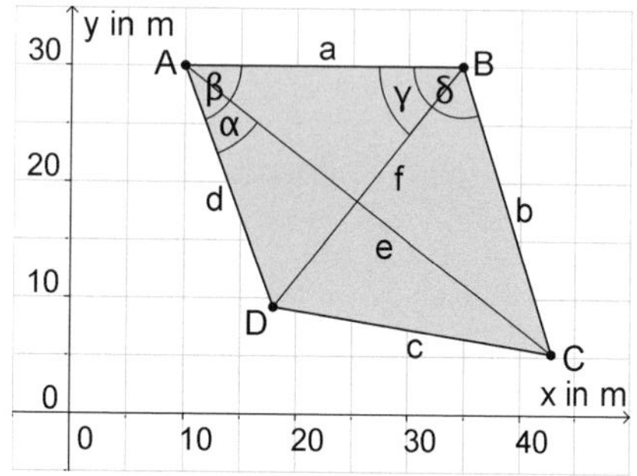

b) $d \approx 127{,}7$ m; $f \approx 161{,}6$ m;
$b \approx 79{,}4$ m; $e \approx 112{,}9$ m;
$c \approx 91{,}1$ m
Flächeninhalt des Vierecks $ABCD$:
$A \approx 9097$ m² $\approx 0{,}91$ ha

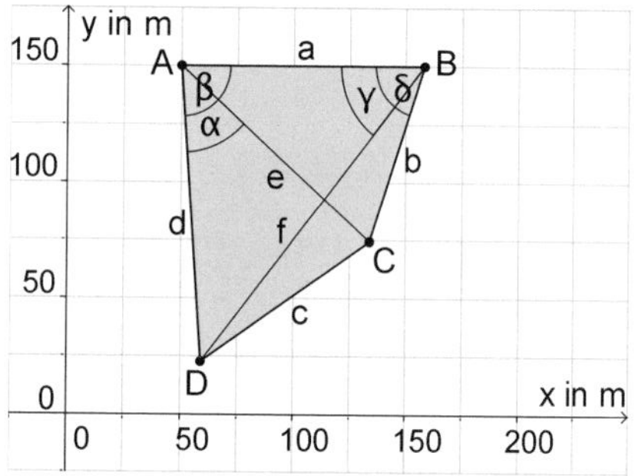

c) $d \approx 273{,}2$ m; $f \approx 294{,}9$ m;
$b \approx 77{,}3$ m; $e \approx 106{,}5$ m;
$c \approx 234{,}8$ m
Flächeninhalt des Vierecks $ABCD$:
$A \approx 14\,755$ m² $\approx 1{,}48$ ha

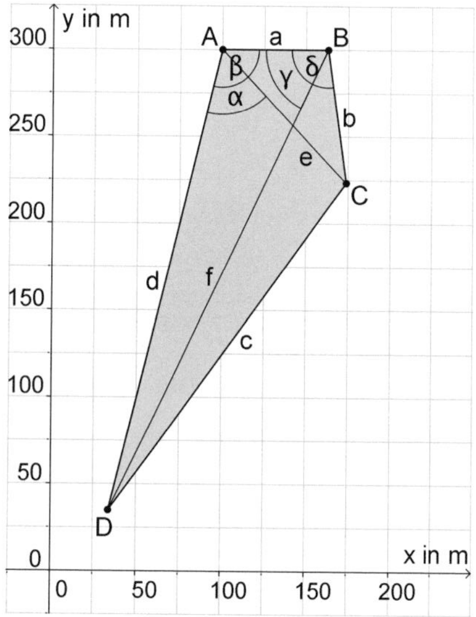

15. $A\,(5{,}94 \mid 3{,}71)$
$B\,(3{,}68 \mid 3{,}95)$
$C\,(1{,}66 \mid 7{,}83)$
$a \approx 4{,}37$ cm
$b \approx 5{,}93$ cm
$c \approx 2{,}27$ cm
$\alpha \approx 37{,}8°$
$\beta \approx 123{,}6°$
$\gamma \approx 18{,}6°$
Flächeninhalt des Dreiecks ABC:
$A \approx 4{,}13$ cm²

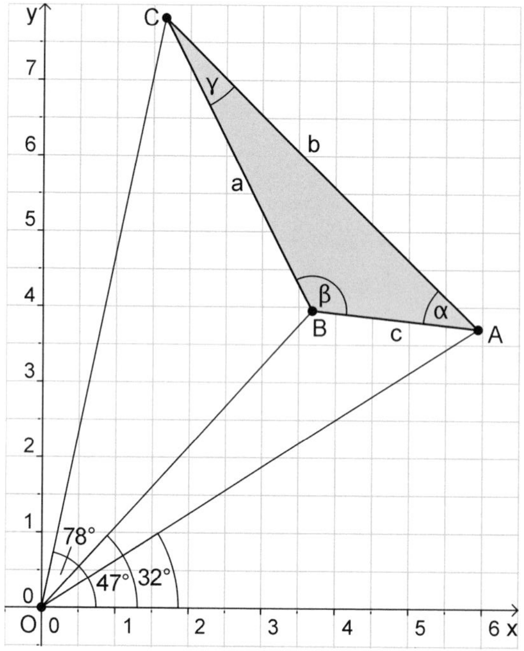

Anwendung der Winkelfunktionen bei Problemen und Beweisen in der ebenen Geometrie

Lösungen der Aufgaben auf den Seiten 133 bis 134

1. Es sei $0° \leq \alpha < 180°$ und $0° \leq \beta < 180°$ vorausgesetzt, d. h. bei fallenden Geraden soll nicht mit negativen Anstiegswinkeln gerechnet werden.
Fall 1: $\alpha > \beta$
In diesem Falle treten am Schnittpunkt der Geraden die Winkel $\delta_1 = \alpha - \beta = |\alpha - \beta|$ und $\delta_2 = 180° - (\alpha - \beta) = 180° - |\alpha - \beta|$ auf. Der Schnttwinkel δ ist der kleinere der beiden Winkel.

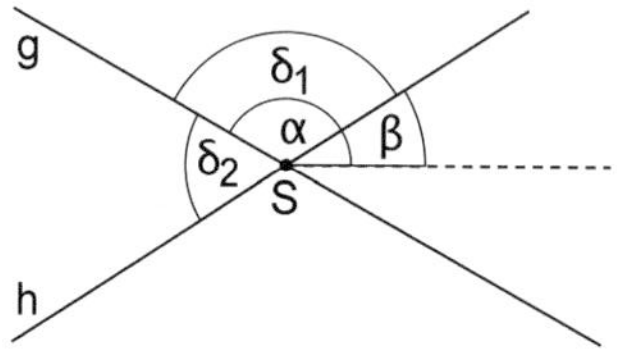

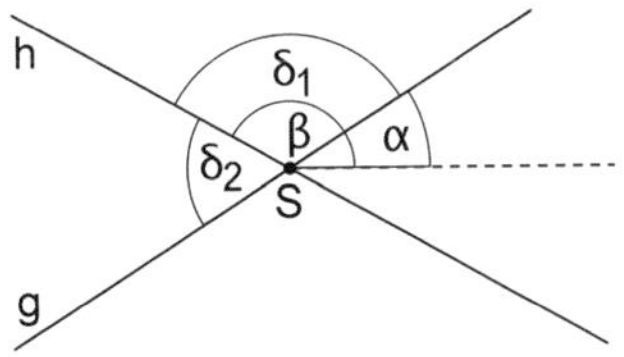

Fall 2: $\alpha < \beta$

In diesem Falle treten am Schnittpunkt der Geraden die Winkel $\delta_1 = \beta - \alpha = |\alpha - \beta|$ und $\delta_2 = 180° - (\beta - \alpha) = 180° - |\alpha - \beta|$ auf. Der Schnttwinkel δ ist der kleinere der beiden Winkel.

In jedem Falle gilt also $\delta = |\alpha - \beta|$ oder $\delta = 180° - |\alpha - \beta|$.

(„Entweder oder" ist hier nicht ganz korrekt, denn im Falle $\alpha - \beta = 90°$ oder $\beta - \alpha = 90°$ gelten beide Beziehungen.)

2. Es sollen dieselben Winkelbezeichnungen wie in Aufgabe 1 gelten.

a) Fall 1a: $\alpha > \beta$; $\delta = \delta_1 = \alpha - \beta < 90°$

$$\tan\delta = \tan(\alpha - \beta) = \frac{\tan\alpha + \tan(-\beta)}{1 - \tan\alpha \cdot \tan(-\beta)} = \frac{\tan\alpha - \tan\beta}{1 + \tan\alpha \cdot \tan\beta} = \frac{m_g - m_h}{1 + m_g m_h}$$

$$0° < \delta < 90° \Rightarrow \tan\delta > 0 \Rightarrow \tan\delta = |\tan\delta| = \left|\frac{m_g - m_h}{1 + m_g m_h}\right|$$

Fall 1b: $\alpha > \beta$; $\delta = \delta_2 = 180° - (\alpha - \beta) < 90°$

$$\tan\delta = -\tan(\alpha - \beta) = \tan(\beta - \alpha) = \frac{\tan\beta + \tan(-\alpha)}{1 - \tan\beta \cdot \tan(-\alpha)} = \frac{\tan\beta - \tan\alpha}{1 + \tan\alpha \cdot \tan\beta} = \frac{m_h - m_g}{1 + m_g m_h}$$

$$0° < \delta < 90° \Rightarrow \tan\delta > 0 \Rightarrow \tan\delta = |\tan\delta| = \left|\frac{m_h - m_g}{1 + m_g m_h}\right| = \left|\frac{m_g - m_h}{1 + m_g m_h}\right|$$

Fall 2a: $\alpha < \beta$; $\delta = \delta_1 = \beta - \alpha < 90°$

$$\tan\delta = \tan(\beta - \alpha) = \frac{\tan\beta + \tan(-\alpha)}{1 - \tan\beta \cdot \tan(-\alpha)} = \frac{\tan\beta - \tan\alpha}{1 + \tan\alpha \cdot \tan\beta} = \frac{m_h - m_g}{1 + m_g m_h}$$

$$0° < \delta < 90° \Rightarrow \tan\delta > 0 \Rightarrow \tan\delta = |\tan\delta| = \left|\frac{m_h - m_g}{1 + m_g m_h}\right| = \left|\frac{m_g - m_h}{1 + m_g m_h}\right|$$

Fall 2b: $\alpha < \beta$; $\delta = \delta_2 = 180° - (\beta - \alpha) < 90°$

$$\tan\delta = -\tan(\beta - \alpha) = \tan(\alpha - \beta) = \frac{\tan\alpha + \tan(-\beta)}{1 - \tan\alpha \cdot \tan(-\beta)} = \frac{\tan\alpha - \tan\beta}{1 + \tan\alpha \cdot \tan\beta} = \frac{m_g - m_h}{1 + m_g m_h}$$

$$0° < \delta < 90° \Rightarrow \tan\delta > 0 \Rightarrow \tan\delta = |\tan\delta| = \left|\frac{m_g - m_h}{1 + m_g m_h}\right|$$

Weitere Fälle gibt es nicht, denn im Falle $\delta = 90°$ gilt $m_g \cdot m_h = -1$. Dieser Fall wurde ausgeschlossen.

b) Die Tangensfunktion ist im Intervall $0° \leq \delta < 90°$ streng monoton wachsend und damit umkehrbar. Für $\delta = 90°$ ist sie nicht definiert. Der Wertebereich der Tangensfunktion im Intervall $0° \leq \delta < 90°$ ist das Intervall $[0; \infty)$. Der Definitionsbereich der Umkehrfunktion ist also ebenfalls $[0; \infty)$.

Folglich entspricht jeder reellen Zahl aus diesem Intervall und damit auch jedem möglichen Wert des Terms $\left|\frac{m_g - m_h}{1 + m_g m_h}\right|$ genau ein Winkel δ mit $0° \leq \delta < 90°$.

c) Es wurde $m_g \cdot m_h \neq -1$ vorausgesetzt, weil für $m_g \cdot m_h = -1$ der Nenner des Bruches im Term $\left|\frac{m_g - m_h}{1 + m_g m_h}\right|$ gleich 0 wird.

Im Falle $m_g \cdot m_h = -1$ stehen die beiden Geraden senkrecht aufeinander, es ist $\delta = 90°$ und $\tan\delta$ ist nicht definiert. Die Funktion $f_1(\delta) = \tan\delta$ hat bei $\delta = 90°$ eine Polstelle.

Die gebrochenrationale Funktion $f_2(m_g) = \frac{m_g - m_h}{1 + m_g m_h}$ mit konstantem m_h hat an der Stelle $m_g = -\frac{1}{m_h}$ ebenfalls eine Polstelle, da der Nenner des Funktionsterms gleich 0 und der Zähler ungleich 0 ist. Das Gleiche gilt für die gebrochenrationale Funktion $f_3(m_h) = \frac{m_g - m_h}{1 + m_g m_h}$ mit konstantem m_g an der Stelle $m_h = -\frac{1}{m_g}$.

3. a) $\tan\delta = \left|\frac{1-2}{1+1\cdot 2}\right| = \frac{1}{3} \Rightarrow \delta \approx 18{,}4°$

b) $\tan\delta = \left|\frac{-1-2}{1+(-1)\cdot 2}\right| = 3 \Rightarrow \delta \approx 71{,}6°$

c) $\tan\delta = \left|\frac{-4-4}{1+(-4)\cdot 4}\right| = \frac{8}{15} \Rightarrow \delta \approx 28{,}1°$

d) $\delta = 90°$

e) $\tan\delta = \left|\frac{a-c}{1+ac}\right|$ für $a \neq c$ und $ac \neq -1$; $\delta = 90°$ für $a \neq c$ und $ac = -1$;

kein Schnittpunkt für $a = c$ und $b \neq d$;

unendliche viele gemeinsame Punkte mit $\delta = 0°$ für $a = c$ und $b = d$

f) $\tan\delta = \left|\frac{-\sqrt{24} - (-\sqrt{6})}{1 + (-\sqrt{24})\cdot(-\sqrt{6})}\right| = \left|\frac{-2\sqrt{6} + \sqrt{6}}{13}\right| = \frac{\sqrt{6}}{13} \approx 0{,}018\,842 \Rightarrow \delta \approx 10{,}7°$

4. a) Nach dem Kosinussatz gilt:

$e^2 = a^2 + b^2 - 2ab\cos\beta$

$f^2 = a^2 + b^2 - 2ab\cos\alpha$

$f^2 = a^2 + b^2 - 2ab\cos(180° - \beta)$

$f^2 = a^2 + b^2 + 2ab\cos\beta$

Hieraus folgt: $e^2 + f^2 = 2(a^2 + b^2)$.

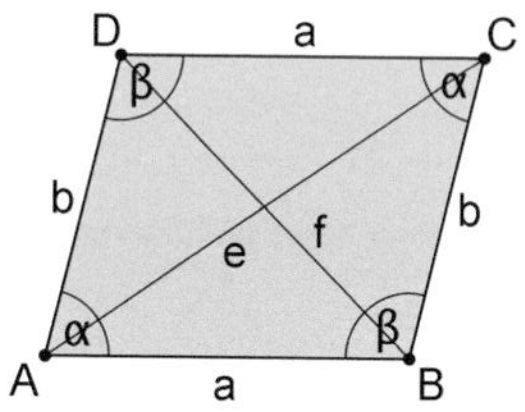

b) Bei einem Rechteck ist $e = f$ und $\alpha = \beta = 90°$. Nach Division beider Seiten der Gleichung durch 2 erhält man den Satz des Pythagoras: $a^2 + b^2 = e^2$.

5. *Lösungsweg 1:*

$$4\cos\frac{\alpha}{2}\cos\frac{\beta}{2}\cos\frac{\gamma}{2} = 4\cos\frac{\alpha}{2}\cos\frac{\beta}{2}\sin\left(90° - \frac{\gamma}{2}\right)$$

$$= 4\cos\frac{\alpha}{2}\cos\frac{\beta}{2}\sin\frac{\alpha+\beta}{2}$$

$$= 4\cos\frac{\alpha}{2}\cos\frac{\beta}{2}\cdot\left(\sin\frac{\alpha}{2}\cos\frac{\beta}{2} + \cos\frac{\alpha}{2}\sin\frac{\beta}{2}\right)$$

$$= 4\sin\frac{\alpha}{2}\cos\frac{\alpha}{2}\cos^2\frac{\beta}{2} + 4\sin\frac{\beta}{2}\cos\frac{\beta}{2}\cos^2\frac{\alpha}{2}$$

$$= 2\sin\alpha\cos^2\frac{\beta}{2} + 2\sin\beta\cos^2\frac{\alpha}{2}$$

$= \sin\alpha\cdot(1 + \cos\beta) + \sin\beta\cdot(1 + \cos\alpha)$

$= \sin\alpha + \sin\beta + \sin\alpha\cos\beta + \cos\alpha\sin\beta$

$= \sin\alpha + \sin\beta + \sin(\alpha + \beta) = \sin\alpha + \sin\beta + \sin(180° - \gamma)$

$= \sin\alpha + \sin\beta + \sin\gamma$

Lösungsweg 2 unter Verwendung des Beispiels im Lehrbuch:

$\sin\alpha + \sin\beta + \sin\gamma = \sin\alpha + \sin\beta - \sin\gamma + 2\sin\gamma$

$$= 4\sin\frac{\alpha}{2}\sin\frac{\beta}{2}\cos\frac{\gamma}{2} + 4\sin\frac{\gamma}{2}\cos\frac{\gamma}{2}$$

$$= 4\left(\sin\frac{\alpha}{2}\sin\frac{\beta}{2} + \sin\frac{\gamma}{2}\right)\cos\frac{\gamma}{2}$$

$$= 4\left(\sin\frac{\alpha}{2}\sin\frac{\beta}{2} + \cos\frac{\alpha+\beta}{2}\right)\cos\frac{\gamma}{2}$$

$$= 4\left(\sin\frac{\alpha}{2}\sin\frac{\beta}{2} + \cos\frac{\alpha}{2}\cos\frac{\beta}{2} - \sin\frac{\alpha}{2}\sin\frac{\beta}{2}\right)\cos\frac{\gamma}{2}$$

$$= 4\cos\frac{\alpha}{2}\cos\frac{\beta}{2}\cos\frac{\gamma}{2}$$

6. a) Die Innenwinkel des grauen Dreiecks seien wie üblich mit α, β und γ bezeichnet. Es sei A_{grau} der Flächeninhalt des grauen Dreiecks, A_{gelb} der des gelben Dreiecks usw.

$$A_{\text{gelb}} = \frac{1}{2}bc\sin(180° - \alpha) = \frac{1}{2}bc\sin\alpha = A_{\text{grau}}$$

$$A_{\text{grün}} = \frac{1}{2}ac\sin(180° - \beta) = \frac{1}{2}ac\sin\beta = A_{\text{grau}}$$

$$A_{\text{rot}} = \frac{1}{2}ab\sin(180° - \gamma) = \frac{1}{2}ab\sin\gamma = A_{\text{grau}}$$

b) Nach dem Kosinussatz gilt:

$a^2 = b^2 + c^2 - 2bc\cos\alpha \quad\Rightarrow\quad 2bc\cos\alpha = b^2 + c^2 - a^2$

$b^2 = a^2 + c^2 - 2ac\cos\beta \quad\Rightarrow\quad 2ac\cos\beta = a^2 + c^2 - b^2$

$c^2 = a^2 + b^2 - 2ab\cos\gamma \quad\Rightarrow\quad 2ab\cos\gamma = a^2 + b^2 - c^2$

$x^2 = b^2 + c^2 - 2bc\cos(180° - \alpha) = b^2 + c^2 + 2bc\cos\alpha = 2b^2 + 2c^2 - a^2$

$y^2 = a^2 + c^2 - 2ac\cos(180° - \beta) = a^2 + c^2 + 2ac\cos\beta = 2a^2 + 2c^2 - b^2$

$z^2 = a^2 + b^2 - 2ab\cos(180° - \gamma) = a^2 + b^2 + 2ab\cos\gamma = 2a^2 + 2b^2 - c^2$

$x^2 + y^2 + z^2 = 3a^2 + 3b^2 + 3c^2 = 3(a^2 + b^2 + c^2)$

Sachaufgaben

Lösungen der Aufgaben auf den Seiten 135 bis 137

1. Die Neigungswinkel der Dachflächen betragen 39,6° und 18,6°. Der Schnee rutscht somit von der 6 m langen Dachseite ab.
2. Der Balken muss 2,98 m lang sein.
3. $\overline{BD} = f = 208\text{ m}\cdot\frac{\sin 70°}{\sin 85°} \approx 196{,}2\text{ m}$; $\overline{BC} = b = 208\text{ m}\cdot\frac{\sin 29°}{\sin 96°} \approx 101{,}4\text{ m}$

   $A_{\triangle ABD} = \frac{1}{2}\cdot\overline{BD}\cdot\overline{AB}\cdot\sin\beta_2 \approx 8623{,}6\text{ m}^2$; $A_{\triangle BCD} = \frac{1}{2}\cdot\overline{BD}\cdot\overline{BC}\cdot\sin\beta_1 \approx 4973{,}5\text{ m}^2$

   $A = A_{\triangle ABD} + A_{\triangle BCD} \approx 13\,597\text{ m}^2$
4. a) Die Entfernung zwischen Mittweida und Limbach-Oberfrohna beträgt ca. 23,5 km.

   b) Von Hohenfelde aus gesehen liegt Weimar in nordöstlicher Richtung (N 45,01° O).
5. a) Ab ca. 41,25 km kann man die Kirchtürme nicht mehr getrennt wahrnehmen.

   b) $\sin\varphi \approx \frac{384\,000\text{ km}}{1{,}5\cdot 10^9\text{ km}} \approx 2{,}56\cdot 10^{-4} \Rightarrow \varphi \approx 0{,}01467° \approx 0{,}88' < 1'$

   Von dem Raumschiff aus können Mond und Erde nicht mehr getrennt wahrgenommen werden.

6. Der Fußweg ist 460 m lang.
7. Der Fluss ist 228 m breit.
8. Die Strecke AB ist 161 m lang.
9. Der Abstand beträgt 2,39 km.
10. Der Mast ist 6,78 m hoch.
11. a) Richtung: S 69,3° W; Geschwindigkeit über Grund: 6,44 m/s ≈ 23,2 km/h
    b) Richtung: N 75,4° W
12. $F_2 \approx 4{,}77$ N; Winkel zwischen den beiden Teilkräften: 128,01°
13. a) $F \approx 97{,}2$ N; $\alpha_1 \approx 25{,}5°$ b) $F_2 \approx 136{,}0$ N; $\alpha_1 \approx 54{,}3°$
    c) Es existieren zwei Lösungen: (1) $F \approx 42{,}7$ N; $\alpha \approx 132{,}3°$; (2) $F \approx 12{,}3$ N; $\alpha \approx 167{,}7°$.
    d) $F_1 \approx 82{,}4$ N; $\alpha_1 \approx 48{,}4°$
    e) $F_1 \approx 275{,}8$ N; $F_2 \approx 242{,}5$ N f) $F \approx 96{,}2$ N; $F_2 \approx 71{,}4$ N
14. Der Kran kann Lasten bis zu einer Höhe von 14,2 m heben.
15. Die Seile ziehen links mit 194,0 N und rechts mit 158,7 N an den Verankerungen.
16. a) Es gibt zwei solche Punkte: $P(7 \mid 5)$ und $P(-1 \mid -1)$.
    b) $c = \overline{P_1P_2} = \sqrt{65}$; $a = \overline{P_2P_3} = \sqrt{58}$; $b = \overline{P_1P_3} = \sqrt{89}$; $\gamma \approx 55{,}2°$ (Kosinussatz);
    $A = \frac{1}{2}ab \cdot \sin\gamma = 29{,}5$ FE
17. $\gamma = 33°$; $\overline{AF} \approx 386{,}6$ m; $\overline{FG} \approx 477{,}4$ m. Die Höhe des Gipfels beträgt 1597 m.

NACHGEDACHT (Randspalte S. 137): $\overline{BF} \approx 267{,}8$ m; $\varphi \approx 60{,}7°$

Teste dich!

Lösungen der Aufgaben auf den Seiten 138 bis 139

1. a) $\alpha \approx 63{,}26°$ b) $\alpha \approx 26{,}74°$ c) Das ist unmöglich wegen $\cos\alpha \le 1$.
   d) $\alpha \approx 89{,}73°$ e) $\alpha \approx 7{,}25°$ f) $\alpha \approx 59{,}997°$
   g) $\alpha = 30°$ h) $\alpha \approx 26{,}57°$ i) $\alpha = 45°$
2. a) $\gamma = 55°$; $a \approx 6{,}55$ cm; $b \approx 8{,}25$ cm b) $\alpha \approx 24{,}15°$; $\beta \approx 30{,}75°$; $\gamma \approx 125{,}1°$
   c) $\beta \approx 25{,}3°$; $\gamma \approx 134{,}7°$; $c \approx 8{,}31$ cm oder $\beta \approx 154{,}7°$; $\gamma \approx 5{,}3°$; $c \approx 1{,}08$ cm
   d) $\alpha = \beta = 32{,}5°$; $c \approx 5{,}06$ cm
3. a) $\gamma = 90°$; es handelt sich um ein gleichschenklig-rechtwinkliges Dreieck.
   Mit dem Satz des Pythagoras berechnet man $a = b = 10{,}5\sqrt{2}$ cm ≈ 14,85 cm und damit $A \approx 0{,}5 \cdot (10{,}5\sqrt{2}\text{ cm})^2 = 110{,}25\text{ cm}^2$.
   b) $\gamma \approx 51{,}93°$; $A \approx 24{,}56\text{ cm}^2$
   c) $A = \frac{1}{2}c \cdot h_c$. Die Höhe h_c zerlegt das Dreieck in zwei rechtwinklige Teildreiecke. Die Länge von c ist die Summe zweier Teilstrecken, deren Längen sich jeweils mit dem Satz des Pythagoras berechnen lassen. Man erhält $c \approx 6{,}65$ cm; $A \approx 9{,}97\text{ cm}^2$.
   d) $A \approx 8{,}61\text{ cm}^2$

4. Die Winkel des Dreiecks sind 30°, 60°, 90° ($\tan 30° = 1 : \sqrt{3}$).
   Es gibt unendlich viele solche Dreiecke, weil die Seitenlängen unbestimmt sind.
5. Die Grundfläche hat die Kantenlänge 7,05 cm. (Es ist $h : (0{,}5a) = \tan 80°$; $h = 20$ cm.)
6. $$\frac{a-b}{a+b} = \frac{a - a\cdot\frac{\sin\beta}{\sin\alpha}}{a + a\cdot\frac{\sin\beta}{\sin\alpha}} = \frac{\frac{\sin\alpha - \sin\beta}{\sin\alpha}}{\frac{\sin\alpha + \sin\beta}{\sin\alpha}} = \frac{\sin\alpha - \sin\beta}{\sin\alpha + \sin\beta} = \frac{2\cdot\cos\frac{\alpha+\beta}{2}\cdot\sin\frac{\alpha-\beta}{2}}{2\cdot\sin\frac{\alpha+\beta}{2}\cdot\cos\frac{\alpha-\beta}{2}}$$
   Die Anwendung der Additionstheoreme und Doppelwinkelformeln etc. bestätigt die Richtigkeit der letzteren Gleichung. Für den Zähler z. B.:
   $$2\cdot\cos\frac{\alpha+\beta}{2}\cdot\sin\frac{\alpha-\beta}{2} = 2\cdot(\cos\frac{\alpha}{2}\cos\frac{\beta}{2} - \sin\frac{\alpha}{2}\sin\frac{\beta}{2})\cdot(\sin\frac{\alpha}{2}\cos\frac{\beta}{2} - \cos\frac{\alpha}{2}\sin\frac{\beta}{2})$$
   $$= 2\cdot(\cos\frac{\alpha}{2}\sin\frac{\alpha}{2} - \sin\frac{\beta}{2}\cos\frac{\beta}{2}) = \sin\alpha - \sin\beta$$
   Für den Nenner:
   $$2\cdot\sin\frac{\alpha+\beta}{2}\cdot\cos\frac{\alpha-\beta}{2} = 2\cdot(\sin\frac{\alpha}{2}\cos\frac{\beta}{2} + \cos\frac{\alpha}{2}\sin\frac{\beta}{2})\cdot(\cos\frac{\alpha}{2}\cos\frac{\beta}{2} + \sin\frac{\alpha}{2}\sin\frac{\beta}{2})$$
   $$= 2\cdot(\sin\frac{\alpha}{2}\cos\frac{\alpha}{2} + \sin\frac{\beta}{2}\cos\frac{\beta}{2}) = \sin\alpha + \sin\beta$$
7. $\overline{AP} \approx 149{,}8$ m; $\overline{AZ} \approx 297{,}5$ m; $\overline{BP} \approx 162{,}3$ m; $\overline{BZ} \approx 216{,}0$ m; $\overline{PZ} \approx 194{,}8$ m
8. Der Mast ist rund 6,1 m hoch.
9. Die Höhe des Dreiecks $\triangle ABM$ (M: Mittelpunkt des Inkreises) ist der Radius ϱ des Inkreises und teilt die Seite c des Dreiecks ABC in zwei Teile x und y. Nach Definition des Inkreises halbiert die Strecke $\overline{AM}$ den Winkel α und die Strecke $\overline{BM}$ den Winkel β. Die Beziehungen in rechtwinkligen Dreiecken liefern mit diesen Bezeichnungen:
   $\tan\frac{\alpha}{2} = \frac{\varrho}{x}$ und $\tan\frac{\beta}{2} = \frac{\varrho}{y}$.
   Mit $x + y = c$ folgt daraus:
   $$c = \frac{\varrho}{\tan\frac{\alpha}{2}} + \frac{\varrho}{\tan\frac{\beta}{2}} = \frac{\varrho\cdot(\tan\frac{\beta}{2} + \tan\frac{\alpha}{2})}{\tan\frac{\alpha}{2}\cdot\tan\frac{\beta}{2}}$$
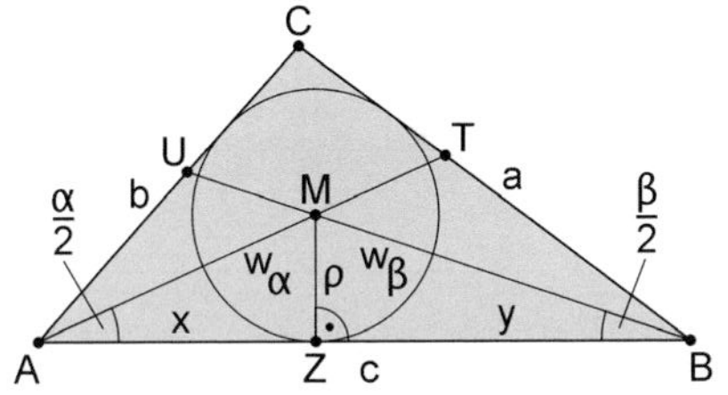

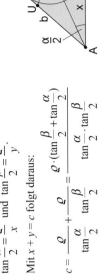

   Hieraus erhält man durch Auflösen nach ϱ die Behauptung.
10. a) Kantenlänge des Oktaeders: $\frac{a}{\sqrt{2}}$ (a: Kantenlänge des umgebenden Würfels)
    b) Kantenlänge des Würfels: $\frac{1}{3}a\cdot\sqrt{2}$ (a: Kantenlänge des umgebenden Oktaeders)

Körperberechnungen

Nachdem in Klasse 8 Prismen, Pyramiden und Kreiszylinder und in Klasse 9 Pyramidenstümpfe behandelt wurden, werden diese Kenntnisse und Fähigkeiten jetzt ergänzt, gefestigt und systematisiert. In diesem Kapitel lernen die Schülerinnen und Schüler Kreiskegel, Kugeln und Kegelstümpfe kennen, formulieren Definitionen, berechnen Oberflächeninhalte und Volumina und stellen die Körper anschaulich dar. Die genaue Kenntnis der Gemeinsamkeiten von Pyramiden und Kreiskegeln sowie von Pyramidenstümpfen und Kegelstümpfen erleichtert ihnen den Umgang mit diesen Körpern, ihre Berechnung und Darstellung.
Größere Schwierigkeiten bereitet dagegen das Finden der Formeln für die Kugelberechnung; erstmals besitzt ein Körper weder eine Grundfläche noch Kanten oder Ecken. Nach Volumenschätzungen unter Berücksichtigung von Vergleichskörpern, die der weiteren Schulung des räumlichen Vorstellungsvermögens dienen, wird die Formel für das Kugelvolumen mithilfe des Satzes von Cavalieri hergeleitet, wobei sinnvollerweise von einer Halbkugel ausgegangen wird, da diese eine Grundfläche besitzt. Bevor die Veranschaulichungen im Schulbuch hierzu herangezogen werden, sollte der Suche nach Vergleichskörpern entsprechende Aufmerksamkeit gewidmet werden.
Die Herleitung einer Formel für das Volumen eines Kegelstumpfes kann analog zum Vorgehen bei einem Pyramidenstumpf erfolgen. Die Formel für den Mantelflächeninhalt kann mithilfe des Lösungsansatzes aus dem Beispiel auf Schulbuchseite 153 durch die Schülerinnen und Schüler selbständig bewiesen werden.
Beim Berechnen von Oberflächeninhalten und Volumina sollte die Gelegenheit genutzt werden, durch Übungen im Schätzen Größenvorstellungen zu entwickeln. Ergebnisse sollten stets in sinnvoller Weise gerundet werden.
Die Berechnung zusammengesetzter Körper durch Zerlegen oder Ergänzen bietet oft Anforderungen, die auf verschiedenen Wegen bewältigt werden können. Unterschiedliche Lösungsvarianten der Schüler sollten stets umfassend diskutiert und miteinander verglichen werden.
Beim Arbeiten mit Formeln sollten auch funktionale Betrachtungen mit einbezogen werden. Eine Möglichkeit hierfür wäre z. B. die Bearbeitung von Extremwertaufgaben mithilfe einer Tabellenkalkulation oder der Scheitelpunktform quadratischer Funktionen.
Platonische Körper (reguläre Polyeder), Keplersche Sternkörper und Archimedische Körper sind Themenbereiche für sehr interessante und anspruchsvolle Aufgabenstellungen. Sie bilden Anknüpfungspunkte für Projekte der Schüler. Eine Vielzahl von Anregungen hierzu bieten auch Veröffentlichungen im Internet.

Lösung der Aufgabe auf Seite 141

Fassungsvermögen der Eiswaffel in der Schulbuchskizze rechts unten (bei Vernachlässigung der Wandstärke): $V_W = \frac{1}{3}\pi r^2 h = \frac{1}{3}\pi \cdot (2\text{ cm})^2 \cdot 5{,}6\text{ cm} \approx 23{,}5\text{ cm}^3$

Volumen der Kugel: $V_K = \frac{4}{3}\pi R^3 = \frac{4}{3}\pi \cdot (2{,}45\text{ cm})^3 \approx 61{,}6\text{ cm}^3$

42 % davon: $0{,}42 V_K \approx 25{,}9\text{ cm}^3$

Die geschmolzene Eiscreme passt in diesem Falle nicht in die Eiswaffel.
Hätte die Eiswaffel bei sonst unveränderten Maßen eine Höhe von 6,2 cm, würde das geschmolzene Eis hinein passen:

Es wäre dann $V_W = \frac{1}{3}\pi \cdot (2\text{ cm})^2 \cdot 6{,}2\text{ cm} \approx 26{,}0\text{ cm}^3$.

Kreisbogen und Kreissektor

Lösungen der Aufgaben auf den Seiten 142 bis 144

1. a) Armbanduhr: $v \approx 94{,}2$ mm/h; Kirchturmuhr: $v \approx 9{,}42$ m/h. Die Aussage ist falsch.
   b) Armbanduhr: $A \approx 58{,}9\text{ mm}^2$; Kirchturmuhr: $A \approx 0{,}589\text{ m}^2$. Die Aussage ist falsch.
2. b) Kreisumfang: $u \approx 22{,}6$ cm
   Bogenlängen: 5,7 cm; 3,8 cm; 2,8 cm; 17,0 cm; 7,5 cm
   d) $10{,}2\text{ cm}^2$; $6{,}8\text{ cm}^2$; $5{,}1\text{ cm}^2$; $30{,}5\text{ cm}^2$; $13{,}6\text{ cm}^2$
3. a) b_α und A_α sind zu α proportional: $\frac{b_\alpha}{b_{360°}} = \frac{A_\alpha}{A_{360°}} = \frac{\alpha}{360°}$. Hieraus folgt:
   $$b_\alpha = \frac{b_{360°}\cdot\alpha}{360°} = \frac{u\cdot\alpha}{360°} = \frac{2\pi r\alpha}{360°} = \frac{\pi r\alpha}{180°};\quad A_\alpha = \frac{A_{360°}\cdot\alpha}{360°} = A_{\text{Kreis}}\cdot\frac{\alpha}{360°} = \pi r^2\frac{\alpha}{360°}.$$
   b) $b_\alpha = \frac{\pi d\alpha}{360°}$; $A_\alpha = \frac{\pi}{4}d^2\cdot\frac{\alpha}{360°} = \pi d^2\frac{\alpha}{1440°}$
4. a) $b_\alpha \approx 9{,}0$ cm; $A_\alpha \approx 32{,}6\text{ cm}^2$ b) $b_\alpha \approx 27{,}5$ cm; $A_\alpha \approx 173{,}2\text{ cm}^2$
   c) $b_\alpha \approx 15{,}6$ m; $A_\alpha \approx 33{,}1\text{ m}^2$ d) $b_\alpha \approx 0{,}108$ km; $A_\alpha \approx 0{,}067\text{ km}^2$
   e) $b_\alpha \approx 3{,}13$ m; $A_\alpha \approx 17{,}51\text{ m}^2$ f) $b_\alpha \approx 56{,}8$ cm; $A_\alpha \approx 684\text{ cm}^2$
5. a) $\alpha \approx 114{,}6°$; $A_\alpha \approx 154\text{ cm}^2$ b) $r \approx 17{,}2$ cm; $A_\alpha \approx 320\text{ cm}^2$
   c) nicht lösbar, da $A_\alpha > A_{\text{Kreis}}$ d) $r \approx 16{,}4$ m; $b_\alpha \approx 12{,}8$ m
   e) $r = 6$ m; $\alpha \approx 238{,}7°$ f) $\alpha \approx 171{,}9°$; $A_\alpha = 2{,}34\text{ km}^2$
6. $u \approx 22{,}0$ cm; $A \approx 29{,}2\text{ cm}^2$
7. a) 114,6° b) 229,2° c) 57,3°

8. $A_\alpha = \pi r^2 \frac{\alpha}{360°} = \frac{1}{2} \cdot \frac{\pi r \alpha}{180°} \cdot r = \frac{1}{2} b_\alpha r$

9. a) 4,3 cm² b) 8,0 cm² und 32,8 cm²

10. a) 907,9 cm² b) 68,8 cm²; 7,6 % c) 79,9 % bzw. 36,3 cm²
d) 3,4 cm² e) 6,9 cm² (25 Punkte); 1,1 cm² (50 Punkte)
f)

Punktzahl	1	2	3	4	5	6
A in cm²	263	236	208	180	152	125

Punktzahl	7	8	9	10	25	50
A in cm²	97,0	69,3	41,6	5,8	6,9	1,1

Oberflächeninhalt und Volumen von Kegeln

Lösungen der Aufgaben auf den Seiten 145 bis 147

1. a) Die Balken müssen mindestens 2,03 m lang sein. Sicherheitshalber sollten aber etwas längere Balken gekauft werden (z. B. 2,20 m).
b) Die Dachrinne ist etwa 10 m lang. (Der Umfang der Dachkante beträgt 10,05 m; die tatsächliche Dachrinnenlänge hängt davon ab, wie die Dachrinne angebracht wird und welche Länge gemeint ist – z. B. innen, Mitte oder außen).
c) Annäherung z. B. durch ein- oder umbeschriebene n-seitige Pyramiden; wirklicher Wert der Dachfläche: etwa 10,2 m².

4. a) $A_M \approx 60{,}9$ cm²; $A_O \approx 97{,}2$ cm² b) $A_M \approx 36{,}5$ dm²; $A_O \approx 53{,}8$ dm²
c) $A_M \approx 9{,}36$ m²; $A_O \approx 15{,}35$ m² d) $A_M \approx 22{,}4$ cm²; $A_O \approx 38{,}6$ cm²

5. a) 1. Pyramide: $V \approx 1{,}57$ cm³; $A_O \approx 8{,}96$ cm²
2. Pyramide: $V = 3{,}20$ cm³; $A_O = 14{,}4$ cm²
3. Pyramide: $V \approx 2{,}08$ cm³; $A_O \approx 10{,}3$ cm²
b) Die erste und die dritte Pyramide passen vollständig in den Kegel. Die dritte Pyramide hat ein größeres Volumen und eine größere Oberfläche als die erste Pyramide. Der Kegel passt vollständig in die zweite Pyramide. Wir schätzen deshalb den Kegel mithilfe der Pyramiden 2 und 3 ab:
$2{,}08 \text{ cm}^3 < V_{Kegel} < 3{,}20 \text{ cm}^3$; $10{,}3 \text{ cm}^2 < A_{O\text{-}Kegel} < 14{,}4 \text{ cm}^2$.
c) $A_{O\text{-}Kegel} \approx 11{,}3$ cm²

6. a) Der linke Körper hat die Form eines Quaders (eines geraden vierseitigen Prismas), der rechte hat die Form eines schiefen vierseitigen Prismas. Die Grundflächeninhalte, die Höhen und die Flächeninhalte von waagerechten Schnitten in gleicher Höhe sind bei beiden Körpern gleich.

b) Die Volumina der beiden Körper stimmen überein, da beide Körper aus derselben Menge Papier bestehen. Vermutung: Wenn bei zwei Körpern die Grundflächeninhalte, die Inhalte der Deckflächen (falls vorhanden), die Höhen und die Flächeninhalte von waagerechten Schnitten in gleicher Höhe übereinstimmen, dann haben beide Körper dasselbe Volumen.

7. Das Volumen eines schiefen Prismas (eines schiefen Kreiszylinders, einer schiefen Pyramide) ist nach dem Satz des Cavalieri mit dem Volumen eines geraden Prismas (eines geraden Kreiszylinders, einer geraden Pyramide) identisch, das (der, die) dieselbe Grundfläche und dieselbe Höhe hat, denn dann sind auch die Querschnittsflächen in gleicher Höhe gleich groß. Letzteres ist bei Prismen und Zylindern trivial; bei Pyramiden ist es mithilfe der Strahlensätze oder der Ähnlichkeit begründbar.

8. a)

	Pyramide	Kegel
Grundflächeninhalt	$A_G = \pi r^2$	$A_G = \pi r^2$
Körperhöhe	h	h
Querschnittsfläche in der Höhe h	$A_P = \pi r^2 \left(1 - \frac{h_1}{h}\right)^2$	$A_K = \pi r^2 \left(1 - \frac{h_1}{h}\right)^2$

Die Voraussetzungen des Satzes des Cavalieri sind erfüllt.

b) $V_{Pyramide} = V_{Kegel} = \frac{1}{3} \pi r^2 h$

9. a) $s \approx 7{,}74$ cm; $V \approx 97{,}5$ cm³; $A_O \approx 133$ cm²
b) $s \approx 5{,}73$ cm; $V \approx 31{,}4$ cm³; $A_O \approx 61{,}3$ cm²
c) $h \approx 28{,}9$ cm; $V \approx 98{,}2$ cm³; $A_O \approx 174$ cm²
d) $r \approx 44{,}9$ cm; $V \approx 165$ dm³; $A_O \approx 190$ dm²

10.

	a)	b)	c)	d)	e)
Grundkreisradius r	3,5 cm	**9,64 mm**	**2,7 cm**	12 cm	**7,4 dm**
Höhe h	8,2 cm	14 mm	50 mm	**15 cm**	**4,95 dm**
Mantellinie s	**8,92 cm**	17 mm	**5,68 cm**	**19,2 cm**	**8,9 dm**
Grundfläche A_G	**38,5 cm²**	**292 mm²**	22,9 cm²	**452 cm²**	172 dm²
Volumen V	**105 cm³**	**1363 mm³**	**38,2 cm³**	2262 cm³	**284 dm³**
Oberfläche A_O	**137 cm²**	**807 mm²**	**71,1 cm²**	**1177 cm²**	379 dm²

11. a) Das Volumen verdoppelt sich. b) Das Volumen wird geviertelt.
c) Das Volumen verdoppelt sich. d) Das Volumen verachtfacht sich.

12. Die kegelförmige Schultüte hat das größere Fassungsvermögen ($V_{Pyramide} \approx 10{,}0$ dm³; $V_{Kegel} \approx 13{,}1$ dm³). Um die Lösung zu finden, genügt nach dem Satz des Cavalieri ein Vergleich der Grundflächen beider Schultüten: $A_{G\text{-}Pyramide} \approx 374$ cm²; $A_{G\text{-}Kegel} \approx 491$ cm³.

Volumen und Oberflächeninhalt von Kugeln

Lösungen der Aufgaben auf den Seiten 148 bis 149

1. a) • Eine Kugel hat keine Ecken und Kanten und keine ebenen Begrenzungsflächen.
   • Eine Kugel hat keine Grundfläche.
   • Die Oberfläche einer Kugel lässt sich – anders als die Mantelflächen von Zylindern oder Kegeln – nicht in eine Ebene abwickeln.
   b) Eine Kugel kann durch Rotation eines Kreises oder Halbkreises um seinen Durchmesser entstehen.
2. a) $V_{\text{Zylinder}} = \pi r^2 h$; $V_{\text{Kegel}} = \frac{1}{3}\pi r^2 h$
   b) Das Volumen der Halbkugel ist größer als das des Kegels und kleiner als das des Zylinders.
   c) $V_{\text{Kegel}} : V_{\text{Halbkugel}} : V_{\text{Zylinder}} = 1 : 2 : 3$
3. a) Die Körper haben gleich große Grundflächeninhalte, gleich große Höhen und gleich große Querschnittsflächen in gleicher Höhe.
   b) A_1: Kreis mit Radius x. Die Strecken x und h sind die Katheten eines rechtwinkligen Dreiecks. Nach dem Satz des Pythagoras gilt $h^2 = x^2 + r^2 \Rightarrow x^2 = h^2 - r^2$.
   A_2: Kreisring mit $r_a = r$ und (nach dem Strahlensatz) $r_i = h$.
   c) $V_{\text{Halbkugel}} = V_{\text{Zylinder}} - V_{\text{Kegel}} = \pi r^3 - \frac{1}{3}\pi r^3 = \frac{2}{3}\pi r^3$
4. a) Das Volumen der Kugel setzt sich aus den Volumina der kleinen Teilpyramiden zusammen, die Oberfläche der Kugel aus den Grundflächen der Pyramiden.
   b) Aus $V_{\text{Kugel}} = \frac{1}{3} r \cdot A_O$ folgt: $A_O = \frac{3}{r} \cdot V_{\text{Kugel}} = \frac{3}{r} \cdot \frac{4}{3}\pi r^3 = 4\pi r^2$.
5.

	a)	b)	c)	d)	e)	f)
r	13,2 cm	1,85 m	**8,4 mm**	**2,70 dm**	3 cm	6 cm
A_O	**2190 cm²**	**43,01 m²**	886,7 mm²	**91,61 dm²**	**113,1 cm²**	**452,4 cm²**
V	**9634 cm³**	**26,52 m³**	**2483 mm³**	82,45 dm³	**113,1 cm³**	**904,8 cm³**

6. Wenn der Radius verdoppelt wird, gilt: Das Volumen verachtfacht sich; der Oberflächeninhalt vervierfacht sich.
   Wenn der Radius halbiert wird, gilt: Das Volumen beträgt ein Achtel des vorherigen Volumens; der Oberflächeninhalt ist ein Viertel des vorherigen Oberflächeninhaltes.

7.

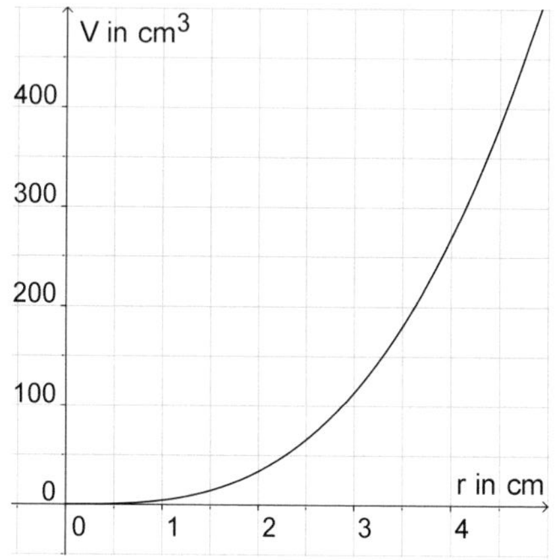

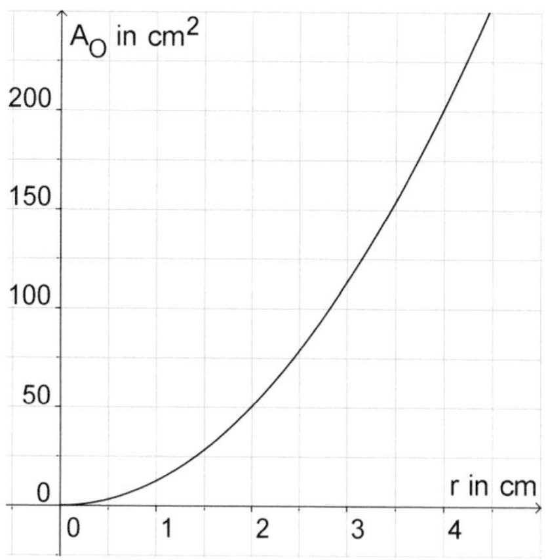

8. a) Masse: $m \approx 126$ kg
   b) $A_{\text{Schnittfläche}} : A_O = 1 : 2$
9. a) $A_{\text{M-Zylinder}} = A_{\text{O-Kugel}} = 4\pi r^2$
   b) $h = \frac{4}{3} r$
10. $V_{\text{Kegel}} : V_{\text{Kugel}} = h : (4r)$
11. a) Für beide Körper gilt $A_O : V = 6 : d$.
    b) Gegeben: $4\pi \cdot (\frac{d}{2})^2 = \pi d^2 = 6a^2$. Hieraus folgt:
    $$\frac{V_{\text{Kugel}}}{V_{\text{Würfel}}} = \frac{\frac{4}{3}\pi \cdot (\frac{d}{2})^3}{a^3} = \frac{\frac{1}{6}\pi d^3}{a^3} = \frac{\frac{d}{6} \cdot \pi d^2}{a^3} = \frac{\frac{d}{6} \cdot 6a^2}{a^3} = \frac{d}{a}$$
12. Mittlere Dichte der Erde: 5,50 g/cm³; mittlere Dichte des Saturn: 0,62 g/cm³

Pyramidenstümpfe

Lösungen der Aufgaben auf den Seiten 150 bis 151

1. a) $V = V_1 - V_2 = \frac{1}{3}a^2(h + h_2) - \frac{1}{3}b^2 h_2$ (*)
   Nach dem 2. Strahlensatz gilt: $\frac{h_2 + h}{h_2} = \frac{a}{b} \Rightarrow \frac{h}{h_2} = \frac{a}{b} - 1 = \frac{a-b}{b} \Rightarrow h_2 = \frac{bh}{a-b}$.
   In (*) eingesetzt erhält man:
   $$V = \frac{1}{3}a^2\left(h + \frac{bh}{a-b}\right) - \frac{1}{3}b^2 \cdot \frac{bh}{a-b} = \frac{1}{3}h\left(a^2 + \frac{b(a^2-b^2)}{a-b}\right) = \frac{1}{3}h(a^2 + ab + b^2)$$
   b) Sei h_2 die Höhe der Ergänzungspyramide. Dann gilt:

$$V = \frac{1}{3}A_G \cdot (h_2 + h) - \frac{1}{3}A_D \cdot h_2 \qquad (1).$$

Für den Streckungsfaktor k gilt: $h_2 + h = k \cdot h_2 \Rightarrow h_2 = \frac{h}{k-1}$ (2).

Für die Flächeninhalte von Grund- und Deckfläche gilt:

$A_G = k^2 \cdot A_D \Rightarrow \sqrt{A_G A_D} = \sqrt{k^2 A_D^2} = k \cdot A_D$ (3).

Einsetzen des Terms für h_2 aus Gleichung (2) in Gleichung (1) ergibt:

$$V = \frac{1}{3}A_G\left(\frac{h}{k-1} + h\right) - \frac{1}{3}A_D \cdot \frac{h}{k-1} = \frac{1}{3}h\left(\frac{A_G}{k-1} + A_G - \frac{A_D}{k-1}\right) = \frac{1}{3}h\left(A_G + \frac{A_G - A_D}{k-1}\right)$$

$$V = \frac{1}{3}h\left(A_G + \frac{k^2 A_D - A_D}{k-1}\right) = \frac{1}{3}h\left(A_G + \frac{(k^2-1)A_D}{k-1}\right) = \frac{1}{3}h\left(A_G + (k+1)A_D\right)$$

$$V = \frac{1}{3}h(A_G + k \cdot A_D + A_D)$$

Nach (3) folgt hieraus: $V = \frac{1}{3}h(A_G + \sqrt{A_G A_D} + A_D)$.

2. a)

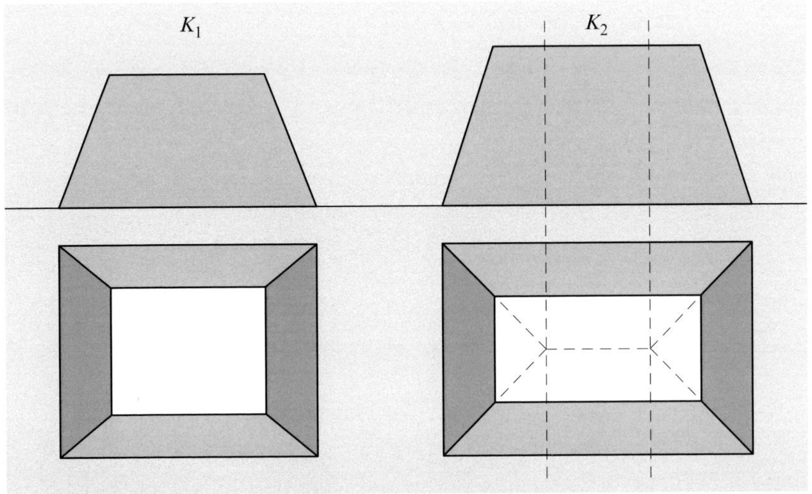

b) – Die Verlängerungen der Seitenkanten treffen sich beim zweiten Körper nicht in einem Punkt.

– Wegen $a_1 : b_1 = 1{,}5$ und $a_2 : b_2 = 2$, also $a_1 : b_1 \neq a_2 : b_2$, sind Grund- und Deckfläche nicht zueinander ähnlich.

c) – Körper K_1: Seitenflächenhöhen: $h_a \approx 2{,}62$ cm; $h_b \approx 2{,}69$ cm;

Oberflächeninhalt: $A_O = a_1 b_1 + a_2 b_2 + (a_1 + a_2)\,h_a + (b_1 + b_2)\,h_b \approx 65{,}4\ \text{cm}^2$

– Körper K_2: Seitenflächenhöhen: $h_a = h_b = \sqrt{10}\ \text{cm} \approx 3{,}16$ cm;

Oberflächeninhalt: $A_O \approx 82{,}6\ \text{cm}^2$

d) Berechnete Werte für das Volumen:

Körper K_1: $V = \frac{1}{3}h \cdot (a_1 b_1 + \sqrt{a_1 b_1 a_2 b_2} + a_2 b_2) \approx 32{,}7\ \text{cm}^3$

Körper K_2: Der Körper kann wie in der Abbildung gezeigt in drei Teilkörper zerlegt werden. Aus den beiden äußeren Teilkörpern lässt sich ein quadratischer Pyramidenstumpf mit den Abmessungen $a = 4$ cm und $b = 2$ cm zusammensetzen. Der mittlere Teilkörper ist ein vierseitiges Prisma mit trapezförmiger Grundfläche und der Höhe $H = 2$ cm. Für das Volumen des Gesamtkörpers ergibt sich somit:

$$V = \frac{1}{3}h(a^2 + ab + b^2) + \frac{b_1 + b_2}{2} \cdot h \cdot H = 28\ \text{cm}^3 + 18\ \text{cm}^3 = 46\ \text{cm}^3$$

3. b) (1) Gegeben: $a = 5{,}6$ cm; $b = 3{,}4$ cm; $h = 4{,}4$ cm

Volumen: $V = \frac{1}{3}h\,(a^2 + ab + b^2) \approx 90{,}87\ \text{cm}^3$

Höhe der Seitenflächen: $h_T = \sqrt{\left(\frac{a-b}{2}\right)^2 + h^2} \approx 4{,}54$ cm

Oberflächeninhalt: $A_O = a^2 + b^2 + 2(a+b)\,h_T \approx 124{,}6\ \text{cm}^2$

(2) Gegeben: $a = 8{,}8$ cm; $b = 5{,}6$ cm; $c = 6{,}6$ cm; $d = 4{,}2$ cm; $h = 4{,}4$ cm

Volumen: $V = \frac{1}{3}h\,(ab + \sqrt{abcd} + cd) \approx 167{,}1\ \text{cm}^3$

Höhen der Seitenflächen:

$h_a = \sqrt{\left(\frac{b-d}{2}\right)^2 + h^2} \approx 4{,}46$ cm; $h_b = \sqrt{\left(\frac{a-c}{2}\right)^2 + h^2} \approx 4{,}54$ cm

Oberflächeninhalt: $A_O = ab + cd + (a+c)\,h_a + (b+d)\,h_b \approx 190{,}1\ \text{cm}^2$

(3) Gegeben: $a = 4{,}2$ cm; $b = 3{,}4$ cm; $s = 5{,}8$ cm

Höhe des Körpers: $h = \sqrt{s^2 - (a-b)^2} \approx 5{,}74$ cm

Volumen: $V = \frac{\sqrt{3}}{2}h\,(a^2 + ab + b^2) \approx 216{,}3\ \text{cm}^3$

Höhe der Seitenflächen: $h_T = \sqrt{s^2 - \left(\frac{a-b}{2}\right)^2} \approx 5{,}79$ cm

Oberflächeninhalt: $A_O = 6 \cdot \frac{\sqrt{3}}{4}(a^2 + b^2) + 6 \cdot \frac{a+b}{2} \cdot h_T \approx 207{,}8\ \text{cm}^2$

4. Höhe einer Seitenfläche: $h_T = \sqrt{s^2 - \left(\frac{b-a}{2}\right)^2} = \sqrt{8{,}96}\ \text{cm} \approx 2{,}99\ \text{cm}$

Materialbedarf: $A_O = 2a^2 + 8 \cdot \frac{a+b}{2} \cdot h_T \approx 209\ \text{cm}^2$

Höhe eines Teilkörpers: $h = \sqrt{h_T^2 - \left(\frac{b-a}{2}\right)^2} = \sqrt{4{,}96}\ \text{cm} \approx 2{,}23\ \text{cm}$

Fassungsvermögen: $V = \frac{2}{3} h \cdot (a^2 + ab + b^2) \approx 212\ \text{cm}^3$

5. Sei $a = 4$, $b = 2$ und $h = 6$. Die Zahl 16 entspricht a^2 (Grundfläche); 8 entspricht $a \cdot b = \sqrt{A_G \cdot A_D}$; 4 entspricht b^2 (Grundfläche); 2 entspricht dem Faktor $\frac{h}{3}$.

Also ist $V = (a^2 + ab + b^2) \cdot \frac{h}{3} = 28 \cdot 2 = 56$.

a) Da sich die Seitenlängen der quadratischen Grund- und Deckfläche wie 2 : 1 verhalten, beträgt die Höhe der Ergänzungspyramide 6 Ellen und die Höhe der Gesamtpyramide 12 Ellen. Das Volumen des Pyramidenstumpfes ergibt sich als Differenz der Volumina von Gesamt- und Ergänzungspyramide:

$V = \frac{1}{3} \cdot 4^2 \cdot 12 - \frac{1}{3} \cdot 2^2 \cdot 6 = 64 - 8 = 56$

b) Der Pyramidenstumpf lässt sich in 9 Teilkörper zerlegen, und zwar in
(1) vier kongruente schiefe quadratische Pyramiden,
(2) vier kongruente dreiseitige Prismen,
(3) einen Quader.
Volumina:
(1) $V_1 = 4 \cdot \frac{1}{3} \cdot 1 \cdot 6 = 8$; (2) $V_2 = 4 \cdot \frac{1}{2} \cdot 6 \cdot 1 \cdot 2 = 24$; (3) $V_3 = 2 \cdot 2 \cdot 6 = 24$
Summe: $V = V_1 + V_2 + V_3 = 8 + 24 + 24 = 56$

AUFGABEN ZUR WIEDERHOLUNG

1. a) $y = (x-3)^2 - 1 = x^2 - 6x + 8$; Nullstellen: $x_1 = 2$; $x_2 = 4$
b) $y = (x-3)^2 - 5 = x^2 - 6x + 4$; Nullstellen: $x_1 = 3 - \sqrt{5}$; $x_2 = 3 + \sqrt{5}$
c) $y = (x-8)^2 = x^2 - 16x + 64$; Nullstelle: $x_1 = 8$
d) $y = (x+2)^2 + 2 = x^2 + 4x + 6$; keine Nullstellen
e) $y = (x+5{,}2)^2 + 0{,}8 = x^2 + 10{,}4x + 27{,}84$; keine Nullstellen
f) $y = \left(x - \frac{8}{3}\right)^2 - 1 = x^2 - \frac{16}{3}x + \frac{55}{9}$; Nullstellen: $x_1 = \frac{5}{3}$; $x_2 = \frac{11}{3}$

2. a) $S(-2 \mid -4)$
b) $S(4 \mid 2)$
c) $S(0 \mid -2{,}25)$
d) $S(3 \mid -3)$

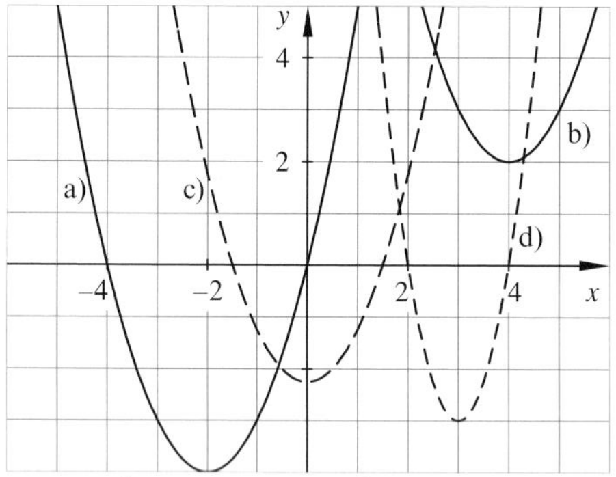

3. a) $x^2 + 6x + 9 = (x+3)^2$
b) $x^2 - 6x + 9 = (x-3)^2$
c) $x^2 + 3{,}2x + 2{,}56 = (x+1{,}6)^2$
d) $x^2 - \frac{4}{7}x + \frac{4}{49} = \left(x - \frac{2}{7}\right)^2$
e) $x^2 + \frac{1}{3}x + \frac{1}{36} = \left(x + \frac{1}{6}\right)^2$
f) $x^2 - \frac{7}{5}x + \frac{49}{100} = \left(x - \frac{7}{10}\right)^2$

4. a) $y = x^2 - 4{,}84$
b) $y = x^2 - 15{,}6x + 58{,}59$
c) $y = x^2 - \frac{18}{5}x + \frac{17}{25} = x^2 - 3{,}6x + 0{,}68$
d) $y = x^2 + 22x + 120$

Kegelstümpfe

Lösungen der Aufgaben auf den Seite 152 bis 153

1. Die Flüssigkeit nimmt die Form eines Kegelstumpfes ein. Ein solcher Körper kann z. B. durch die Angabe der Radien r_1 und r_2 von Grund- und Deckfläche und der Höhe h eindeutig beschrieben werden. Weitere Möglichkeiten: d_1, d_2, h; A_G, A_D, h; r_1, r_2, s (Länge der Mantellinie); r_1, h, s (unter der Voraussetzung $r_2 < r_1$).

3. a) Das Volumen des Kegelstumpfes ist gleich der Differenz der Volumina von Gesamt- und Ergänzungskegel.

b) Mit den Bezeichnungen der Schulbuchskizze (Randspalte S. 170, Mitte) gilt für das Volumen des Kegelstumpfes:

$V = \frac{1}{3}\pi r_1^2 h_1 - \frac{1}{3}\pi r_2^2 h_2 = \frac{1}{3}\pi r_1^2 h + \frac{1}{3}\pi r_1^2 h_2 - \frac{1}{3}\pi r_2^2 h_2 = \frac{1}{3}\pi(r_1^2 h + r_1^2 h_2 - r_2^2 h_2)$

Nach dem 2. Strahlensatz gilt:

$$\frac{h_2}{h_2+h}=\frac{r_2}{r_1} \Rightarrow h_2(r_1-r_2)=hr_2 \Rightarrow h_2=\frac{hr_2}{r_1-r_2}$$

Damit erhält man:

$$V=\frac{1}{3}\pi\left(r_1^2h+r_1^2\cdot\frac{hr_2}{r_1-r_2}-r_2^2\cdot\frac{hr_2}{r_1-r_2}\right)=\frac{1}{3}\pi h\cdot\frac{r_1^2(r_1-r_2)+r_1^2r_2-r_2^3}{r_1-r_2}$$

$$V=\frac{1}{3}\pi h\cdot\frac{r_1^3-r_2^3}{r_1-r_2}=\frac{1}{3}\pi h(r_1^2+r_2^2+r_1r_2)$$

4. Das Fassungsvermögen des Eimers beträgt etwa 12,3 Liter.
5. a) $V\approx 132{,}4\ \text{cm}^3$; $m\approx 1{,}18$ kg b) $h=\sqrt{s^2-(r_1-r_2)^2}\approx 10{,}74$ cm; $V\approx 5379\ \text{cm}^3$; $m\approx 14{,}5$ kg
   c) $V\approx 219\ \text{dm}^3$; $m\approx 481$ kg d) $V\approx 343\ \text{dm}^3$; $m\approx 281$ kg
6. $V\approx 38{,}6\ \text{cm}^3$; $h\approx 36{,}6$ mm; $m\approx 436$ g

NACHGEDACHT (Randspalte S. 152):
Da sich die Mantelfläche eines Kegels in eine Ebene abwickeln lässt und die Mantelfläche eines Kegelstumpfes ein Teil dieser Fläche ist, ist es möglich, die Mantelfläche eines Kegelstumpfes in eine Ebene abzuwickeln.

AUFGABE (Randspalte S. 152):
Das Gesamtvolumen der 2000 Nieten beträgt etwa 2827 cm³.
Die 2000 Nieten haben also eine Masse von rund 7,63 kg.

7. Mantelflächeninhalt: Wegen $s_1=s+s_2$ und $s_2=r_2\cdot\frac{s}{r_1-r_2}$ ergibt sich:

$$A_M=\pi r_1\cdot\left(s+r_2\cdot\frac{s}{r_1-r_2}\right)-\pi r_2^2\cdot\frac{s}{r_1-r_2}=\pi s\left(r_1+\frac{r_1r_2}{r_1-r_2}-\frac{r_2^2}{r_1-r_2}\right)=\pi s(r_1+r_2)$$

Oberflächeninhalt: $A_O=\pi r_1^2+\pi r_2^2+\pi s(r_1+r_2)$

8. a) $A_M\approx 430\ \text{cm}^2$ b) $A_M\approx 147\ \text{cm}^2$ c) $A_M\approx 905\ \text{cm}^2$
9. a) $A_O\approx 3882\ \text{cm}^2$ b) $A_O\approx 1037\ \text{cm}^2$ c) $A_O\approx 4850\ \text{cm}^2$
10. a) Ersetzen des Kugelabschnitts durch einen Zylinder mit der Höhe 50 mm:
   $V\approx \pi r_1^2\cdot 45\ \text{cm}+\frac{\pi}{3}(r_1^2+r_1r_2+r_2^2)\cdot 32\ \text{cm}\approx 237{,}6\ \text{dm}^3+108{,}6\ \text{dm}^3\approx 346\ \text{dm}^3$
   b) $V=\frac{\pi}{6}\cdot 10\ \text{cm}\cdot(3r_1^2+(10\ \text{cm})^2)+\pi r_1^2\cdot 40\ \text{cm}+\frac{\pi}{3}(r_1^2+r_1r_2+r_2^2)\cdot 32\ \text{cm}$
   $V\approx 27\ \text{dm}^3+211\ \text{dm}^3+109\ \text{dm}^3\approx 0{,}347\ \text{m}^3$.
   c) $A_O=\pi(r_1^2+(10\ \text{cm})^2)+2\pi r_1\cdot 40\ \text{cm}+\pi s(r_1+r_2)$ mit $s=\sqrt{(r_1-r_2)^2+(32\ \text{cm})^2}$;
   $s\approx 36{,}2$ cm; $A_O\approx 5595\ \text{cm}^2+10\,304\ \text{cm}^2+7399\ \text{cm}^2\approx 2{,}33\ \text{m}^2$

Platonische Körper

Lösungen der Aufgaben auf Seite 154

1. Der Körper gehört nicht zu den regelmäßigen Polyedern, da nicht alle seine Begrenzungsflächen zueinander kongruent sind. Er wird von 8 gleichseitigen Dreiecken und 6 Quadraten begrenzt (Kuboktaeder).
2. Da bei einer Pyramide die Seitenflächen immer Dreiecke sind und bei einem regelmäßigen Polyeder alle Flächen zueinander kongruent sein müssen, können nur dreiseitige Pyramiden zu den regulären Polyedern gehören. Da die Seitenflächen eines regulären Polyeders außerdem regelmäßige Vielecke sein müssen, müssen Grundfläche und Seitenflächen der dreiseitigen Pyramide zueinander kongruente regelmäßige Dreiecke sein. Eine solche Pyramide wird auch reguläres Tetraeder genannt.
3. Es stoßen nicht an jeder Ecke des Körpers gleich viele Seitenflächen zusammen. Außerdem kann man keine Kugel finden, auf der alle Eckpunkte des Körpers liegen.
4. Der entstandene Körper besteht aus einem regulären Oktaeder und acht aufgesetzten regulären Tetraedern derselben Kantenlänge. Der Körper ist kein regelmäßiges Polyeder, da nicht an allen seinen Ecken gleich viele Seitenflächen zusammenstoßen und nicht alle Eckpunkte auf einer Kugel liegen. Für die Ergänzung zu einem Würfel werden 12 zueinander kongruente dreiseitige schiefe Pyramiden benötigt, die jeweils von zwei gleichseitigen und zwei rechtwinkligen Dreiecken begrenzt werden.

Lösung der Aufgabe auf Seite 155

- Jedes regelmäßige n-Eck wird durch die von einem ausgewählten Eckpunkt ausgehenden $n-3$ Diagonalen in $n-2$ Dreiecke zerlegt. Jedes davon hat die Innenwinkelsumme 180°. Die Innenwinkelsumme des n-Ecks ist gleich der Summe der Innenwinkel aller dieser Dreiecke, also gleich $(n-2)\cdot 180° = n\cdot 180° - 360°$. Da alle Innenwinkel des n-Ecks gleich groß sind, beträgt die Größe eines Innenwinkels also $180° - \frac{360°}{n}$.
- Umformung der Ungleichung $k\cdot(180° - \frac{360°}{n}) < 360°$ zu $\frac{1}{k}+\frac{1}{n}>\frac{1}{2}$:

  $k\cdot(180° - \frac{360°}{n}) < 360°$ $|:(k\cdot 360°)$ (äquivalente Umformung wegen $k\geq 3$)

  $\frac{1}{2}-\frac{1}{n}<\frac{1}{k}$ $|+\frac{1}{n}$; Seiten vertauschen

  $\frac{1}{k}+\frac{1}{n}>\frac{1}{2}$
- Ermittlung der Zahlenpaare (n, k):

n	3	3	3	3	4	4	5	5	6	7
k	3	4	5	6	3	4	3	4	3	3
$\frac{1}{k}+\frac{1}{n}$	$\frac{2}{3}$	$\frac{7}{12}$	$\frac{8}{15}$	$\frac{1}{2}$	$\frac{7}{12}$	$\frac{1}{2}$	$\frac{8}{15}$	$\frac{9}{20}$	$\frac{1}{2}$	$\frac{10}{21}$
Reguläres Polyeder	Tetra-eder	Okta-eder	Ikosa-eder	–	Würfel	–	Dodeka-eder	–	–	–

Lösungen der Aufgaben auf Seite 157

1. Ein Körper heißt konvex, wenn die Verbindungsstrecke zweier beliebiger Punkte aus dem Inneren oder von der Oberfläche des Körpers niemals Punkte enthält, die außerhalb des Körpers liegen.
   Verbindet man bei einem Keplerschen Sternkörper z. B. die Spitzen zweier benachbarter aufgesetzter Pyramiden durch eine Strecke, so liegen nicht alle Punkte der Strecke innerhalb des Körpers. Der Körper ist also nicht konvex.
2. Ein Körper heißt halbreguläres Polyeder oder Archimedischer Körper, wenn er folgende Bedingungen erfüllt:
   - Die Begrenzungsflächen sind regelmäßige Vielecke, die alle dieselbe Seitenlänge, aber nicht alle dieselbe Eckenzahl besitzen.
   - Alle Eckpunkte des Körpers liegen auf einer Kugel.
   - Alle Ecken des Körpers haben dasselbe Aussehen, d. h. es stoßen an allen Ecken dieselben Arten von Seitenflächen in derselben Anzahl und Anordnung zusammen.

   Vollständige Übersicht aller Archimedischen Körper:

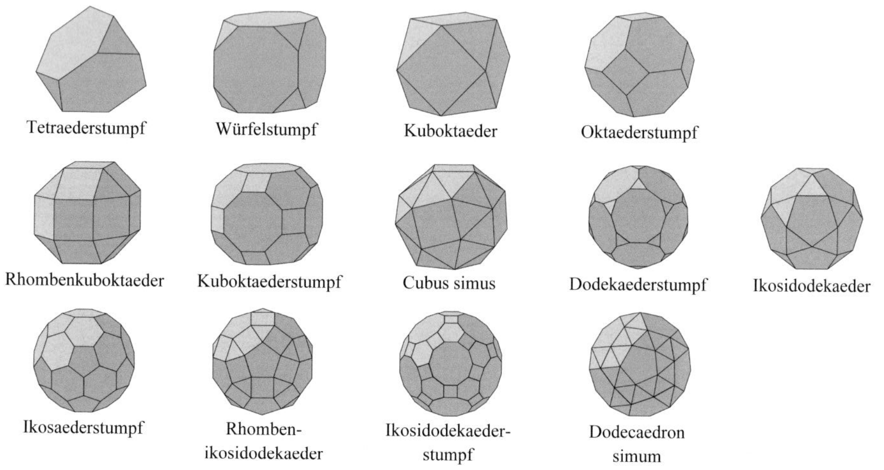

Tetraederstumpf, Würfelstumpf, Kuboktaeder, Oktaederstumpf, Rhombenkuboktaeder, Kuboktaederstumpf, Cubus simus, Dodekaederstumpf, Ikosidodekaeder, Ikosaederstumpf, Rhomben-ikosidodekaeder, Ikosidodekaeder-stumpf, Dodecaedron simum

3. Fußbälle haben häufig die Form eines Ikosaederstumpfes. Hierbei handelt es sich um einen Archimedischen Körper.

Lösungen der Aufgaben auf den Seiten 159 bis 161

1.

regelmäßiges Polyeder	Anzahl der Ecken	Anzahl der Flächen	Anzahl der Kanten
Tetraeder	4	4	6
Hexaeder	8	6	12
Oktaeder	6	8	12
Dodekaeder	20	12	30
Ikosaeder	12	20	30

2. $e+f=k+2$
   Die Summe der Anzahl von Ecken und Flächen eines Polyeders ist immer um 2 größer als die Anzahl seiner Kanten.
4. Das einbeschriebene Polyeder ist ein reguläres Tetraeder der Kantenlänge 14,1 cm.
5. Es entsteht ein reguläres Oktaeder.
6. Der Restkörper gehört zu den regulären Polyedern, er ist ein reguläres Oktaeder.
7. a) regelmäßiges Tetraeder b) Würfel c) regelmäßiges Oktaeder
8.

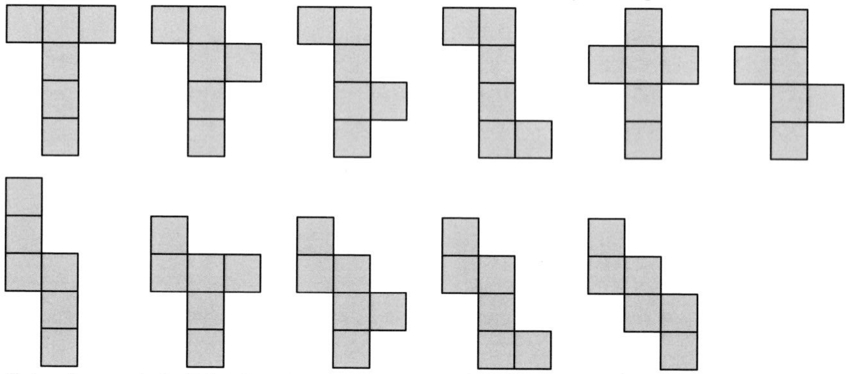

9. links oben: kein Polyedernetz; rechts oben: reguläres Tetraeder;
   links unten: reguläres Oktaeder; rechts unten: reguläres Ikosaeder
10. Ikosaeder: 1+2; 3+14; 4+7; 5+6; 8+9; 10+13; 11+12; 15+18; 16+17; 19+22; 20+21
    Dodekaeder: 1+38; 2+37; 3+36; 4+11; 5+10; 6+9; 7+8; 12+35; 13+24; 14+17; 15+16; 18+23; 19+22; 20+21; 25+34; 26+29; 27+28; 30+33; 31+32
12. Der Hohlraum im Innern des zusammengesetzten Tetraeders hat die Form eines regelmäßigen Oktaeders mit der Kantenlänge 4 cm.

Erläuterungen und Anregungen

Die Schülerinnen und Schüler lernen die platonischen Körper kennen. Es ist ein reizvolles Thema, das von den verschiedensten Seiten beleuchtet werden kann und gute Möglichkeiten der Differenzierung bietet. Formeln für Oberflächeninhalt und Volumen können hergeleitet werden, Längen von Kanten, Flächen- und Raumdiagonalen sind zu berechnen. Grund- und Aufrissdarstellungen sowie das Zeichnen von Schrägbildern der Körper und das Anfertigen von Netzen fördern das Raumvorstellungsvermögen. Die systematische Suche nach möglichen regelmäßigen Polyedern (welche und wie viele regelmäßige Vielecke können in einer Ecke zusammenstoßen?), Zusammenhänge und deren Begründungen sind interessante Schüleraufträge. Hexaeder und Oktaeder, Dodekaeder und Ikosaeder lassen sich paarweise ineinander einbeschreiben, vertauscht wird Ecken- und Seitenflächenanzahl. Das Tetraeder lässt sich in sich selbst einbeschreiben.

Körperberechnungen – mit und ohne Trigonometrie

Lösungen der Aufgaben auf den Seiten 162 bis 165

1. a) Flächeninhalt einer Seitenfläche: $A_S = A_{Trapez} + A_{Dreieck} \approx 2{,}40\ m^2 + 0{,}94\ m^2 = 3{,}34\ m^2$
   Volumen des Containers: $V = A_S \cdot h \approx 3{,}34\ m^2 \cdot 1{,}65\ m \approx 5{,}51\ m^3$
   b) Berechnung des Umfangs der Seitenfläche:

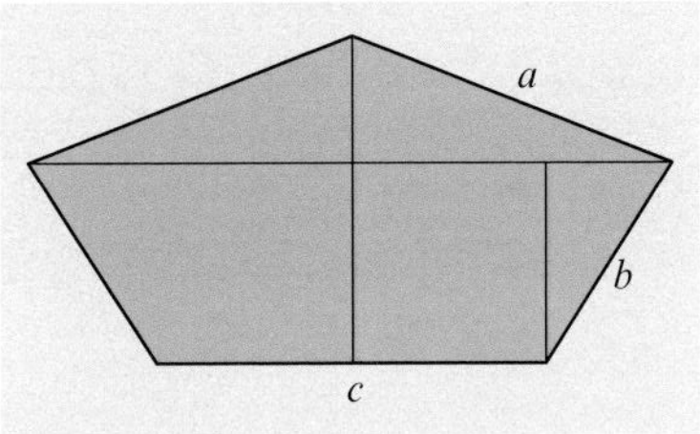

   $a = \sqrt{(600\ mm)^2 + (1575\ mm)^2} \approx 1685\ mm$
   $b = \sqrt{(950\ mm)^2 + (625\ mm)^2} \approx 1137\ mm$
   $u = 2a + 2b + c \approx 7544\ mm$
   $A_O = 2A_S + u \cdot 1650\ mm \approx 19{,}08\ m^2$
   Zu streichende Fläche: etwa 38,2 m^2
   c) Eigengewicht 770 kg; $\varrho_{Stahl} \approx 7{,}8\ g/cm^3$
   Volumen des verwendeten Stahles: $V \approx 98{,}7\ dm^3$
   Dicke des verwendeten Stahlbleches: $d \approx 5{,}1\ mm$
2. a) $V = 7728\ mm^3$; $A_O \approx 3362\ mm^2$ b) $V = 24242\ mm^3$; $A_O = 7954\ mm^2$
   c) $V = 23920\ mm^3$; $A_O \approx 5789\ mm^2$ d) $V = 23328\ mm^3$; $A_O \approx 7658\ mm^2$
   e) $V = 12696\ mm^3$; $A_O = 5336\ mm^2$

3. Die Dreiecke ABE und CDF sind kongruent.

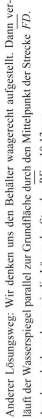

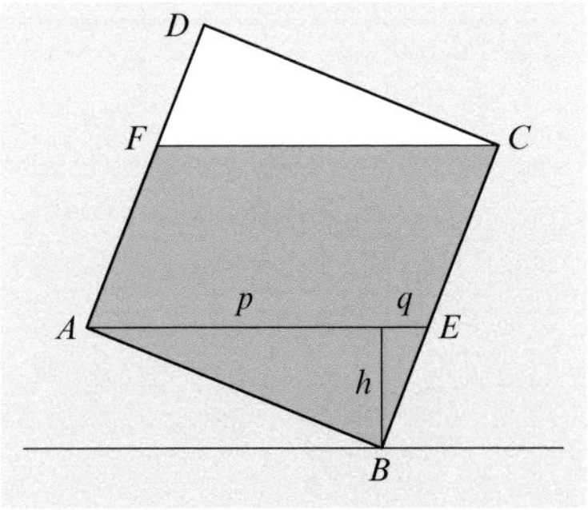

   Aus $\overline{AB} = 62$ cm und $h = 10$ cm folgt
   $p = \sqrt{(62\ cm)^2 - (10\ cm)^2} \approx 61{,}19$ cm und
   $q = \frac{h^2}{p} \approx 1{,}63$ cm.
   Flächeninhalt des Dreiecks ABE bzw. CDF:
   $A = \frac{(p+q) \cdot h}{2} \approx 314{,}1\ cm^2$
   Volumen des Wassers:
   $V = ((62\ cm)^2 - 314{,}1\ cm^2) \cdot 62\ cm \approx 219\ l$
   Anderer Lösungsweg: Wir denken uns den Behälter waagerecht aufgestellt. Dann verläuft der Wasserspiegel parallel zur Grundfläche durch den Mittelpunkt der Strecke $\overline{FD}$.
   Aus h und q berechnen wir die Länge der Strecke $\overline{BE} \approx 10{,}13$ cm.
   Das Wasservolumen ist somit $V = 62\ cm \cdot 62\ cm \cdot (62\ cm - 5{,}07\ cm) \approx 219\ l$.
4. a) $V \approx 468\ cm^3$; $A_O \approx 907\ cm^2$;
   Volumen pro Meter: 374 cm^3; Masse pro Meter: 2,94 kg
   b) $V \approx 350\ cm^3$; $A_O \approx 276\ cm^2$; $m \approx 2{,}52$ kg
   c) Zylinder: $V = f(h) = \pi r^2 h$;
   lineare Funktion, deren Graph durch den Koordinatenursprung geht;
   $A_O = f(h) = 2\pi r^2 + 2\pi r h$;
   lineare Funktion, deren Graph nicht durch den Koordinatenursprung geht.
   Pyramide: $V = \frac{1}{3} A_G h$;
   lineare Funktion, deren Graph durch den Koordinatenursprung geht;
   $A_O = f(h) = A_G + A_M(h)$; keine lineare Funktion, Wurzelfunktion.
   Beispiel: Gerade quadratische Pyramide: $A_O = a^2 + 2a \cdot \sqrt{\frac{a^2}{4} + h^2}$;
   Wurzelfunktion; mit h wächst A_O, aber nicht linear.
5. a) $d = 6{,}8$ cm; $A_G \approx 36{,}32\ cm^2$; $A_M \approx 213{,}6\ cm^2$; $A_O \approx 286{,}3\ cm^2$; $V \approx 363{,}2\ cm^3$
   b) $r = 0{,}25$ mm; $A_G \approx 0{,}196\ mm^2$; $A_M \approx 157{,}1\ mm^2$; $A_O \approx 157{,}5\ mm^2$; $V \approx 19{,}63\ mm^3$
   c) $r \approx 16{,}06$ cm; $d \approx 32{,}11$ cm; $A_M \approx 1009\ cm^2$; $A_O \approx 2629\ cm^2$; $V = 8100\ cm^3$
   d) $r \approx 2{,}285$ mm; $d \approx 4{,}570$ mm; $A_G \approx 16{,}4\ mm^2$; $A_O \approx 1468{,}4\ mm^2$; $V \approx 1640\ mm^3$
   e) Hierbei ist eine quadratische Gleichung zu lösen:
   $A_O = 2\pi r^2 + 2\pi r \cdot 10\ cm = 1\ cm^2 \Rightarrow r^2 + r \cdot 10\ cm - 0{,}15915\ cm^2 = 0 \Rightarrow$
   $r \approx 0{,}159$ mm; $d \approx 0{,}318$ mm; $A_G \approx 0{,}0793\ mm^2$; $A_M \approx 99{,}84\ mm^2$; $V \approx 7{,}93\ mm^3$

f) $r \approx 16{,}44$ dm; $d \approx 32{,}89$ dm; $A_G = 849{,}5$ dm^2; $A_M \approx 103{,}3$ dm^2; $A_O \approx 1802$ dm^2

6. a) (I) $V \approx 9{,}048$ cm^3; $A_O \approx 125{,}2$ cm^2 (II) $V \approx 1{,}583$ cm^3; $A_O \approx 29{,}03$ cm^2

b) (I) $V \approx 0{,}2443$ m^3; $A_O \approx 24{,}63$ m^2 (II) $V \approx 477{,}7$ m^3; $A_O \approx 530{,}8$ m^2

c) Veränderlicher Innenradius:

Graphische Darstellung für das Beispiel $r_a = 4{,}4$ cm; $h = 0{,}15$ cm: $0 < r_i < r_a$

$V = f(r_i)$

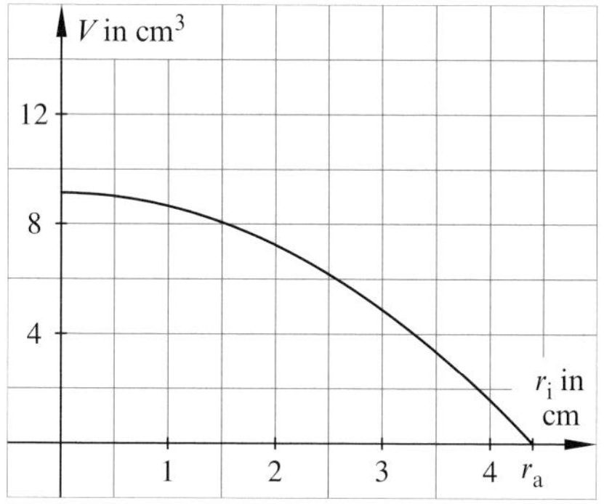

$A_O = f(r_i)$

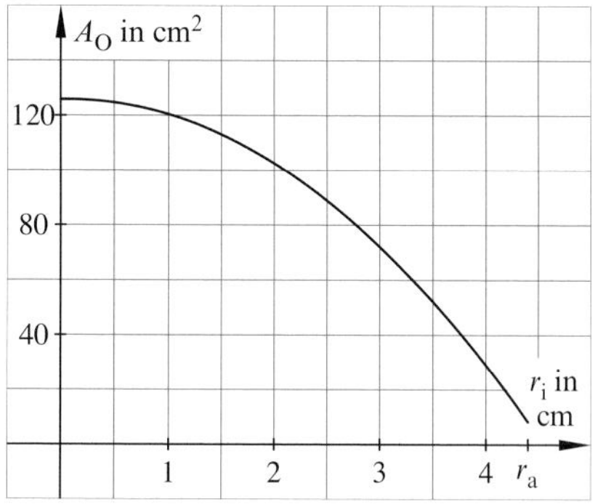

Veränderlicher Außenradius:

Graphische Darstellung für das Beispiel $r_i = 0{,}8$ m; $h = 2{,}4$ m: $r_a > r_i$

$V = f(r_a)$

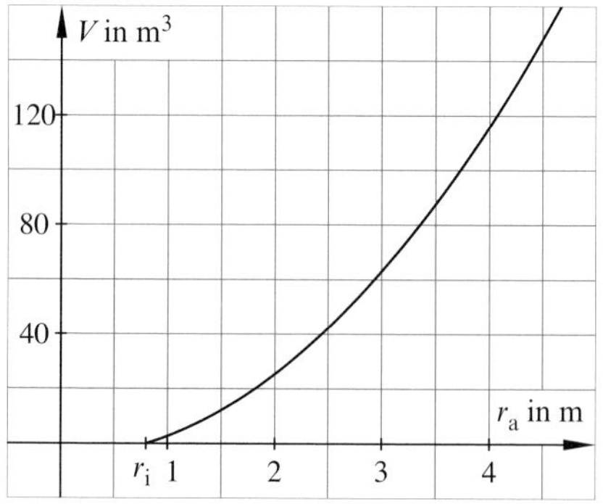

$A_O = f(r_a)$

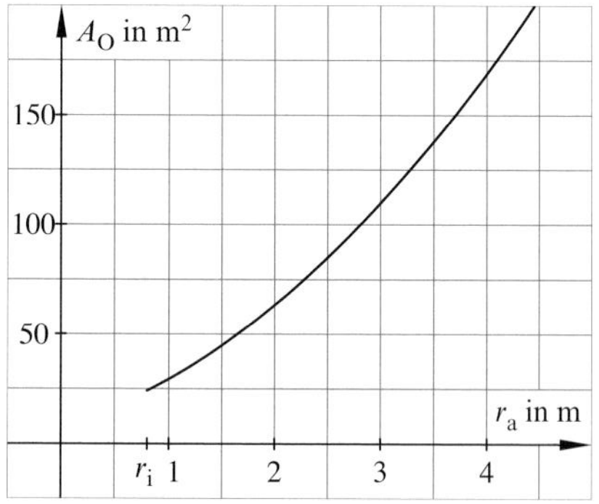

7. a) $h = \dfrac{3V}{ab}$; $d = \sqrt{a^2+b^2}$; $s = \sqrt{\dfrac{a^2+b^2}{4} + \left(\dfrac{3V}{ab}\right)^2}$;

$A_O = a \cdot b + a \cdot \sqrt{\left(\dfrac{b}{2}\right)^2 + \left(\dfrac{3V}{ab}\right)^2} + b \cdot \sqrt{\left(\dfrac{a}{2}\right)^2 + \left(\dfrac{3V}{ab}\right)^2}$

b) Der gesuchte Winkel sei φ.

$\tan \varphi = \dfrac{2h}{d} = \dfrac{6V}{ab\sqrt{a^2+b^2}}$

c) Sei α der Neigungswinkel der vorderen und hinteren Seitenfläche (mit der Grundkante a) und β der Neigungswinkel der linken und rechten Seitenfläche (mit der Grundkante b).

$\tan \alpha = \dfrac{2h}{b} = \dfrac{6V}{ab^2}$; $\tan \beta = \dfrac{2h}{a} = \dfrac{6V}{a^2 b}$

8. $V = \dfrac{1}{3}abh = \dfrac{1}{3}ab \cdot \dfrac{d}{2} \cdot \tan 50°$ (d: Diagonale der Grundfläche; h: Pyramidenhöhe)

$V = \dfrac{\sqrt{2}}{6}a^2 b \cdot \tan 50° = \dfrac{\sqrt{2}}{6} \cdot (12\text{ cm})^2 \cdot 10\text{ cm} \cdot \tan 50° \approx 404{,}5\text{ cm}^3$

Das Volumen der Pyramide beträgt etwa 404,5 cm^3.

9. $h = \dfrac{a}{2} \cdot \tan 70° = 3{,}5\text{ cm} \cdot \tan 70° \approx 9{,}62\text{ cm}$ (a: Grundkantenlänge; h: Pyramidenhöhe)

Die Höhe der Pyramide beträgt etwa 9,62 cm.

10. a) siehe nebenstehende Abbildung
(Darstellung verkleinert)

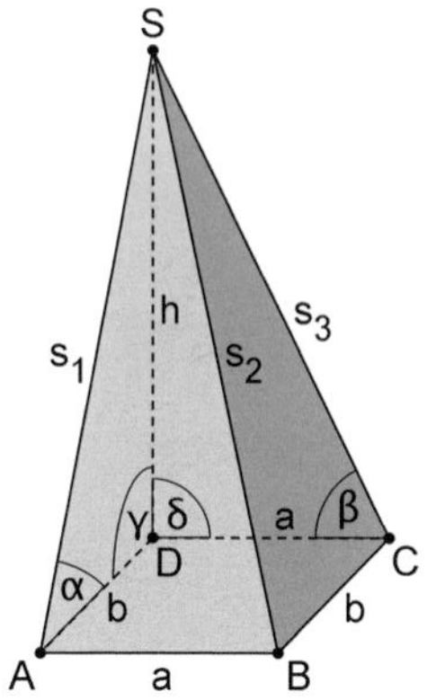

b) $V = \dfrac{1}{3}abh = \dfrac{1}{3} \cdot 3\text{ cm} \cdot 4\text{ cm} \cdot 6\text{ cm} = 24\text{ cm}^3$

$A_O = ab + \dfrac{1}{2}as_1 + \dfrac{1}{2}bs_3 + \dfrac{1}{2}ah + \dfrac{1}{2}bh$

$A_O = ab + \dfrac{1}{2}a\sqrt{b^2+h^2} + \dfrac{1}{2}b\sqrt{a^2+h^2} + \dfrac{1}{2}ah + \dfrac{1}{2}bh$

$A_O \approx 57{,}23$ cm^2

c) $\tan \alpha = \dfrac{h}{b} = 1{,}5 \Rightarrow \alpha \approx 56{,}31°$;

$\tan \beta = \dfrac{h}{a} = 2 \Rightarrow \beta \approx 63{,}43°$; $\gamma = \delta = 90°$

11. Sei α der gesuchte Neigungswinkel.

$\cos\alpha = \frac{\frac{1}{3}h_a}{h_a} = \frac{1}{3} \Rightarrow \alpha \approx 70{,}53°$

Die Größe des Neigungswinkels hängt nicht von der Kantenlänge a ab.

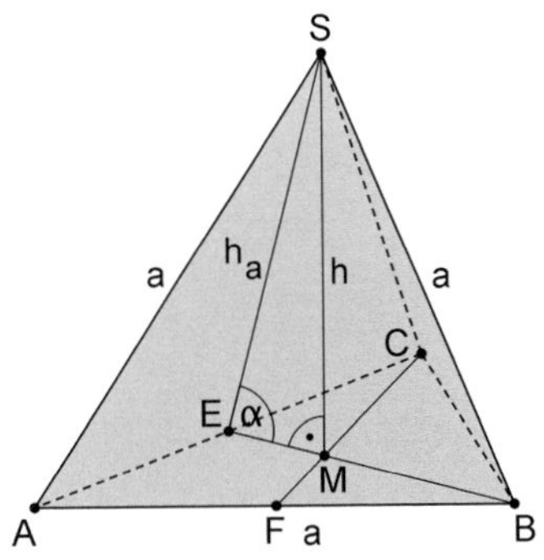

12. a) $V = \frac{1}{3}a^2h \approx 30{,}3\text{ cm}^3$; $s_1 = s_3 = \sqrt{a^2+h^2} \approx 7{,}36\text{ cm}$; $s_2 = \sqrt{2a^2+h^2} \approx 8{,}28\text{ cm}$

b) Bezeichnungen: Pyramide $ABCDS$; Ausgangslage: S liegt über D; S wandere über $\overline{DC}$; der Höhenfußpunkt E auf $\overline{CD}$ habe von D den Abstand x mit $0 \le x \le a$; es sei $s_4 = \overline{DS}$.

(1) Volumen: Wegen $V = \frac{1}{3}A_G \cdot h$ und gleich bleibender Grundfläche und Höhe ändert sich das Volumen der Pyramide nicht.

(2) Seitenkantenlängen: $s_1 = \sqrt{a^2+h^2+x^2}$; $s_2 = \sqrt{a^2+h^2+(a-x)^2}$;
$s_3 = \sqrt{(a-x)^2+h^2}$; $s_4 = \sqrt{x^2+h^2}$

(3) Oberflächeninhalt: $A_O(x)$ ist nicht konstant.
Der Inhalt der Flächen $ABCD$, ABS und DCS bleibt konstant.
Flächeninhalte der Dreiecke ADS und DCS als Funktion von x:

$A_{\triangle ADS} = \frac{1}{2}a\cdot\sqrt{h^2+x^2}$; $A_{\triangle BCS} = \frac{1}{2}a\cdot\sqrt{h^2+(a-x)^2}$

Oberflächeninhalt der Pyramide als Funktion von x:

$A_O = a^2+\frac{1}{2}ah+\frac{1}{2}a\sqrt{h^2+a^2}+\frac{1}{2}a\sqrt{h^2+x^2}+\frac{1}{2}a\sqrt{h^2+(a-x)^2}$

$A_O = \frac{1}{2}a\left(2a+h+\sqrt{h^2+a^2}+\sqrt{h^2+x^2}+\sqrt{h^2+(a-x)^2}\right)$

Es sei $h_1 = \sqrt{h^2+x^2}$ und $h_2 = \sqrt{h^2+(a-x)^2}$.

$h_1 + h_2$ hat ein Minimum für $x = \frac{a}{2}$, denn spiegelt man $\overline{SC}$ an g, so hat $\overline{DS}+\overline{SC'}$ ein Minimum, wenn D, S und C' auf einer Geraden liegen, wenn also $x = \frac{a}{2}$ ist.

c)

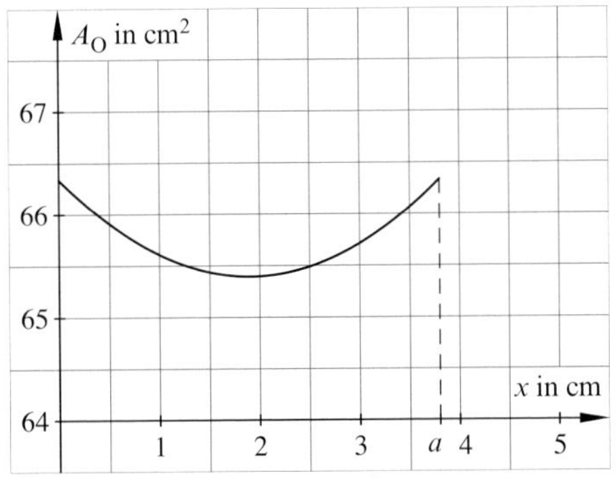

13. a) $V \approx 31{,}6\text{ cm}^3$; $A_O \approx 63{,}2\text{ cm}^2$

b) $s \approx 6{,}0\text{ cm}$

14. großer Kegel: $V_1 = \frac{1}{3}\pi R^2H$; kleiner Kegel: $V_2 = \frac{1}{3}\pi r^2h$

Ansatz: $V_2 = \frac{1}{2}V_1 \Rightarrow r^2h = \frac{1}{2}R^2H$; $\frac{r}{h} = \frac{R}{H}$ (Strahlensatz)

Ergebnis: $r = \frac{R}{\sqrt[3]{2}} \approx 0{,}794R \approx 3{,}3\text{ cm}$; $h = \frac{H}{\sqrt[3]{2}} \approx 0{,}794H \approx 9{,}8\text{ cm}$

Lösungen:

- Höhe der Flüssigkeit, wenn der Kegel auf der Grundfläche steht: 2,5 cm
- Höhe der Flüssigkeit, wenn der Kegel auf der Spitze steht: 9,8 cm

15. a) $V = \frac{43}{24}\pi a^3$; $A_O = \frac{25+\sqrt{5}}{4}\pi a^2$ b) $V = \frac{15}{8}\pi a^2$; $A_O = \left(6+\frac{\sqrt{2}}{4}\right)\pi a^2$

c) $V = \frac{51}{32}\pi a^3$; $A_O = \frac{113}{16}\pi a^2$

16.

	r	d	V	A_O
a)	6,3 cm	12,6 cm	1047 cm³	498,3 cm²
b)	22,61 m	45,22 m	48 427 m³	6425 m²
c)	8,242 dm	16,48 dm	2345 dm³	853,6 dm²
d)	14,10 mm	28,20 mm	11,74 cm³	2498 mm²
e)	42,8 dm	85,6 dm	328,4 m³	230,2 m²
f)	0,620 km	1,241 km	1 km³	4,836 km²
g)	2,00 m	1,00 m	4,186 m³	12,56 m²
h)	6,828 mm	13,656 mm	1333,3 mm³	585,83 mm²

17\. a) $V_{\text{Seifenblase}} - V_{\text{Seifentropfen}} = V_{\text{Luft in der Seifenblase}}$

$V_{\text{Luft in der Seifenblase}} = 310\,339{,}09\ \text{mm}^3 - 17{,}16\ \text{mm}^3 = 310\,321{,}93\ \text{mm}^3$

$r_{\text{Luft in der Seifenblase}} = 41{,}999\,226\ \text{mm}$

Dicke der Seifenhaut: 0,000 774 mm = 0,774 mm

b) Mithilfe der Näherungsformel erhält man:

$V_{\text{Seifentropfen}} = A_{\text{Oberfläche der Seifenblase}} \cdot d_{\text{Dicke der Seifenhaut}}$

$17{,}157\ \text{mm}^3 = 22\,167\ \text{mm}^2 \cdot d \Rightarrow d \approx 0{,}000\,774\ \text{mm}$

c) Für eine sehr dünne Kugelschale liefert die Näherungsformel sehr gute Ergebnisse. Für das Beispiel der sehr dünnen Seifenhaut lassen sich bei Taschenrechnergenauigkeit keine Abweichungen feststellen.

18\. Umbeschriebene Kugel: $d = a\sqrt{3};\ V_u = \frac{1}{6}\pi d^3 = \frac{1}{6}\pi a^3\sqrt{27}$

Einbeschriebene Kugel: $d_e = a;\ V_e = \frac{1}{6}\pi a^3$

Verhältnis der Volumina: $V_u : V_e = \sqrt{27} : 1$

19\. Würfel: $V_W = a^3;\ A_{OW} = 6a^2$

Zylinder:

$$V_Z = \frac{\pi}{4}d^3 = a^3 \Rightarrow d = \sqrt[3]{\frac{4}{\pi}}\cdot a;\ A_{OZ} = \frac{3}{2}\pi d^2 = \frac{3}{2}\pi\cdot\sqrt[3]{\frac{16}{\pi^2}}\cdot a^2 = \sqrt[3]{54\pi}\cdot a^2 \approx 5{,}536a^2$$

$$\text{Kugel: } V_K = \frac{\pi}{6}D^3 = a^3 \Rightarrow D = \sqrt[3]{\frac{6}{\pi}}\cdot a;\ A_{OK} = \pi D^2 = \pi\cdot\sqrt[3]{\frac{36}{\pi^2}}\cdot a^2 = \sqrt[3]{36\pi}\cdot a^2 \approx 4{,}836a^2$$

Die Kugel besitzt von den drei Körpern bei gleichem Volumen den kleinsten Oberflächeninhalt.

20\. a) Gegeben:

$a = 24$ cm; $b = 36$ cm; $h_T = 40$ cm

Sperrholzbedarf:

$A = a^2 + 2(a + b)\,h_T = 5376\ \text{cm}^2$

b) Einen Vorschlag zeigt die nebenstehende Zeichnung.

c) Das verbleibende Sperrholz reicht für den quadratischen Deckel.

d) Das Fassungsvermögen des Behälters beträgt etwa 36 Liter.

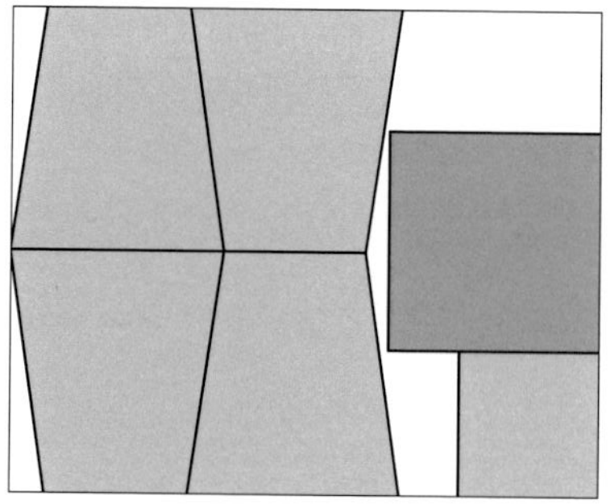

Teste dich!

Lösungen der Aufgaben auf den Seiten 166 bis 167

1\. a) Radius $r \approx 5{,}76$ cm; Durchmesser $d \approx 11{,}52$ cm; $A_O \approx 416{,}75\ \text{cm}^2$

b) Radius $r \approx 6{,}59$ cm; Kantenlänge des Würfels $= 2r \approx 13{,}18$ cm;

$V_{\text{Würfel}} = 8r^3 \approx 2292\ \text{cm}^3$

2\. Das Dreieck mit den Seiten $a = 3$ cm, $b = 4$ cm und $c = 5$ cm ist wegen $3^2 + 4^2 = 5^2$ rechtwinklig mit der Hypotenuse c und den Katheten a und b.

a) Es entsteht ein gerader Kreiskegel mit dem Grundkreisradius $b = 4$ cm und der Höhe $a = 3$ cm. Die Länge der Mantellinien ist $s = c = 5$ cm.

$V = \frac{1}{3}\pi b^2 a = 16\pi\ \text{cm}^3 \approx 50{,}27\ \text{cm}^3$; $A_O = \pi b^2 + \pi b c = 36\pi\ \text{cm}^2 \approx 113{,}1\ \text{cm}^2$

b) Es entsteht ein gerader Kreiskegel mit dem Grundkreisradius $a = 3$ cm und der Höhe $b = 4$ cm. Die Länge der Mantellinien ist $s = c = 5$ cm.

$V = \frac{1}{3}\pi a^2 b = 12\pi\ \text{cm}^3 \approx 37{,}70\ \text{cm}^3$; $A_O = \pi a^2 + \pi a c = 24\pi\ \text{cm}^2 \approx 75{,}40\ \text{cm}^2$

c) Es entsteht ein gerader „Doppelkegel“, also ein Körper aus zwei durch ihre gemeinsame Grundfläche verbundenen Kegeln. Der Grundkreisradius r ist die Hypotenusenhöhe des Dreiecks. Demnach gilt $r = \frac{ab}{c} = 2{,}4$ cm. Die Höhe des einen der beiden Kegel ist der Hypotenusenabschnitt $p = \frac{a^2}{c} = 1{,}8$ cm, seine Mantellinie ist $a = 3$ cm.

Die Höhe des anderen Kegels ist der Hypotenusenabschnitt $q = \frac{b^2}{c} = 3{,}2$ cm, seine Mantellinie ist $b = 4$ cm. Für den Doppelkegel ergibt sich damit:

$V = \frac{1}{3}\pi r^2 p + \frac{1}{3}\pi r^2 q = \frac{1}{3}\pi r^2 c = 9{,}6\,\pi\ \text{cm}^3 \approx 30{,}16\ \text{cm}^3$;

$A_O = \pi a p + \pi b q = 18{,}2\,\pi\ \text{cm}^2 \approx 57{,}18\ \text{cm}^2$

3\. Seitenlängen der Deckfläche: $c = 10$ cm; $d = 6\frac{2}{3}$ cm $\approx 6{,}67$ cm;

Volumen des Pyramidenstumpfes: $V = \frac{1}{3}h(ab + \sqrt{abcd} + cd) \approx 404{,}44\ \text{cm}^3$

4\. a) Es entstehen ein Kegelstumpf und ein Ergänzungskegel. Letzterer ist eine Verkleinerung des gegebenen Kegels im Maßstab 1 : 2. Das Volumen des Ergänzungskegels beträgt daher $\frac{1}{8}$ des Volumens des gegebenen Kegels. Die Volumina von Ergänzungskegel und Kegelstumpf verhalten sich wie 1 : 7.

b) Der Zylinder muss offenbar auf der Grundfläche des Kegels stehen und die Mittelpunkte der Grundflächen von Kegel und Zylinder müssen aufeinanderfallen. Der Zylinder kann dann maximal die halbe Höhe des Kegels erreichen. Das Verhältnis der Volumina ist demnach $\left(\frac{\pi r^2}{4}\cdot\frac{h}{2}\right):\left(\frac{1}{3}\pi r^2 h\right) = 3:8$.

5. oben links: $V \approx 2129\ \text{cm}^3$; $A_O \approx 931{,}9\ \text{cm}^2$; oben rechts: $V \approx 3022\ \text{cm}^3$; $A_O \approx 1205\ \text{cm}^2$; unten links: $V \approx 2396\ \text{cm}^3$; $A_O \approx 1083\ \text{cm}^2$; unten rechts: $V \approx 8378\ \text{cm}^3$; $A_O \approx 2199\ \text{cm}^2$
6. $V_{\text{Tropfen}} \approx 33{,}5\ \text{mm}^3$; Fläche der Ölschicht: $A_{\text{Öl}} \approx 19{,}635\ \text{cm}^2$; Dicke der Ölschicht $\approx 33{,}5\ \text{mm}^3 : 1963{,}5\ \text{mm}^2 \approx 0{,}017$ mm.
7. Sei $a > 0$ die längere Seite des Mantelrechtecks, $b > 0$ die kürzere Seite. Dann ist mit a als Zylinderhöhe der Grundkreisradius $r_1 = \frac{b}{2\pi}$, also $V_1 = \pi r_1^2 a = \frac{ab^2}{4\pi}$.

   Mit b als Zylinderhöhe ist der Grundkreisradius $r_2 = \frac{a}{2\pi}$, also $V_2 = \pi r_2^2 b = \frac{a^2 b}{4\pi}$.

   Wegen $a > b$ ist also $V_2 > V_1$.
8. Die Grundfläche des Kegels ist $A_{\text{G,Kegel}} = \frac{3V}{h} = 10\ \text{cm}^2$.

   Die Grundfläche der Pyramide ist $A_{\text{G,Pyr.}} = \frac{3V'}{h'} = 20\ \text{cm}^2$.

   Hat die (zur Ausgangspyramide ähnliche) abgeschnittene Pyramide die Höhe h_1, so gilt für ihre Grundfläche: $A_{\text{G,1}} = \left(\frac{h_1}{h'}\right)^2 \cdot A_{\text{G,Pyr.}}$.

   Die Forderung $A_{\text{G,1}} = A_{\text{G,Kegel}}$ führt damit auf die Gleichung $\left(\frac{h_1}{h'}\right)^2 \cdot 20 = 10$.

   Es folgt $h_1 = \sqrt{18}$ cm $\approx 4{,}24$ cm. Ferner: $V_{\text{kleine Pyr.}} : V_{\text{Kegel}} = h_1 : h = \sqrt{18} : 3 = \sqrt{2}$.
9. Ist h_1 die Höhe der abgeschnittenen Pyramide, so beträgt ihr Volumen $V_1 = \left(\frac{h_1}{h}\right)^3 \cdot V$, denn die Pyramiden sind zueinander ähnlich mit dem Ähnlichkeitsfaktor $\frac{h_1}{h}$. Es muss gelten $V_1 = \frac{1}{2}V$, also $\left(\frac{h_1}{h}\right)^3 = \frac{1}{2} \Rightarrow h_1 = \sqrt[3]{\frac{1}{2}} \cdot h$. Die Ausgangspyramide muss also in der Höhe $\left(1 - \sqrt[3]{\frac{1}{2}}\right) \cdot h$ (von der Grundfläche aus gemessen) durchgeschnitten werden.

Funktionen und ihre Eigenschaften – ein Rückblick

In diesem Kapitel werden die behandelten Funktionen im Zusammenhang ihrer Eigenschaften und Verknüpfungen dargestellt. Ausgangspunkt ist dabei die Frage der modellhaften Beschreibung realer Sachverhalte durch Funktionen.
Im gesamten Kapitel werden die Schülerinnen und Schüler dazu angeregt, ihr vorhandenes Vorwissen, das in separater Behandlung verschiedener Funktionstypen aufgebaut wurde, neu zu ordnen und zu systematisieren. Darüber hinaus lernen sie, allgemeinere Funktionstypen aus Grundfunktionen zusammenzusetzen und Auswirkungen dieser Operationen mit Funktionen hinsichtlich der Funktionseigenschaften zu erfassen und darzustellen.

Über den Funktionsbegriff

Lösungen der Aufgaben auf den Seiten 170 bis 171

1. a) Da jedes Rechteck genau einen Flächeninhalt besitzt, ist die Zuordnung eindeutig, also eine Funktion.
   b) Die Zuordnung ist eine Funktion, denn jede reelle Zahl besitzt genau eine 3. Potenz.
   c) Der Sinn dieser Aufgabe ist es, eine Diskussion über die Begriffe „Zuordnung" und „Funktion" in Gang zu setzen. Insbesondere kann hier die Bedeutung von Definitions- und Zielbereich verdeutlicht werden: Ist wirklich ganz klar, welche Dinge zum Definitionsbereich gehören? Was ist im vorliegenden Falle ein geeigneter Zielbereich? Die folgenden Anmerkungen geben einige Anregungen zur Diskussion.
   Von einer Funktionsvorschrift kann bei der angegebenen Vorschrift gesprochen werden, wenn man einen geeigneten Zielbereich wählt und für die Einhaltung der folgenden vier Bedingungen sorgt:
   (1) Die Zuordnung muss sich auf einen fest gewählten Beobachtungszeitpunkt oder -zeitraum beziehen.
   (2) Der Definitionsbereich muss auf bestimmte Säcke eingeschränkt werden, deren Inhalt zum Beobachtungszeitpunkt bzw. während des Beobachtungszeitraums genau bekannt ist.
   (3) Wenn ein Beobachtungszeitraum gewählt wurde, dürfen sich die Inhalte der Säcke während dieses Zeitraumes nicht ändern.

(4) Außerdem dürfen während dieses Zeitraumes keine Säcke den Definitionsbereich der Zuordnung verlassen oder neu zu diesem hinzukommen.

Die Notwendigkeit der Bedingungen (1) und (3) kann man sich z. B. anhand eines Sackes klarmachen, der mit 20 kg Weizen und 10 lebenden Mäusen gefüllt ist. Wenn nach einer gewissen Zeit dem Sack nur noch 19 kg Getreide und dafür z. B. 15 Mäuse, weil eines der Tiere Junge bekommen hat, als Inhalt zugeordnet werden können, dann ist diese Zuordnung nicht mehr eindeutig, also keine Funktion.

Die Notwendigkeit der Bedingung (4) ist auch leicht einzusehen: Ein Sack, der mit 10 kg trockenem Altpapier und 5 brennenden Zigarettenstummeln gefüllt ist, kann sich, wenn der Beobachtungszeitraum genügend lang gewählt ist, bis zum Ende desselben unter Rauchentwicklung aus dem Definitionsbereich der Zuordnung verabschieden. In den üblichen Funktionsdefinitionen ist aber ein Definitionsbereich, der zeitabhängig Elemente verlieren kann, nicht vorgesehen; es wird stillschweigend von einem zeitlich konstanten Definitionsbereich ausgegangen. Die Zuordnung ist also nach diesen Definitionen keine Funktion. Es ist sogar fragwürdig, ob es sich bei diesem Sachverhalt überhaupt um eine Zuordnung handelt, denn auch bei der Definition des Begriffs „Zuordnung" werden zeitlich veränderliche Mengen im Allgemeinen nicht betrachtet.

Die Bedingung (2) wurde hinzugefügt, weil es in der Praxis Grenzfälle geben kann, in denen es schwer bis unmöglich ist anzugeben, was genau zum Inhalt des Sackes gehört und was nicht. Einige Beispiele seien im Folgenden angegeben:

- Man kann in einen leeren Sack Gegenstände einwickeln, ohne sie in das Innere des Sackes stecken zu müssen.
- Man kann einen Sack, der nicht ganz prall gefüllt ist, von außen an einer Stelle eindrücken, in diese Einstülpung einen Radiergummi hineinstecken und sie anschließend vom Inneren des Sackes her zubinden. Der Radiergummi befindet sich jetzt zwar auf der Außenseite des Sackes, ist aber trotzdem vollständig in diesen eingeschlossen. Man kann die Stelle auch etwas lockerer zubinden, so dass der Radiergummi von außen noch sichtbar bleibt, aber nicht herausfällt.
- Ein Sack enthält einen Besenstiel, der aber nicht ganz in den Sack hineinpasst, sondern oben aus diesem herausragt. Gehört nun der ganze Besenstiel oder nur das Stück, das sich im Innern des Sackes befindet, zum Inhalt des Sackes?
  Im letzteren Fall tritt ein weiteres Problem auf: Wo genau beginnt das Innere des Sackes? Man müsste sich dazu gedanklich eine Grenzfläche zwischen Innen und Außen vorstellen, die im Allgemeinen irgendwie gekrümmt sein wird und deren Rand mit dem Rand der Öffnung des Sackes übereinstimmt.

  Eine solche Grenzfläche lässt sich aber nur schwer bis unmöglich für jeden beliebigen Fall eindeutig angeben. Man kann zwar bei einem geöffneten Sack viele solcher Flächen finden, sie können mehr nach außen oder mehr nach innen gewölbt sein oder keines von beidem, aber es ist schwierig bis unmöglich, eine Vorschrift anzugeben, um bei jedem beliebigen Sack, egal wie er steht oder liegt, eine dieser Flächen als die „richtige" auszuzeichnen.
  Aber auch dann, wenn man sich dafür entscheidet, den ganzen Besenstiel zum Inhalt des Sackes zu zählen, wird man das Problem nicht los. Es könnte ja z. B. auch ein Kabelende von der Decke des Raumes herab ein ganz klein wenig in die Öffnung eines Sackes hineinhängen.
- Noch komplizierter wird die Bestimmung der Grenzfläche, wenn der Rand der Öffnung des Sackes ein Stück weit nach außen umgelegt wird.
- Die Definition, was das Innere eines Sackes ist, muss auch so gestaltet sein, dass nach vollständigem Umkrempeln des Sackes nicht die gesamte Außenwelt zu seinem Inhalt wird.

d) Die Zuordnung ist eine Funktion, denn jede positive reelle Zahl besitzt genau eine Quadratwurzel.

2. b) (1) z. B. lineare Funktionen oder stückweise konstante Funktionen, deren Graph treppenförmig ansteigend verläuft
   (2) z. B. quadratische Funktionen $f(x) = ax^2 + bx + c$ mit $a < 0$ oder Funktionen $g(x) = \sqrt{r^2 - x^2}$ (der Graph solcher Funktionen ist ein Halbkreis)
   (3) z. B. $f(x) = 2|x|$ oder $f(x) = 3|x|$
   (4) $f(x) = x^2$ mit $D_f = \mathbb{N}$
   (5) Weg-Zeit-Gesetz: lineare Funktion;
   Geschwindigkeits-Zeit-Gesetz: konstante Funktion
   (6) Weg-Zeit-Gesetz: quadratische Funktion;
   Geschwindigkeits-Zeit-Gesetz: lineare Funktion
   (7) $t = f(v) = \frac{s}{v}$ (t: Fahrzeit; v: Durchschnittsgeschwindigkeit; s: konstante Weglänge). Der Graph dieser Funktion hat die Form einer Hyperbel.
3. Für Bernoulli muss zu einer Funktion ein Funktionsterm existieren, durch den einer gegebenen variablen Größe x eine andere Größe zugeordnet wird. Euler gestattet, die Zuordnung auch durch andere Angaben als einen Funktionsterm festzulegen. Andererseits werden durch seine Definition auch Relationen erfasst. Die Formulierung lässt nicht eindeutig erkennen, ob auch Funktionen von mehreren Variablen zulässig sind.
4. $M = \mathbb{Z}$; $N = \mathbb{N}$

Monotonie und Nullstellen

Lösungen der Aufgaben auf den Seiten 172 bis 173

1. Linkes Bild: Die Steigung ist zunächst nahezu Null und wächst dann zunehmend; es könnte sich um eine Funktion vom Typ $f(x) = c \cdot a^x$ handeln.
   Rechtes Bild: Die Steigung ist zunächst negativ und nimmt immer mehr zu, wird dann Null und wächst weiterhin immer stärker. Die Funktion könnte vom Typ $f(x) = a \cdot x^n$ mit geradem $n \in \mathbb{N}$, $n \geq 2$ sein.
2. a) Alle Potenzfunktionen f mit $f(x) = x^n$ ($n \in \mathbb{N}$; $n > 0$) sind für $x > 0$ streng monoton steigend. Für $x \leq 0$ sind sie streng monoton fallend, wenn n eine gerade Zahl ist, und streng monoton steigend, wenn n ungerade ist.
   b) Streng monoton steigend für $x > 0$ sind z. B. Exponentialfunktionen $f(x) = a^x$ ($a > 1$), Wurzelfunktionen $f(x) = \sqrt[n]{x}$, Potenzfunktionen $f(x) = -x^{-n}$.
   Streng monoton fallend für $x > 0$ sind z. B. Exponentialfunktionen $f(x) = a^{-x}$ ($a > 1$), Wurzelfunktionen $f(x) = -\sqrt[n]{x}$, Potenzfunktionen $f(x) = x^{-n}$.

AUFGABE (Randspalte S. 172): Sei $0 \leq x_1 < x_2$. Die angegebenen Potenzfunktionen sind für $x \geq 0$ monoton steigend, es gilt also $f(x_1) < f(x_2)$. Wegen $f(-x) = f(x)$ für alle $x \in \mathbb{R}$ erhält man hieraus $f(-x_2) > f(-x_1)$, d. h. f ist für $x \leq 0$ monoton fallend.

3. Julia hat Recht. In den Intervallen $\{x \in \mathbb{R} \mid x < 0\}$ und $\{x \in \mathbb{R} \mid x > 0\}$ ist f jeweils streng monoton fallend, aber nicht auf der Definitionsmenge $\mathbb{R} \setminus \{0\}$. Hätte Katharina Recht, so müsste z. B. aus $-2 < 2$ folgen $f(-2) > f(2)$, was wegen $f(-2) < 0$ und $f(2) > 0$ nicht der Fall ist.
4. Ein Monotonieintervall: lineare Funktionen, Potenzfunktionen mit positiven ungeraden Exponenten, Exponentialfunktionen, Logarithmusfunktionen, Wurzelfunktionen.
   Zwei Monotonieintervalle: Betragsfunktion, Potenzfunktionen mit positiven geraden Exponenten, Potenzfunktionen mit negativen Exponenten.
   Unendlich viele Monotonieintervalle: Sinus-, Kosinus-, Tangensfunktion.
5. a) Die Aussage trifft für die meisten bekannten Funktionstypen zu, jedoch nicht für die konstante Funktion $f(x) = 0$.
   b) Die Aussage ist falsch. Gegenbeispiele: $f(x) = x^2$; $g(x) = x^2 + 1$
6. Die Graphen von f_1 und f_2 sind im Standardfenster nicht zu unterscheiden. Es wird sichtbar, dass sie (mindestens) eine Nullstelle besitzen und mindestens ein Monotonieintervall, in welchem sie streng monoton fallen.
   Auch f_3 und f_4 werden untypisch dargestellt: Der Graph von f_3 besitzt mindestens eine Nullstelle und mindestens ein Monotonieintervall, in welchem die Funktion streng monoton steigt (er wirkt im Standardfenster annähernd linear).

Für f_4 wird mindestens eine Nullstelle sichtbar, und es existieren mindestens zwei Monotonieintervalle mit verschiedenem Steigungsverhalten (der Verlauf wirkt annähernd quadratisch).

7. Die Funktion hat zwei voneinander getrennt liegende Monotonieintervalle (für $x \leq -1$ streng monoton fallend, für $x \geq 1$ streng monoton steigend), in denen die Steigung jedoch nicht konstant ist. Im Bereich $-1 < x < 1$ sind keine Funktionswerte sichtbar, da die Funktion dort nicht definiert ist. Die Funktion hat die Nullstellen $x_1 = -1$ und $x_2 = 1$. Der Graph ist symmetrisch zur y-Achse.

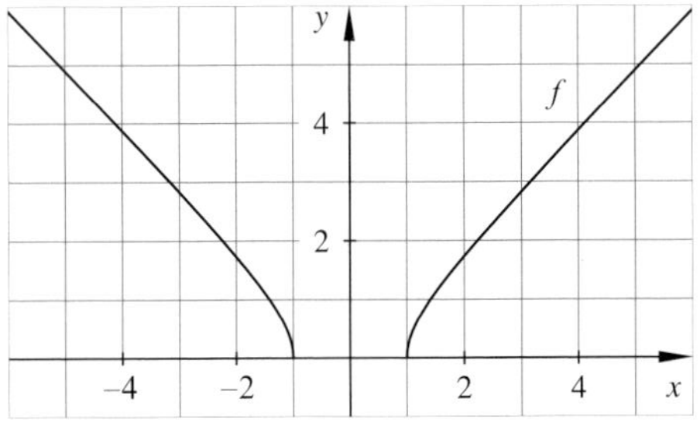

8. Im ersten Bild geht der Charakter einer quadratischen Funktion verloren (die Darstellung wäre typischer für eine Logarithmusfunktion), da das zweite Monotonieintervall und die daraus resultierende zweite Nullstelle nicht gezeigt werden.
   Die zweite Grafik zeigt treffend eine lineare Funktion. Das dritte Bild zeigt außer der Nullstelle $x = 0$ keine der charakteristischen Eigenschaften der Sinusfunktion.

Erläuterungen und Anregungen

Für die modellhafte Beschreibung realer Sachverhalte geht es zunächst um die sinnvolle Auswahl eines Funktionentyps, der den Sachverhalt zu erfassen vermag. Ein grundlegender Aspekt für die Auswahl ist das Monotonieverhalten, das die Messwerte in ihrem wesentlichen Verlauf beschreibt. Der Abschnitt sichert die Kenntnis des Begriffs Monotonie ab und zeigt, wie sich die Monotonie nachweisen lässt.

Um mit Funktionsverläufen vertraut zu werden oder um die hergeleiteten Ergebnisse zu überprüfen, lohnt sich der Einsatz des GTR. Dabei entstehen jedoch mitunter Darstellungen, in denen auf Grund eines unangemessenen Bildausschnitts oder eines ungeeigneten Maßstabs die wesentlichen Eigenschaften einer Funktion nicht sichtbar sind (Aufgaben 6 bis 8). Dies ist der Anlass für einen Exkurs über reflektierte GTR-Nutzung.

Symmetrie und Umkehrbarkeit

Lösungen der Aufgaben auf den Seiten 174 bis 177

1. a) Der Luftwiderstand bewirkt, dass keine exakte Parabel, sondern eine sogenannte ballistische Kurve, die nur annähernd die Form einer Parabel hat, entsteht.
   b) In der Abbildung beträgt die waagerechte Wurfweite annähernd 2,4 m, die Entfernung zwischen Düse und Auftreffpunkt also $\sqrt{(2{,}4\ \text{m})^2+(1\ \text{m})^2} = 2{,}6$ m.
   Im allgemeinen Fall hängt die Entfernung nicht nur davon ab, in welcher Höhe der Schlauch gehalten wird, sondern auch davon, mit welcher Geschwindigkeit das Wasser die Düse verlässt.
2. a) Lena hat für die Funktion zunächst am Beispiel gezeigt, dass die Funktionswerte der Funktion $f(x) = x^2$ für $x = 3$ und $x = -3$ gleich sind, dann hat sie diese Eigenschaft allgemein für alle $x \in \mathbb{R}$ nachgewiesen. Damit hat sie bewiesen, dass die Funktion achsensymmetrisch zur y-Achse ist.
   b) Für gerades n gilt $f(-x) = (-x)^n = x^n = f(x)$.
   c) f ist punktsymmetrisch zum Koordinatenursprung $\Leftrightarrow$ $f(-x) = -f(x)$.
   Für die Funktion $f(x) = 5^x$ gilt: $f(-x) = 5^{-x} \neq 5^x = f(x)$ für alle $x \in \mathbb{R}$ mit $x \neq 0$.
   Entsprechend gilt für alle Exponentialfunktionen mit $f(x) = a^x$, $a \in \mathbb{R}^+ \setminus \{1\}$:
   $f(-x) = a^{-x} \neq a^x = f(x)$ für alle $x \in \mathbb{R}$ mit $x \neq 0$.
3. a) Die Aussage ist falsch; Gegenbeispiel: $f(x) = \sqrt{1-x^2}$.
   Umkehrung: Wenn eine Funktion den Definitionsbereich $\mathbb{R}$ hat, dann ist sie symmetrisch zur y-Achse.
   Die Umkehrung ist falsch; Gegenbeispiel: $f(x) = a^x$.
   b) Die Aussage ist wahr, denn mit $f(x_0) = 0$ folgt aus der Symmetrie zur y-Achse auch $f(-x_0) = 0$.
   Umkehrung: Wenn die Nullstellen einer Funktion mit mehr als einer Nullstelle symmetrisch zur y-Achse liegen, dann ist die Funktion symmetrisch zur y-Achse.
   Die Umkehrung ist falsch; Gegenbeispiel: $f(x) = x^3 - 4x$.
   c) Die Aussage ist falsch; Gegenbeispiel: $f(x) = x^2 - 4$.
   Umkehrung: Wenn eine Funktion die Nullstelle $x = 0$ besitzt, dann ist sie symmetrisch zur y-Achse.
   Die Umkehrung ist falsch; Gegenbeispiel: $f(x) = x^3$.
   d) Die Aussage ist falsch; Gegenbeispiel: konstante Funktion $f(x) = 0$.
   Umkehrung: Wenn eine Funktion positive und negative Funktionswerte hat, dann ist sie punktsymmetrisch zum Koordinatenursprung.

   Die Umkehrung ist falsch; Gegenbeispiel: $f(x) = x - 1$.
   e) Die Aussage ist falsch; Gegenbeispiel: $f(x) = x^{-1}$.
   Umkehrung: Wenn eine Funktion nicht punktsymmetrisch zum Koordinatenursprung ist, dann verläuft sie nicht durch $O(0 \mid 0)$.
   Die Umkehrung ist falsch; Gegenbeispiel: $f(x) = x^2$.
   f) Die Aussage ist falsch; Gegenbeispiel: $f(x) = x^3 - 4x$.
   Umkehrung: Wenn eine Funktion streng monoton steigend ist, dann ist sie punktsymmetrisch zum Koordinatenursprung.
   Die Umkehrung ist falsch; Gegenbeispiel: $f(x) = x - 1$.
4. a) Streng monoton steigende Funktionen können nicht achsensymmetrisch zur y-Achse sein, da jeder Funktionswert nur an einer Stelle angenommen werden kann. Sie können punktsymmetrisch zum Koordinatenursprung sein, wenn sie durch den Ursprung verlaufen oder wenn sie bei $x = 0$ nicht definiert sind; zusätzlich müssen alle ihre Nullstellen symmetrisch zur y-Achse liegen. Weitere Voraussetzung (für beide Symmetriearten) ist, dass der Definitionsbereich der Funktion symmetrisch zur y-Achse ist. Funktionen, die diese Bedingungen erfüllen, müssen jedoch nicht punktsymmetrisch zum Koordinatenursprung sein; Gegenbeispiele: $f(x) = 2^x - 1$ (verläuft durch $O(0 \mid 0)$); $f(x) = -\frac{1}{x} + \frac{|x| - x}{x}$ (für $x = 0$ nicht definiert).
   Beispiele für streng monoton steigende punktsymmetrische Funktionen:
   $f(x) = x^n$ $(n \in \mathbb{N}, n$ ungerade); $f(x) = -x^{-n}$ $(n \in \mathbb{N}, n$ ungerade); $f(x) = mx$ $(m > 0)$.
   b) Die Graphen von linearen und konstanten Funktionen besitzen diese Eigenschaft.
5. Das Fahrzeug fuhr mit etwa 62 km/h Geschwindigkeit.
6. a) *Erste Teilaussage:* Wenn eine Funktion f umkehrbar ist, dann sind für je zwei voneinander verschiedene Argumente x_1 und x_2 ihrer Definitionsmenge die zugehörigen Funktionswerte $f(x_1)$ und $f(x_2)$ voneinander verschieden.
   Beweis: Angenommen, es gäbe zwei Argumente $x_1, x_2 \in D_f$ mit $f(x_1) = f(x_2)$. Dann würden zu $f(x_1)$ mindestens zwei verschiedene Argumente gehören (nämlich x_1 und x_2), d. h. die Umkehrzuordnung wäre nicht eindeutig, also keine Funktion – im Widerspruch zur Voraussetzung, dass f umkehrbar sein soll.
   Zweite Teilaussage: Wenn bei einer Funktion f für je zwei voneinander verschiedene Argumente x_1 und x_2 ihrer Definitionsmenge die zugehörigen Funktionswerte $f(x_1)$ und $f(x_2)$ voneinander verschieden sind, dann ist die Funktion f umkehrbar.
   Beweis: Nach Voraussetzung gehört zu jedem Funktionswert y aus dem Wertebereich von f genau ein Argument x aus dem Definitionsbereich von f. Damit ist die Umkehrzuordnung eindeutig, also eine Funktion, d. h. f ist umkehrbar.

b) Eine Funktion mit zwei Nullstellen besitzt mindestens zwei Argumente, an denen derselbe Funktionswert $y = 0$ angenommen wird. Sie ist also nicht umkehrbar.

7. Bei gleichen Einheiten auf den Achsen werden durch Spiegelung an der Geraden $y = x$ die Punkte $(x \mid 0)$ auf die Punkte $(0 \mid x)$ abgebildet und umgekehrt. Entsprechend hat der Punkt $(x \mid y)$ den Bildpunkt $(y \mid x)$. Damit liegt die umgekehrte Zuordnung vor.

8. a) $f^*(x) = \frac{1}{3}x + \frac{5}{3}$ b) $f^*(x) = \log_2 x$ c) $g_1(x) = \sqrt{x-3}$; $g_2(x) = -\sqrt{x-3}$

9. a) Der Definitionsbereich von f^* ist $W = f(D)$. Der Wertebereich von f^* ist D. Schreibweise: $f^*\colon W \to D$ oder $f^*\colon W \to \mathbb{R}$.
   b) Die Funktion f^* nimmt an der Stelle $y = f(x)$ den Wert x an. Die Funktion f nimmt an der Stelle $f^*(y)$ den Wert y an.

10. • Wenn die Funktion f durch einen Funktionsterm darstellbar ist, dann läuft die Aufgabe, alle zu einem gegebenen Funktionswert y_0 gehörenden Argumente x zu finden, auf das Lösen der Gleichung $f(x) = y_0$ hinaus, wobei für $f(x)$ der Funktionsterm (ein Term mit der Variablen x) und für y_0 die konkret gegebene reelle Zahl steht.
   • Für beliebig vorgegebenes $y_0 \in \mathbb{R}$ ist die Gleichung nicht immer lösbar. Ist jedoch bekannt, dass y_0 ein wirklich vorkommender Funktionswert von f ist, dann hat sie mindestens eine Lösung.
   • Die Gleichung kann beliebig viele, sogar unendlich viele Lösungen haben (Beispiel: $\sin x = 0{,}5$).
   • In manchen Fällen können die Lösungen allgemein angegeben werden, z. B. bei quadratischen Funktionen mithilfe der Lösungsformel für quadratische Gleichungen.
   • Bei umkehrbaren Funktionen hat die Gleichung $f(x) = y_0$ höchstens eine Lösung.
   • Wenn die Funktion f nur auf bestimmten Intervallen des Definitionsbereichs umkehrbar ist, dann hat die Gleichung $f(x) = y_0$ aus jedem dieser Intervalle höchstens eine Lösung. Gibt es n solche Intervalle, die den Definitionsbereich von f vollständig umfassen, so hat die Gleichung $f(x) = y_0$ höchstens n Lösungen.

11. a) (1) Lineare Funktionen $f(x) = mx + b$ $(m, b \in \mathbb{R};\ m \neq 0)$: $f^*(x) = \frac{1}{m} \cdot x - \frac{b}{m}$
   (2) Potenzfunktionen $f(x) = x^n$ $(n \in \mathbb{N},\ n$ ungerade$)$:
   $$f^*(x) = \begin{cases} \sqrt[n]{x} & \text{für } x \geq 0 \\ -\sqrt[n]{-x} & \text{für } x < 0 \end{cases}$$
   (3) Potenzfunktionen $f(x) = x^{-n}$ $(n \in \mathbb{N},\ n$ ungerade$)$:
   $$f^*(x) = \begin{cases} \sqrt[n]{\frac{1}{x}} & \text{für } x > 0 \\ -\sqrt[n]{-\frac{1}{x}} & \text{für } x < 0 \end{cases} \qquad (x \neq 0)$$

   (4) Wurzelfunktionen $f(x) = \sqrt[n]{x}$ $(n \in \mathbb{N},\ n > 1)$: $f^*(x) = x^n$ $(x > 0)$
   (5) Exponentialfunktionen $f(x) = a^x$ $(a \in \mathbb{R}^+ \setminus \{1\})$: $f^*(x) = \log_a x$ $(x > 0)$
   (6) Logarithmusfunktionen $f(x) = \log_a x$ $(a \in \mathbb{R}^+ \setminus \{1\})$: $f^*(x) = a^x$
   b) (2) Potenzfunktionen $f(x) = x^n$ $(n \in \mathbb{N},\ n$ gerade, $n \geq 2)$:
   $\{x \in \mathbb{R} \mid x \geq 0\}$: $f_1^*(x) = \sqrt[n]{x}$; $\{x \in \mathbb{R} \mid x \leq 0\}$: $f_2^*(x) = -\sqrt[n]{x}$
   (3) Potenzfunktionen $f(x) = x^{-n}$ $(n \in \mathbb{N},\ n$ gerade, $n \geq 2)$:
   $\{x \in \mathbb{R} \mid x > 0\}$: $f_1^*(x) = \sqrt[n]{\frac{1}{x}}$ $\{x \in \mathbb{R} \mid x < 0\}$: $f_2^*(x) = -\sqrt[n]{-\frac{1}{x}}$
   (7) Winkelfunktionen:
   $f(x) = \sin x$: umkehrbar auf allen Intervallen $[-\frac{\pi}{2} + k \cdot \pi;\ \frac{\pi}{2} + k \cdot \pi]$ mit $k \in \mathbb{Z}$
   $f(x) = \cos x$: umkehrbar auf allen Intervallen $[k \cdot \pi;\ (k+1) \cdot \pi]$ mit $k \in \mathbb{Z}$
   $f(x) = \tan x$: umkehrbar auf allen Intervallen $(-\frac{\pi}{2} + k \cdot \pi;\ \frac{\pi}{2} + k \cdot \pi)$ mit $k \in \mathbb{Z}$

12. a) $f_1(x) = 2 + \cos x$; $f_2(x) = 0{,}25(x-3)^2 + 1$; $f_3(x) = 1{,}5^x$; $f_4(x) = 2 + \sqrt{x-1}$
   b) $f_1(x) = 0{,}78^x$; $f_2(x) = \frac{3}{2}(x+2)^2$; $f_3(x) = \frac{1}{2x-1}$; $f_4(x) = 2x^5$; $f_5(x) = \frac{1}{2}x - \frac{1}{2}$

13. Bei der hier gegebenen Definition lokaler Extrema kann eine umkehrbare Funktion ein lokales Extremum besitzen. Beispiel: Wir betrachten die Funktion:
   $$f(x) = \begin{cases} e^x & \text{für } x \leq 0 \\ -x & \text{für } x > 0 \end{cases}$$
   Diese Funktion ist umkehrbar und besitzt an der Stelle $x_0 = 0$ ein lokales Maximum, denn z. B. im offenen Intervall $I = (-1;\ 1)$ gilt $f(x) \leq f(0)$ für alle $x \in I$.
   Wenn jedoch zusätzlich vorausgesetzt wird, dass die lokale Extremstelle nicht zugleich eine Sprungstelle sein darf, dann kann eine umkehrbare Funktion kein lokales Extremum besitzen. Begründung: Angenommen, eine gegebene Funktion f sei umkehrbar und hätte eine lokale Extremstelle x_0. Wenn die lokale Extremstelle keine Sprungstelle ist, dann gibt es um sie herum in jedem Falle ein genügend kleines offenes Intervall $I \subset D_f$, das keine Sprungstellen enthält und in dem außerdem gilt:
   • bei einem lokalen Maximum: $f(x) \leq f(x_0)$ für alle $x \in I$; $f(x) < f(x_0)$ für alle $x \in I$ mit $x \neq x_0$ (wegen der Umkehrbarkeit); f ist innerhalb des Intervalls I für $x < x_0$ streng monoton steigend und für $x > x_0$ streng monoton fallend.
   • bei einem lokalen Minimum: $f(x) \geq f(x_0)$ für alle $x \in I$; $f(x) > f(x_0)$ für alle $x \in I$ mit $x \neq x_0$ (wegen der Umkehrbarkeit); f ist innerhalb des Intervalls I für $x < x_0$ streng monoton fallend und für $x > x_0$ streng monoton steigend.

Dann kann man aber immer wenigstens einen Funktionswert y mit $y < f(x_0)$ bei einem lokalen Maximum bzw. $y > f(x_0)$ bei einem lokalen Minimum finden, zu dem zwei verschiedene Argumente x_1 und x_2 mit $x_1 < x_0$ und $x_2 > x_0$ gehören. Hierzu muss y nur genügend nahe an $f(x_0)$ gewählt werden. Damit ergibt sich ein Widerspruch zur Umkehrbarkeit der Funktion f. Die eingangs gemachte Annahme ist also nicht haltbar. Eine umkehrbare Funktion f kann also keine lokale Extremstelle besitzen, die nicht zugleich Sprungstelle ist.

14. Zunächst muss angemerkt werden, dass die beiden Aussagen (1) und (2) nur unter der einschränkenden Voraussetzung gelten können, dass die Anzahl der lokalen Extremstellen der Funktion endlich ist. Bei einer unendlichen Anzahl lokaler Extremstellen, wie das z. B. bei der Sinus- und der Kosinusfunktion der Fall ist, macht es keinen Sinn, von einer geraden bzw. ungeraden Anzahl zu sprechen. Es sei also im Folgenden die Anzahl der lokalen Extremstellen der betrachteten Funktion f stets endlich.

Zu (1):

- Bei einer ungeraden Funktion kann die Stelle $x_0 = 0$ keine lokale Extremstelle sein. Begründung: Bei einer ungeraden Funktion f, die an der Stelle $x_0 = 0$ definiert ist, ist $f(0) = f(-0) = -f(0) = 0$. Hätte die Funktion an der Stelle $x_0 = 0$ z. B. ein lokales Maximum, dann ließe sich um x_0 herum ein offenes Intervall $I = (-x_1;\, x_1) \subset D_f$ finden, in dem gilt: $f(x) \leq 0$ für alle $x \in I$ und außerdem $f(x_2) < 0$ für irgendein $x_2 \in I$ mit $x_2 \neq x_0$ (diese letztere Bedingung ist erfüllbar, da f auf keinem Intervall konstant sein soll). Da f ungerade ist, müsste dann $f(-x_2) > 0$ gelten. Aus $-x_2 \in I$ folgt aber $f(-x_2) \leq 0$. Dies ist ein Widerspruch.
  Bei einem lokalen Minimum erfolgt die Argumentation analog, es steht dann jeweils „$\geq$“ statt „$\leq$“, „>“ statt „<“ und „<“ statt „>“ .
- Zu jeder lokalen Maximumstelle x_0 mit $x_0 \neq 0$ gibt es genau eine lokale Minimumstelle $-x_0 \neq x_0$. Ebenso gibt es zu jeder lokalen Minimumstelle x_1 mit $x_1 \neq 0$ genau eine lokale Maximumstelle $-x_1 \neq x_1$. Es existiert also eine eineindeutige Zuordnung zwischen den lokalen Maximumstellen und den lokalen Minimumstellen der Funktion. Die Anzahl der lokalen Maximumstellen ungleich 0 ist damit gleich der Anzahl der lokalen Minimumstellen ungleich 0. Da 0 keine lokale Extremstelle sein kann, ergibt sich somit (unter der Voraussetzung, dass die Anzahl der lokalen Extremstellen endlich ist) eine gerade Anzahl lokaler Extremstellen. Die Behauptung ist also wahr.

Zu (2): Die Behauptung ist falsch und muss folgendermaßen korrigiert werden:
„Die Anzahl der lokalen Extremstellen einer geraden Funktion f mit endlich vielen lokalen Extremstellen ist stets ungerade, wenn f an der Stelle 0 und in einem offenen Intervall um die Stelle 0 herum definiert ist, das keine von 0 verschiedenen Sprungstellen von f

enthält, und stets gerade, wenn f an der Stelle 0 nicht definiert ist oder zwar an der Stelle 0, aber nicht in einem offenen Intervall um 0 herum definiert ist.“
Erläuterungen dazu:

- Die Forderung, dass die Funktion auf keinem Intervall konstant sein soll, kann hier weggelassen werden, da sie in der Bedingung, dass f nur endlich viele lokale Extremstellen besitzen soll, bereits enthalten ist.
- Wenn f in einem offenen Intervall um die Stelle 0 herum definiert ist und in jedem offenen Intervall $I \subset D_f$, das die Stelle 0 enthält, von 0 verschiedene Sprungstellen aufweist, dann lässt sich nicht allgemein sagen, ob die Anzahl der lokalen Extremstellen gerade oder ungerade ist. Beispiel:

$$f(x) = \begin{cases} |x| & \text{für } x \in \mathbb{Q} \\ -|x| & \text{für } x \notin \mathbb{Q} \end{cases}; \quad g(x) = \begin{cases} 2 & \text{für } x = 0 \\ |x| & \text{für } x \in \mathbb{Q} \setminus \{0\} \\ -|x| & \text{für } x \notin \mathbb{Q} \end{cases}$$

  Die Funktion f besitzt keine lokalen Extremstellen, also eine gerade Anzahl (0). Die Funktion g besitzt hingegen genau eine lokale Extremstelle: ein lokales Maximum an der Stelle 0. Die Anzahl der lokalen Extremstellen von g ist also ungerade.

Beweis der korrigierten Aussage (2):

- Wenn f an der Stelle 0 und in einem offenen Intervall um die Stelle 0 herum definiert ist und in diesem Intervall keine von 0 verschiedenen Sprungstellen besitzt, dann muss sie bei genügend klein gewähltem $x_1 > 0$ auf dem offenen Intervall $(0;\, x_1)$ entweder streng monoton steigend oder streng monoton fallend sein. (Der Fall, dass f bei Annäherung an die Stelle 0 von rechts konstant ist oder mit zunehmender Frequenz und abnehmender Amplitude oszilliert, wird durch die Bedingung, dass f nur endlich viele lokale Extremstellen besitzen soll, ausgeschlossen.) Wegen der Achsensymmetrie ist f im Intervall $(-x_1;\, 0)$ im ersten Fall streng monoton fallend und im zweiten Fall streng monoton steigend, außerdem müssen sich die Funktionswerte von f bei Annäherung an die Stelle 0 von links und von rechts demselben Wert y_0 nähern.
  Wenn 0 keine Sprungstelle von f ist, dann besitzt f im ersten Fall an der Stelle 0 ein lokales Minimum, da $f(0)$ kleinster Funktionswert im offenen Intervall $(-x_1;\, x_1)$ ist. Im zweiten Fall besitzt f an der Stelle 0 ein lokales Maximum, da $f(0)$ größter Funktionswert im offenen Intervall $(-x_1;\, x_1)$ ist.
  Ist die Stelle 0 eine Sprungstelle von f, so besitzt f an der Stelle 0 im Falle $f(0) > y_0$ ein lokales Maximum und im Falle $f(0) < y_0$ ein lokales Minimum.
  Die Funktion f besitzt also unter den eingangs genannten Voraussetzungen an der Stelle 0 immer ein lokales Extremum.

- Wenn f hingegen an der Stelle 0 nicht definiert ist oder zwar an der Stelle 0, aber nicht in einem offenen Intervall um 0 herum definiert ist, dann besitzt f an der Stelle 0 kein lokales Extremum.
- Zu jeder lokalen Maximumstelle x_0 mit $x_0 > 0$ gibt es wegen der Achsensymmetrie von f genau eine lokale Maximumstelle $-x_0 < 0$. Ebenso gibt es zu jeder lokalen Minimumstelle x_1 mit $x_1 > 0$ genau eine lokale Minimumstelle $-x_1 < 0$. Weitere lokale Extremstellen im negativen Bereich der x-Achse kann es nicht geben. Es existiert also eine eineindeutige Zuordnung zwischen den lokalen Extremstellen im Intervall $(0; \infty)$ und denen im Intervall $(-\infty; 0)$. Die Anzahl der positiven lokalen Extremstellen von f ist also gleich der Anzahl der negativen lokalen Extremstellen. Die Anzahl der von 0 verschiedenen Extremstellen von f ist folglich, falls sie endlich ist, gerade.
- Damit ergibt sich eine ungerade Anzahl lokaler Extremstellen, wenn f an der Stelle 0 und in einem offenen Intervall um die Stelle 0 herum definiert ist, das keine von 0 verschiedenen Sprungstellen von f enthält, und eine gerade Anzahl lokaler Extremstellen, wenn f an der Stelle 0 nicht definiert oder an der Stelle 0, aber nicht in einem offenen Intervall um 0 herum definiert ist. Die korrigierte Behauptung (2) ist wahr.

15. Damit f eine gerade Funktion ist, muss n gerade sein und der Funktionsterm darf nur Summanden enthalten, bei denen der Exponent von x gerade ist (a_0 darf vorkommen).
Beispiel: $f(x) = x^4 + x^2 \Rightarrow f(-x) = (-x)^4 + (-x)^2 = x^4 + x^2 = f(x)$
Gegenbeispiel: $f(x) = x^4 + x^3 \Rightarrow f(1) = 2;\ f(-1) = 0 \neq f(1)$
Damit f eine ungerade Funktion ist, muss n ungerade sein und der Funktionsterm darf nur Summanden enthalten, bei denen der Exponent von x ungerade ist (a_0 darf auch nicht vorkommen). Beispiel: $f(x) = x^3 + x \Rightarrow f(-x) = (-x)^3 + (-x) = -x^3 - x = -f(x)$
Gegenbeispiel: $f(x) = x^5 + x^2 \Rightarrow f(1) = 2;\ f(-1) = 0 \neq -f(1)$

16. a) Der Definitionsbereich von f umfasst ganz $\mathbb{R}$ mit Ausnahme aller Nullstellen von q.

b) Fall 1: p und q sind gerade Funktionen.
In diesem Falle ist f gerade: $f(-x) = \frac{p(-x)}{q(-x)} = \frac{p(x)}{q(x)} = f(x)$.

Fall 2: p ist gerade, q ungerade.
In diesem Falle ist f ungerade: $f(-x) = \frac{p(-x)}{q(-x)} = \frac{p(x)}{-q(x)} = -\frac{p(x)}{q(x)} = -f(x)$.

Fall 3: p ist ungerade, q gerade.
In diesem Falle ist f ungerade: $f(-x) = \frac{p(-x)}{q(-x)} = \frac{-p(x)}{q(x)} = -\frac{p(x)}{q(x)} = -f(x)$.

Fall 4: p und q sind ungerade Funktionen.
In diesem Falle ist f gerade: $f(-x) = \frac{p(-x)}{q(-x)} = \frac{-p(x)}{-q(x)} = \frac{p(x)}{q(x)} = f(x)$.

c) Fall 1: p ist weder gerade noch ungerade, q ist gerade.
Wäre f gerade, so wäre p ebenfalls gerade: $p(-x) = f(-x) \cdot q(-x) = f(x) \cdot q(x) = p(x)$.
Wäre f ungerade, so wäre p ebenfalls ungerade:
$p(-x) = f(-x) \cdot q(-x) = -f(x) \cdot q(x) = -p(x)$.
Die Funktion f ist also in diesem Falle weder gerade noch ungerade.

Fall 2: p ist weder gerade noch ungerade, q ist ungerade.
Wäre f gerade, so wäre p ungerade:
$p(-x) = f(-x) \cdot q(-x) = f(x) \cdot (-q(x)) = -f(x) \cdot q(x) = -p(x)$.
Wäre f ungerade, so wäre p gerade:
$p(-x) = f(-x) \cdot q(-x) = -f(x) \cdot (-q(x)) = f(x) \cdot q(x) = p(x)$.
Die Funktion f ist also in diesem Falle weder gerade noch ungerade.

Fall 3: p ist gerade, q ist weder gerade noch ungerade.
Wäre f gerade, so wäre q ebenfalls gerade: $q(-x) = \frac{p(-x)}{f(-x)} = \frac{p(x)}{f(x)} = q(x)$.
Wäre f ungerade, so wäre q ebenfalls ungerade: $q(-x) = \frac{p(-x)}{f(-x)} = \frac{p(x)}{-f(x)} = -q(x)$.
Die Funktion f ist also in diesem Falle weder gerade noch ungerade.

Fall 4: p ist ungerade, q ist weder gerade noch ungerade.
Wäre f gerade, so wäre q ungerade: $q(-x) = \frac{p(-x)}{f(-x)} = \frac{-p(x)}{f(x)} = -q(x)$.
Wäre f ungerade, so wäre q gerade: $q(-x) = \frac{p(-x)}{f(-x)} = \frac{-p(x)}{-f(x)} = \frac{p(x)}{f(x)} = q(x)$.
Die Funktion f ist also in diesem Falle weder gerade noch ungerade.

Fall 5: p und q sind beide weder gerade noch ungerade Funktionen.
In diesem Falle kann f gerade, ungerade oder weder gerade noch ungerade sein.

Beispiel für eine gerade Funktion f: $f(x) = \frac{x^4 + 2x^3 + 2x^2}{x^2 + 2x + 2} = x^2$

(Nicht möglich wäre hier z. B. $f(x) = \frac{x^3 + x^2}{x+1} = x^2$, denn der Definitionsbereich von f wäre in diesem Falle $\mathbb{R} \setminus \{-1\}$. Es wäre dann $f(1) = 1$, aber $f(-1)$ wäre nicht definiert und die Funktion f damit nicht gerade.)

Beispiel für eine ungerade Funktion f: $f(x) = \frac{x^5 + 2x^4 + 4x^3}{x^2 + 2x + 4} = x^3$

Beispiel für eine Funktion f, die weder gerade noch ungerade ist:
$f(x) = \frac{x^2 + 2x + 1}{x+1} = x + 1$ mit $D_f = \mathbb{R} \setminus \{-1\}$

Der Einfluss eines Parameters

Lösungen der Aufgaben auf den Seiten 178 bis 179

1\. b)

n	-2	1	3	$\frac{2}{3}$	$-0{,}3$
Nullstelle x_0	$\frac{2}{3}$	$-\frac{1}{3}$	-1	$-\frac{2}{9}$	$0{,}1$

2\. Die Funktion, die die Anzahl der Nullstellen von f_a angibt, ist konstant 2 für $a < 0$, gleich 1 für $a = 0$ und konstant 0 für $a > 0$.

3\. a) Der Graph wird in y-Richtung gestreckt. Definitionsmenge, Monotonieverhalten und Symmetrieverhalten ändern sich nicht. Ist der Wertebereich $\mathbb{R}$ oder $[0; \infty)$ oder $(-\infty; 0]$, so ändert er sich nicht. Andernfalls ändert er sich im Allgemeinen; jedes seiner Elemente wird mit dem Faktor c multipliziert.

b) Die Beträge der Funktionswerte werden größer für $|c| > 1$ und kleiner für $0 < |c| < 1$; die Vorzeichen der Funktionswerte kehren sich um. Der Graph wird dadurch in Richtung der y-Achse gestreckt bzw. gestaucht und zusätzlich an der x-Achse gespiegelt. Definitionsbereich und Symmetrie verändern sich dadurch nicht; das Monotonieverhalten kehrt sich um. Der Wertebereich der Funktion kann sich ändern, falls er nicht schon alle reellen Zahlen umfasste.

4\. a) Die zugehörigen Funktionen sind periodisch, der Wertebereich ist $[-1; 1]$.
Es handelt sich um die Funktionen:
$f_1(x) = \sin x$ (rot); $f_2(x) = \sin 2x$ (grün); $f_3(x) = \sin 4x$ (schwarz).

b) Die Graphen zu $\sin x$ und $\sin(-x)$ liegen spiegelbildlich zur y-Achse (aber auch spiegelbildlich zur x-Achse). Die Graphen zu $\cos x$ und $\cos(-x)$ sind gleich, denn die Kosinusfunktion ist achsensymmetrisch zur y-Achse.

AUFGABE (Randspalte S. 178, Mitte):

3 Arbeiter benötigen 20 Stunden.
Sei x die Anzahl der Arbeiter und $f(x)$ die Dauer des Löschens in Stunden.

$f(x) = \frac{60}{x}$; Potenzfunktion vom Typ $y = c \cdot x^{-1}$.

Die Funktion unterscheidet sich von der Grundfunktion $y = x^{-1}$ um den Faktor $c = 60$.

NACHGEDACHT (Randspalte S. 178, unten):

Der Grund hierfür ist die Periodizität der trigonometrischen Funktionen. So wird z. B. aus der Periode 2π der Funktion $f(x) = \sin x$ durch den Faktor $c > 0$ die Periode $\frac{2\pi}{c}$ der Funktion $y = f(cx) = \sin(cx)$.

5\. Sei $c > 0$ und $c \neq 1$.

a) Konstanz des Wertebereiches:
Von der Funktion $y = f(x)$ wird der Wert $f(x_0)$ an der Stelle x_0 angenommen. Den gleichen Wert liefert die Funktion $g(x) = f(c \cdot x)$ an der Stelle $\frac{x_0}{c}$.

b) Änderung des Definitionsbereiches:
Ein Beispiel genügt: Sei $f(x) = \tan x$ und $g(x) = f(2x) = \tan 2x$. Dann ist

$$D_f = \mathbb{R} \setminus \left\{\frac{\pi}{2} + k \cdot \pi \,\middle|\, k \in \mathbb{Z}\right\} \text{ und } D_g = \mathbb{R} \setminus \left\{\frac{\pi}{4} + k \cdot \frac{\pi}{2} \,\middle|\, k \in \mathbb{Z}\right\} \neq D_f.$$

c) Nullstellen: f habe die Nullstelle $x_0 \neq 0$, also $f(x_0) = 0$.
Dann hat $g(x) = f(c \cdot x)$ die entsprechende Nullstelle $\frac{x_0}{c}$.

d) Das Symmetrieverhalten bleibt konstant:
Sei $g(x) = f(c \cdot x)$ für alle $x \in \mathbb{R}$.
(1) Es gelte $f(-x) = f(x)$ für alle $x \in \mathbb{R}$. Dann ist $g(-x) = f(-cx) = f(cx) = g(x)$.
(2) Es gelte $f(-x) = -f(x)$ für alle $x \in \mathbb{R}$. Dann ist $g(-x) = f(-cx) = -f(cx) = -g(x)$.

6\. Beispiele:

a)

	$f(x) = x^2$	$f(x) + 2 = x^2 + 2$	$f(x + 2) = (x + 2)^2$
Definitionsmenge	$\mathbb{R}$	$\mathbb{R}$	$\mathbb{R}$
Wertemenge	$\{y \in \mathbb{R} \mid y \geq 0\}$	$\{y \in \mathbb{R} \mid y \geq 2\}$	$\{y \in \mathbb{R} \mid y \geq 0\}$
Nullstellen	0	keine	–2
Monotonie	$x \leq 0$: mon. fallend $x \geq 0$: mon.steigend	wie bei f	$x \leq -2$: mon. fallend $x \geq -2$: mon.steigend
Achsensymmetrie	zur y-Achse	zur y-Achse	zur Geraden $x = -2$
Punktsymmetrie	keine	keine	keine

b)

	$f(x) = \frac{1}{x}$	$f(x) + 2 = \frac{1}{x} + 2$	$f(x + 2) = \frac{1}{x+2}$
Definitionsmenge	$\mathbb{R} \setminus \{0\}$	$\mathbb{R} \setminus \{0\}$	$\mathbb{R} \setminus \{-2\}$
Wertemenge	$\mathbb{R} \setminus \{0\}$	$\mathbb{R} \setminus \{2\}$	$\mathbb{R} \setminus \{0\}$
Nullstellen	keine	–0,5	keine
Monotonie	$x < 0$ und $x > 0$: monoton fallend	wie bei f	$x < -2$ und $x > -2$: monoton fallend
Achsensymmetrie	keine	keine	keine
Punktsymmetrie	zu $O(0 \mid 0)$	zu $A(0 \mid 2)$	zu $B(-2 \mid 0)$

c)

	$f(x) = a^x;\ a > 1$	$f(x) + 2 = a^x + 2$	$f(x + 2) = a^{x+2}$
Definitionsmenge	$\mathbb{R}$	$\mathbb{R}$	$\mathbb{R}$
Wertemenge	$\mathbb{R}^+$	$\{y \in \mathbb{R} \mid y > 2\}$	$\mathbb{R}^+$
Nullstellen	keine	keine	keine
Monotonie	mon. steigend in $\mathbb{R}$	mon. steigend in $\mathbb{R}$	mon. steigend in $\mathbb{R}$
Achsensymmetrie	keine	keine	keine
Punktsymmetrie	keine	keine	keine

7. a) $f(x) = x^2$; $g(x) = x^2 - 3$ b) $f(x) = 2^x$; $g(x) = -1{,}5 \cdot 2^x$
   c) $f(x) = \log_3 x$; $g(x) = \log_3 x + 0{,}6$

Verkettung und Verknüpfung

Lösungen der Aufgaben auf den Seiten 180 bis 183

1. a) Ein geeignetes Koordinatensystem ist z. B. ein solches mit dem Koordinatenursprung im Scheitelpunkt der Parabel. Bei der Einheit 1 m verläuft die Parabel dann durch $(4 \mid -6)$. Mit $f(x) = ax^2$ ergibt sich hieraus $-6 = a \cdot 4^2$, also $f(x) = -\frac{3}{8}x^2$.
   b) Der Scheitelpunkt ist jetzt $(-5 \mid 6)$, also gilt $f(x) = a(x + 5)^2 + 6$. Da die Parabel durch $(-1 \mid 0)$ verläuft, ergibt sich $0 = a \cdot 4^2 + 6$, also wieder $a = -\frac{3}{8}$.
   c) Die mit a gestauchte und gespiegelte Normalparabel aus a) ist im Koordinatensystem von b) aufwändiger beschrieben: Es findet noch eine Verschiebung um 5 entgegen der x-Achsen-Richtung und um 6 in y-Achsen-Richtung statt.

NACHGEDACHT (Randspalte S. 180): Beispiel: Es werden gleichzeitig mehrere verschiedene quadratische Funktionen und deren Graphen betrachtet und untersucht.

2. a) In beiden Fällen ergibt sich der Term $f(x) = (x - 3)^2 - 4$.
   b) Im ersten Fall ergibt sich der Term $f_1(x) = -x^2 + 5$, im zweiten Fall $f_2(x) = -x^2 - 5$.
3. a) In beiden Fällen ergibt sich $f(x) = \sqrt{x - 3} - 4$.
   b) Im 1. Fall ergibt sich $f_1(x) = -\sqrt{x} + 5$, im 2. Fall $f_2(x) = -\sqrt{x} - 5$.
4. Zu 1. a): z. B. $f_1(x) = x^2$; $f_2(y) = -\frac{3}{8}y$ oder $f_1(x) = \frac{3}{8}x^2$; $f_2(y) = -y$
   Zu 1. b): z. B. $f_1(x) = (x + 5)^2$; $f_2(y) = a \cdot y + 6$;
   oder $f_1(x) = x + 5$; $f_2(y) = y^2$; $f_3(z) = a \cdot z$; $f_4(w) = w + 6$
   Zu 2. a): z. B. $f_1(x) = (x - 3)^2$; $f_2(y) = y - 4$
   oder $f_1(x) = x - 3$; $f_2(y) = y^2$; $f_3(z) = z - 4$

Zu 2. b): Fall 1: $f_1(x) = x^2$; $f_2(y) = -y$; $f_3(z) = z + 5$
Fall 2: $f_1(x) = x^2$; $f_2(y) = y + 5$; $f_3(z) = -z$

5. a) $(f_2 \circ f_1)(x) = \frac{1}{2}x^2$
   $(f_1 \circ f_2)(x) = \frac{1}{4}x^2$

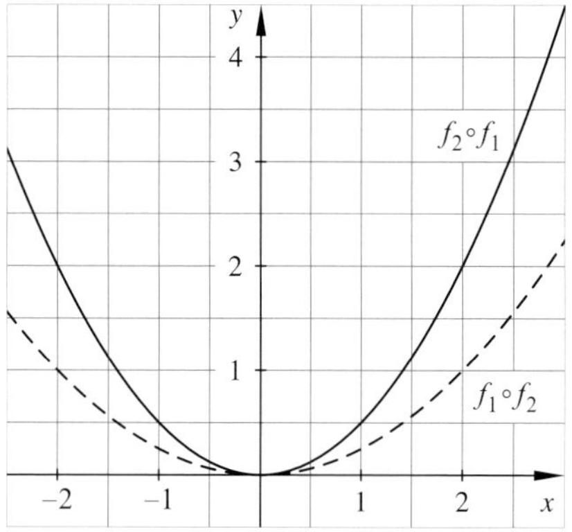

   b) $(f_2 \circ f_1)(x) = -\frac{1}{x^2}$
   $(f_1 \circ f_2)(x) = \frac{1}{(-x)^2} = \frac{1}{x^2}$

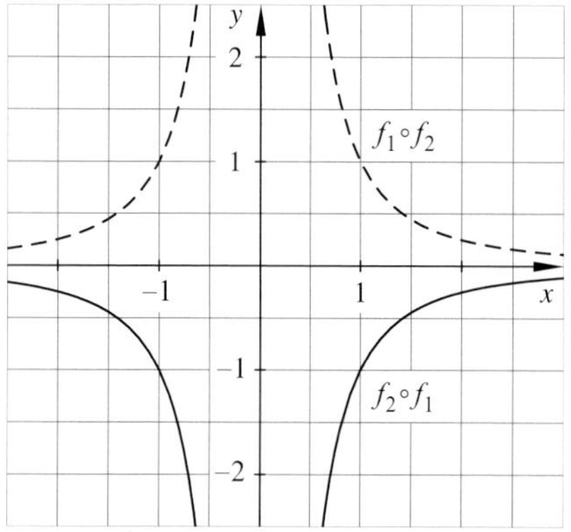

   c) $(f_2 \circ f_1)(x) = \sqrt{x} - 2$
   $(f_1 \circ f_2)(x) = \sqrt{x - 2}$

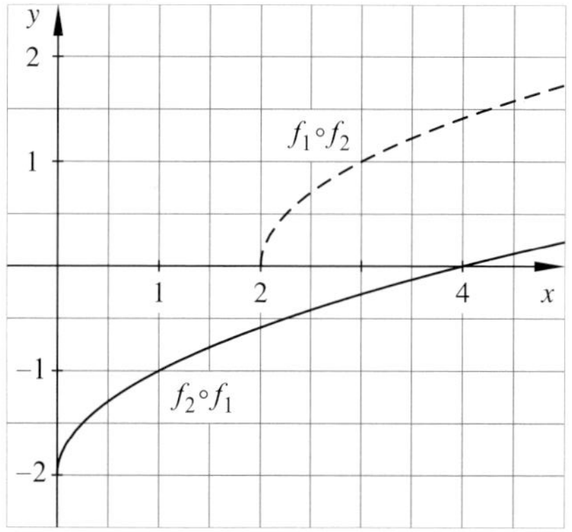

   d) $(f_2 \circ f_1)(x) = \frac{1}{2^x} = 2^{-x}$
   $(f_1 \circ f_2)(x) = 2^{\frac{1}{x}}$

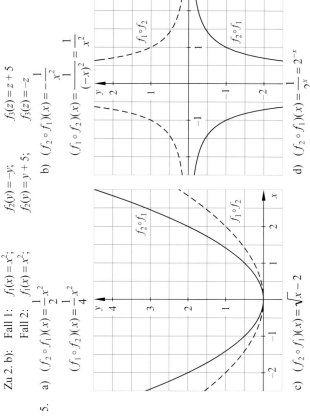

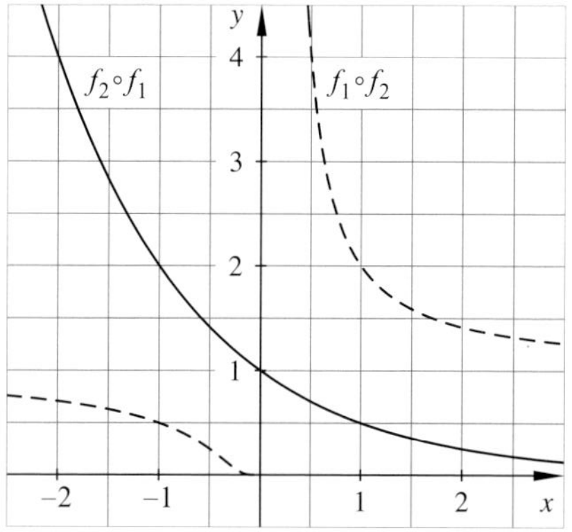

6. a) z. B. $f(x) = f_2(f_1(x))$ mit $f_1(x) = x + 2$; $f_2(y) = y^2 + 1$
   oder $f(x) = f_3(f_2(f_1(x)))$ mit $f_1(x) = x + 2$; $f_2(y) = y^2$; $f_3(z) = z + 1$
   b) $f(x) = f_1(x) + f_2(x)$ mit $f_1(x) = x^2$; $f_2(x) = 4x + 5$

7. a) $(f-g)(x) = x^2 - 2x - 3 = (x-1)^2 - 4$
Die Funktion $f-g$ hat Nullstellen genau an den Schnittstellen von f und g. Zwischen den Nullstellen hat sie nur negative Funktionswerte, weil dort f kleinere Werte besitzt als g. Entsprechend sind alle übrigen Funktionswerte positiv.

b) $(f+g)(x) = x^2 - 6x + 11 = (x-3)^2 + 2$
$f(x) = f(x) \pm g(x) \Leftrightarrow g(x) = 0$;
$f(x) + g(x) = f(x) - g(x) \Leftrightarrow$
$g(x) = -g(x) \Leftrightarrow g(x) = 0$.
An der Nullstelle von g liefert die Funktion g keinen Beitrag zur Summe oder Differenz von f und g. Deshalb kann nur dort der gesuchte Punkt liegen. Es handelt sich um den Punkt $P(3{,}5 \mid 2{,}25)$.

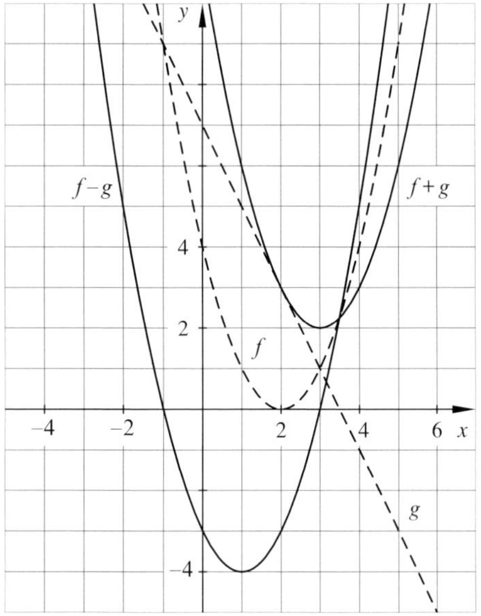

8. a) Auch Summen-, Differenz-, Produkt- und Quotientenfunktion sind achsensymmetrisch zur y-Achse: $(f+g)(-x) = f(-x) + g(-x) = f(x) + g(x) = (f+g)(x)$ usw.

b) Mit f und g sind auch Summen- und Differenzfunktion punktsymmetrisch zum Ursprung; dagegen sind Produktfunktion und Quotientenfunktion achsensymmetrisch zur y-Achse. Beweis für die Produktfunktion (Quotientenfunktion analog):
$(f \cdot g)(-x) = f(-x) \cdot g(-x) = (-f(x)) \cdot (-g(x)) = f(x) \cdot g(x) = (f \cdot g)(x)$

9. a) siehe nebenstehende Abbildung. Die Summenfunktion ist nur für $x \geq 0$ definiert. Sie hat ihre Nullstelle dort, wo $f(x) = -g(x)$ ist.

b) Die Produktfunktion hat die Nullstellen $x_1 = 0$ von f und $x_2 = 3{,}5$ von g. Die Werte von f sind nicht negativ. Daher bestimmt das Vorzeichen von g auch das Vorzeichen der Produktfunktion.

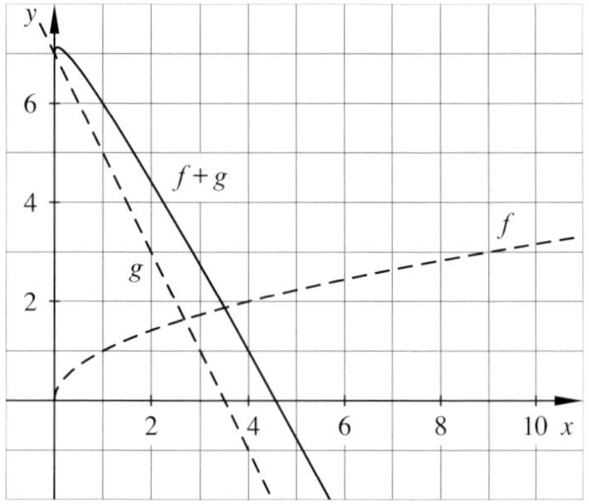

AUFGABE (Randspalte S. 182, oben):
Die neuen Funktionen haben Definitionsbereiche, die genau die Elemente x enthalten, die zu den Definitionsbereichen von f und g gehören. Bei dem Definitionsbereich von $\frac{f}{g}$ sind außerdem noch diejenigen Elemente x auszuschließen, für die $g(x) = 0$ gilt.

AUFGABE (Randspalte S. 182, unten):
Die Nullstellen der Quotientenfunktion $\frac{f}{g}$ sind diejenigen Nullstellen der Zählerfunktion f, für die $g(x) \neq 0$ gilt.

10. Die Funktion $f-g$ hat die Nullstellen $x_1 = 0$ und $x_2 = 1$, die Funktion $f+g$ nur die Nullstelle $x_2 = 1$. Die Funktion h besitzt deshalb die Nullstellen $x_1 = 0$ und $x_2 = 1$.

11. a) Es handelt sich um eine in Scheitelpunktform gegebene quadratische Funktion. Der Graph ist eine verschobene Normalparabel mit dem Scheitelpunkt $(3 \mid -4)$.

b) Es handelt sich um eine ganzrationale Funktion 3. Grades. Der Graph entsteht aus dem Graphen der Funktion $g(x) = x^3$ durch Stauchung in y-Richtung mit dem Faktor 0,5 und anschließende Verschiebung in y-Richtung um eine Einheit.

c) Es handelt sich um eine lineare Funktion. Der Graph ist eine Gerade mit dem Anstieg 4, die die y-Achse im Punkt $(0 \mid -5)$ schneidet.

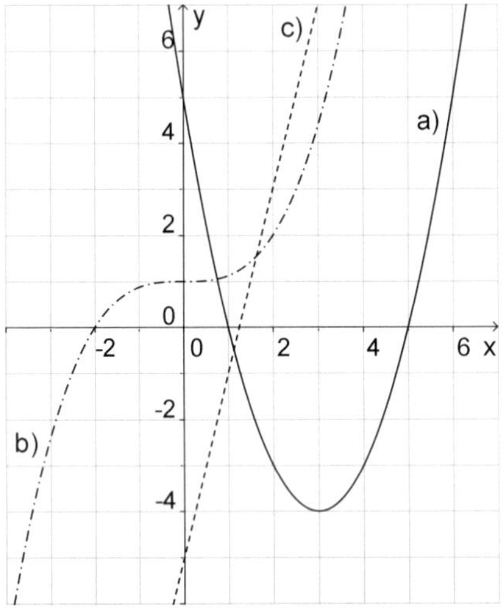

12. a) Schnittstellen: $x_1 = -3$; $x_2 = 1$

b) siehe nebenstehende Abbildung

c) Der Abstand der Graphen von f_1 und f_2 ist zwischen den Schnittstellen am größten, wo die quadratische Differenzfunktion f mit
$f(x) = x^2 + 2x - 3 = (x+1)^2 - 4$ ihren Scheitelpunkt hat. Bei $x = -1$ ist der Abstand mit $|f(-1)| = 4$ am größten.

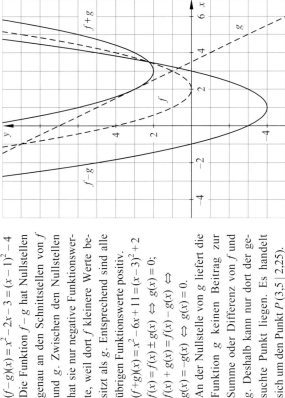

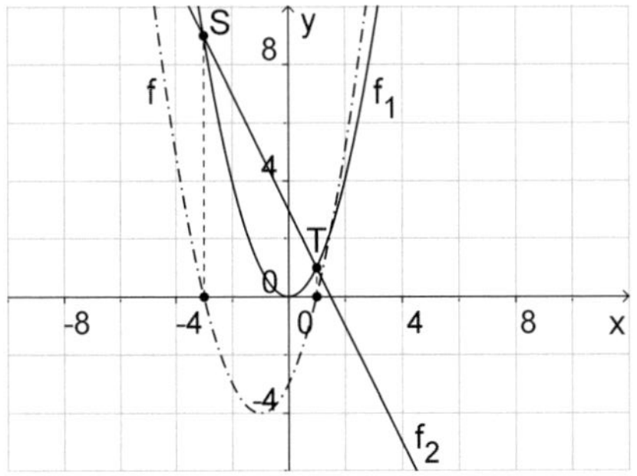

13. a) Differenzfunktion: $f(x) = f_1(x) - f_2(x) = x^2 + x - x^2 + 6x - 9 = 7x - 9$
Da die Differenzfunktion eine lineare Funktion ist, besitzt sie genau eine Nullstelle. Deshalb haben die Graphen von f_1 und f_2 genau einen Schnittpunkt.
b) Seien $f_1(x) = ax^2 + bx + c$ und $f_2(x) = rx^2 + sx + t$ zwei quadratische Funktionen.
Im Falle $a \neq r$ können die Graphen der Funktionen f_1 und f_2 genau zwei, genau einen oder keinen Schnittpunkt haben, da die Differenzfunktion quadratisch ist.
Im Falle $a = r$ und $b \neq s$ haben die Graphen der Funktionen f_1 und f_2 genau einen Schnittpunkt, da die Differenzfunktion linear ist.
Im Falle $a = r$; $b = s$; $c \neq t$ haben die Graphen der Funktionen f_1 und f_2 keinen Schnittpunkt, da die Differenzfunktion konstant und ungleich 0 ist.
Im Falle $a = r$; $b = s$; $c = t$ haben die Graphen der Funktionen f_1 und f_2 unendlich viele gemeinsame Punkte, da die Differenzfunktion konstant und gleich 0 ist.

AUFGABE (Randspalte S. 183): Lösung siehe Aufgabe 13 b).

AUFGABEN ZUR WIEDERHOLUNG

1. a) –59,02 b) 203,96 c) –9,5
2. a) $x = 0$ b) $z = 0$ c) $x = y$ d) $x = 4$
   e) Dieser Term ist für alle $x, y \in \mathbb{R}$ definiert. f) $x = -4$
3. a) $15yz$ b) $\frac{1}{60b}$ c) $\frac{13^3 p^6 q^3}{11^3 r^5 t^5} = \frac{2197 p^6 q^3}{1331 r^5 t^5}$
   d) $(a+b)^2$ e) $\frac{9-16y^2}{xy^2}$ f) $\frac{(x-y)^2}{x+y}$
4. a) $A = (a-c) \cdot b = 30{,}24 \text{ cm}^2$ b) $A = ab - 2c(b-2d) = 26{,}08 \text{ cm}^2$
   c) $A = ab - (a-2c)(b-2d) = 22{,}88 \text{ cm}^2$

Erläuterungen und Anregungen

Nachdem die Wirkung *eines* Parameters behandelt worden ist, geht es nun darum, im Funktionsterm auch mehrere Parameter zuzulassen.

Die Denkrichtung wird gegenüber dem vorausgegangenen Abschnitt umgekehrt und ist damit dieselbe wie beim ersten Kennenlernen der Sachverhalte. Auch in den Beispielen wird an diese vertraute Situation angeknüpft. Das erleichtert den Zugang besonders zu dem abstrakten Begriff der Verkettung. Zugleich wird dadurch nochmals betont, dass Funktion und Abbildung zwei Begriffe sind, die denselben Sachverhalt lediglich aus zwei verschiedenen Blickrichtungen – der algebraischen und der geometrischen – erfassen. In diesem Sinne wird in den Texten von der Nacheinanderausführung von Funktionen (statt wie bei der Behandlung von Parabeln von konkreten geometrischen Abbildungen, etwa Verschiebungen) gesprochen.

In einem zweiten Schritt wird (am konkreten Beispiel einer quadratischen Funktion) die Addition eines Parameters zur Addition eines nicht-konstanten (Funktions-) Terms umgedeutet. Die Fragestellung erinnert an das graphische Lösen quadratischer Gleichungen durch Schnittpunktberechnung von Parabel und Gerade. Die daraus gewonnenen Verknüpfungen von Funktionen durch algebraische Operationen werden definiert und die entstandenen Funktionen vor allem hinsichtlich der Lage ihrer Nullstellen untersucht.

Funktionen und Kurven

Lösungen der Aufgaben auf den Seiten 184 bis 185

1. a) $y^2 = x^2$: Der Graph besteht aus den Geraden $y = x$ und $y = -x$.
   b) $y^2 = x^3$ c) $y^2 = x^3 - x$

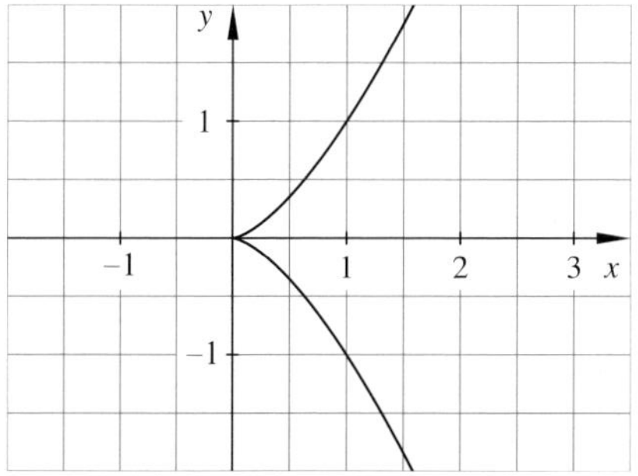

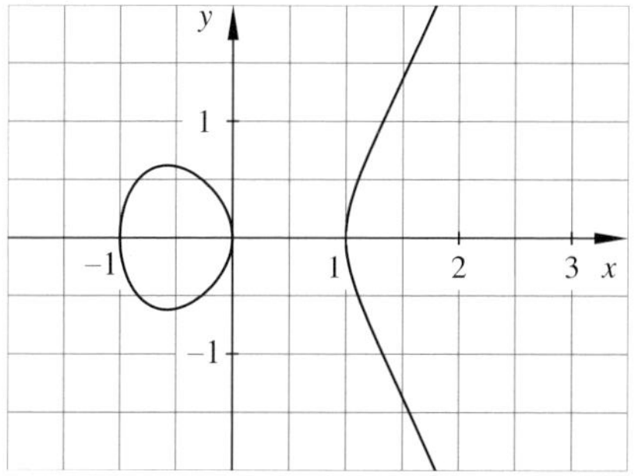

2. a) $xy = 1$: Der Graph besteht nur aus dem Graphen der Hyperbelfunktion $y = x^{-1}$.
   b) $x^2y = 1$: Der Graph besteht aus der y-Achse und dem Graphen von $y = x^{-1}$.
   c) $x^2y^2 = xy$: Der Graph besteht aus den Geraden $x = 0$ und $y = 0$ (Koordinatenachsen) und dem Graphen der Funktion $y = x^{-1}$.
3. a) (1) Die dritte Zuordnung $x^2y^2 = xy$ aus Aufgabe 2 lässt sich weder ausschließlich durch Funktionen $y = f_i(x)$ noch ausschließlich durch Funktionen $x = g_j(y)$ darstellen, denn beide Koordinatenachsen gehören zum Graphen. Nur dann, wenn beide Zuordnungsrichtungen gleichzeitig zugelassen werden, erhält man das Funktionensystem $y = f_1(x) = x^{-1}$; $y = f_2(x) = 0$; $x = g_3(y) = 0$.
   (2) Die Zuordnung $x^0y^0 = 1$ lässt sich nicht sinnvoll durch Funktionsgraphen darstellen, denn der Graph dieser Zuordnung enthält alle Punkte der Ebene mit Ausnahme der Koordinatenachsen.
   b) (1) $x^2 + 1 = y^2$: Funktionen $y = f_1(x) = \sqrt{x^2+1}$ und $y = f_2(x) = -\sqrt{x^2+1}$.

(2) $x^2 + x = xy$: Bei der Zuordnungsrichtung $x \to y$ lässt sich diese algebraische Relation nicht durch Funktionen darstellen, da die y-Achse zum Graphen gehört. Lässt man auch $y \to x$ zu, erhält man: $x = g_1(y) = y - 1$; $x = g_2(y) = 0$.

(3) $x^2 + x = xy$: bei Zuordnungsrichtung $x \to y$ nicht durch Funktionen darstellbar; bei Zuordnungsrichtung $y \to x$: $x = g_1(y) = y^2 - 1$; $x = g_2(y) = 0$.

(4) $x + 1 = xy^2$: Funktionen $y = f_1(x) = \sqrt{1+\frac{1}{x}}$ und $y = f_2(x) = -\sqrt{1+\frac{1}{x}}$.

c) Die Gleichung für den Kreis lautet $x^2 + y^2 = 25$.

ANREGUNG (Randspalte S. 184): Die Gleichung $y^2 = 2px$ beschreibt eine Parabel, deren Scheitelpunkt der Punkt $O(0 \mid 0)$ ist und deren Symmetrieachse mit der x-Achse übereinstimmt. p ist der Abstand des Brennpunktes von der Leitlinie und heißt Halbparameter der Parabel. Der Faktor 2 ergibt sich aus der Herleitung der Parabelgleichung.

NACHGEDACHT (Randspalte S. 184): Besteht der Graph einer Zuordnung aus einem einzigen Punkt $(x_0 \mid y_0)$, so ist die Zuordnung eindeutig, also eine Funktion, da es keine weiteren Argumente und Werte gibt. Man kann sich nun jede Kurve als aus unendlich vielen Einzelpunkten zusammengesetzt denken; diese sind jeweils Funktionsgraphen.

4. a) $y^2 = x + 1$

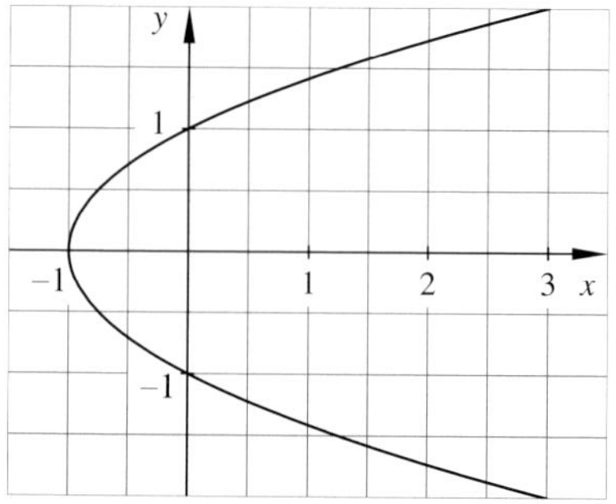

b) $y^4 = (x + 1)^2$

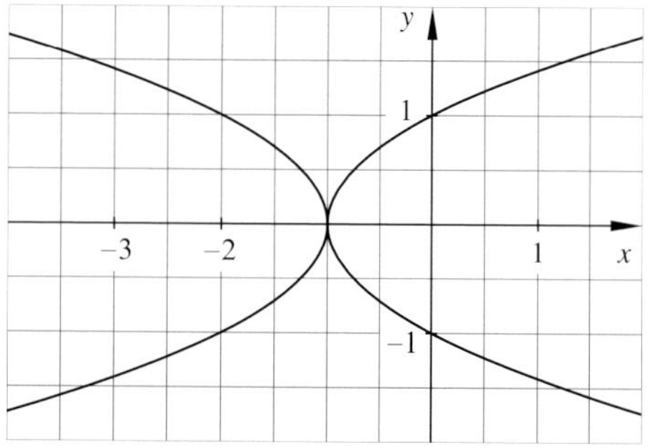

5. Bei diesen Aufgaben sind verschiedene Lösungen möglich.

a) z. B. $x = t$, $y = t^2 - 3t$ b) z. B. $x = t^2$, $y = t$

c) Der Graph besteht aus zwei Ästen mit den Parameterdarstellungen

(1) $x = \sqrt{1+t^2}$, $y = t$ und   (2) $x = -\sqrt{1+t^2}$, $y = t$.

6. a) $x = 2y - 1$ oder $y = 0{,}5x + 0{,}5$ b) $x = (y-1)^2$ c) $y = (x-1)^2$

8. • Der Parameter a beeinflusst den Abstand der Windungen. Dieser Abstand ist jeweils gleich $|2\pi a|$. Wird $a = 0$ gewählt, so entsteht statt einer Spirale ein Kreis oder Kreisbogen um den Koordinatenursprung mit dem Radius $|b|$ bzw. bei $b = 0$ nur ein Punkt im Koordinatenursprung.

• Der Parameter b beeinflusst den Abstand der Windungen nicht, aber z. B. die Schnittpunkte der Spirale mit den Koordinatenachsen.

• Werden a und b sowie der Definitionsbereich für φ so gewählt, dass r sowohl positive als auch negative Werte annimmt, und wird $P(-r, \varphi) = P(r, \varphi + 180°)$ vorausgesetzt (das ist bei den meisten Zeichenprogrammen der Fall), dann erhält man zwei sich überlagernde Spiralen, die unterschiedliche Drehrichtungen besitzen.

9. Das aufgerollte Tau ist annähernd eine archimedische Spirale, das Spinnennetz auch (außer in der Mitte, wo die Abstände zwischen den Windungen größer werden), das Schneckenhaus nicht.

10. a) Graph für $0 \le \varphi \le 10\pi$:

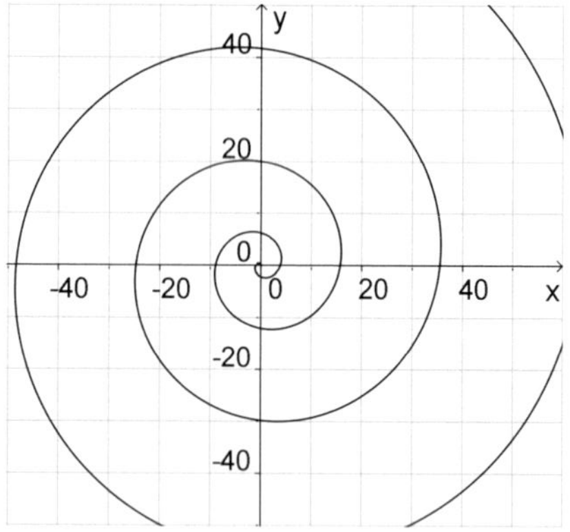

Graph für $-10\pi \le \varphi \le 10\pi$:

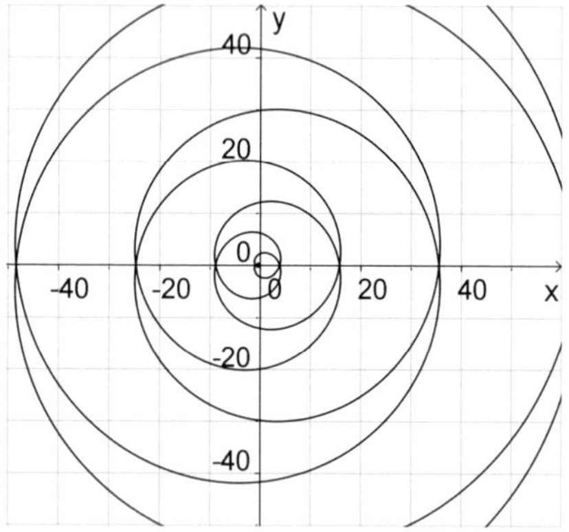

b) Graph für $0 \le \varphi \le 10\pi$:

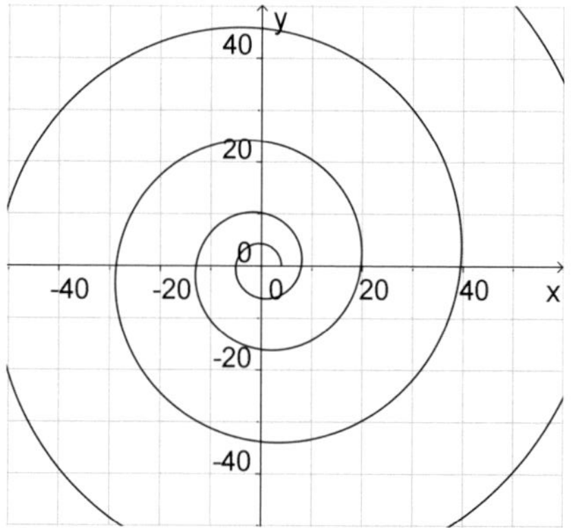

Graph für $-10\pi \le \varphi \le 10\pi$:

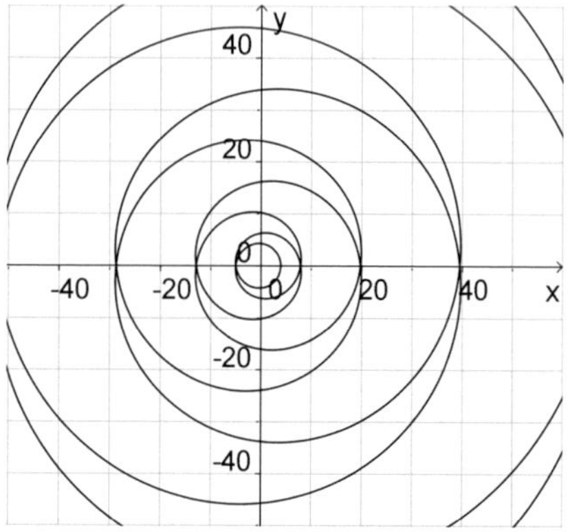

c) Graph für $-10\pi \leq \varphi \leq 10\pi,\ \varphi \neq -2$:

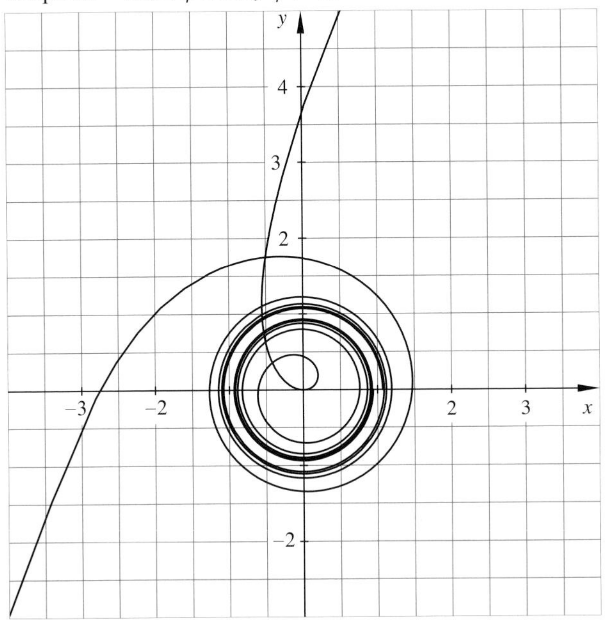

Erläuterungen und Anregungen

In der Lerneinheit „Symmetrie und Umkehrbarkeit“ wurde gezeigt, dass bei Einschränkung von Funktionen auf Intervalle mit strenger Monotonie die Umkehrung der Zuordnungsrichtung wieder auf eine Funktion führt, während man bei der Umkehrung der Zuordnung $y = x^2$ lediglich eine Relation $y^2 = x$ erhält.

Der vorliegende Abschnitt dient der Einführung in die Beschreibung von Graphen zu Relationen. Dabei werden besonders die Aspekte der Beschreibung durch Parameterdarstellung (je eine Funktion für die Koordinaten der Punkte) und der Beschreibung in einem Polarkoordinatensystem (hier kann es eine eindeutige Zuordnung anstelle der mehrdeutigen im kartesischen Koordinatensystem geben) angesprochen.

Teste dich!

Lösungen der Aufgaben auf den Seiten 186 bis 187

1. a) Jede streng monotone Funktion ist umkehrbar, denn für streng monotone Funktionen gilt, dass zu verschiedenen Funktionswerten auch verschiedene Argumente gehören.
   b) Eine solche Funktion f ist nicht umkehrbar, denn es gibt mindestens zwei Argumente x_1 und x_2 mit $x_1 < x_2$ und $f(x_1) = f(x_2)$.
   c) Eine solche Funktion f ist nicht umkehrbar, denn es gibt zwei Argumente x_1 und x_2 mit $x_1 < x_2$ und $f(x_1) = f(x_2) = 0$.
   d) Eine solche Funktion kann umkehrbar sein (z. B. $f(x) = x + 2$), muss es aber nicht (z. B. $g(x) = x^2$).

2. a)

$f(x) = x^r$	D_f	Monotonie	Nullstellen	Verhalten für $x \to \pm\infty$
$r \in \mathbb{N}$, r gerade	$\mathbb{R}$	streng monoton fallend für $x \leq 0$, streng monoton steigend für $x \geq 0$	eine Nullstelle bei $x = 0$	wächst für $x \to \infty$ und für $x \to -\infty$ über alle Grenzen
$r \in \mathbb{N}$, r ungerade	$\mathbb{R}$	streng monoton steigend	eine Nullstelle bei $x = 0$	strebt für $x \to \infty$ gegen ∞ und für $x \to -\infty$ gegen $-\infty$
$r \in \mathbb{Z}, r < 0$, r ungerade	$\mathbb{R} \setminus \{0\}$	streng monoton fallend für $x < 0$ und für $x > 0$	keine Nullstelle	asymptotische Annäherung an die x-Achse für $x \to \pm\infty$
$r \in \mathbb{Z}, r < 0$, r gerade	$\mathbb{R} \setminus \{0\}$	streng monoton steigend für $x < 0$; streng monoton fallend für $x > 0$	keine Nullstelle	asymptotische Annäherung an die x-Achse für $x \to \pm\infty$
$r \in \mathbb{Q}, r \notin \mathbb{Z}$, $r > 0$	$\mathbb{R}^+_0$	streng monoton steigend	eine Nullstelle bei $x = 0$	wächst für $x \to \infty$ über alle Grenzen
$r \in \mathbb{Q}, r \notin \mathbb{Z}$, $r < 0$	$\mathbb{R}^+$	streng monoton fallend	keine Nullstelle	asymptotische Annäherung an die x-Achse für $x \to \infty$

   b) $f(x) = a^x$ ist in jedem Falle auf ganz $\mathbb{R}$ definiert und hat keine Nullstelle. Für $a > 1$ ist f streng monoton steigend, wächst für $x \to \infty$ über alle Grenzen und nähert sich für $x \to -\infty$ asymptotisch der x-Achse an. Für $0 < a < 1$ ist f streng monoton fallend, wächst für $x \to -\infty$ über alle Grenzen und nähert sich für $x \to \infty$ asymptotisch der x-Achse an.

3. a) Sei $x_1 < x_2$. Dann gilt wegen $0 \le f(x_1) < f(x_2)$ und $0 \le g(x_1) < g(x_2)$ auch
$f(x_1) \cdot g(x_1) \le f(x_2) \cdot g(x_1) < f(x_2) \cdot g(x_2)$,
denn aus $0 \le c < d$ folgt für $a \ge 0$ stets $ac \le ad$ und für $a > 0$ stets $ac < ad$.
b) Die Funktionen sind beide streng monoton wachsend und haben beide die einzige Nullstelle $x_0 = \ln 2$. Für $x > x_0$ sind beide Funktionen positiv, für $x < x_0$ sind sie beide negativ. Nach Teil a) ist die Funktion fg daher für $x \ge x_0$ streng monoton wachsend.
Für $x_1 < x_2 \le x_0$ gilt: $f(x_1) < f(x_2) \le 0$ und $g(x_1) < g(x_2) \le 0$ und daher
$fg(x_1) = |fg(x_1)| = |f(x_1)| \cdot |g(x_1)| > |f(x_2)| \cdot |g(x_1)| \ge |f(x_2)| \cdot |g(x_2)| = |fg(x_2)| = fg(x_2)$,
das heißt, fg ist für $x \le x_0$ streng monoton fallend.
c) Die Nullstellen von fg sind genau die Nullstellen von f und die Nullstellen von g. Die Funktion fg hat also genau eine Nullstelle bei $x_0 = \ln 2$.
Ein allgemeiner Schluss von den Extremstellen von f und von g auf die Extremstellen von fg ist nicht möglich. Betrachte z. B. $f(x) = x^2$ und $g(x) = x^{-2}$ *oder*
$f(x) = x^2$ und $g(x) = x$ *oder* $f(x) = x^2$ und $g(x) = -x^2$ *oder* $f(x) = g(x) = -x^2$.
Da die Funktion fg aber für alle $x \in \mathbb{R}$ definiert, für $x \le \ln 2$ streng monoton fallend und für $x \ge \ln 2$ streng monoton wachsend ist, besitzt sie an der Stelle $x_0 = \ln 2$ ein lokales und globales Minimum sowie keine lokalen oder globalen Maxima.

4. Der Graph muss bei Spiegelung an der Geraden $y = x$ auf sich selbst abgebildet werden.
Beispiele für solche Funktionen sind $f(x) = x$, $g(x) = -x + a$, $h(x) = \frac{1}{x}$.

5. a) Die Aussage ist wahr: Aus $g(x) = g(-x)$ folgt $h(x) = f(g(x)) = f(g(-x)) = h(-x)$.
b) Die Aussage ist falsch:
Zum Beispiel ist für $g(x) = x^3$ und $f(x) = x^2$ die Funktion $h(x) = x^6$ gerade.

6. f ist streng monoton fallend für $x \le 2$ und streng monoton steigend für $x \ge 2$. Der Graph ist weder punkt- noch achsensymmetrisch. Einzige Nullstelle ist $x_0 = 2$. Diese Stelle ist zugleich die einzige Extremstelle der Funktion, und zwar ist sie sowohl lokales als auch globales Minimum. Die Funktionswerte werden für $x \to \infty$ und ebenso für $x \to -\infty$ unendlich groß.

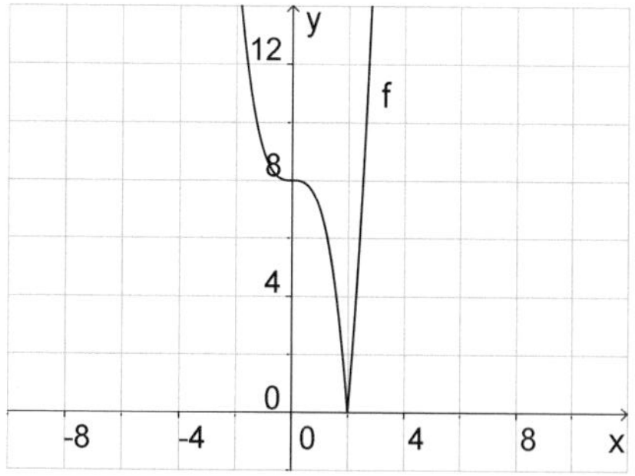

7. $|\alpha(t) - \beta(t)| = |(t \mid t^2) - (t \mid t+1)|$
$= \sqrt{(t^2 - t - 1)^2} = |t^2 - t - 1|$.
Dieser Term wird minimal für
$t^2 - t - 1 = 0$, also für $t_{1/2} = \frac{1}{2} \pm \frac{\sqrt{5}}{2}$.
Für diese Werte von t ist der Abstand der beiden Kurven am kleinsten, nämlich 0; es sind die Schnittpunkte der Funktionsgraphen von $y = x^2$ und $y = x + 1$, denn diese sind die Spuren der Kurven α und β, und sie werden so durchlaufen, dass zu den Zeitpunkten t_1 und t_2 gerade die Schnittpunkte erreicht werden.

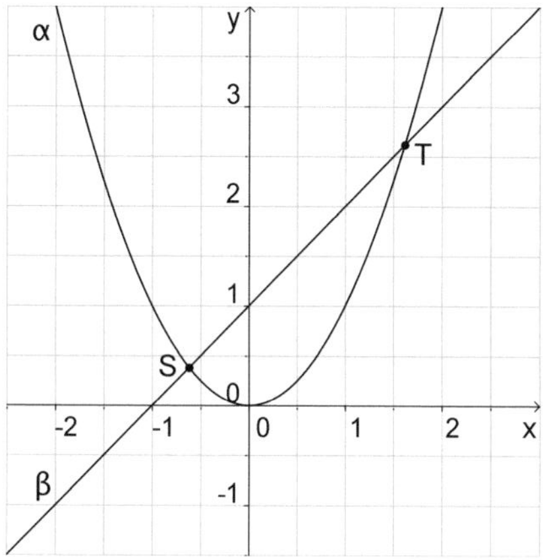

8. Bei einer geraden solchen Funktion sind die Zahlenpaare $(2m + 1, n)$ und $(2m, 2n + 1)$ mit $m, n \in \mathbb{N}$ möglich, denn an der Stelle $x = 0$ hat die Funktion notwendig ein Minimum oder ein Maximum, und falls sie an einer Stelle $x_0 \ne 0$ ein weiteres Minimum oder Maximum hat, so auch an der Stelle $-x_0$.
Bei einer ungeraden solchen Funktion sind die nur die Zahlenpaare (m, m) mit $m \in \mathbb{N}$ möglich, denn wenn die Funktion an einer Stelle x_0 ein Minimum (Maximum) hat, so hat sie an der Stelle $-x_0$ ein Maximum (Minimum). (An der Stelle $x = 0$ kann sie also keine Extremstelle haben.)

9. Sei $t = 0$ der Zeitpunkt 12.00 Uhr. Der Winkel, den der Minutenzeiger in t Sekunden überstreicht, ist $\alpha_1(t) = \omega_1 \cdot t$ mit der Winkelgeschwindigkeit $\omega_1 = 0{,}1° \cdot s^{-1}$. Der Winkel, den der Stundenzeiger in t Sekunden überstreicht, ist $\alpha_2(t) = \omega_2 \cdot t$ mit der Winkelgeschwindigkeit $\omega_2 = \frac{1}{120}° \cdot s^{-1}$. Der erfragte Winkel zwischen den Zeigern ist dann
$\alpha(t) = \min(\,|\alpha_1(t) - \alpha_2(t)|,\ |360° - (\alpha_1(t) - \alpha_2(t))|\,)$.

10. a) Für α setze $-1 + t = x$, also $t = x + 1$ in $t^2 - 2t - 1$ ein; es ergibt sich $x^2 - 2$. Bei β ergibt sich aus $-1 + 2t = x$ für $-2t$ der Term $-x - 1$.

b) Die Parabel $y = x^2 - 2$ wird vom Punkt $(-1 \mid -1)$ bis zum Punkt $(1 \mid -1)$ durchlaufen, die Gerade $y = -x - 1$ vom Punkt $(-1 \mid 0)$ bis zum Punkt $(3 \mid -4)$. Die beiden Kurven haben in diesem Bereich zwar einen Schnittpunkt, doch wird dieser nicht zur selben Zeit erreicht; deshalb ist der bei c) errechnete minimale Abstand größer als 0.

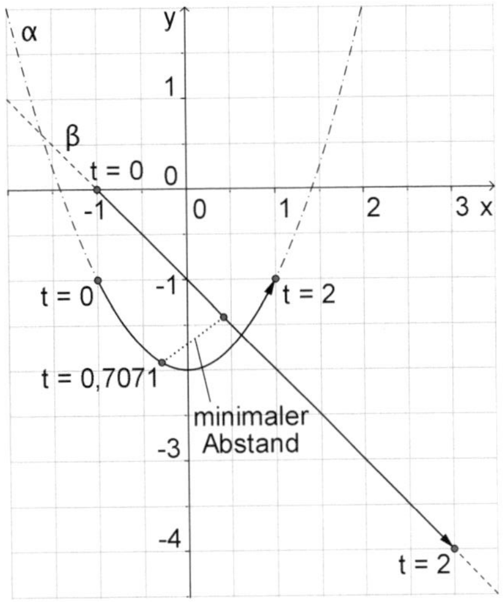

c) $|\alpha(t) - \beta(t)| = |(-t \mid t^2 - 1)| = \sqrt{t^4 - t^2 + 1}$ wird im Intervall $[0; 2]$ minimal für $t = \sqrt{\frac{1}{2}} \approx 0{,}7071$.

(Setze $t^2 = u$ und ermittle den Scheitelpunkt der Parabel $u^2 - u + 1$.)

Der minimale Abstand beträgt $\sqrt{\frac{3}{4}}$ LE $\approx 0{,}866$ LE.

Veränderungen mit Funktionen beschreiben

Rationale Funktionen (Wiederholung)

Lösungen der Aufgaben auf den Seiten 190 bis 196

1. a) Nicht alle quadratischen Funktionen, sondern nur quadratische Funktionen der Form $f(x) = a \cdot x^2$ sind Potenzfunktionen. Die Menge aller quadratischen Funktionen der Form $f(x) = a \cdot x^2$ ist die Durchschnittsmenge der Menge aller quadratischen Funktionen und der Menge aller Potenzfunktionen.

b) Proportionale Funktionen sind Potenzfunktionen, andere lineare Funktionen nicht.

c) Lineare Funktionen sind keine Spezialfälle quadratischer Funktionen, da bei der Definition der quadratischen Funktionen vorausgesetzt wird, dass der Koeffizient a des quadratischen Gliedes ax^2 ungleich 0 sein soll.

2. a) Direkte Proportionalitäten sind ganzrationale Funktionen 1. Grades. $y = x^2 + 1$ ist eine ganzrationale Funktion 2. Grades. Indirekte Proportionalitäten, die Betragsfunktion $y = |x|$ und die Funktion $y = 3x^3 + 2x^2 + x^{\frac{1}{2}}$ sind keine ganzrationalen Funktionen.

b) konstante Funktionen; lineare Funktionen; quadratische Funktionen

3. a) siehe Abbildung

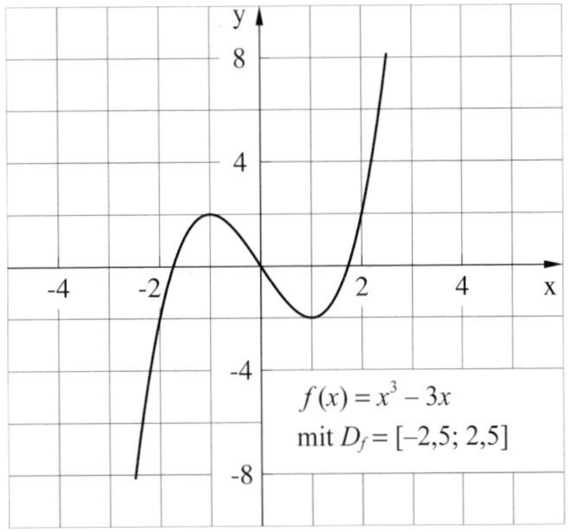

b) Größter Funktionswert:
$f(2{,}5) = 8{,}125$
Kleinster Funktionswert:
$f(-2{,}5) = -8{,}125$

c) In der Nähe von $x = 1$ befinden sich nur Funktionswerte von f, die größer als -2 sind, daher ist $f(1) = -2$ ein lokales Minimum.
Dieses Minimum ist nicht global, da es auch kleinere Funktionswerte gibt, z. B. ist $f(-2{,}1) = -2{,}961$.
Ist ein Minimum global, so gibt es keine kleineren Funktionswerte. Analog lässt sich der Begriff „lokales Maximum" erklären.
Hinweis: Nicht jedes globale Extremum ist auch ein lokales Extremum, denn das offene Intervall I muss vollständig innerhalb des Definitionsbereichs von f liegen.

AUFGABE (Randspalte S. 190):

$g(x) = f(x + c) = a_n (x + c)^n + a_{n-1} (x + c)^{n-1} + \ldots + a_2 (x + c)^2 + a_1 (x + c) + a_0$

Nach Auflösen der Klammern und Zusammenfassen von Summanden mit gleicher Potenz von x erhält man den Term einer ganzrationalen Funktion vom Grad n.

AUFGABE (Randspalte S. 191, Mitte):

Der Graph einer ganzrationalen Funktion weist keine Polstellen, Lücken oder Sprungstellen auf, er lässt sich in einem Zug zeichnen. Aus diesem Grunde ist es nicht möglich, dass er bezüglich der x-Achse zwischen zwei aufeinanderfolgenden Nullstellen die Seite wechselt. Wegen $f(-1) = f(1) = -1 < 0$ und $x_1 < -1 < x_0 < 1 < x_2$ sind somit alle Funktionswerte $f(x)$ mit $x_1 < x < x_0$ oder $x_0 < x < x_2$ negativ. Da die Funktionswerte für $x \to \infty$ sowie für $x \to -\infty$ unendlich groß werden, können außerdem links von x_1 und rechts von x_2 keine negativen Funktionswerte liegen. Wenn es ein globales Minimum von f gibt, dann muss dieses also im Intervall $(x_1; x_0)$ oder $(x_0; x_2)$ liegen.

Betrachten wir zunächst das Intervall $[x_0; x_2]$. Da der Graph von f in einem Zug gezeichnet werden kann, ist es nicht möglich, dass er zwischen x_0 und x_2 irgendwo ins Negativ-Unendliche abfällt. Außerdem ist es nicht möglich, dass er sich einem kleinsten Wert nur asymptotisch annähert, diesen aber nicht erreicht. Folglich muss es eine Stelle x_4 mit $x_0 < x_4 < x_2$ geben, an der die Funktion f im Intervall $[x_0; x_2]$ minimal wird.

Theoretisch wäre es nun noch denkbar, dass es im Intervall $[x_0; x_2]$ mehrere solcher Stellen gibt. Um dies auszuschließen, müsste man x_4 bestimmen und anschließend nachweisen, dass f auf dem Intervall $[x_0; x_4]$ streng monoton fallend und auf dem Intervall $[x_4; x_2]$ streng monoton steigend ist. Dies wird hier aber nicht verlangt.

Da die Funktion f gerade ist, wird der Funktionswert $f(x_4)$ auch an der Stelle $x_3 = -x_4$ angenommen und ist im Intervall $[x_1; x_0]$ ebenfalls kleinster Funktionswert.

Da die Funktion f außerhalb der Intervalle $[x_1; x_0]$ und $[x_0; x_2]$ keine negativen Funktionswerte annimmt, folgt hieraus, dass $f(x_4)$ globales Minimum von f ist, das an den Stellen $x_3 \in (x_1; x_0)$ und $x_4 \in (x_0; x_2)$ angenommen wird.

Aus $f(x_0) = 0$ und $f(x) < 0$ für $x \in (x_1; x_2)$ und $x \neq x_0$ folgt, dass x_0 ein lokales Maximum der Funktion f ist.

AUFGABE (Randspalte S. 191, unten):

Es ist $f(-1) = \frac{7}{6} > 0$ und $f(1) = -\frac{7}{6} < 0$. Zwischen zwei aufeinanderfolgenden Nullstellen kann der Graph von f nicht auf die andere Seite der x-Achse wechseln. Hieraus folgt $f(x) > 0$ für $x_1 < x < x_0$ und $f(x) < 0$ für $x_0 < x < x_2$.

Da der Graph von f in einem Zug gezeichnet werden kann, ist es nicht möglich, dass er innerhalb des Intervalls $[x_1; x_0]$ ins Unendliche steigt oder sich einem die Funktionswerte

nach oben begrenzenden Wert asymptotisch annähert, diesen aber nicht erreicht. Folglich besitzt f im Intervall $[x_1; x_0]$ einen größten Wert, dieser ist ein lokales Maximum von f. Ebenso ist es nicht möglich, dass der Funktionsgraph innerhalb des Intervalls $[x_0; x_2]$ ins Negativ-Unendliche abfällt oder sich einem die Funktionswerte nach unten begrenzenden Wert asymptotisch annähert, ohne diesen zu erreichen. Folglich besitzt f im Intervall $[x_0; x_2]$ einen kleinsten Wert, dieser ist ein lokales Minimum von f.

Die Existenz weiterer lokaler Extrema innerhalb oder außerhalb der Intervalle $[x_1; x_0]$ und $[x_0; x_2]$ ist damit noch nicht ausgeschlossen. Dies wird aber hier nicht verlangt.

5. Funktion f:
   - globales Maximum: existiert nicht
   - lokales Maximum: $f(0) = 0$
   - globale und lokale Minima: $f(-0{,}866) = f(0{,}866) = -1{,}125$

   Funktion g:
   - globale Extrema: existieren nicht
   - lokales Maximum: $g(-1{,}16) \approx 1{,}24$
   - lokales Minimum: $g(1{,}16) \approx -1{,}24$

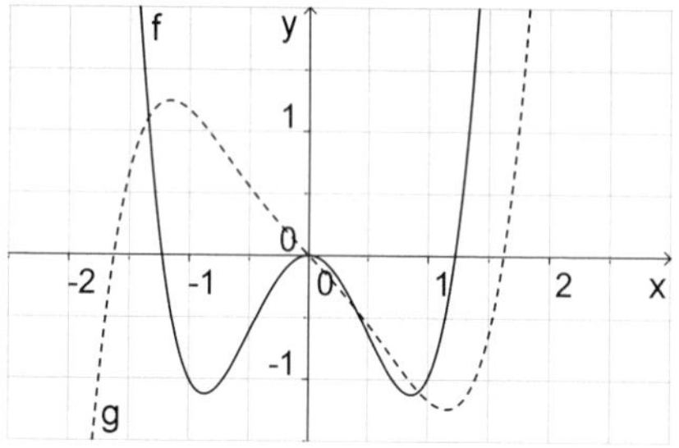

6. Die Funktion f hat an der Stelle x_0 ein **(globales) Minimum** genau dann, wenn $f(x) \geq f(x_0)$ für alle $x \in D_f$ gilt.
   Die Funktion f hat an der Stelle x_0 ein **lokales Minimum** genau dann, wenn es ein *offenes* Intervall $I \subset D_f$ mit $x_0 \in I$ gibt, so dass für alle $x \in I$ gilt: $f(x) \geq f(x_0)$.

7. | | | | | |
   |---|---|---|---|---|
   | a) | globales Maximum: $f(3) = 12$; | | lokales Maximum: $f(\frac{1}{3}) = \frac{4}{27}$; | |
   | | globales Minimum: $f(-1) = -4$; | | lokales Minimum: $f(1) = 0$ | |
   | b) | globales Maximum: $f(\frac{1}{3}) = \frac{4}{27}$; | | lokales Maximum: $f(\frac{1}{3}) = \frac{4}{27}$; | |
   | | globales Minimum: existiert nicht; | | lokales Minimum: existiert nicht | |
   | c) | globales Maximum: existiert nicht; | | lokales Maximum: existiert nicht; | |
   | | globales Minimum: $f(1) = 0$; | | lokales Minimum: $f(1) = 0$ | |
   | d) | globales Maximum: existiert nicht; | | lokales Maximum: $f(\frac{1}{3}) = \frac{4}{27}$; | |
   | | globales Minimum: existiert nicht; | | lokales Minimum: $f(1) = 0$ | |

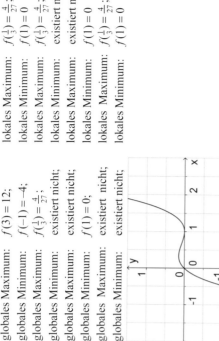

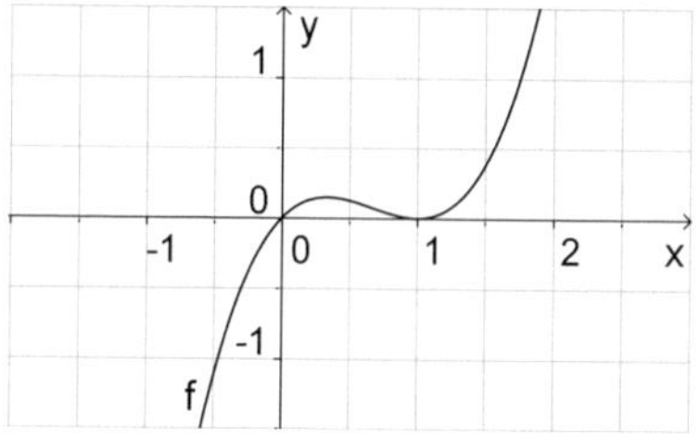

8. a) z. B. $f(x) = \frac{x}{x^2+1}$ b) z. B. $f(x) = x^2$

c) z. B. $f(x) = 3$ d) z. B. $f(x) = x + 3$ mit $D_f = [0; 1]$

9. Die beiden anderen Kanten müssen je 7,5 cm lang sein.

10. Die Aussage ist richtig für $c \geq 0$. Für $c < 0$ ist $g(x_0) = c \cdot M$ das Minimum von g in $[a; b]$.

11. a) Der Graph von g geht aus dem Graphen von f hervor durch Verschiebung um 2 Einheiten in Richtung der y-Achse.
Der Graph von h geht aus dem Graphen von f hervor durch Streckung mit dem Faktor 2 in Richtung der y-Achse.
Der Graph von j geht aus dem Graphen von f hervor durch Verschiebung um -2 Einheiten in Richtung der x-Achse.

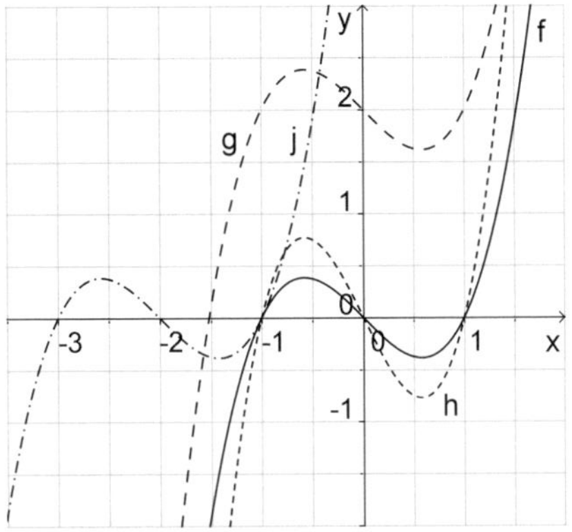

b) Der Graph von $f(x) + c$ geht aus dem Graphen von f hervor durch Verschiebung um c Einheiten in Richtung der y-Achse. Der Graph von $f(x + c)$ geht aus dem Graphen von f hervor durch Verschiebung um $-c$ Einheiten in Richtung der x-Achse.
Der Graph von $c \cdot f(x)$ geht aus dem Graphen von f hervor:

- für $c > 1$: durch Streckung mit den Faktor c in Richtung der y-Achse;
- für $0 < c < 1$: durch Stauchung mit dem Faktor c in Richtung der y-Achse;
- für $-1 < c < 0$: durch Spiegelung an der x-Achse und anschließende Stauchung mit den Faktor c in Richtung der y-Achse.
- für $c = -1$: durch Spiegelung an der x-Achse;
- für $c < -1$: durch Spiegelung an der x-Achse und anschließende Streckung mit dem Faktor c in Richtung der y-Achse.

Im Falle $c = 1$ ist der Graph von $c \cdot f(x)$ identisch mit dem Graphen von f.
Im Falle $c = 0$ ist der Graph von $c \cdot f(x)$ identisch mit der x-Achse.

12. Die Funktion $g(x) = 9x - x^3$ hat ihr Maximum im Intervall $[0; 3]$ an der Stelle $x_0 = \sqrt{3}$.

13. Es sei $g(x_0)$ das Maximum von g in $[a; b]$. Dann gilt für alle $x \in [a; b]$: $g(x) \leq g(x_0)$.
Da die Funktion $y = \sqrt{x}$ streng monoton wächst, folgt $\sqrt{g(x)} \leq \sqrt{g(x_0)}$ und die Funktion f nimmt an derselben Stelle x_0 wie g ihr Maximum an mit $f(x_0) = \sqrt{g(x_0)}$.

14. a) $z = 2$

b) Mit $z = x^2$ ist $x^4 - 4x^2 - 3 = z^2 - 4z - 3$ bei $z = 2$ bzw. $x = \sqrt{2}$ minimal; $f(\sqrt{2}) = -7$.

15. a) keine Extremwerte

b) globales Minimum 0,5 bei $x = 2$; kein globales Maximum; keine lokalen Extrema

c) globales Maximum 1 bei $x = 1$; kein globales Minimum; keine lokalen Extrema

AUFGABE (Randspalte S. 193):

- Eine Funktion f kann mehrere lokale Maxima haben, wenn es innerhalb des Definitionsbereiches von f mehrere sich nicht überschneidende offene Teilintervalle I_k gibt, die jeweils einen Wert x_k enthalten, so dass für alle $x \in I_k$ gilt: $f(x) \leq f(x_k)$. Für lokale Minima analog: $f(x) \geq f(x_k)$.
- Angenommen, eine Funktion f hätte zwei globale Maxima an den Stellen $x_1 \in D_f$ und $x_2 \in D_f$. Im Fall $f(x_1) = f(x_2)$ handelt es sich dann um ein und dasselbe globale Maximum, es wird nur an zwei verschiedenen Stellen angenommen. Im Falle $f(x_1) < f(x_2)$ wäre x_1 laut Definition kein globales Maximum, da es mindestens ein $x \in D_f$ gibt mit $f(x) > f(x_1)$, nämlich x_2. Im Falle $f(x_1) > f(x_2)$ wäre x_2 laut Definition kein globales Maximum. Es kann also nicht zwei verschiedene globale Maxima geben. Für globale Minima erfolgt die Begründung analog.

16. a) $s(x) = 7x^5 - x^4 + 2x^3 + 3x + 1$; $d(x) = 7x^5 - x^4 - 10x^2 - x + 1$;
$p(x) = 7x^8 + 34x^7 + 10x^6 - 2x^5 - 22x^4 - 4x^3 + 7x^2 + 2x$;
$$q(x) = \frac{7x^5 - x^4 + x^3 - 5x^2 + x + 1}{x^3 + 5x^2 + 2x} = 7x^2 - 36x + 167 + \frac{-768x^2 - 333x + 1}{x^3 + 5x^2 + 2x}$$

c) In Aufgabe a) sind die Funktionen s, d und p wieder ganzrationale Funktionen, und zwar s und d mit dem Grad 5 und p mit dem Grad $8 = 5 + 3$.
Im allgemeinen Fall sind die Funktionen s, d und p immer ganzrationale Funktionen, wobei der Grad von s gleich dem höheren Grad der Funktionen f und g oder kleiner als dieser sein kann. Letzteres ist der Fall, wenn f und g vom gleichen Grad sind und die Koeffizienten der höchsten Potenz von x zueinander entgegengesetzte Zahlen sind. Der Grad von d kann ebenfalls gleich dem höheren Grad der Funktionen f und g oder kleiner als dieser sein; letzteres ist der Fall, wenn f und g vom gleichen Grad sind und die Koeffizienten der höchsten Potenz von x übereinstimmen.
Der Grad der Funktion p ist immer gleich der Summe der Grade von f und g, außer wenn eine dieser beiden Funktionen die konstante Funktion 0 ist – in diesem Falle ist $p(x) = 0$ für alle $x \in \mathbb{R}$, der Grad von p ist also gleich 0, wenn man diese Funktion zu den ganzrationalen Funktionen zählt. (Streng genommen ist die konstante Funktion $f(x) = 0$ nach der im Lehrbuch angegebenen Definition gar keine ganzrationale Funktion, da $a_n \neq 0$ vorausgesetzt wurde, was bei konstanten Funktionen $a_0 \neq 0$ bedeuten würde. Man kann dies allerdings leicht korrigieren, indem man voraussetzt: $a_n \neq 0$, falls $n > 0$.)

Die Funktion q ist genau dann eine ganzrationale Funktion, wenn die Polynomdivision $f(x) : g(x)$ ohne Rest ausführbar ist. In diesem Falle ist der Grad von q gleich der Differenz der Grade von f und g. Wenn g Nullstellen besitzt, ist die Funktion q allerdings an diesen Stellen nicht definiert, auch wenn sich der durch die Polynomdivision entstehende Funktionsterm dort berechnen lässt.

d) Es sei vorausgesetzt, dass die Funktionen f und g auf ganz $\mathbb{R}$ definiert sind. Dann haben die Funktionen s, d und p immer den Definitionsbereich $\mathbb{R}$. Die Funktion q hat dagegen den Definitionsbereich $\mathbb{R} \setminus \{x \in \mathbb{R} \mid g(x) = 0\}$, d. h. für die Nullstellen von g, falls welche existieren, ist q nicht definiert, unabhängig davon, ob q eine ganzrationale Funktion ist oder nicht. Ist g die konstante Funktion $g(x) = 0$ für alle $x \in \mathbb{R}$, so lässt sich die Funktion q nicht bilden. Sind die Funktionen f und g nur auf einer vorgegebenen Teilmenge von $\mathbb{R}$ definiert, so müssen auch die Definitionsbereiche von s, d, p und q entsprechend eingeschränkt werden.

17. Jede ganzrationale Funktion $f(x)$ lässt sich als Quotient $f(x) : g(x)$ mit $g(x) = 1$ für alle $x \in \mathbb{R}$ darstellen.

18. a) Diese Funktion ist eine rationale Funktion. Begründung: Die Funktion lässt sich als Quotient zweier ganzrationaler Funktionen darstellen: $y = \frac{5}{1}$ $\left(y = \frac{f(x)}{g(x)}\right.$ mit $f(x) = 5$ und $g(x) = 1$ für alle $x \in \mathbb{R}$). Oder Rückverweis auf Aufgabe 17.

Bei der Quotientendarstellung ist zu beachten, dass die Funktion g keine Nullstellen besitzen darf. $y = \frac{5x}{x}$ geht z. B. nicht, möglich ist dagegen $y = \frac{5x^2+5}{x^2+1}$.

b) rationale Funktion: Darstellung $y = \frac{x+1}{1}$ oder Rückverweis auf Aufgabe 17.

c) rationale Funktion: $y = \frac{x+1}{x}$

d) rationale Funktion: $y = \frac{x}{-x+1}$

e) keine rationale Funktion:
$y = \sqrt{x}$ ist nicht als Quotient zweier ganzrationaler Funktionen darstellbar.

19. $D_f = \mathbb{R}$; $D_g = \mathbb{R} \setminus \{-2; 2\}$; $D_h = \mathbb{R} \setminus \{0\}$

20. a) f_1 ist eine ganzrationale Funktion, denn $f_1(x) = 0{,}8x^2 - 0{,}6x + 1{,}2$.
f_2 und f_3 sind gebrochenrationale Funktionen, da sich bei diesen Funktionen das Zählerpolynom nicht ohne Rest durch das Nennerpolynom dividieren lässt.
Bei f_2 ergibt die Polynomdivision: $f_2(x) = \frac{1}{2}x - \frac{5}{2} + \frac{18x-21}{2x^2+4x-8}$.

b) f_3 ist eine echt gebrochenrationale, f_2 eine unecht gebrochenrationale Funktion.

21. f_1: $D(f_1) = [-2; 2] \setminus \{0\}$;
$W(f_1) = [-0{,}75; \infty)$;
axialsymmetrisch bzgl. der y-Achse;
monoton wachsend für $-2 \le x < 0$;
monoton fallend für $0 < x \le 2$;
zwei Nullstellen: $x_1 = -1$, $x_2 = 1$;
globales Minimum $-0{,}75$ an den Stellen -2 und 2; kein globales Maximum; keine lokalen Extrema.

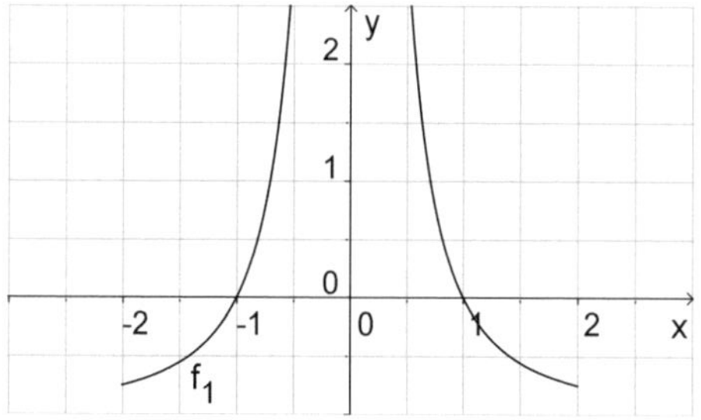

f_2: $D(f_2) = (-3; 1] \setminus \{-0{,}5\}$;
$W(f_2) = (-\infty; -2{,}3) \cup [-1{,}5; \infty)$;
nicht symmetrisch;
monoton fallend für $-3 < x < -0{,}5$;
monoton fallend für $-0{,}5 < x \le 1$;
Nullstelle $x_1 = -0{,}125$;
keine globalen Extrema;
keine lokalen Extrema.

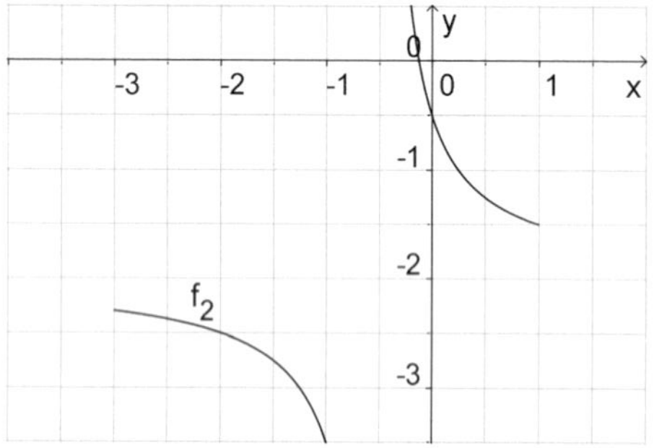

f_3: $D(f_3) = (-3; 3)$; $W(f_3) = (\frac{5}{13}; \frac{5}{4}]$;
axialsymmetrisch bzgl. der y-Achse;
monoton wachsend für $-3 < x \le 0$;
monoton fallend für $0 \le x < 3$;
keine Nullstelle;
lokales und globales Maximum 1,25 an der Stelle 0; kein globales und kein lokales Minimum.

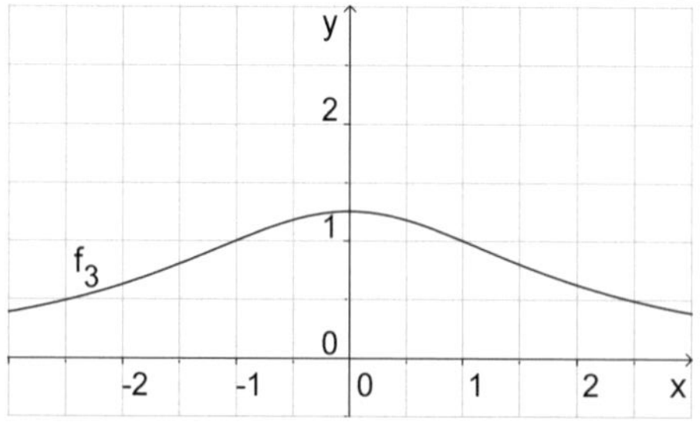

22. a) $f_1(x) = \frac{1}{x+2}$;
$D(f_1) = \mathbb{R} \setminus \{-2\}$; $W(f_1) = \mathbb{R} \setminus \{0\}$;
keine Nullstelle;
monoton fallend für $x < -2$;
monoton fallend für $-2 < x$;
zentralsymmetrisch bzgl. $P(-2 \mid 0)$;
keine globalen Extrema;
keine lokalen Extrema.

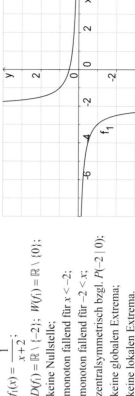

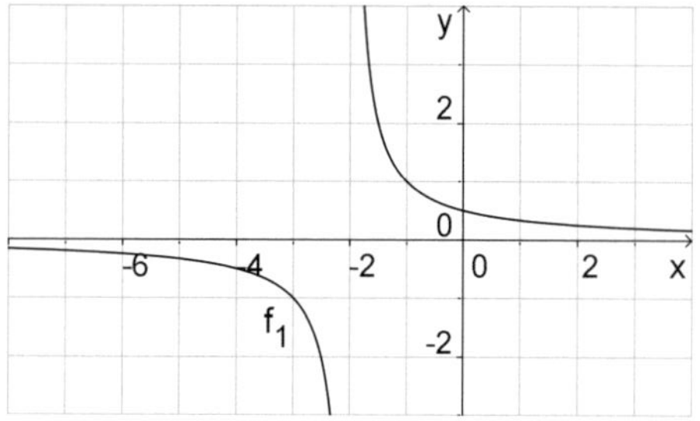

b) $f_2(x) = \frac{x+2}{x^2-1}$; $D(f_2) = \mathbb{R} \setminus \{-1; 1\}$;
$W(f_2) \approx (-\infty; -1{,}87] \cup [-0{,}13; \infty)$;
eine Nullstelle: $x_1 = -2$;
monoton fallend für $x < -3{,}73$;
mon. wachsend für $-3{,}73 < x < -1$;
mon. wachsend für $-1 < x \leq -0{,}27$;
monoton fallend für $-0{,}27 \leq x < 1$;
monoton fallend für $1 < x$;
nicht symmetrisch;
keine globalen Extrema; lokales Minimum $-0{,}13$ an der Stelle $-3{,}73$; lokales Maximum $-1{,}87$ an der Stelle $-0{,}27$; links von -1 und rechts von 1 existieren beliebig große Funktionswerte; rechts von -1 und links von 1 existieren beliebig kleine negative Funktionswerte.

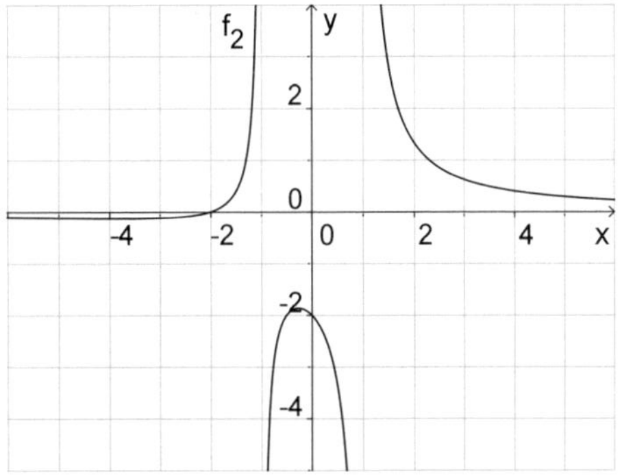

c) $f_3(x) = \frac{x^2-1}{x+2}$; $D(f_3) = \mathbb{R} \setminus \{-2\}$;
$W(f_3) \approx (-\infty; -7{,}46] \cup [-0{,}54; \infty)$;
zwei Nullstellen: $x_1 = -1$, $x_2 = 1$;
monoton wachsend für $x < -3{,}73$;
mon. fallend für $-3{,}73 < x < -2$;
mon. fallend für $-2 < x \leq -0{,}27$;
monoton wachsend für $-0{,}27 \leq x$;
zentralsymmetrisch bzgl. $P(-2 \mid -4)$;
keine globalen Extrema;
lokales Maximum $-7{,}46$ an der Stelle $-3{,}73$; lokales Minimum $-0{,}54$ an der Stelle $-0{,}27$.

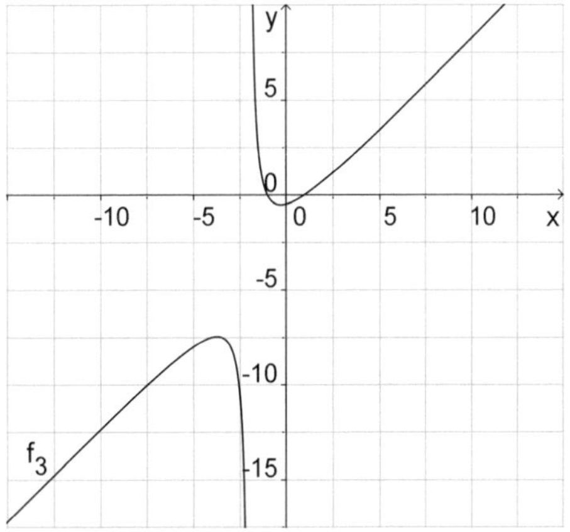

d) $f_4(x) = \frac{x+2}{x^3-4x}$;
$D(f_4) = \mathbb{R} \setminus \{-2; 0; 2\}$;
$W(f_4) = (-\infty; -1] \cup (0; \infty)$;
keine Nullstelle;
monoton wachsend für $x < -2$;
monoton wachsend für $-2 < x < 0$;
monoton wachsend für $0 < x \leq 1$;
monoton fallend für $1 \leq x < 2$;

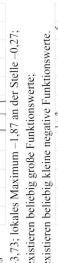

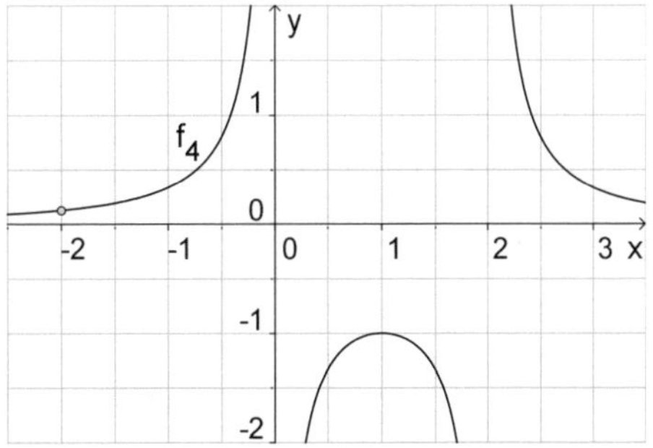

monoton fallend für $2 < x$; nicht symmetrisch; keine globalen Extrema; lokales Maximum -1 an der Stelle 1; kein lokales Minimum; links von 0 und rechts von 2 existieren beliebig große Funktionswerte; rechts von 0 und links von 2 existieren beliebig kleine negative Funktionswerte; bei -2 ist eine Lücke, links und rechts von -2 gibt es Funktionswerte, die sich beliebig wenig von 0,125 unterscheiden.

23. a) Die Funktion f hat den Definitionsbereich $\mathbb{R}$ und an der Stelle 0 den Wert 1. Die Funktion g hat dagegen den Definitionsbereich $\mathbb{R} \setminus \{0\}$, sie besitzt an der Stelle 0 eine Lücke. In $\mathbb{R} \setminus \{0\}$ unterscheiden sich die Werte beider Funktionen nicht.
Beide Funktionen gehören auch unterschiedlichen Funktionenklassen an: f ist eine ganzrationale Funktion; g ist eine Potenzfunktion, denn es ist $g(x) = x^0$.
b) Die beiden Funktionen sind gleich.
c) Die Funktion f hat den Definitionsbereich $\mathbb{R} \setminus \{1\}$ und an der Stelle -1 den Wert $-0{,}5$. Die Funktion g hat den Definitionsbereich $\mathbb{R} \setminus \{-1; 1\}$, sie besitzt bei $x = -1$ eine Lücke. In $\mathbb{R} \setminus \{-1; 1\}$ unterscheiden sich die Werte beider Funktionen nicht.

24. Die Funktion g in Aufgabe 23 b) erfüllt für $x = 0$ die Bedingung, die Klaus gestellt hat. Sie hat dort aber keine Lücke, sondern eine Polstelle.

25. a) Die Funktion f hat keine Polstellen und keine Lücken.
Die Funktion g hat keine Polstellen und die Lücke $x_1 = 0$.
b) Die Funktionen f und g haben beide die Polstelle $x_1 = 0$ und keine Lücken.
c) Die Funktion f hat die Polstelle $x_1 = 1$ und keine Lücken.
Die Funktion g hat die Polstelle $x_1 = 1$ und die Lücke $x_2 = -1$.

26. a) Nullstellen: $x_1 = -\sqrt{3}$, $x_2 = \sqrt{3}$; Polstellen: $x_3 = 0$, $x_4 = 1$, $x_5 = -1$; keine Lücken
b) Nullstelle: $x_1 = 2$; keine Polstellen; Lücke: $x_2 = -2$
c) Nullstelle: $x_1 = 0$; Polstelle: $x_2 = 1$; keine Lücken

27. a) Der Graph von f entsteht durch punktweise Addition der Graphen von g und h.
b) Der Summand $\frac{1}{x^2}$ im Funktionsterm von f wird für sehr große positive bzw. sehr kleine negative Argumente vernachlässigbar klein, so dass $f(x) \approx 2x + 1$ gilt.

28. a) die x-Achse b) an Polstellen c) gebrochenrationale Funktionen ohne Polstellen
d) Die Polynomdivision ergibt bei einer echt gebrochenrationalen Funktion die Funktion $y = 0$ und die echt gebrochenrationale Ausgangsfunktion. Damit ist die x-Achse eine waagerechte Asymptote. Schiefe Asymptoten kann es nicht geben. Senkrechte Asymptoten gibt es, wenn die Funktion Polstellen hat.

29. Asymptoten:

	waagerecht	schief	senkrecht
a)	keine;	$y = -2x - 1$;	$x = 0$
b)	$y = 3$;	keine;	$x = 0$
c)	keine;	$y = 3x - 4$;	$x = 0$
d)	keine;	$y = 4x - 3$;	$x = -1$

Mittlere Änderungsraten und Differenzenquotienten

Lösungen der Aufgaben auf den Seiten 197 bis 201

1. a)

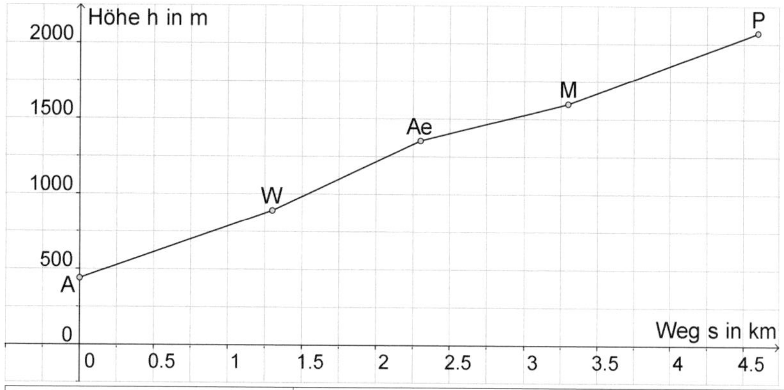

b)

Teilabschnitt	Mittlere Höhenänderung	
	als Dezimalzahl	in %
Alpnachstad – Wolfort	0,346	34,6 %
Wolfort – Aemsingen	0,465	46,5 %
Aemsingen – Mattalp	0,245	24,5 %
Mattalp – Pilatus Kulm	0,364	36,4 %

c) Mittlere Höhenänderung bei der Pilatusbahn: 0,355 (35,5 %)
Mittlere Höhenänderung bei der Gondelbahn: 0,184 (18,4 %)
Mittlere Höhenänderung bei der Seilbahn: 0,466 (46,6 %)
Die Gondelbahn verläuft flacher als die Pilatusbahn. Die Pilatusbahn verläuft insgesamt gesehen flacher als die Seilbahn, aber auf ihrem steilsten Abschnitt (Wolfort – Aemsingen) fast genau so steil wie diese.

d)

Teilabschnitt	Mittlere Geschwindigkeit in km/h	
	bergwärts	talwärts
Alpnachstad – Aemsingen	11,50	6,00
Aemsingen – Pilatus	7,67	8,12
Gesamtstrecke	9,20	6,90

Auf dem Abschnitt Aemsingen – Pilatus sind die Geschwindigkeiten bergauf und bergab etwa gleich. Auf dem Abschnitt Alpnachstad – Aemsingen hingegen wird bergab wesentlich langsamer als bergauf gefahren. Möglicherweise geschieht das aus Sicherheitsgründen wegen des hohen Gefälles zwischen Aemsingen und Wolfort.

2. b) Auf dem Hinweg beträgt die mittlere Höhenzunahme –0,017 bzw. –1,7 %, auf dem Rückweg +0,017 bzw. +1,7 %.

c) Individuelle Lösungen. Das Problem ist, dass bei längeren Strecken aus der mittleren Höhenzunahme allein noch nicht auf die maximal auftretende Höhenzunahme sowie auf die Gesamtlänge besonders schwieriger Steilstrecken geschlossen werden kann. Wenn sich steile Anstiege und steile Abfahrten oft abwechseln, dann kann sogar bei insgesamt negativer Höhenzunahme die Strecke für ungeübte Radfahrer schwer zu bewältigen sein.

d) Beispiel:

Messpunkt	s in km	h in m	mittlere Steigung des Folgeabschnitts
Schloss Wernigerode	0,0	315	–8,8 %
Abzweig nordöstlich vom Schloss	0,4	280	–2,5 %
große Kreuzung westlich vom Schloss	1,2	260	0,5 %
Abzweig Bielsteinchaussee	5,1	280	6,7 %
Ortsausgang Wernigerode	5,4	300	3,3 %
Abzweig Thumkuhlental	6,0	320	2,9 %
Drängetal, Höhenlinie 340 m	6,7	340	4,3 %
Drängetal, Höhenlinie 400 m	8,1	400	5,2 %
Parkplatz Drei Annen	10,4	520	1,3 %
Bahnhof Drei Annen Hohne	11,9	540	0,0 %
Haarnadelkurve vor Parkplatz Stern	14,9	540	6,2 %
Parkplatz Stern	16,2	620	0,7 %
Jugendherberge Schierke	19,4	643	–

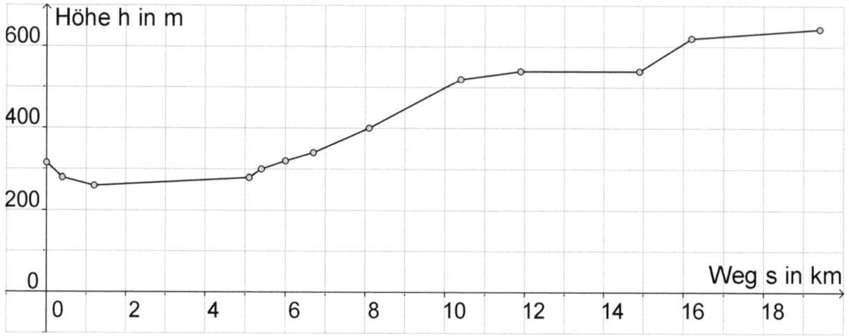

Obwohl die durchschnittliche Steigung der Gesamtstrecke nur rund 1,7 % beträgt, treten auf einigen Teilstrecken Steigungen bis zu etwa 6,7 % auf.

e) Der Einfluss kann je nach konkreter Wahl der Route ganz unterschiedlich sein. Würde die Klasse z. B. eine Route wählen, die nahe an der Luftlinie zwischen Start und Ziel liegt, dann müsste sie sehr viele Teilstrecken mit hoher mittlerer Steigung oder starkem Gefälle überwinden, die für ungeübte Radfahrer wenig geeignet sind. Es gibt aber auch einige Routen, die in der Nähe der Straße verlaufen und ähnliche mittlere Teilstrecken-Steigungen wie diese haben. Zum Teil handelt es sich dabei sogar um ausgeschilderte Radwege. Diese empfiehlt es sich zu benutzen, vor allem auf der Rückfahrt, da hier bessere Möglichkeiten bestehen, ohne Behinderung des übrigen Verkehrs Pausen einzulegen oder auf besonders steilen Teilstrecken die Fahrräder auch einmal ein Stück zu schieben. Ein solcher Radweg befindet sich z. B. im Drängetal östlich der Straße. Auch zwischen Drei Annen Hohne und Parkplatz Stern sollte zumindest auf der Rückfahrt eine Route z. B. über Weg 28E und den Mandelhölzer Fußweg gewählt werden, da hier ab der Haarnadelkurve die Landstraße sehr steil und noch dazu wegen vieler Kurven möglicherweise unübersichtlich ist.
Sehr steile Strecken erkennt man auf der Karte daran, dass viele Höhenlinien in kurzen Abständen gekreuzt werden. Flache oder nur schwach ansteigende Strecken verlaufen hingegen annähernd parallel zu den Höhenlinien oder liegen in Gebieten, in denen die Höhenlinien große Abstände haben.

3. a) Victoria: z. B. festverzinsliche Anlage mit 5 % Jahreszins und jährlicher Abhebung der Zinsen
Konstantin: z. B. festverzinsliche Anlage mit 4,14 % Jahreszins ohne zwischenzeitliche Zinsabhebung
Silvia: z. B. Anlage in Aktien oder Aktienfonds

b) Wenn alle drei Kurven denselben Anfangs- und Endpunkt hätten, dann wären die mittleren Kapitalsteigerungen im Zeitraum von 2002 bis 2012 bei allen drei Geldanlagen gleich, denn für die Berechnung der mittleren Kapitalsteigerungen, also der Differenzenquotienten, sind nur die Funktionswerte am Anfang und am Ende des betrachteten Zeitintervalls von Bedeutung. Aufgrund einer Zeichenungenauigkeit liegt aber der Endpunkt der roten Kurve etwas tiefer als der der anderen beiden Graphen. Die mittlere Kapitalsteigerung im betrachteten Zehnjahreszeitraum ist also bei Silvias Geldanlage etwas niedriger als bei den Anlagemodellen von Victoria und Konstantin.

4. a) Wenn die einzelnen Kurvenpunkte durch Strecken verbunden werden, entspricht der entstehende Graph nur näherungsweise dem tatsächlichen Verlauf. Bei praktisch durchgeführten Messreihen kennt man aber nicht immer den wirklichen Funktionsverlauf zwischen zwei benachbarten Messpunkten. In diesen Fällen kann es für einen ersten Überblick durchaus sinnvoll sein, die Punkte durch Strecken zu verbinden.

b)

Zeitintervall	[0; 2]	[2; 4]	[4; 6]	[6; 8]
durchschnittliche Steigerung pro Stunde	1000	2000	4000	8000

Die durchschnittlichen Steigerungen entsprechen den Steigungen der Strecken zwischen den durch Messung bestimmten Einzelpunkten des Funktionsgraphen.

c) Da bekannt ist, dass sich die Bakterien exponentiell vermehren, und zwar in zwei Stunden um den Faktor 2, kann davon ausgegangen werden, dass sich die Bakterienanzahl innerhalb einer Stunde um den Faktor $\sqrt{2}$ erhöht. Damit können die Bakterienanzahlen für die Zeitpunkte 1 h, 3 h, 5 h, 7 h, … und anschließend die Differenzenquotienten für die einzelnen Stunden berechnet werden:

Zeit in h	0	1	2	3	4	5	6	7	8
Bakterienanzahl	2000	2828	4000	5657	8000	11314	16000	22627	32000

Zeitintervall	[0; 1]	[1; 2]	[2; 3]	[3; 4]	[4; 5]	[5; 6]	[6; 7]	[7; 8]
mittlere Steigerung	828	1172	1657	2343	3314	4686	6627	9373

5. a) Es wird die Entwicklung der Weltbevölkerung im Zeitraum von 1950 bis zum Zeitpunkt der Erstellung des Diagramms und daran anschließend eine Prognose der weiteren Entwicklung bis zum Jahr 2050 dargestellt, und zwar getrennt nach Industrie- und Entwicklungsländern sowie nach Stadt- und Landbevölkerung. Damit auch Leser in einigen Jahren noch mit dem Diagramm etwas anfangen können und nicht irregeführt werden, sollte der Zeitpunkt, bis zu welchem tatsächlich ermittelte Zahlen verwendet wurden, noch angegeben werden.

b) Mittlere jährliche Änderungsraten für den Zeitraum 1950 bis 2005:

- Stadtbevölkerung der Entwicklungsländer: $\frac{(2{,}3-0{,}3)\cdot 10^9}{55} \approx 3{,}64 \cdot 10^7$
- Landbevölkerung der Entwicklungsländer: $\frac{(3{,}0-1{,}5)\cdot 10^9}{55} \approx 2{,}73 \cdot 10^7$
- Stadtbevölkerung der Industrieländer: $\frac{(0{,}9-0{,}4)\cdot 10^9}{55} \approx 9{,}09 \cdot 10^6$
- Landbevölkerung der Industrieländer: $\frac{(0{,}3-0{,}4)\cdot 10^9}{55} \approx -1{,}82 \cdot 10^6$

c) Mittlere jährliche Änderungsraten für den Zeitraum 2005 bis 2030:

- Stadtbevölkerung der Entwicklungsländer: $\frac{(3{,}9-2{,}3)\cdot 10^9}{25} \approx 6{,}40 \cdot 10^7$
- Landbevölkerung der Entwicklungsländer: $\frac{(3{,}0-3{,}0)\cdot 10^9}{25} \approx 0$
- Stadtbevölkerung der Industrieländer: $\frac{(1{,}0-0{,}9)\cdot 10^9}{25} \approx 4{,}00 \cdot 10^6$

- Landbevölkerung der Industrieländer: $\frac{(0{,}25-0{,}3)\cdot 10^9}{25} \approx -2{,}00 \cdot 10^6$

  Bei der Stadtbevölkerung der Entwicklungsländer wird mit einer steigenden jährlichen Zunahme gerechnet. Die Landbevölkerung der Entwicklungsländer wird 2030 etwa genau so groß wie 2005 sein. Bei der Stadtbevölkerung der Industrieländer wird bis 2050 mit einem etwas schwächeren Wachstum als von 1950 bis 2005 gerechnet. Die Landbevölkerung der Industrieländer wird im selben Maße wie bisher annähernd linear weiter abnehmen.

6. a) Differenzenquotient: $\frac{5\,\% - (-7\,\%)}{6} = 2\,\%$

   Inhaltliche Bedeutung: Die Schwimmbadpreise stiegen im Zeitraum 2002–2008 jährlich im Durchschnitt um 2 % des Mitte 2005 gültigen Preises.

   b) Differenzenquotient: $\frac{-25\,\% - 130\,\%}{6} \approx -25{,}8\,\%$

   Inhaltliche Bedeutung: Die Preise für einen Computerbildschirm fielen im Zeitraum 2002–2008 jährlich um etwa 25,8 % des im März/April 2005 gültigen Preises.
   (Fehler im 1. Druck: Der Preisabstand 0 % wird nicht erst Mitte 2005, sondern schon im März/April 2005 erreicht.)
7. Der Differenzenquotient beträgt annähernd –84,67 und bedeutet, dass der Luftdruck im Bereich von 2 bis 5 km Höhe um durchschnittlich etwa 84,67 hPa je Kilometer abnimmt.
8. individuelle Lösungen
9. Die Funktion ist linear oder konstant.
10. Damit die Aufgabe sinnvoll ist, muss beim Differenzenquotienten zusätzlich $a \neq 1$ und $x \neq 0$ vorausgesetzt werden.
    Sei m jeweils der konstante Wert des gegebenen Differenzenquotienten und n, p und q beliebige, aber fest vorgegebene reelle Zahlen. Dann gibt es beispielsweise folgende Funktionen f mit der genannten Eigenschaft:
    - alle linearen bzw. für $m = 0$ konstanten Funktionen $f(x) = mx + n$;
    - alle Funktionen f mit $f(x) = mx + n$ für $x \neq 0$, die an der Stelle 0 entweder nicht definiert sind oder eine Sprungstelle haben;
    - $f(x) = \begin{cases} mx+p & \text{für } x \in \{a^k \mid k \in \mathbb{Z}\} \\ q & \text{für } x = 0 \\ mx+n & \text{sonst} \end{cases}$
    - für $a = -1$ und $m = 0$: alle geraden Funktionen;
    - für $a = -1$: alle Funktionen $f(x) = mx + g(x)$, wobei g eine gerade Funktion ist;

- für rationale Zahlen a ($a \neq 0$; $a \neq 1$):

  $f(x) = \begin{cases} mx+p & \text{für } x \in \mathbb{Q} \text{ und } x \neq 0 \\ q & \text{für } x = 0 \\ mx+n & \text{für } x \notin \mathbb{Q} \end{cases}$

Differentialquotient und Ableitungsfunktion

Lösungen der Aufgaben auf den Seiten 202 bis 208

1. a)

x	–7	–6	–5	–4	–3	–2	–1
y	–4,33	0	3,67	6,67	9	10,67	11,67

x	0	1	2	3	4	5	6	7
y	12	11,67	10,67	9	6,67	3,67	0	–4,33

Der Brückenbogen trifft in den Punkten (–6 | 0) und (6 | 0) auf die Erde und ist im Punkt (0 | 12) am höchsten.

b)

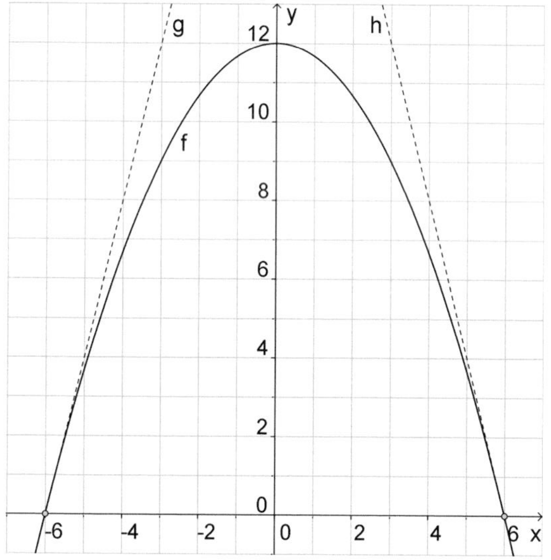

Die Gerade g hat den Steigungswinkel 76° und den Anstieg 4.
Die Gerade h hat den Steigungswinkel –76° und den Anstieg –4.

c)

Intervall $[x_1; 6]$	[4; 6]	[5; 6]	[5,5; 6]	[5,9; 6]	[5,95; 6]
$\frac{f(6)-f(x_1)}{6-x_1}$	–3,33	–3,67	–3,83	–3,97	–3,98

Vermutung: Wenn sich x_1 dem Wert 6 nähert, nähern sich die Differenzenquotienten dem Wert –4.

Grafische Deutung: Der Differenzenquotient $\frac{f(6)-f(x_1)}{6-x_1}$ gibt den Anstieg der Geraden durch die Punkte $(x_1 \mid f(x_1))$ und $(6 \mid f(6))$ an.
Wenn $x_1 = x_2 = 6$ gewählt wird, wird der Nenner des Differenzenquotienten gleich 0, der Differenzenquotient ist dann also nicht definiert.

d)

Intervall $[6; x_2]$	[6; 8]	[6; 7]	[6; 6,5]	[6; 6,1]	[6; 6,05]
$\frac{f(x_2)-f(6)}{x_2-6}$	–4,67	–4,33	–4,17	–4,03	–4,02

2. a)

t in s	0	0,5	1	1,5	2	2,5
s in m	0	0,4	1,6	3,6	6,4	10

t in s	3	3,5	4	4,5	5	5,5	6
s in m	14,4	19,6	25,6	32,4	40	48,4	57,6

b)

Zeitintervall	[0s; 4s]	[2s; 4s]	[3s; 4s]
$\bar{v}$ in m/s	6,4	9,6	11,2

Zeitintervall	[3,5s; 4s]	[3,9s; 4s]
$\bar{v}$ in m/s	12	12,64

Zeitintervall	[3,95s; 4s]	[3,99s; 4s]
$\bar{v}$ in m/s	12,72	12,784

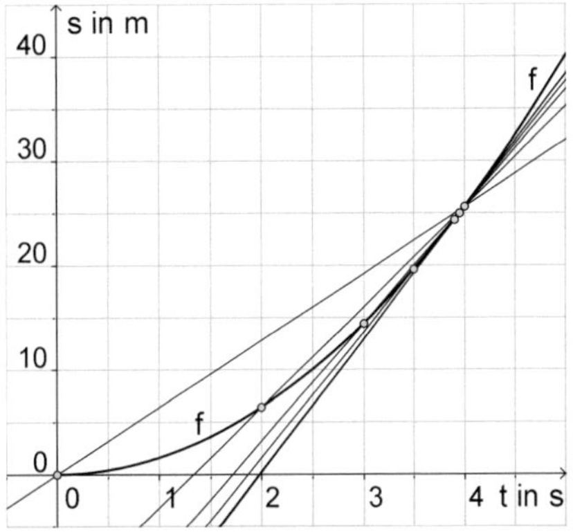

Grafische Deutung: Der Differenzenquotient $\frac{s_2-s_1}{t_2-t_1}$ gibt den Anstieg der Geraden durch die Punkte $(t_1 \mid s_1)$ und $(t_2 \mid s_2)$ an.

c) Momentangeschwindigkeit des Springers nach 4 s:
$v = a \cdot t = 3{,}2\,\frac{\text{m}}{\text{s}^2} \cdot 4\,\text{s} = 12{,}8\,\frac{\text{m}}{\text{s}}$

d) Wenn sich t dem Wert 4 nähert, nähert sich die Durchschnittsgeschwindigkeit im Intervall $[t; 4]$, also der Differenzenquotient, der Momentangeschwindigkeit bei $t = 4$.

3. a) (1)

t	5	$4\frac{1}{2}$	$4\frac{1}{3}$	$4\frac{1}{4}$	$4\frac{1}{5}$	$4\frac{1}{6}$	$4\frac{1}{7}$	$4\frac{1}{8}$
$1{,}6 \cdot (4+t)$	14,4	13,6	13,33	13,2	13,12	13,07	13,03	13

(2)

t	3	$4-\frac{1}{2}$	$4-\frac{1}{3}$	$4-\frac{1}{4}$	$4-\frac{1}{5}$	$4-\frac{1}{6}$	$4-\frac{1}{7}$	$4-\frac{1}{8}$
$1{,}6 \cdot (4+t)$	11,2	12	12,27	12,4	12,48	12,53	12,57	12,6

(3)

t	5	$4-\frac{1}{2}$	$4+\frac{1}{3}$	$4-\frac{1}{4}$	$4+\frac{1}{5}$	$4-\frac{1}{6}$	$4+\frac{1}{7}$	$4-\frac{1}{8}$
$1{,}6 \cdot (4+t)$	14,4	12	13,33	12,4	13,12	12,53	13,03	12,6

b) (1)

t	5	$4\frac{1}{2}$	$4\frac{1}{3}$	$4\frac{1}{4}$	$4\frac{1}{5}$	$4\frac{1}{6}$	$4\frac{1}{7}$	$4\frac{1}{8}$
$\frac{4-t}{\lvert 4-t \rvert}$	–1	–1	–1	–1	–1	–1	–1	–1

(2)

t	3	$4-\frac{1}{2}$	$4-\frac{1}{3}$	$4-\frac{1}{4}$	$4-\frac{1}{5}$	$4-\frac{1}{6}$	$4-\frac{1}{7}$	$4-\frac{1}{8}$
$\frac{4-t}{\lvert 4-t \rvert}$	1	1	1	1	1	1	1	1

(3)

t	5	$4-\frac{1}{2}$	$4+\frac{1}{3}$	$4-\frac{1}{4}$	$4+\frac{1}{5}$	$4-\frac{1}{6}$	$4+\frac{1}{7}$	$4-\frac{1}{8}$
$\frac{4-t}{\lvert 4-t \rvert}$	–1	1	–1	1	–1	1	–1	1

c) Die erste Aussage ist falsch, denn die Werte des Terms T können bei Annäherung von x an x_0 beispielsweise auch ins Unendliche wachsen (z. B. bei $T(x) = \frac{1}{x^2}$ und $x_0 = 0$), ins Negativ-Unendliche fallen (z. B. bei $T(x) = -\frac{1}{x^2}$ und $x_0 = 0$) oder oszillieren (z. B. bei $T(x) = \sin\frac{1}{x}$ und $x_0 = 0$).
Die zweite Aussage („diese Zahl muss nicht die Zahl $T(x_0)$ sein") ist wahr. Beispiel: Bei $T(x) = \frac{x^2}{x^2}$ und $x_0 = 0$ nähern sich die Werte von $T(x)$ bei Annäherung von x an x_0 dem Wert 1, aber $T(x_0)$ ist gar nicht definiert.

Die dritte Aussage („die Zahl hängt nicht davon ab, auf welche Weise sich die x-Werte sich der Zahl x_0 annähern“) ist falsch. Beispiel: Nähert sich bei $T(x) = \frac{x}{|x|}$ und $x_0 = 0$ die Zahl x von rechts dem Wert 0, so nähert sich $T(x)$ dem Wert 1. Nähert sich x aber von links dem Wert 0, so nähert sich $T(x)$ dem Wert –1.

4. Die Gerade geht durch die Punkte (2 | 0) und (4 | 25,6). Sie hat den Anstieg 12,8.
Der Differentialquotient $f'(x_0)$ gibt den Anstieg der Tangente des Graphen von f im Punkt x_0 an.

5. a) $\frac{f(x)-f(1{,}5)}{x-1{,}5} = \frac{4x^2-4\cdot 1{,}5^2}{x-1{,}5} = \frac{4\cdot(x-1{,}5)\cdot(x+1{,}5)}{x-1{,}5} = 4\cdot(x+1{,}5)$

b) $\lim\limits_{x\to 1{,}5} \frac{f(x)-f(1{,}5)}{x-1{,}5} = \lim\limits_{x\to 1{,}5}(4\cdot(x+1{,}5)) = 12$

6. a) 12 b) –2 c) –4 d) –1

7. a) 16; $y = 16x - 32$ b) –1; $y = -x + 1$
c) 0,4; $y = 0{,}4x - 0{,}2$ b) 0; $y = 0$

8. a) siehe Abbildung

b)

Intervall	$\frac{f(x)-f(3)}{x-3}$
[1; 3]	0,8
[2; 3]	1
[3; 4]	1,4
[3; 5]	1,6

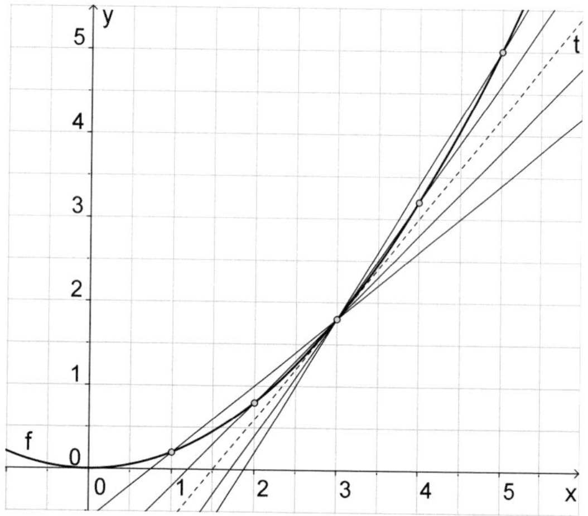

c) siehe Abbildung

d) $f'(3) = 1{,}2$
Gleichung der Tangente:
$y = 1{,}2x - 1{,}8$

e) siehe Abbildung

9. a) Die Steigung des Graphen von f beträgt –1 in jedem beliebigen Punkt $(x_1 \mid f(x_1))$ mit $x_1 < 0$ und 1 in jedem beliebigen Punkt $(x_2 \mid f(x_2))$ mit $x_2 > 0$. Für den Punkt $(0 \mid f(0))$ lässt sich keine Steigung angeben.

b) Nähert sich x von rechts der Stelle x_0, so nähert sich die zugehörigen Differenzenquotienten dem Wert 1. Bei Annäherung von links hingegen nähern sich die Differenzenquotienten dem Wert –1. Der Differentialquotient ist demnach nicht definiert.

10. Die linke Abbildung zeigt den Graphen einer Funktion f, dessen Sekante durch die Punkte $(x_0 \mid f(x_0))$ und $(x \mid f(x))$ sowie die Tangente an den Graphen im Punkt $(x_0 \mid f(x_0))$. Die rechte Abbildung zeigt denselben Sachverhalt, nur ist hier die Differenz $x - x_0$ mit h bezeichnet worden und es wurde überall x dementsprechend durch den Term $x_0 + h$ ersetzt. Es ist $f(x) = f(x_0 + h)$ und $x - x_0 = h$. Außerdem nähert sich h genau dann dem Wert 0, wenn sich x dem Wert x_0 nähert.
Folglich muss $\lim\limits_{x\to x_0} \frac{f(x)-f(x_0)}{x-x_0} = \lim\limits_{x\to x_0} \frac{f(x_0+h)-f(x_0)}{h}$ sein.

11. Bei beiden Lösungen wird der Differentialquotient an der Stelle $x_0 = 2$ (nicht an der Stelle $x_0 = 1$) berechnet. Die Lösung von Paula ist etwas einfacher, da hier keine Polynomdivision durchgeführt werden muss.

12. a) Siehe Abbildung. Läufer A sollte das Startsignal geben, wenn er sich Läufer B bis auf 12,5 m Entfernung genähert hat. Der Wechsel erfolgt 2,5 s später in einer Entfernung von 12,5 m zum Startpunkt von B.

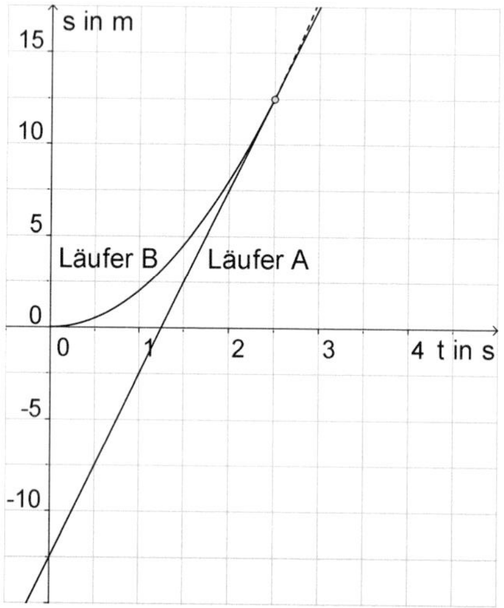

b) Beschleunigung von B: 4 m/s²
Momentangeschwindigkeiten und zurückgelegte Wege von B:

t in s	0,5	1	1,5
v in m/s	2	4	6
s in m	0,5	2	4,5

t in s	2	2,5	3
v in m/s	8	10	12
s in m	8	12,5	18

Läufer B erreicht nach 2,5 s die Geschwindigkeit von A. Er sollte beim Start 12,5 m von A entfernt sein.

NACHGEDACHT (Randspalte S. 207):
Wenn B zu früh losläuft, darf er nicht bis auf 10 m/s beschleunigen, damit A ihn noch einholen kann. Läuft B zu spät los, so muss A seine Geschwindigkeit drosseln, damit B ihn einholen kann. In beiden Fällen geht wertvolle Zeit verloren, außerdem gestaltet sich die Stabübergabe aufgrund der dann unterschiedlichen Geschwindigkeiten von A und B schwieriger.

13. a) Die Ableitungsfunktion ist positiv bei x_1, x_4 und x_6, negativ bei x_2, x_5 und x_7, gleich Null bei x_3. Aufsteigend geordnete Folge der Funktionswerte der Ableitungsfunktion:
$f(x_7) < f(x_2) < f(x_5) < f(x_3) < f(x_4) < f(x_6) < f(x_1)$
b) Die Tangentensteigung ist an folgenden Stellen gleich Null:
- zwischen x_1 und x_2 beim lokalen Maximum von f;
- bei x_3 (lokales Minimum von f);
- kurz vor x_5, dort muss ein lokales Maximum liegen (schwer zu erkennen);
- kurz nach x_5, dort muss ein lokales Minimum liegen (schwer zu erkennen);
- zwischen x_6 und x_7 beim lokalen Maximum von f.

14. Die Ableitungsfunktion muss in dem Intervall, in dem der Graph von f sichtbar ist, drei Nullstellen haben und anfangs positiv, zwischen der ersten und der zweiten Nullstelle negativ, zwischen der zweiten und dritten Nullstelle positiv und dann wieder negativ sein. Deshalb kommt für die Ableitungsfunktion nur der grüne Graph in Frage. Dessen Nullstellen liegen auch wirklich dort, wo die Funktion f lokale Maxima und Minima hat.

15. Man stellt den Taschenspiegel im Punkt P quer zum Funktionsgraphen auf und dreht ihn so, dass zwischen Original und Spiegelbild des Graphen kein Knick auftritt. Dann ermittelt man den Anstieg m der unteren Taschenspiegelkante im Diagramm. Der Anstieg der Tangente an den Funktionsgraphen im Punkt P ist dann gleich $-\frac{1}{m}$.

16.

x	$-\pi$	$-\frac{3\pi}{4}$	$-\frac{\pi}{2}$	$-\frac{\pi}{4}$	0	$\frac{\pi}{4}$	$\frac{\pi}{2}$
$f'(x)$	–1	–0,71	0	0,71	1	0,71	0

x	$\frac{3\pi}{4}$	π	$\frac{5\pi}{4}$	$\frac{3\pi}{2}$	$\frac{7\pi}{4}$	2π
$f'(x)$	–0,71	–1	–0,71	0	0,71	1

Vermutung: $f'(x) = \cos x$

AUFGABE (Randspalte S. 208): Sei $g(x) = \cos x$.

x	$-\pi$	$-\frac{3\pi}{4}$	$-\frac{\pi}{2}$	$-\frac{\pi}{4}$	0	$\frac{\pi}{4}$	$\frac{\pi}{2}$
$g'(x)$	0	0,71	1	0,71	0	–0,71	–1

x	$\frac{3\pi}{4}$	π	$\frac{5\pi}{4}$	$\frac{3\pi}{2}$	$\frac{7\pi}{4}$	2π
$g'(x)$	–0,71	0	0,71	1	0,71	0

Vermutung: $g'(x) = -\sin x$

17. Vermutung: $f'(x) = f(x) = e^x$

18.
a)
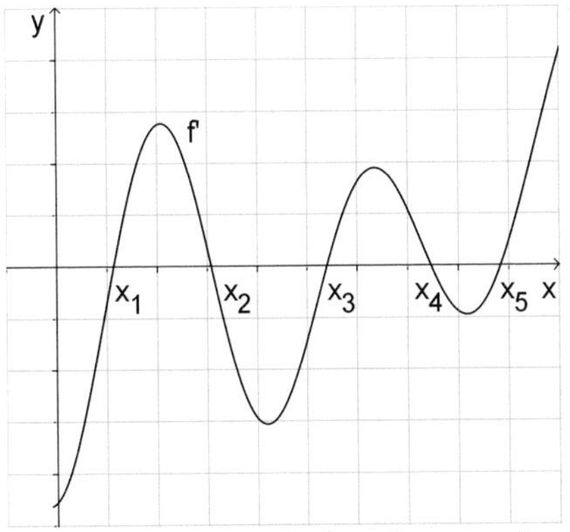

b)
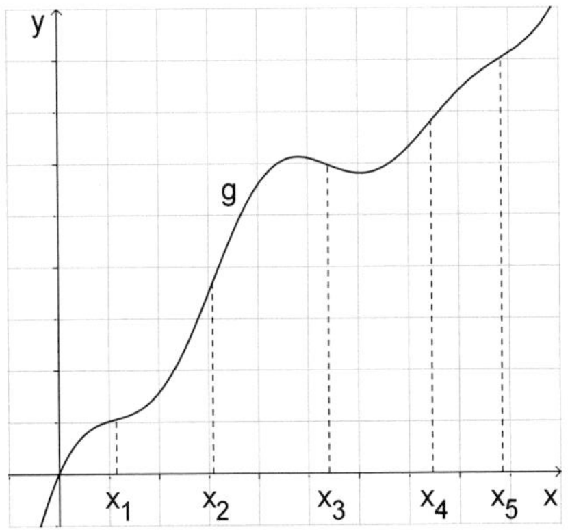

19. a) $f'(x_0) = \lim\limits_{h\to 0}\frac{(x_0+h)^2 - x_0^2}{h} = \lim\limits_{h\to 0}\frac{x_0^2 + 2x_0h + h^2 - x_0^2}{h} = \lim\limits_{h\to 0}\frac{2x_0h + h^2}{h} = \lim\limits_{h\to 0}(2x_0 + h)$

$f'(x_0) = 2x_0 \Rightarrow$ Ableitungsfunktion: $f'(x) = 2x$

b) $f'(x_0) = \lim\limits_{h\to 0}\frac{(x_0+h)^3 - x_0^3}{h} = \lim\limits_{h\to 0}\frac{x_0^3 + 3x_0^2h + 3x_0h^2 + h^3 - x_0^3}{h}$

$f'(x_0) = \lim\limits_{h\to 0}\frac{3x_0^2h + 3x_0h^2 + h^3}{h} = \lim\limits_{h\to 0}(3x_0^2 + 3x_0h + h^2) = 3x_0^2$

Ableitungsfunktion: $f'(x) = 3x^2$

Besondere Punkte von Funktionsgraphen

Lösungen der Aufgaben auf den Seiten 209 bis 213

1. a) $G(x) = E(x) - K(x)$
b) Wenn keine Mengenrabatte gewährt werden, dann sind die erzielten Einnahmen proportional zur verkauften Stückzahl.
c) $K(0)$ sind die Festkosten, die auch dann entstehen, wenn die Produktion der Bauteile gestoppt wird. Hierzu können z. B. gehören: Lohn und Gehalt für fest eingestellte Mitarbeiter, verbrauchsunabhängige Grundgebühren für Energie und Wasser, weitere Energiekosten (z. B. für Beleuchtung und Heizung), Kosten der Objektbewachung.
d) $G(x) = -10x^3 + 150x^2 + 250x - 3750$
$G(5) = -1250 + 3750 + 1250 - 3750 = 0$
$G(15) = -33\,750 + 33\,750 + 3750 - 3750 = 0$

e) Das Intervall $5 \leq x \leq 15$ (also 5000 bis 15 000 produzierte Bauteile je Zeiteinheit) ist derjenige Bereich, in dem das Unternehmen keinen Verlust erwirtschaftet. Hierbei ist der Wert $x \approx 10{,}5$ besonders interessant, weil das Unternehmen bei dieser Stückzahl (10 500 Stück je Zeiteinheit) den größten Gewinn erzielt. (Der Wert wurde aus dem Graphen abgelesen. Eine rechnerische Lösung ergibt $x \approx 10{,}77$.)

2. a) Beispiele möglicher Lösungen:
- Wenn die Funktion f an der Stelle x_0 ein lokales Maximum hat, dann heißt der Punkt $P(x_0 \mid f(x_0))$ Hochpunkt des Graphen von f.
- Der Graph von f hat an der Stelle x_0 einen Tiefpunkt, wenn gilt: f ist an der Stelle x_0 und in einem offenen Intervall I um x_0 herum definiert und es gilt $f(x) \geq f(x_0)$ für alle $x \in I$ (oder auch strenger: $f(x) > f(x_0)$ für alle $x \in I$ mit $x \neq x_0$).

b) Die Funktion f verläuft:
- für $x < x_1$ (soweit sichtbar) streng monoton fallend,
- auf dem Intervall $[x_1; x_2]$ streng monoton steigend;
- auf dem Intervall $[x_2; x_3]$ streng monoton fallend;
- auf dem Intervall $[x_3; x_4]$ streng monoton steigend;
- auf dem Intervall $[x_4; x_5]$ streng monoton fallend;
- für $x > x_5$ (soweit sichtbar) streng monoton steigend.

c) An einem Hochpunkt wechselt das Monotonieverhalten von monoton steigend zu monoton fallend. An einem Tiefpunkt wechselt das Monotonieverhalten von monoton fallend zu monoton steigend.

3. a)

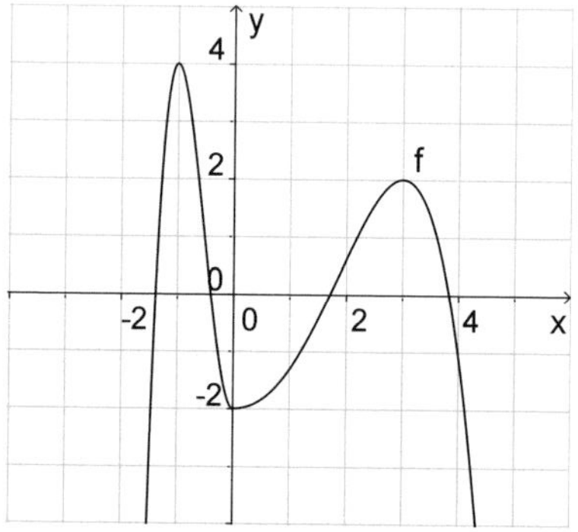

b) Hier ist keine Lösung möglich, da auf einen Hochpunkt kein weiterer Hochpunkt folgen kann, ohne dass ein Tiefpunkt dazwischen liegt.

c) Hier ist ebenfalls keine Lösung möglich, da auf den Hochpunkt $H_1(-3 \mid 2)$ kein Tiefpunkt folgen kann, dessen y-Koordinate größer ist als 2.

Werden zusätzliche Hoch- und Tiefpunkte erlaubt, so gibt es bei allen drei Teilaufgaben weitere bzw. überhaupt erst Lösungen.

Gesetzmäßigkeiten:
- An Hochpunkten wechselt das Monotonieverhalten einer Funktion von monoton steigend zu monoton fallend, an Tiefpunkten von monoton fallend zu monoton steigend.

- Bei ganzrationalen Funktionen, die nicht konstant sind, wechseln sich Hoch- und Tiefpunkte, falls es welche gibt, stets ab: Auf einen Tiefpunkt folgt ein Hochpunkt und umgekehrt.

Hieraus ergeben sich weitere Folgerungen:
- Bei ganzrationalen Funktionen mit ungeradem Exponenten der höchsten Potenz von x ist die Anzahl der Hochpunkte gleich der Anzahl der Tiefpunkte.
- Für ganzrationale Funktionen $a_n x^n + a_{n-1}x^{n-1} + \ldots + a_2 x^2 + a_1 x + a_0$ mit $n \geq 2$, n gerade und $a_n \neq 0$ gilt: Ist $a_n > 0$, so gibt es mindestens einen Tiefpunkt und die Anzahl der Tiefpunkte ist um 1 größer als die Anzahl der Hochpunkte. Ist hingegen $a_n < 0$, so gibt es mindestens einen Hochpunkt und die Anzahl der Hochpunkte ist um 1 größer als die Anzahl der Tiefpunkte.

4. a) In Bereichen, in denen die Funktion f monoton steigt, ist die erste Ableitung von f größer oder gleich 0. Wenn eine Funktion streng monoton steigt, heißt das jedoch nicht, dass dann die erste Ableitung größer als Null sein muss, ein Beispiel hierfür ist die Funktion $g(x) = x^3$ an der Stelle 0. In Bereichen, in denen die Funktion f monoton fällt, ist die erste Ableitung von f kleiner oder gleich 0.

b) An Hoch- sowie an Tiefpunkten nimmt die erste Ableitung den Wert 0 an.

c) Im Punkt x_1 nimmt die Tangentensteigung ein lokales Minimum an.

d)

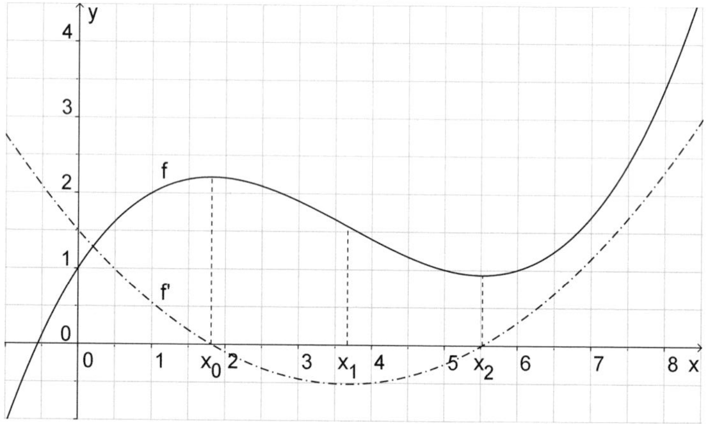

Es wurde hier vorausgesetzt, dass die Koordinateneinheit 1 cm beträgt.

5. a) (1) Für ganzrationale Funktionen ist diese Aussage wahr, für beliebige Funktionen jedoch nicht. Beispiel: Die Funktion $f(x) = -|x|$ hat an der Stelle $x_0 = 0$ einen Hochpunkt, die erste Ableitung ist dort aber gar nicht definiert.

(2) Diese Aussage ist wahr.

(3) Diese Aussage gilt ebenfalls für ganzrationale, jedoch nicht für beliebige Funktionen. Als Beispiel sei folgende Funktion genannt:

$$f(x) = \begin{cases} 4 - x^2 & \text{für } x \leq 0 \\ 5 - x^2 & \text{für } x > 0 \end{cases}$$

Diese Funktion ist streng monoton steigend für $x \leq 0$ und streng monoton fallend für $x > 0$, aber sie hat an der Stelle $x_0 = 0$ keinen Hochpunkt.

(4) Diese Aussage ist falsch. Wenn $f'(x_0) = 0$ ist, dann kann f an der Stelle x_0 beispielsweise auch einen Hochpunkt oder einen Sattelpunkt haben oder in einem abgeschlossenen Intervall, das x_0 enthält, konstant sein.

b) individuelle Lösungen

6. a) (1) Am Anfang vermehren sich die Kaninchen langsam, danach allmählich schneller, bis das Wachstum durch Verknappung von Nahrung und Platz wieder gebremst wird.

(2) Anfangs vermehren sich die Bakterien exponentiell, später verlangsamt sich das Wachstum aufgrund von Nahrungsverknappung.

(3) Zu Beginn werden wenig Sonnenkollektoren verkauft, weil das neue Produkt noch nicht so bekannt und vielleicht auch nicht überall verfügbar ist. Nach Anlaufen der Werbekampagne wird es von den Kunden angenommen und gekauft. Irgendwann kommt dann aber der Punkt, an dem der Bedarf der Kunden weitestgehend gedeckt ist. Dann gehen die Verkaufszahlen wieder zurück.

b) Die Funktion ist streng monoton steigend. Der Graph ist von der Stelle 0 bis zum Punkt P linksgekrümmt, danach rechtsgekrümmt.

c) Beide Aussagen sind wahr. Im Punkt P ändert sich die Krümmung des Graphen von links nach rechts. Der Anstieg des Graphen besitzt dort ein lokales Maximum.

7. Es sei vorausgesetzt, dass die Koordinateneinheit 1 cm beträgt.
Der Funktionsgraph hat folgende Wendepunkte:

- Rechts-Links-Wendepunkt: P_3
- Links-Rechts-Wendepunkt: $(2{,}8 \mid 1)$, nicht gekennzeichnet
- Rechts-Links-Wendepunkt: P_6
- Links-Rechts-Wendepunkt: P_9
- Rechts-Links-Wendepunkt: P_{11}

Ein Zusammenhang zwischen dem Monotonieverhalten der Funktion und der Art des Wendepunktes besteht nicht. Beispielsweise ist die Funktion $f(x) = x + 0{,}9 \sin x$ auf ganz $\mathbb{R}$ streng monoton steigend und besitzt beide Arten von Wendepunkten.

8. (1) „Der Wert der Aktien wächst“: Februar bis Mai, September, Oktober.
(2) „Der Wert der Aktien fällt besonders schnell“: Juli.
(3) „Der Wert der Aktien beginnt wieder zu steigen“: Januar, August.
(4) „Der Wert der Aktien erhöht sich besonders schnell“: April, Mai.
(5) „Ab hier fällt der Wert der Aktie“: Juni.

9. a) Vor dem Wendepunkt (es handelt sich hier um einen Rechts-Links-Wendepunkt) werden die Tangentenanstiege kleiner, danach wieder größer. Die Ableitungsfunktion, also diejenige Funktion, die jedem x-Wert den entsprechenden Tangentenanstieg zuordnet, hat folglich an der Stelle x_0 ein lokales Minimum.

b) Bei einem Links-Rechts-Wendepunkt werden die Tangentenanstiege vor dem Wendepunkt größer, danach kleiner. Die Ableitungsfunktion hat also an der Stelle x_0 ein lokales Maximum.

c) Die Aussagen aus a) und b) treffen auch für Wendepunkte mit $f'(x_0) = 0$ zu. Bei einem Rechts-Links-Wendepunkt sind die Tangentenanstiege vor dem Wendepunkt positiv, fallen bis auf 0 und steigen nach dem Wendepunkt wieder an. Bei einem Links-Rechts-Wendepunkt hingegen sind die Tangentenanstiege vor dem Wendepunkt negativ, steigen bis auf 0 und fallen nach dem Wendepunkt wieder ab.

10. Tritt im Graphen einer Funktion f ein Wendepunkt auf, so hat f' an dieser Stelle ein lokales Extremum. Einem Links-Rechts-Wendepunkt im Graphen von f entspricht ein Hochpunkt im Graphen von f', einem Rechts-Links-Wendepunkt im Graphen von f entspricht ein Tiefpunkt im Graphen von f'.

AUFGABE (Randspalte S. 212):

Sattelpunkte sind zugleich auch Wendepunkte, da sich die Krümmung des Funktionsgraphen im Sattelpunkt ändert.

Ist die Funktion beim Durchlaufen des Sattelpunktes monoton fallend (obere Abbildung im Schulbuch), so besitzt die Ableitungsfunktion im Sattelpunkt ein lokales Maximum mit dem Wert 0. Der Graph der Ableitungsfunktion berührt dort die x-Achse von unten. Beispiel: Die Funktion $f(x) = -x^3$ ist streng monoton fallend und hat an der Stelle $x_0 = 0$ einen Sattelpunkt. Die dazugehörige Ableitungsfunktion $f'(x) = -3x^2$ hat dort ein lokales Maximum mit dem Wert 0.

Ist die Funktion beim Durchlaufen des Sattelpunktes monoton steigend (untere Schulbuchabbildung), so besitzt die Ableitungsfunktion im Sattelpunkt ein lokales Minimum mit dem Wert 0. Der Graph der Ableitungsfunktion berührt dort die x-Achse von oben. Beispiel: Die Funktion $g(x) = x^3$ ist streng monoton steigend und hat an der Stelle $x_0 = 0$ einen Sattelpunkt. Die dazugehörige Ableitungsfunktion $g'(x) = 3x^2$ hat dort ein lokales Minimum mit dem Wert 0.

(1)

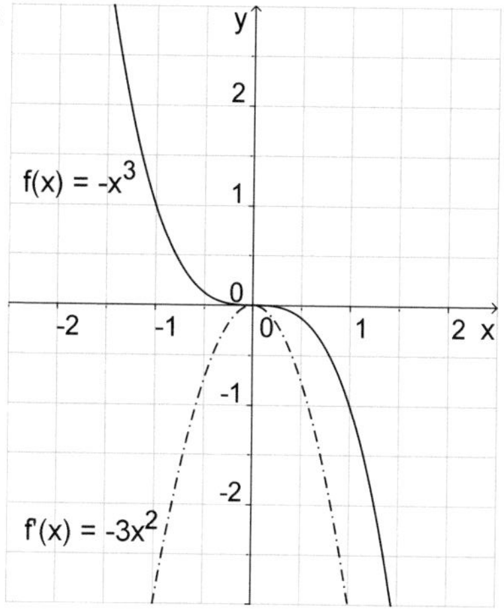

(2)

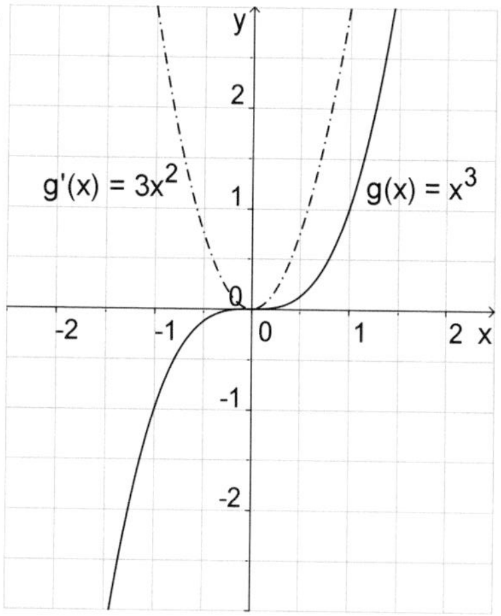

11. (1) Eine Parabel zweiten Grades mit der Gleichung $y = (x - a)^2 + b$ ist linksgekrümmt, hat keine Wendepunkte, keine Hochpunkte und genau einen Tiefpunkt: $T(a \mid b)$.

(2) Eine Parabel dritten Grades mit der Gleichung $y = (x - a)^3 + b$ ist für $x < a$ linksgekrümmt und für $x > a$ rechtsgekrümmt. Sie hat den Rechts-Links-Wendepunkt $W(a \mid b)$. Weitere Wendepunkte gibt es nicht, ebenso keine Extrempunkte.

(3) Eine Parabel vierten Grades mit der Gleichung $y = (x - a)^4 + b$ ist linksgekrümmt, hat keine Wendepunkte, keine Hochpunkte und genau einen Tiefpunkt: $T(a \mid b)$.

NACHGEDACHT (Randspalte S. 213):

Der Parameter a bewirkt eine Verschiebung des Graphen der jeweiligen Funktion $y = x^n$ ($n \in \{2; 3; 4\}$) um a Einheiten in x-Richtung, der Parameter b bewirkt eine Verschiebung des Graphen um b Einheiten in y-Richtung. Eine Fallunterscheidung bezüglich dieser Parameter ist bei der hier bearbeiteten Aufgabe nicht erforderlich.

12. Beide Teilaufgaben sind nur dann lösbar, wenn neben den angegebenen Wendepunkten noch weitere Wendepunkte vorhanden sein dürfen.

Begründung: Der Graph einer ganzrationalen Funktion, die für $x \to \pm\infty$ gegen $-\infty$ strebt, steigt zu Beginn immer rechtsgekrümmt aus dem Negativ-Unendlichen auf und fällt am Ende wieder rechtsgekrümmt ins Negativ-Unendliche ab. Die Anzahl der Rechts-Links-Wendepunkte muss folglich gleich der Anzahl der Links-Rechts-Wendepunkte sein.

a)

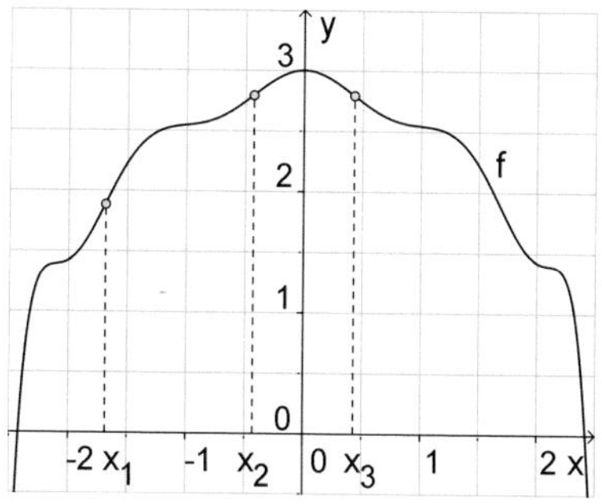

b)

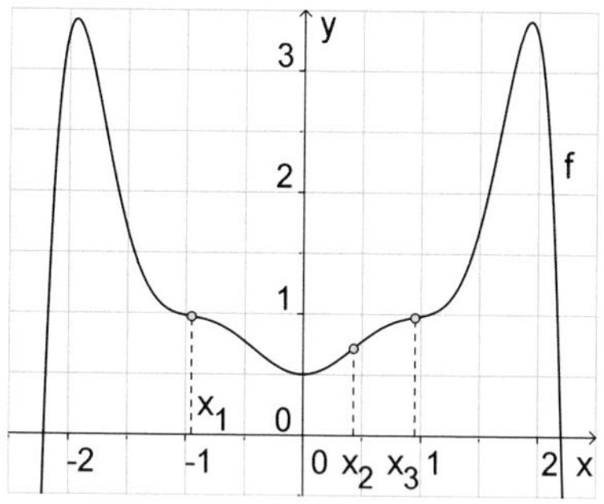

13. a)
- Der Graph der Funktion kann in einem Zug gezeichnet werden. Er besitzt keine Polstellen, Sprungstellen oder Lücken.
- Die Funktionswerte werden für $x \to \infty$ und für $x \to -\infty$ unendlich groß.
- Wendepunkte, Krümmung: Es gibt entweder keinen oder genau zwei Wendepunkte. Wenn es zwei Wendepunkte gibt, so ist der erste ein Links-Rechts-Wendepunkt und der zweite ein Rechts-Links-Wendepunkt. Der Graph beginnt linksgekrümmt. Zwischen den beiden Wendepunkten, falls vorhanden, verläuft er rechtsgekrümmt. Zum Schluss steigt er linksgekrümmt ins Unendliche. Einer der beiden Wendepunkte kann ein Sattelpunkt sein.
- Extrempunkte: Der Graph besitzt entweder genau einen Tiefpunkt und keine Hochpunkte oder genau zwei Tiefpunkte und genau einen Hochpunkt.
- Nullstellen: Die Funktion kann keine, genau eine, zwei, drei oder vier Nullstellen haben. Die Anzahl der Nullstellen kann nur dann ungerade werden, wenn ein Tief- oder Hochpunkt auf der x-Achse liegt.
- Symmetrie: Im Allgemeinen ist der Graph nicht symmetrisch. Im Falle $a = c = 0$ ist er jedoch achsensymmetrisch bezüglich der y-Achse.

b) Der Parameter d bewirkt nur eine Verschiebung in Richtung der y-Achse, hat also keinen Einfluss auf Anzahl und Art von Extrem- und Wendepunkten.

Im Falle $a = c = 0$ gibt es bei $b \geq 0$ genau einen Tiefpunkt (bei $x = 0$), keine Hoch- und keine Wendepunkte, bei $b < 0$ genau zwei Tiefpunkte, genau einen Hochpunkt (bei $x = 0$) und genau zwei Wendepunkte, von denen der erste ein Links-Rechts- und der zweite ein Rechts-Links-Wendepunkt ist.

Der Parameter c hat keinen Einfluss auf die Anzahl der Wendepunkte. Wenn f drei Extrempunkte besitzt, können zwei davon durch betragsmäßige Erhöhung von c zum Verschwinden gebracht werden.

Der Parameter a kann die Anzahl der Extrem- und der Wendepunkte beeinflussen. Wenn f nur einen Extrempunkt und/oder keine Wendepunkte besitzt, kann durch betragsmäßige Erhöhung von a, wobei bei $c \neq 0$ das Vorzeichen von c dem von a entgegengesetzt sein sollte, die Anzahl der Extrempunkte auf drei und die Anzahl der Wendepunkte auf zwei erhöht werden. (Soll nur die Anzahl der Wendepunkte erhöht werden, spielt das Vorzeichen von a keine Rolle.)

14. Individuelle Lösungen. Jeder Graph einer ganzrationalen Funktion 4. Grades ist Lösung der Aufgabe, wobei im Gegensatz zur Aufgabe 13 auch der Term x^4 einen Koeffizienten haben kann. Graphen anderer Funktionen sind keine Lösungen der Aufgabe. Es könnten z. B. nach oben und nach unten geöffnete Graphen, symmetrische und asymmetrische Graphen, Graphen mit einem und Graphen mit drei Extrempunkten, Graphen ohne Wendepunkte und solche mit zwei Wendepunkten (von denen einer auch ein Sattelpunkt sein kann) sowie Graphen mit unterschiedlich vielen Nullstellen gezeichnet werden.

15. $f(x) = ax^3 + bx^2 + cx + d$
$f'(x) = 3ax^2 + 2bx + c$
$f(0) = 0 \Rightarrow d = 0$
$f(-1) = 8 \Rightarrow -a + b - c = 8$
$f'(-1) = 0 \Rightarrow 3a - 2b + c = 0$
$f'(5) = 0 \Rightarrow 75a + 10b + c = 0$
Lösung des Gleichungssystems:
$a = 1;\ b = -6;\ c = -15$
Gleichung der gesuchten Funktion:
$f(x) = x^3 - 6x^2 - 15x$
Ableitung der gesuchten Funktion:
$f'(x) = 3x^2 - 12x - 15$

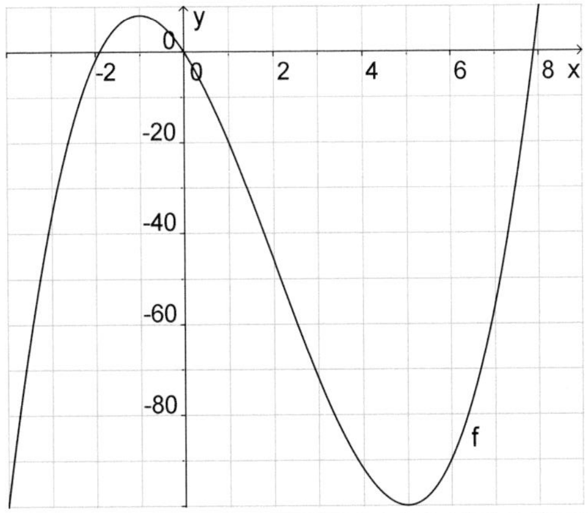

16. $f(x) = ax^4 + bx^3 + cx^2 + dx + e$
$f'(x) = 4ax^3 + 3bx^2 + 2cx + d$
$f''(x) = 12ax^2 + 6bx + 2c$
(nicht $12ax^2 + 6bx + c$; Fehler im 1. Druck)
$f''(0) = f'(0) = f(0) = 0 \Rightarrow c = d = e = 0$
$f(-3) = -5 \Rightarrow 81a - 27b = -5$
$f'(-3) = 0 \Rightarrow -108a + 27b = 0$
$-27a = -5$
$a = \frac{5}{27};\ b = \frac{20}{27};\ f(x) = \frac{5}{27}x^4 + \frac{20}{27}x^3$

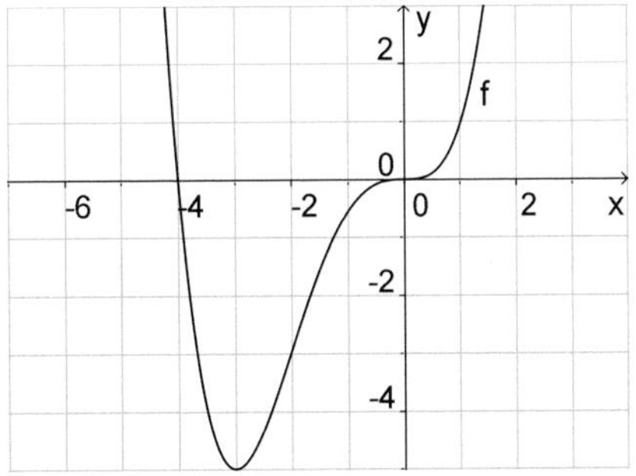

Teste dich!

Lösungen der Aufgaben auf den Seiten 214 bis 215

1. a) Jede Funktion $f(x) = -x^{2n+1}$ mit $n \in \mathbb{N}$ ist monoton fallend und hat einen Wendepunkt bei $x_0 = 0$.
   b) z. B.: $f(x) = -x^4 + 4x^3 - 3x^2 - 4x + 4$; $g(x) = -x^4 + 5x^2$; $h(x) = -x^4 + 5x^3 - 5x^2 - 5x + 6$
   c) jede Funktion $f(x) = (x - a) \cdot (x - b) \cdot (x - c) \cdot (x - d)$ mit paarweise verschiedenen Zahlen a, b, c, d
   d) Das ist unmöglich.
   e) z. B.: $f(x) = -x^3 + 5x^2 - 5x$; $g(x) = x^3 - 5x^2 + 5x$; $h(x) = x^3 - 2x^2$
2. Es sollte in eigenen Worten und mit eigenen Beispielen in etwa der Inhalt der Wissenskästen auf den Seiten 197 bis 213 dargestellt werden.
3. a) 16 b) 0 c) $\frac{e^5 - 1}{5e^3} \approx 1{,}47$
4. a) Wegen $f(-a) = f(a)$ ist die mittlere Änderungsrate einer geraden Funktion über $[-a; a]$ stets null.
   b) Wegen $f(-a) = -f(a)$ ist die mittlere Änderungsrate einer ungeraden Funktion über $[-a; a]$ gleich $\frac{2f(a)}{2a} = \frac{f(a)}{a}$ ($a \neq 0$ ist bei der vorliegenden Aufgabenstellung klar).
5. z. B.: $f(x) = (x - 2)^3 + 1 = x^3 - 6x^2 + 12x - 7$
6. P_2 ist ein Hochpunkt; P_4 ist ein Tiefpunkt; P_3 und P_7 sind Rechts-Links-Wendepunkte; P_7 ist außerdem ein Sattelpunkt; P_6 ist ein Links-Rechts-Wendepunkt; P_1 und P_8 sind keine besonderen Punkte.
7.

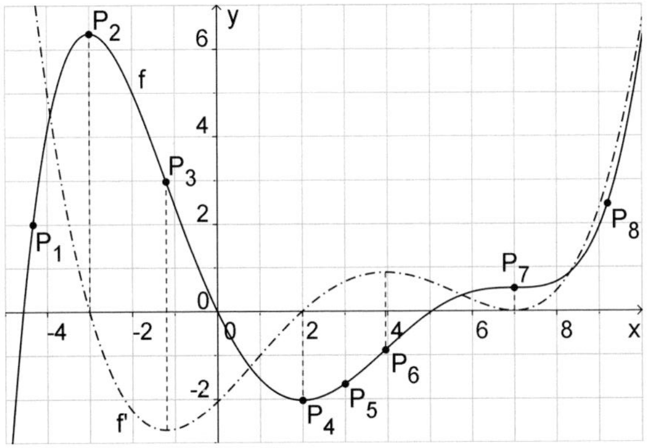

8. $f'(x) = 2x$; $f'(100) = 200$

9. a) z. B. (a_n) mit $a_n = 5 + \frac{1}{n}$, $n \in \mathbb{N}$, $n \geq 1$; (b_n) mit $b_n = 5 - \frac{1}{n}$, $n \in \mathbb{N}$, $n \geq 1$;

(c_n) mit $c_n = 5 + (-1)^n \cdot \frac{1}{n}$, $n \in \mathbb{N}$, $n \geq 1$.

b) z. B. $f(x) = \frac{|x-5|}{x-5}$

10. Für den Grenzwert des Differenzenquotienten von g gilt:

$$\lim_{h\to 0} \frac{g(x+h)-g(x)}{h} = \lim_{h\to 0} \frac{a\cdot f(x+h) - a\cdot f(x)}{h} = \lim_{h\to 0}\left(a\cdot \frac{f(x+h)-f(x)}{h}\right)$$

$$= a\cdot \lim_{h\to 0} \frac{f(x+h)-f(x)}{h} = a\cdot f'(x)$$

Dabei gilt das dritte Gleichheitszeichen, weil allgemein gilt: Hat eine Folge (x_n) den Grenzwert $\lim_{n\to\infty} x_n = y$, so gilt für die Folge $(a \cdot x_n)$: $\lim_{n\to\infty}(a\cdot x_n) = a\cdot \lim_{n\to\infty} x_n = a\cdot y$.

11. Die mittleren Änderungsraten sind (gerundet): –0,13; –1,33; 0; –0,33; 1; **1,93; 2,07; 2,07; 1,93; 2;** 1,6; –1,3; –3,7; –2,73; +2,53; –3,2; –0,8.

Für den hervorgehobenen Bereich zwischen 7.30 Uhr und 15.00 Uhr kann man mit etwas „gutem Willen" einen linearen Temperaturanstieg annehmen.

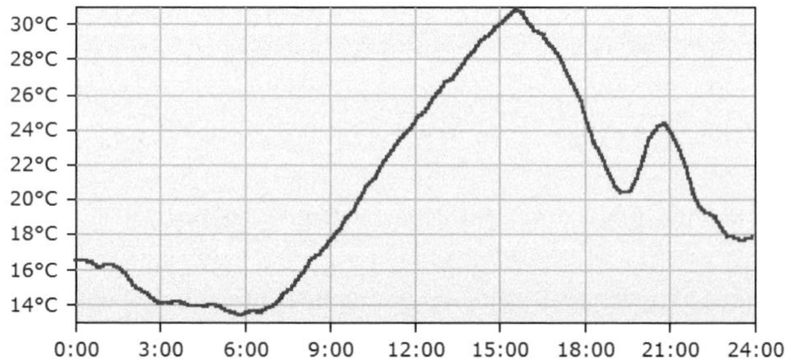

Auffällig ist die recht starke Abkühlung zwischen 16.30 Uhr und 19.30 Uhr und ein abermaliger Temperaturanstieg bis 21.00 Uhr – Ursache könnte ein Hitzegewitter am Spätnachmittag mit anschließendem schönem Abendwetter sein.

Die Grafik zeigt die reale Temperaturkurve, die den Daten der Aufgabe zugrundeliegt.

12. a) $(x^n - x_0^n) : (x - x_0) = x^{n-1} + x^{n-2}x_0 + x^{n-3}x_0^2 + x^{n-4}x_0^3 + \ldots + x\,x_0^{n-2} + x_0^{n-1}$ (für $n \geq 2$)

b) $\lim_{x\to x_0} \frac{x^n - x_0^n}{x - x_0} = \lim_{x\to x_0} (x^{n-1} + x^{n-2}x_0 + \ldots + x\,x_0^{n-2} + x_0^{n-1}) = n x_0^{n-1}$

c) $f'(x) = nx^{n-1}$

Übungen und Anwendungen

Finanzierungen und andere Geldangelegenheiten

Lösungen der Aufgaben auf den Seiten 218 bis 220

1.

	K_0 in €	Kapital in € am Ende des Jahres 1	2	3	4	5	6	7	8
a)	1000	1020,00	1040,40	1071,61	1103,76	1147,91	1193,82	1253,51	1316,19
b)	1000	1020,00	1040,40	1061,20	1082,43	1104,08	1126,16	1148,68	1171,65
c)	1000	1050,00	1102,50	1157,62	1215,50	1276,28	1340,09	1407,10	1477,65
d)	1000	1035,00	1071,22	1108,71	1147,52	1187,68	1229,25	1272,27	1316,80
e)	1000	1050,00	1102,50	1146,60	1192,46	1228,23	1265,08	1290,38	1316,19

f)

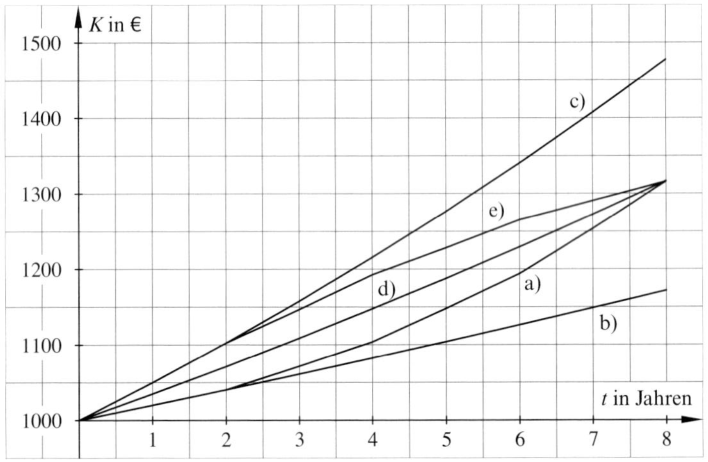

g) Es sei K_0 das Anfangskapital, n die Anzahl der sei Sparbeginn vergangenen Jahre, K_n das Kapital nach n Jahren und $q = 1 + \frac{p}{100}$ der Zinsfaktor. Dann ist

$$K_1 = K_0 + K_0 + \frac{p}{100} = K_0 \cdot \left(1 + \frac{p}{100}\right); = K_0 \cdot q;$$

$K_2 = K_0 \cdot q + (K_0 \cdot q) \cdot \frac{p}{100} = K_0 \cdot q \cdot \left(1 + \frac{p}{100}\right) = K_0 \cdot q^2$ usw.

Sei $K_n = K_0 \cdot q^n$ für ein beliebiges, aber festes $n \in \mathbb{N}$,

dann ist $K_{n+1} = K_n + K_n \cdot \frac{p}{100} = K_n \cdot \left(1 + \frac{p}{100}\right) = K_0 \cdot q^n \cdot q = K_0 \cdot q^{n+1}$.

Also ist $K_n = K_0 \cdot q^n$ für ein beliebiges, aber festes $n \in \mathbb{N}$. Das Kapital nach n Jahren ist somit abhängig vom Anfangskapital K_0, dem Zinsssatz p und der Zeit n (in Jahren).

h)

q	1,005	1,010	1,015	1,020	1,025	1,030	1,035
K in €	1040,71	1082,86	1126,49	1171,66	1218,40	1266,77	1316,81

q	1,040	1,045	1,050	1,055	1,060	1,065	1,070
K in €	1368,57	1422,10	1477,46	1534,69	1593,85	1655,00	1718,19

q	1,075	1,080	1,085	1,090	1,095	1,100
K in €	1783,48	1850,93	1920,60	1992,56	2066,87	2143,59

2. (1) $K = f(K_0)$ (q und n konstant): lineare Funktion;
(2) $K = f(q)$ (K_0 und n konstant): Potenzfunktion;
(3) $K = f(n)$ (K_0 und q konstant): Exponentialfunktion

3. a) $K_1 = K_0 \cdot q + R = K_0 \cdot q + 1 \cdot R$
$K_2 = K_1 \cdot q + R = (K_0 \cdot q + R) \cdot q + R = K_0 \cdot q^2 + q \cdot R + R = K_0 \cdot q^2 + (1 + q) \cdot R$
$K_3 = K_2 \cdot q + R = [K_0 \cdot q^2 + (1 + q) \cdot R] \cdot q + R = K_0 \cdot q^3 + (1 + q + q^2) \cdot R$
$K_4 = K_3 \cdot q + R = [K_0 \cdot q^3 + (1 + q + q^2) \cdot R] \cdot q + R = K_0 \cdot q^4 + (1 + q + q^2 + q^3) \cdot R$
$\vdots$
$K_{n+1} = (K_0 \cdot q^{n+1} + (1 + q + q^2 + q^3 + \ldots + q^{n-1} + q^n) \cdot R$

b) $K_{20} = K_0 \cdot q^{20} + R \cdot \frac{q^{20} - 1}{q - 1} = 10\,000\text{ €} \cdot 1{,}075^{20} + 1200\text{ €} \cdot \frac{1{,}075^{20} - 1}{1{,}075 - 1} = 94\,444{,}13\text{ €}$

4. Sei x die Anzahl der Euro und y die Anzahl der Cents der Gutschrift.
$100y + x - 5 = 2 \cdot (100x + y) \Rightarrow 98y - 5 = 199x$ mit $0 \le x \le 99$ und $0 \le y \le 99$
$\Rightarrow x = 31;\ y = 63$ (einzige Lösung).
Probe: $100 \cdot 63 + 31 - 5 = 6326$; $2 \cdot (100 \cdot 31 + 63) = 2 \cdot 3163 = 6326$; $6326 = 6326$.
Herr Ärgerlich bekam 63,31 € anstatt 31,63 € ausbezahlt.

5. a) Vorschüssige Einzahlung: $K_n = (K_0 \cdot q^n + q \cdot \frac{q^n - 1}{q - 1} \cdot R$

	K_0	R	nach 1 Jahr	nach 2 Jahren	nach 5 Jahren
Ulrikes Familie	0 €	200 €	208,00 €	424,32 €	1126,60 €
Sarahs Familie	1000 €	200 €	1248,00 €	1505,92 €	2343,25 €

c) Ulrikes Familie: nach 12 Jahren; Sarahs Familie: nach 8 Jahren

6.

Anzahl der Sechsen	0	1	2	3
Bruttogewinn in €	0	2	4	6
Nettogewinn in €	–1,20	0,80	2,80	4,80
Wahrscheinlichkeit	$\frac{125}{216}$ ≈ 0,5787	$\frac{75}{216} = \frac{25}{72}$ ≈ 0,3472	$\frac{15}{216} = \frac{5}{72}$ ≈ 0,0694	$\frac{1}{216}$ ≈ 0,0046

7. Idee 1: Einnahmen: 100 000 € · 0,07 · 4 = 28 000 €
Ausgaben: 100 000 € · 0,015 · 4 = 6 000 €; Gewinn: 22 000 €
Idee 2: Einnahmen: $100\,000\text{ €} \cdot \frac{1}{3} \cdot 0{,}05 \cdot 4 + 100\,000\text{ €} \cdot \frac{2}{3} \cdot 0{,}0022 \cdot 12 \cdot 4$
= 13 706,67 € = Gewinn
Idee 3: Einnahmen: 100 000 € · 1,03 · 1,04 · 1,045 ·1,055 – 100 000 €
= 18 097,12 € = Gewinn
Idee 4: Einnahmen: 100 000 € · 0,05 · 4 = 20 000 € = Gewinn
Die Anlage 1 bringt die höchste Rendite.

8. Zinsertrag bei jährlichem Abheben: 100 000 € · (0,03 + 0,04 + 0,045 + 0,055) = 17 000 €

9.

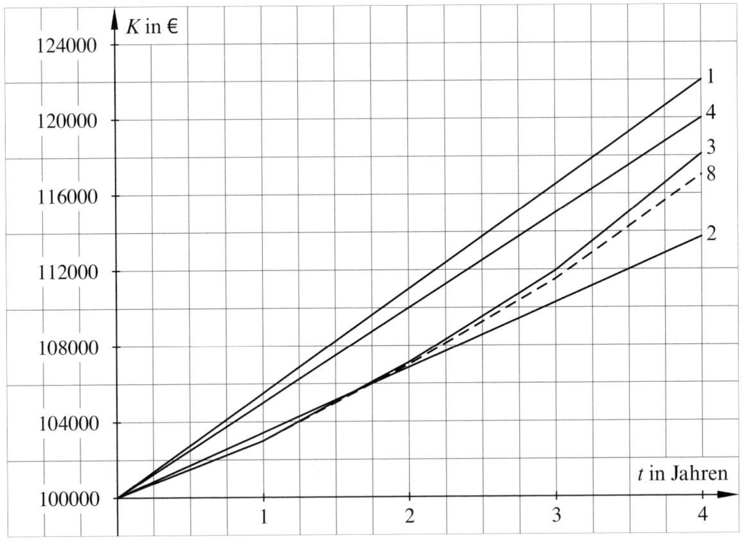

Gewinndifferenz zu Idee 3 aus Aufgabe 7: 1097,12 €

10. Modell 1: 3 Jahre 8 Monate, wegen der angegebenen Zahlungsweise also 4 Jahre
Modell 2: 5 Jahre 10 Monate, wegen der jährlichen Zinszahlung also 6 Jahre
Modell 3: 5 Jahre, falls im 5. Jahr eine Verzinsung von mindestens 1,7 % erfolgt
Modell 4: genau 4 Jahre

11. Kreditsumme: $K = 175\,000$ €
Rate: 1000 € pro Monat, 12 000 € pro Jahr
Zinssatz: z. B. 7,5 % p. a.; das würde bedeuten, dass im 1. Jahr Zinszahlungen in Höhe von 13 125 € fällig werden; hinzu müsste noch ein angemessener Tilgungsbetrag kommen. Unter den derzeitigen Bedingungen auf dem Kreditmarkt kann sich Familie Goldfink also eine solche Anschaffung nicht leisten. Experten raten außerdem, bei Aufnahme eines solchen Kredits mindestens 30 % Eigenkapital einzubringen.

Transport und Verkehr

Lösungen der Aufgaben auf den Seiten 221 bis 222

1. a) $t = 0$ s: Beginn des Überholvorgangs, Vorderteil Golf bei $s = 0$ m und Vorderteil Opel bei $s = 24$ m
$t = 4{,}3$ s: Vorderteile beider Autos auf gleicher Höhe bei $s = 96$ m
$t = 10{,}5$ s: Ende des Überholvorganges, Vorderteil Golf bei $s = 232{,}5$ m, Vorderteil Opel bei $s = 198{,}4$ m, somit beträgt der Abstand zwischen Vorderteil Opel und Hinterteil Golf 30 m.
b) Überholweg: $s = 232{,}5$ m; Dauer des Überholvorganges: $t = 10{,}5$ s
c) Beide Fahrzeuge fahren mit einer Geschwindigkeit von 140 km/h aufeinander zu. Dabei würde die Strecke von 200 m Länge in etwa 5,1 s zurückgelegt, während das Überholen 10,5 s dauert. Der Überholvorgang muss sofort abgebrochen werden.

2. a) $s = v_0 \cdot 1\,\text{s} + \frac{v_0^2}{2a} = v_0 \cdot 1\,\text{s} + \frac{v_0^2}{12{,}8\,\frac{\text{m}}{\text{s}^2}}$ c) $51{,}1\,\frac{\text{km}}{\text{h}}$

3. a) Anstiegswinkel: $\tan\alpha = 0{,}08 \Rightarrow \alpha = 4{,}57°$
Länge der Straße: $s = \frac{56{,}4\,\text{m}}{\sin\alpha} = \frac{56{,}4\,\text{m}}{\sin 4{,}57°} \approx 707$ m
b) $s' = 70700\,\text{cm} \cdot k$ (k: Maßstab; $0 < k < 1$)
c) Zeitgewinn: $t_1 - t_2 = \frac{s}{37{,}04\,\frac{\text{m}}{\text{s}}}$; für $s = 707$ m ist $t \approx 19$ s.

4. a) Sei L die Position des Leuchtfeuers. Das Dreieck $P'PL$ hat die Innenwinkel $\sphericalangle LPP' \approx 30{,}6°$; $\sphericalangle P'LP \approx 88{,}6°$ und $\sphericalangle PP'L \approx 60{,}8°$.
Es ist $\overline{PP'} \approx 13{,}95$ sm $\approx 25{,}84$ km. Durch Anwendung des Sinussatzes erhält man: $\overline{PL} \approx 12{,}18$ sm $\approx 22{,}56$ km; $\overline{P'L} \approx 7.10$ sm $\approx 13{,}16$ km.
b) Entfernung von P: $s = \overline{PL} \cdot \cos 30{,}6° \approx 10{,}48$ sm $\approx 19{,}42$ km; Fahrzeit: 33 min 49 s
c) Entfernung zum Leuchtfeuer: $h = \overline{PL} \cdot \sin 30{,}6° \approx 6{,}20$ sm $\approx 11{,}48$ km

5. Sei T der Punkt, bei dem sich die Fahrlinien der beiden Kutter kreuzen.
Gesucht sind $\overline{K_1T}$ und $\overline{K_2T}$ im Dreieck K_1K_2T mit der Seite $\overline{K_1K_2} = 3{,}2$ km und den Innenwinkeln $\sphericalangle K_2K_1T = 51°$, $\sphericalangle TK_2K_1 = 61°$ und $\sphericalangle K_1TK_2 = 68°$.
Anwendung des Sinussatzes ergibt $\overline{K_1T} \approx 3{,}02$ km und $\overline{K_2T} \approx 2{,}68$ km.

6. Sei v_0 die Eigengeschwindigkeit des Hubschraubers, v_W die Windgeschwindigkeit, a die Entfernung, t_1 die Zeit für den Hinflug und t_2 die Zeit für den Rückflug. Dann gilt:
$$v_0 + v_W = \frac{a}{t_1};\; v_0 - v_W = \frac{a}{t_2} \Rightarrow v_0 = v_W \cdot \frac{t_1 + t_2}{t_2 - t_1} = 15\,\frac{\text{km}}{\text{h}} \cdot \frac{680\,\text{s}}{70\,\text{s}} \approx 146\,\frac{\text{km}}{\text{h}}$$

7. Mit denselben Bezeichnungen wie in Aufgabe 7 erhält man für die Gesamtflugzeit t:
$$t = t_1 + t_2 = \frac{a}{v_0 + v_W} + \frac{a}{v_0 - v_W} = \frac{a(v_0 - v_W) + a(v_0 - v_W)}{v_0^2 - v_W^2} = \frac{2av_0}{v_0^2 - v_W^2}$$
Je größer die Windgeschwindigkeit v_W ist, desto größer ist die Gesamtflugzeit t.
Folglich ist das Flugzeug bei Windstille schneller.

8. a) $s = \sqrt{(r+h)^2 - r^2} = \sqrt{h \cdot (2r + h)} = \sqrt{60\,\text{km} \cdot 3536\,\text{km}} \approx 461$ km
b) Kathetensatz: $r^2 = (r - y)(r + h) \Rightarrow y = r - \frac{r^2}{r+h} = \frac{r \cdot h}{r+h} = \frac{1738\,\text{km} \cdot 60\,\text{km}}{1798\,\text{km}} \approx 58$ km
Überblickte Fläche: $A = \pi \cdot d \cdot y = \pi \cdot 3476\,\text{km} \cdot 58\,\text{km} \approx 633\,370\,\text{km}^2$
Das sind ca. 1,67 % der Gesamtoberfläche des Mondes.

Denksport

Lösungen der Aufgaben auf den Seiten 223 bis 225

1. a) (1) ggT (84; 147) = 21; (2) ggT (663; 255) = 51; (3) ggT (89; 144) = 1
   b) (1) Wegen $r_{k+1} < r_k < \ldots < r_2 < r_1 < a$ bilden a und die Reste r_1 bis r_{k+1} eine streng monoton fallende Folge und es gibt nur endlich viele natürliche Zahlen, die kleiner als a sind.
   (2) Man geht von der letzten Gleichung $r_k < r_{k+2} \cdot r_{k+1}$ aus und schließt schrittweise aus den vorangehenden Gleichungen auf $r_{k+1} \mid r_{k-1}$; $r_{k+1} \mid r_{k-2}$; …; $r_{k+1} \mid a$; $r_{k+1} \mid b$.
   c) (1) $m = 2$; $n = -1$ (2) $m = -3$; $n = 8$ (3) $m = 34$; $n = -55$
   d) z. B. $m = 3$; $n = -2$ oder $m = -4$; $n = 3$
   Gesamte Lösungsmenge: $L = \{(m \mid n) \mid m = 3 + 7t;\ n = -2 - 5t;\ t \in \mathbb{Z}\}$
2. $f(x) - g(x) = \sin^2 x - \frac{1}{2}\sin\left(2x - \frac{\pi}{2}\right) - \frac{1}{2} = \sin^2 x - \frac{1}{2}\left(\sin 2x \cdot \cos\frac{\pi}{2} - \cos 2x \cdot \sin\frac{\pi}{2}\right) - \frac{1}{2}$
   $= \sin^2 x + \frac{1}{2}\cos 2x - \frac{1}{2} = \sin^2 x + \frac{1}{2}(1 - 2\sin^2 x) - \frac{1}{2} = \sin^2 x + \frac{1}{2} - \sin^2 x - \frac{1}{2} = 0$
   Es ist also $f(x) = g(x)$.
3. Die folgenden Konstruktionsschritte sind Elementarkonstruktionen und allein mit Zirkel und Lineal (ohne Skala) ausführbar.
   (1) Es werden zwei Strecken $\overline{AC}$ und $\overline{BC}$ der Länge $3a$ konstruiert, die den Punkt C gemeinsam haben und miteinander einen rechten Winkel einschließen. Dann gilt im gleichschenklig-rechtwinkligen Dreieck ABC für die Hypotenuse $\overline{AB}$ nach dem Satz des Pythagoras $\overline{AB}^2 = 18a^2$, also $\overline{AB} = a\sqrt{18}$.
   (2) Außerhalb des Dreiecks ABC wird in A (oder B) die Strecke a so angetragen, dass sie mit $\overline{AB}$ einen rechten Winkel bildet. Ihr Endpunkt sei D. Dann gilt im rechtwinkligen Dreieck ABD für die Hypotenuse $\overline{AD}$ nach dem Satz des Pythagoras $\overline{AD}^2 = 19a^2$, also $\overline{AD} = a\sqrt{19}$.
4. Sei a die Kantenlänge des Würfels in cm und r der Radius des Kreiszylinders in cm.
   Aus $a^3 = \pi r^2 \cdot 10$ und $6a^2 = 2\pi r \cdot 10$ folgt:
   $\frac{a^3}{6a^2} = \frac{\pi r^2}{2\pi r} \Rightarrow \frac{a}{6} = \frac{r}{2} \Rightarrow a = 3r \Rightarrow 6a^2 = 54r^2 = 2\pi r \cdot 10$ cm
   $\Rightarrow r = \frac{10}{27}\pi$ cm ≈ 1,16 cm; $a = \frac{10}{9}\pi$ cm ≈ 3,49 cm; $V_W = V_Z = a^3 \approx 42{,}53$ cm³;
   $A_{OW} = A_{MZ} = 6a^2 \approx 73{,}11$ cm²; $A_{OZ} = 2 \cdot \pi r^2 + A_{MZ} \approx 81{,}61$ cm²

5. a) Das ist möglich: $a^3 = \pi r^2 h = \frac{1}{3}a^2 h = 4\pi r^2 = \frac{64}{27}$; $h = 4$; $a = \frac{4}{3}$; $r = \sqrt{\frac{16}{27\pi}} \approx 0{,}434$.
   b) Nein, das ist nicht möglich. Begründung: Sei $a^3 = \pi r^2 h = \frac{1}{3}a^2 h = \frac{4}{3}\pi r^3$.
   Aus $a^3 = \frac{1}{3}a^2 h$ folgt $a = \frac{1}{3}h$; aus $\pi r^2 h = \frac{4}{3}\pi r^3$ folgt $h = \frac{4}{3}r$ und daraus $a = \frac{4}{9}r$.
   Wird $a = \frac{4}{9}r$ in $a^3 = \frac{4}{3}\pi r^3$ eingesetzt, ergibt sich der Widerspruch $\frac{64}{729}r^3 = \frac{4}{3}\pi r^3$.
6. a) Die Funktionen $y = e^x$ und $y = x^2$ sind für alle $x \in \mathbb{R}$ definiert, aber $y = 2 \ln x$ nur für $x > 0$. Da der Schnittpunkt der Graphen von $y = e^x$ und $y = x^2$ eine negative Abszisse hat, geht er durch die nicht-äquivalente Umformung verloren.
   b) Lösung der Gleichung: $x \approx -0{,}7035$; Schnittpunkt: $P(-0{,}7035;\ 0{,}4949)$
7. a) Schnittpunkte:
   $S_1\left(\frac{1}{2}\sqrt{11} \,\middle|\, \frac{5}{2}\right)$; $S_2\left(-\frac{1}{2}\sqrt{11} \,\middle|\, \frac{5}{2}\right)$;
   $S_3\left(-\frac{3}{2}\sqrt{3} \,\middle|\, -\frac{3}{2}\right)$; $S_4\left(\frac{3}{2}\sqrt{3} \,\middle|\, -\frac{3}{2}\right)$

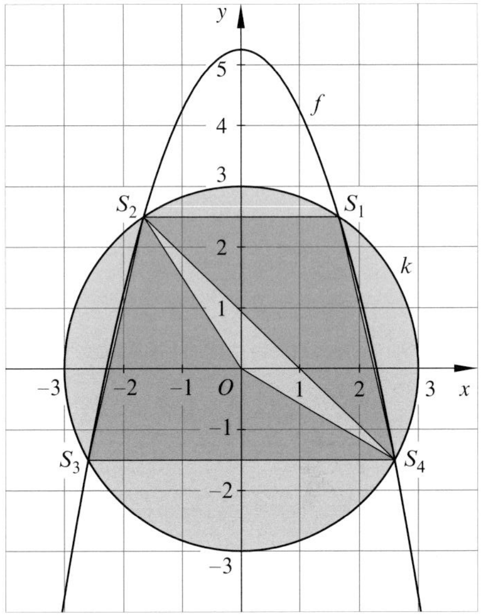

   b) Das Viereck ist ein Trapez mit
   $a = 3\sqrt{3}$ cm ≈ 5,20 cm;
   $c = \sqrt{11}$ cm ≈ 3,32 cm; $h = 4$ cm.
   Flächeninhalt:
   $A = (\sqrt{11} + 3\sqrt{3}) \cdot 2$ cm² ≈ 17,03 cm²
   c) Die Diagonale sei $s = \overline{S_2S_4}$.
   $s = \sqrt{\left(\frac{3\sqrt{3} + \sqrt{11}}{2}\right)^2 + \left(\frac{3}{2} + \frac{5}{2}\right)^2}$ cm
   $s = \sqrt{\frac{51}{2} + \frac{3}{2}\sqrt{33}}$ cm ≈ 5,84 cm
   Sei $\alpha = \sphericalangle S_4OS_2$. Dann gilt: $\sin\frac{\alpha}{2} = \frac{s}{2r} \approx 0{,}9735$; $\alpha \approx 153{,}6°$.
   Flächeninhalt des Kreisabschnitts rechts oben: $A_1 = \pi r^2 \frac{\alpha}{360°} - \frac{1}{2}r^2 \sin\alpha \approx 10{,}06$ cm²
   Flächeninhalt des Kreisabschnitts links unten:
   $A_2 = \pi r^2 \cdot \frac{360° - \alpha}{360°} - \frac{1}{2}r^2 \sin(360° - \alpha) \approx 18{,}22$ cm²

d)

a	Schnittpunktanzahl	Geometrische Situation
$a < -3$	0	Kreis liegt außerhalb der Parabel
$a = -3$	1	1 Berührungspunkt
$-3 < a < 3$	2	2 Schnittpunkte
$a = 3$	3	2 Schnittpunkte, 1 Berührungspunkt
$3 < a < 9{,}25$	4	4 Schnittpunkte
$a = 9{,}25$	2	2 Berührungspunkte
$a > 9{,}25$	0	Kreis liegt innerhalb der Parabel

8. a) $P(A) = \frac{1}{3}$; $P(B) = \frac{1}{4}$

b) Es wird jeweils ein Verhältnis gebildet zwischen dem Maß des dem Ereignis entsprechenden Teilbereiches und dem Maß des zugrunde liegenden Bereiches. Unter Maß versteht man dabei z. B. Längen, Winkel, Flächeninhalte oder Volumina.

9. a) Vermutung: $p = \frac{1}{3}$ b) $p = \frac{60°}{180°} = \frac{1}{3}$

c) $E(X) = n \cdot p$ mit $n = 30,\ p = \frac{1}{3} \Rightarrow E(X) = 10$

d) Wahrscheinlichkeit für k Treffer: $P(X = k) = \binom{30}{k} \cdot \left(\frac{1}{3}\right)^k \cdot \left(\frac{2}{3}\right)^{30-k}$

Beispiel: Es seien 8 Sehnen länger als die Dreiecksseite. Die Wahrscheinlichkeit hierfür beträgt: $P(X = 8) = \binom{30}{8} \cdot \left(\frac{1}{3}\right)^8 \cdot \left(\frac{2}{3}\right)^{22} \approx 0{,}1192$

10. a) Hannes kann sich das Fahrrad frühestens nach 13 Wochen kaufen. Nach 12 Wochen hat er 64 € + 12 · 4 € = 112 € gespart, dies reicht noch nicht, um den Eigenanteil von 145,33 € aufzubringen. Nach 13 Wochen hat er jedoch 116 € gespart und der Preis des Fahrrades wird gleichzeitig auf 327 € ermäßigt. Jetzt gibt es zwei Fälle:

(1) Falls der Gutschein auf den festen Betrag von 290,67 € lautet, muss Hannes noch 36,33 € bezahlen und behält 79,67 € übrig.

(2) Falls der Gutschein auf „zwei Drittel des jeweils aktuellen Preises des Fahrrades" lautet, muss Hannes 109 € bezahlen und behält nur 7 € übrig.

b) 1 Zoll = 2,54 cm

28 Zoll: 87,96 Zoll = 223,43 cm pro Umdrehung; das ergibt 895 Umdrehungen.

26 Zoll: 81,68 Zoll = 207,47 cm pro Umdrehung; das ergibt 964 Umdrehungen.

895 : 964 ≈ 13 : 14

c) Hannes ist nach 6 Stunden wieder zu Hause.

d) Felix holt Hannes um 16.30 Uhr ein.

11. Vereinbarungen: Der Punkt N halbiere die Strecke $\overline{BC}$, T sei der Berührungspunkt des kleinen Kreises mit der Strecke $\overline{BM}$ und S der Mittelpunkt des kleinen Kreises. r bezeichne den Radius von k und s den Radius des kleinen Kreises.

Das Dreieck BCM ist gleichseitig; die Dreiecke BNM und MTS sind zueinander ähnlich (gleiche Innenwinkel).

Daraus folgt:

$$\frac{r}{\frac{1}{2}r} = \frac{r-s}{s} \Rightarrow 2s = r - s \Rightarrow s = \frac{1}{3}r$$

Flächeninhalt des kleinen Kreises:

$$A = \pi s^2 = \frac{1}{9}\pi r^2 \approx 0{,}349\ \text{cm}^2$$

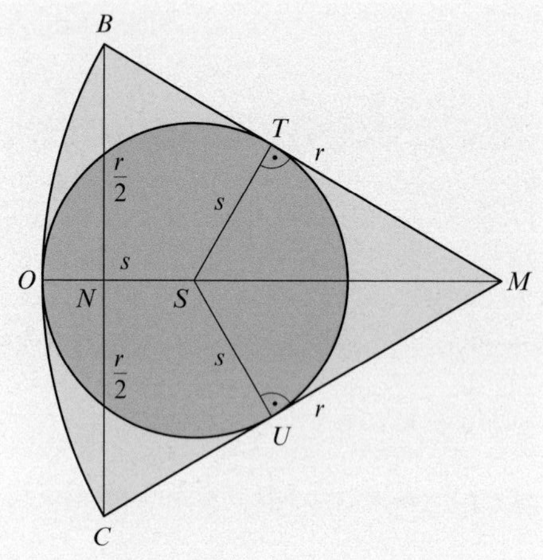

Die Wanderung der Droge

Lösungen der Aufgaben auf den Seiten 226 bis 227

1. Vorausgesetzt ist das „diskrete Modell" eines dynamischen Drei-Kammern-Systems: Bei linearer Abnahme würde sich die Substanzmenge in K1 (im Magen) pro Stunde um das R1-fache der dort vorhandenen Menge verringern, im Zeitintervall $\Delta x = 0{,}1$ h = 6 min um das 0,1 · R1-fache. Um diesen Betrag würde im gleichen Zeitraum die Menge in K2 (im Blut) vergrößert. Zugleich würde K2 jeweils das R2-fache bzw. das 0,1 · R2-fache der dort schon vorhandenen Menge an K3 (an die Blase/den Urin) abgeben. Für die (beliebig verkürzbaren) Einzelschritte ergeben sich (nach Notation des Programms DYNASYS; s. u.) für die Substanzmengen in Magen, Blut und Blase (Urin) mit den Startwerten 3; 0 und 0 sowie den Übergangsraten R1 = 0,8 und R2 = 0,2 die „Zustandsgleichungen":

Magen.neu = Magen.alt – 0,08 · Magen.alt = 0,92 · Magen.alt

Blut.neu = Blut.alt + 0,08 · Magen.alt – 0,02 · Blut.alt = 0,98 · Blut.alt + 0,08 · Magen.alt

Blase.neu = Blase.alt + 0,02 · Blut.alt

Dabei beziehen sich „alt" und „neu" auf die Zustände vor und nach einem Schritt (Ablauf eines Intervalls $\Delta x = 0{,}1$ h). Man erhält die (hier auf die interessierenden, gerundeten „Blutwerte" reduzierte, verkürzte) Tabelle:

n (Anzahl der Schritte)	0	2	4	6	8
c (Wirkstoff im Blut in mg)	0	0,46	0,82	1,12	1,35

n	10	12	14	16	18	20	25	30	35	40	45
c	1,53	1,67	1,77	1,84	1,89	1,92	1,92	1,85	1,76	1,64	1,52

n	50	55	60	65	70	75	80	85	90	95	100
c	1,39	1,28	1,16	1,06	0.96	0,87	0,79	0,71	0,65	0,59	0,53

n	105	110	115	120	125	130	135	140	145	150	155
c	0,48	0,43	0,39	0,35	0,32	0,29	0,26	0,24	0,21	0,19	0,17

(Zum vielseitig verwendbaren Programm „DYNASYS. Modellbildung und Simulation dynamischer Systeme" Auskunft durch das Landesinstitut für Schule und Weiterbildung in Soest, Nordrhein-Westfalen.)

Der Vorgang lässt sich auch handfest zumindest qualitativ z. B. mit dem „Wirkstoff" konzentriertes Tintenwasser simulieren, der mithilfe eines kleinen Esslöffels (ca. 10 ml Füllvolumen; messen!) portionsweise aus einem Glas (einer Schale) K1 über ein Glas K2 in ein Glas K3 wandert. Zu Beginn enthält K1 ca. 125 ml dieser stark gefärbten Flüssigkeit, K2 ca. 500 ml klares Wasser, K3 ist leer. Außerdem steht ein Glas K0 mit Wasser zum Auffüllen der Flüssigkeit in K1 auf das Ausgangsvolumen bereit, wobei die Gläser K0 bis K3 mit weißem Hintergrund (Papier) zur Demonstration der Reihe nach auf einen Tisch gestellt sind. Ein Gesamtschritt besteht aus folgenden Einzelschritten:

1. 1 Löffel (10 ml) Flüssigkeit wird K2 entnommen und in K3 gegossen.
2. 1 Löffel Flüssigkeit wird K1 entnommen und in K2 (gründlich) eingerührt.
3. 1 Löffel Wasser wird K0 entnommen und in K1 eingerührt (kann zur besseren Handhabung auch auf den nächsten Einzelschritt 1 folgen).

Aus den genannten Volumina und der gleichmäßigen Verteilung durch Umrühren ergeben sich die gewünschten Faktoren 0,08 = 0,1 · R1 und 0,02 = 0,1 · R2.
Es empfiehlt sich, den Versuch als Einstieg in das Thema durchzuführen. Dabei sind die Entwicklung der Farbintensität in K2 und die Schrittzahl bis zu deren Maximum (pharmakokinetisch: die Dauer bis zur stärksten Konzentration des Medikaments/der Droge im Blut) zu schätzen. Die Erfahrung, dass sich durch Augenschein der fragliche „Zeitpunkt" nur ungenau registrieren lässt, kann seine Berechnung und sogar die Aufstellung der dafür erforderlichen rekursiven Gleichungen motivieren.

2. Sinnvoll ist die Nutzung eines Grafikprogramms, das die Graphen von abschnittsweise definierten Funktionen aneinander reihen kann. Aufgrund des 12-Stunden-Taktes erhält man für den „Wirkstoffspiegel" im Blut bei x Stunden nach Beginn der Therapie die Funktion f durch

$$f(x)=\begin{cases} f_1(x)=1,2\cdot(0,9^x-0,5^x) & \text{für } 0\le x\le 12,\\ f_2(x)=f_1(x)+1,2\cdot(0,9^{x-12}-0,5^{x-12}) & \text{für } 12<x\le 24,\\ f_3(x)=f_2(x)+1,2\cdot(0,9^{x-24}-0,5^{x-24}) & \text{für } 24<x\le 36 \text{ usw.}\end{cases}$$

Das Bild ist eine abwechselnde Folge von „Buckeln" (lokalen Maxima) an den Stellen $x_1 \approx 3,205$; x_2; x_3; x_4; … dicht vor $x_1 + 12$; $x_1 + 24$; $x_1 + 36$ und von „Kerben" (lokalen Minima) an den Stellen 0, 12, 24, 36, …, d. h. zu den Zeitpunkten der (erneuten) Medikamenteneinnahme (nach der die Werte immer wieder deutlich zunehmen) mit den Funktionswerten 0; 0,339; 0,434; 0,461; …
Die Maxima starten mit 0,726 und steigen wie die Minima zunächst an. Aber schon bald stabilisiert sich das Intervall zwischen Tiefst- und Höchstwert (des „Wirkstoffspiegels" im Blut) grob gesehen zwischen 0,4 und 1,1. Falls dies gewünscht war, ist der Patient damit „eingestellt". In der Praxis beeinflusst man den Verlauf durch die Dosis (Menge, Einnahmerhythmus) und durch Änderungen von Übergangsraten (z. B. „Retard"-Version der Tablette für langsamere Aufnahme des Wirkstoffs im Blut).

Erläuterungen und Anregungen

Vorrangiges Lernziel des Exkurses ist eine vertiefte Einsicht in die Möglichkeit, neu erarbeitete mathematische Muster (hier die Exponentialfunktionen oder diskrete Entsprechungen) als Modell zur Erklärung, wenn möglich Kontrolle und Steuerung direkt erlebbarer und doch komplizierter Vorgänge heranzuziehen (hier die zeitabhängige Wirkung von Medikamenten oder Drogen im Körper). Dabei geht der Abschnitt über den anderwärts behandelten einfacheren Fall von bloß exponentieller Abnahme hinaus, ohne schon Grundgedanken der Differentialrechnung (oder gar einschlägiger Differentialgleichungen) zu formulieren. Immerhin wird durch die Zerlegung der Vorgänge in kleine und kleinste Schritte mit linearen Änderungen die Idee vorbereitet, eine Beschreibung des „kontinuierlichen" Falles durch die angegebene Bateman-Funktion f plausibel gemacht. Es sollte sich ein grafisch gestütztes Verständnis dafür ergeben, dass und wie Substanzen oft zügig bis zu einem Maximalwert in den Körper hineinund allmählich wieder herausgeschwemmt werden und wie sich auf lange Sicht bei regelmäßiger Einnahme der „richtigen" Dosis das erwünschte „Gleichgewicht" zwischen einem Tiefst- und einem Höchstwert (steady state) einstellt.

Physik und Chemie

Lösungen zu den Aufgaben auf den Seiten 228 bis 229

1. a) $N = N_0 \cdot 0{,}999879^t$
(t: Zeit in Jahren) bzw.
$N = N_0 \cdot 0{,}886028^T$
(T: Zeit in Jahrtausenden)
Halbwertszeit für C-14:
5728 Jahre

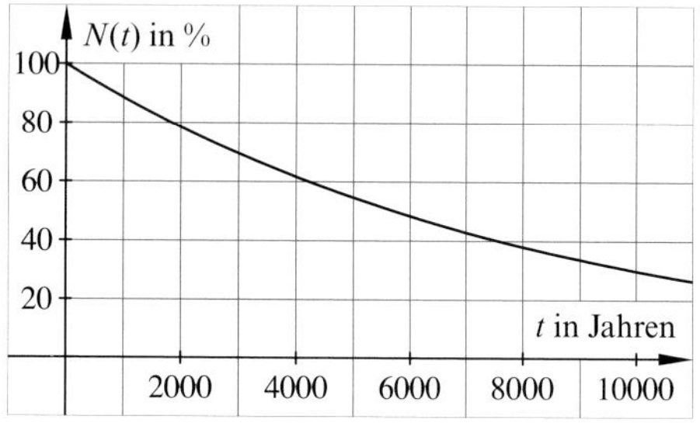

b) siehe Abbildung
c) $t \approx 16300$ Jahre
d) $1 : (2{,}47 \cdot 10^{-11})$

2. a) $pK_W = 14$
b) $pH = -\lg c(H_3O^+)$; $pOH = -\lg c(OH^-)$
$pK_W = -\lg [c(H_3O^+) \cdot c(OH^-)] = -\lg c(H_3O^+) - \lg c(OH^-) = pH + pOH$
c) $pH < 7 \Rightarrow$ saure Lösung; $pH > 7 \Rightarrow$ basische Lösung

3. a) $y = \sin(2\pi f t) + \sin(2\pi f^* t) = 2 \cdot \sin\frac{2\pi(f + f^*)}{2} t \cdot \cos\frac{2\pi(f - f^*)}{2} t$;
$f = 264$ Hz; $f^* = 256$ Hz $\Rightarrow y = 2 \sin(520\pi t) \cos(8\pi t)$
Die Schwebungsfrequenz ergibt sich gemäß $2\pi f_S = 8\pi$ zu $f_S = 4$ Hz.

b)

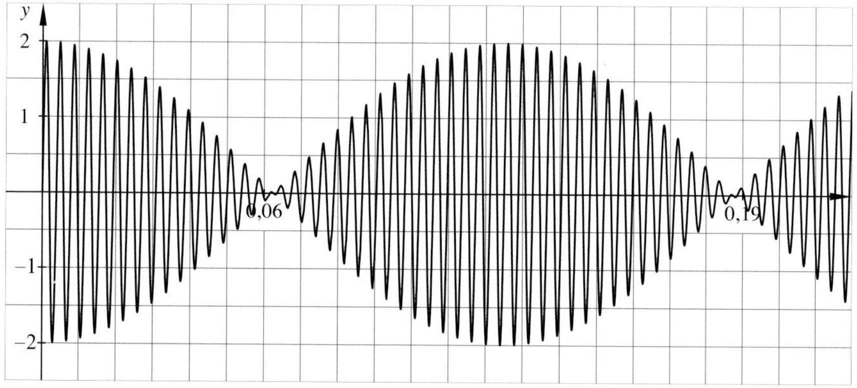

4. a)

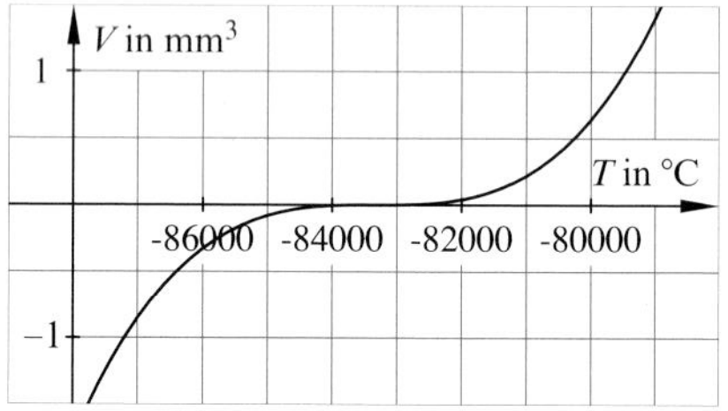

b)

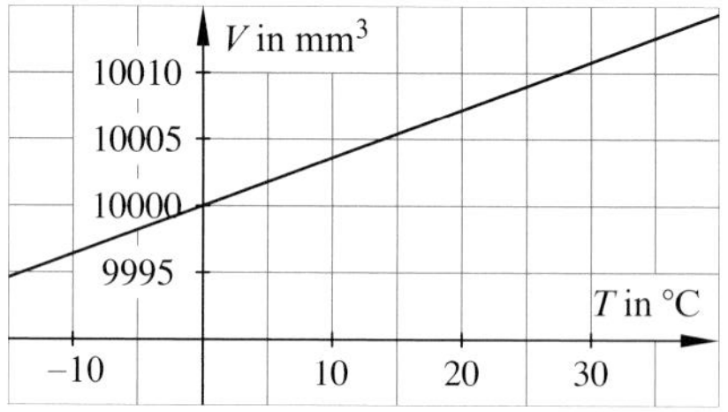

c) Die Funktion $V(T)$ ist in dem für die Praxis relevanten Bereich annähernd linear. Die Größenordnung von a bewirkt, dass die Potenzen a^2 und a^3 verschwindend klein werden.
d) Die Näherung gilt auch für die anderen Stoffe.